巴勒斯坦之殤

對抗帝國主義的百年反殖民戰爭

拉什德・哈利迪
Rashid Khalidi
——著

苑默文
——譯

The Hundred Years' War on Palestine

A History of Settler Colonialism and Resistance, 1917-2017

導讀

包修平[1]

《巴勒斯坦之殤：對抗帝國主義的百年反殖民戰爭》的作者拉什德・哈利迪（Rashid Khalidi, 1948-）為美國哥倫比亞大學歷史系教授，研究領域包含現代中東史、美國與中東關係、中東伊斯蘭運動、現代巴勒斯坦史，以及阿拉伯民族主義史。哈利迪在這些研究當中，又以現代巴勒斯坦史研究最為著名。哈利迪長期擔任《巴勒斯坦研究期刊》主編，並出版相關學術專書如《英國的敘利亞和巴勒斯坦政策，一九〇六至一九一四年》、《圍困之中：巴勒斯坦解放組織在一九八二年戰爭中的決策》、《巴勒斯坦認同：現代民族意識的建構》，以及《鐵籠：巴勒斯坦人努力建國的故事》。[2]馬可孛羅文化出版的《巴勒斯坦之殤：對抗帝國主義的百年反殖民戰

1 包修平，英國埃克塞特大學（University of Exeter）巴勒斯坦研究博士、國立暨南國際大學歷史系助理教授，開設世界史、現代中東歷史及現代巴勒斯坦歷史等課程。

2 哈利迪教授的學術簡歷請參見：Department of History, Columbia University, https://history.columbia.edu/person/khalidi-rashid/。

爭》是哈利迪的最新作品，深受英文學界及知名人士好評，更在二〇二〇年得到「巴勒斯坦書籍」獎（Palestine Book Awards）。[3]

《巴勒斯坦之殤》內容相當豐富，強調作為一個命運共同體的巴勒斯坦人在百年歷史當中，如何面對各種外部勢力的衝擊，持續不斷爭取其應得的解放。巴勒斯坦研究在今日歐美學界已成為一門專業及國際化的研究領域，例如美國的布朗大學、哥倫比亞大學、英國的亞非學院及埃克塞特大學均提供碩博士學程。另外，也有不少優秀的英文文章及專書從各種角度探討巴勒斯坦議題。哈利迪專注此項議題長達五十年之久，可說是巴勒斯坦研究的先驅。《巴勒斯坦之殤》可謂經典著作，本人提出下面三大觀察重點，或許可作為讀者閱讀本書的補充資訊。

一、現代中東政治史的縮影

《巴勒斯坦之殤》涵蓋的時間長達百年之久，從十九世紀晚期奧斯曼帝國的立憲運動至二〇〇〇年以後以色列對巴勒斯坦人的戰爭。本書探討的各項主題皆與現代中東政治史有關。現代中東政治史是歐美學界從事中東研究的重點學科，主要在探討中東區域如何從帝國體制轉換成現代民族國家的過程。今日巴勒斯坦人的民族自決權便與一次大戰之後奧斯曼帝國的解體背景有關。前奧斯曼帝國領地的阿拉伯人響應美國總統威爾遜的民族自決原則，期盼建立獨立自主的國家。然而，戰後中東秩序仍由英國及法國主導，阿拉伯人難有太多的自主權。巴勒斯坦人在一次大戰後，由於英國政府阻撓，無法真正建立一個主權獨立國家。事實上，巴勒斯坦人並非特例，同時期的埃及、伊拉克及敘利亞人雖有國家之名，唯其政治及經濟大權仍分別由英國及法國幕後操控。

第二次世界大戰之後，英國與法國勢力逐步撤離中東，取而代之的是美蘇兩強在此地的競逐。冷戰期間，巴勒斯坦是中東能否達成和平的關鍵之地，特別在一九四八年以色列建國引發的效應，以及一九六七年以色列在六天時間內，占領東耶路撒冷、西岸及加薩等地，這些重大歷史事件至今仍影響中東政治，甚至國際局勢。

哈利迪在書中提及的貝爾福宣言、聯合國第一八一決議案、六日戰爭、黎巴嫩戰爭、奧斯陸協議及大衛營峰會，皆為現代中東政治史的重要主題，但與其他學者不同的是哈利迪本身即為現代中東政治史長期的見證者。哈利迪的學術研究與家族背景有關。哈利迪來自耶路撒冷的知名家族，始祖可追溯至七世紀的阿拉伯大將哈利迪・伊本・瓦利德（Khalid Ibn Walid）。[4]哈利迪家族從十五世紀起，長期擔任耶路撒冷重要的政治及宗教職位。哈利迪的曾曾叔父優素福擔任奧斯曼帝國的外交官、耶路撒冷市長及奧斯曼帝國的議會代表。哈利迪的伯父胡塞因是

3 Palestine Book Awards網站：https://www.palestinebookawards.com/books/winners/item/the-hundred-years-war-on-palestine-a-history-of-settler-colonialism-and-resistance-1917-2017?category_id=6。

4 哈利迪圖書館網站：https://www.khalidilibrary.org/en/Article/7/khalidi-family。

英國統治時期的耶路撒冷市長，但在一九三〇年代晚期，因為參與反英活動遭到英國政府流放海外。哈利迪的堂哥瓦利德與塔里夫皆是著名的歷史學家。哈利迪的父親伊斯瑪儀曾擔任美國的研究機構及聯合國的職員，對於現代中東歷史有第一手觀察。哈利迪從小在父親及長輩的耳濡目染之下，自然對於現代中東史的理解程度超越其他歐美的研究者。

此外，哈利迪在黎巴嫩的美國貝魯特大學任教期間（一九七六至一九八三年），見證黎巴嫩的血腥內戰。黎巴嫩內戰為一九七〇年代的國際熱點，衝突根源與境內的教派紛爭有關。黎巴嫩內戰又牽動東阿拉伯地區的權力平衡，敘利亞及以色列在內戰中扮演平衡者角色，皆派兵介入衝突。黎巴嫩境內的數十萬巴勒斯坦難民及各教派的民眾皆是內戰及外來侵略者的受害者。哈利迪在本書花了兩章篇幅，詳細描述黎巴嫩內戰對巴勒斯坦人及中東區域的影響。

哈利迪同時也是現代中東政治史的參與者。他在一九九一年擔任巴勒斯坦談判代表的顧問，參與以巴和談。哈利迪在和談期間，見識到巴勒斯坦解放組織在談判桌上的弱勢與以色列的強硬態度。巴勒斯坦解放組織雖然在一九九三年與以色列簽署和平框架協議，但由於美國政府力挺以色列，導致巴勒斯坦人至今仍未能真正得到公正與持久的和平。

哈利迪謙稱本書不是純學術專著，但其所引用的參考資料仍相當嚴謹。例如哈利迪引用家族圖書館的珍貴文獻，建構二十世紀前期巴勒斯坦仕紳階級的歷史。[5]另外，哈利迪在書中提及的重要歷史事件及人物皆有其他學術著作佐證。讀者若要深入理解這些事件，可自行參考注釋中的相關文獻。

二、呼應現代巴勒斯坦史學

哈利迪書寫角度深受現代巴勒斯坦史學影響。學者們對現代巴勒斯坦史學已有諸多討論。[6]簡單來說，現代巴勒斯坦史學主要有兩項特點：

1. 巴勒斯坦人認同

現代巴勒斯坦史學首要強調巴勒斯坦人認同的重要。一般認為巴勒斯坦人說阿拉伯語，多半信仰伊斯蘭，少數信仰基督宗教，與其他地區的阿拉伯人沒什麼不同。基於上述理由，以色列政治人物否定巴勒斯坦人的存在。[7]不過，也有以色列學者承認巴勒斯坦人，但認為巴勒斯

---

5 Rashid Khalidi, *Palestinian Identity: The Construction of Modern National Consciousness* (New York: Columbia University Press, 2010), pp.vii-viii.

6 Jamil Hilal, "Reflections on Contemporary Palestinian History," in Ilan Pappe and Jamil Hilal (ed.) *Across the Wall: Narratives of Israeli-Palestinian History* (London and New York: I.B. Tauris, 2010) pp.177-215; Tarif Khalidi, "Palestinian Historiography, 1900-1948," *Journal of Palestine Studies*, Vol. 10, No.3 (Spring, 1981), pp.59-76.

7《巴勒斯坦之殤》，頁二三至二四。

坦民族意識的產生，主要是受到猶太復國主義者的刺激。[8]

的確，巴勒斯坦人是阿拉伯人，不過從十九世紀晚期，城市地區的仕紳階級因受到奧斯曼帝國現代化改革洗禮、歐洲文化衝擊及英國對巴勒斯坦的治理，逐漸產生巴勒斯坦人的民族意識。哈利迪在書中提到，巴勒斯坦人的認同感「幾乎與現代政治猶太復國主義的產生時間完全相同。猶太復國主義的威脅只是這些刺激因素之一……」；「這種認同感包含對國家的愛、改善社會的願望、對巴勒斯坦的宗教感情和對歐洲人的掌控的反對。」[9]另外，哈利迪在成名著作《巴勒斯坦認同》也指出，巴勒斯坦人的認同隨著時空環境變化而所有進化。[10]特別在一九四八年以色列建國前後，城市與鄉村地區的巴勒斯坦人失去家園，先前建構的政治、社會、經濟與文化結構徹底崩潰。巴勒斯坦人稱此歷史事件為「大災難」（Nakba）。

大災難在一九四八年以後，構成巴勒斯坦人的集體歷史記憶。巴勒斯坦人儘管遍布各地，但當看到以色列政府壓迫其他巴勒斯坦同胞時，一九四八年大災難的集體記憶便會湧上心頭，出現遭到驅離、壓迫及悲傷等負面情緒。然而，大災難並非始終帶有負面意義，許多巴勒斯坦人受到大災難的刺激，從事民族解放運動，透過暴力或非暴力方式，爭取過去失去的權益。

2. 猶太復國主義者的衝擊

現代巴勒斯坦史學第二項特點是巴勒斯坦人集體回應猶太復國主義者的衝擊。猶太復國主義源於十九世紀末的歐洲，因受到反猶思潮衝擊，猶太復國主義者提倡回歸「以色列之地」，並籌建猶太民族家園。不過，以色列之地的範圍包含巴勒斯坦人居住之地。十九世紀晚期，猶太復國主義的領導者赫茨爾曾暗示為了建立猶太民族之家，必須驅離當地人。同時期的巴勒斯坦知識分子已注意到猶太復國主義者的野心，例如哈利迪曾曾叔父優素福提出警示，指出歐洲猶太人到巴勒斯坦建國的後果相當危險。[11]然而，巴勒斯坦菁英階層的擔憂並不能阻止歐洲猶太屯墾者的計畫。一次大戰之後，猶太復國主義者在大英帝國支持下，逐步在巴勒斯坦建立準國家的雛形。

從一九三〇年代起，巴勒斯坦人開始集體性抵制猶太復國主義者的屯墾計畫，但在英國強力鎮壓之下，巴勒斯坦人受到重創，無法阻擋猶太復國主義勢力的擴張。一九四八年以色列建國前後，猶太復國主義者為了實現要讓猶太人占人口大多數的目標，從事種族清洗政策，驅離絕大多數的巴勒斯坦人並奪取巴勒斯坦人的土地。[12]一九五〇年代以後，離散各地的巴勒斯坦

---

8 Anita Shapira, Anthony Berri (transl.), *Israel: A History* (Massachusetts: Brandeis University Press, 2012), p.53; Yosef Gorny, *Zionism and the Arabs, 1882-1948: A Study of Ideology* (Oxford, Clarendon Press, 1987), p.23.

9《巴勒斯坦之殤》，頁六八。

10 Rashid Khalidi, *Palestinian Identity: The Construction of Modern National Consciousness* (New York: Columbia University Press, 2010), p.x.

11《巴勒斯坦之殤》，頁二五。

12《巴勒斯坦之殤》，頁一三七。

青年紛紛成立抵抗團體，主張透過武裝活動解放巴勒斯坦，驅離猶太復國主義勢力。

事實上，現代巴勒斯坦史學並非如此單一及僵化，現已有巴勒斯坦歷史學者提出反思。傳統研究過度強調仕紳階級及武裝組織的抗爭角色，但非屬菁英層面的農民、工人、婦女、宗教學者及難民在面對以色列的壓迫時，也能展現堅毅的性格。哈利迪對於一九八七年巴勒斯坦大起義（Intifada）有極高的評價。巴勒斯坦大起義發生地是在以色列占領下的耶路撒冷、西岸及加薩。占領區內的巴勒斯坦民眾由於經濟長期遭到剝削，且民族意識受到壓抑，因一九八七年底的單一事件，占領區各地的巴勒斯坦人聯合起來試圖動搖以色列的統治。

由於巴勒斯坦人仍在以色列占領狀態之下，他們視以色列為殖民者。然而，早期英文學界主流並不接受以色列殖民巴勒斯坦人的論述，反而將從事武裝暴力活動的巴勒斯坦人視為恐怖分子。一直到近十年來，英文學界似乎出現典範轉移，愈來愈多學者接受以色列殖民巴勒斯坦人的觀點。

三、書寫新視角

《巴勒斯坦之殤》英文副標題是「屯墾殖民主義及抵抗歷史」（A History of Settler Colonialism and Resistance）。新聞媒體經常使用「以巴衝突」定調巴勒斯坦人與以色列人的關係。事實上，許多學者已摒棄這種衝突途徑，改為接受以色列政府從事屯墾殖民主義壓迫巴勒斯坦人的敘述方式。屯墾殖民主義成為一個研究領域，已有許多文獻深入探討歐洲屯墾者移民到美洲、南非、澳洲及紐西蘭等地後，如何透過武力或其他手段驅離當地住民，最終建立以屯墾者為主體的家園。研究現代巴勒斯坦史的學者亦將屯墾殖民主義的視角套用在以色列與巴勒斯坦的關係。哈利迪書中提到「以犧牲本地人口為代價的激進社會工程是所有殖民屯墾／定居運動的方式。在巴勒斯坦，這是將一個絕大多數是阿拉伯人的國家，轉變為一個以猶太人為主的國家的必要前提條件。」；「巴勒斯坦的現代史是一場由多方勢力對本地居民發動的殖民戰爭，目的是迫使他們違背自己的意願，將自己的家園交給另一個民族。」[13]

近十年來，愈來愈多歐美學者接受以色列是屯墾殖民國家的敘述方式[14]，這種轉變或許與以色列持續在東耶路撒冷及西岸建立屯墾區，以及長年對加薩的封鎖及轟炸有關。此外，一九九三年以後，大國支持解決以巴衝突的兩國方案，在許多學者眼中，只是以色列殖民巴勒斯坦人的遮羞布。哈利迪掌握這個氛圍，特別從屯墾殖民主義的視角，書寫巴勒斯坦人與猶太復國主義者之間的百年抗爭。

13《巴勒斯坦之殤》，頁二二一至二二二。

14 *Palestine & Praxis: Scholars for Palestinian freedom*, https://palestineandpraxis.weebly.com/?fbclid=IwAR2Y796vsb0kgQg348ndiKaCMuNhzs-f93jlS5bB7gS2nCb1w_7wbwhffjs

這本書是獻給我的孫輩們的，他們是塔里克、伊德里斯和努爾。他們都是在二十一世紀出生，願他們能夠目睹這場百年戰爭的結束。

我們是一個面臨著消失威脅的民族！

——伊薩和優素福．伊薩，《巴勒斯坦報》，一九一四年五月七日

目次

引言

在一九九〇年代初的幾年裡，我每次回到耶路撒冷就會長住幾個月，在城裡一些最古老的私人家族圖書館裡做研究，這裡面也包括我的家族的私立圖書館。我和妻子、孩子們住在一個屬於哈利迪家族義產基金會（waqf，宗教捐贈）的公寓裡，該公寓位於擁擠、嘈雜的耶路撒冷老城中心。站在這棟樓的屋頂上，可以看到早期伊斯蘭建築中最偉大的兩件傑作：一是就矗立在三百多英尺外的尊貴聖地（Haram al-Sharif，聖殿山）上金光閃閃的聖石圓頂寺（Dome of the Rock），以及在它的後方，小一些的阿克薩清真寺（al-Aqsa Mosque，遠寺）的銀灰色圓頂，它們的背後是橄欖山（Mount of Olives）。[1] 向其他方向望去，可以看到老城裡的教堂和猶太教堂。

1 這兩座建築物的歷史都可以追溯到西元七世紀末，聖石圓頂寺基本上保留了它的原初形式，而阿克薩清真寺則是經過了反覆重修和擴建。

只要沿著西希拉門大街（Bab al-Silsila Street）往下走，就會看到哈利迪圖書館（Khalidi Library）的主體建築了，它是由我的祖父，哈吉·拉吉布·哈利迪（Haji Raghib al-Khalidi）用他的媽媽海迪嘉·哈利迪（Khadija al-Khalidi）的遺產於一八九九年建立的。[2]圖書館裡收藏了一千二百多份手稿，主要是阿拉伯文（一些是波斯文和奧斯曼土耳其文），其中最古老的手稿可以追溯到十一世紀初。[3]藏書裡包括大約兩千本十九世紀的阿拉伯文書籍和品項繁雜的各種家庭文件，這些藏品是整個巴勒斯坦最廣的收藏品之一，它們至今仍然掌握在原家族主人的手中。[4]

在我的逗留期間，歷史可以追溯到十三世紀的圖書館主體結構正在進行維修，因此，那些藏書被放在紙箱中，暫存在一棟馬穆魯克王朝時期的建築中，這棟建築可以透過一個狹窄的樓梯與我們的公寓相通。我花了超過一年時間翻閱這些大箱子中被塵封已久、蟲蛀過的書籍、文件和屬於幾代哈利迪家族成員們的信件，它們中也有我的曾曾叔父優素福·迪亞·丁·帕夏·哈利迪（Yusuf Diya al-Din Pasha al-Khalidi）的信件。[5]透過他的各種文件，我發現他是一個沉穩老練的人，他在耶路撒冷、馬爾他、伊斯坦堡和維也納接受了內容豐富、領域廣泛的教育，他對比較宗教，特別是猶太教，持有濃厚的興趣，他擁有許多用歐洲語言撰寫的關於這方面和其他主題的書。

優素福·迪亞是一代又一代的耶路撒冷伊斯蘭學者和法學家們的後代；他的父親塞伊德·穆罕默德·阿里·哈利迪（al-Sayyid Muhammad ʻAli al-Khalidi）曾擔任過耶路撒冷伊斯蘭教

2 圖書館的主體建築被稱為巴拉卡汗之墓（Turbat Baraka Khan）。Michael Hamilton Burgoyne, *Mamluk Jerusalem: An Architectural Study* (London: British School of Archaeology in Jerusalem and World of Islam Festival Trust, 1987), 109–16對這座建築進行了描述。這座建築物包含有巴拉卡汗和他兩個兒子的陵墓。前者是十三世紀的軍事領袖，他的女兒則是偉大的馬穆魯克蘇丹巴希爾．拜巴爾斯（al-Zahir Baybars）的妻子。他的兒子薩依德繼承了拜巴爾斯的蘇丹之位。

3 祖父利用我曾祖母提供的這些資金，翻修這棟建築物。圖書館裡分類收藏的手稿和書籍是祖父從我們家祖上的藏書裡蒐集來的，裡面有最初在十八世紀和更早時候整理出的藏書。圖書館網站上有關於它的基本訊息，包括手稿目錄：http://www.khalidilibrary.org/indexe .html。

4 一九四八年春天，猶太復國主義的部隊占領了阿拉伯人居住的村莊和城市，尤其是在雅法、海法和西耶路撒冷的阿拉伯居民區，隨之而來的就是有專門小組進行有計畫地劫掠巴勒斯坦私人圖書館的藏品。被盜的手稿和書籍被存放在希伯來大學的圖書館，也就是今天的以色列國家圖書館裡，其收藏門類代號為ＡＰ，即「被遺棄財產」（abandoned property），這是一種對征服和掠奪後的文化占有過程的典型歐威爾式描述。請參考：Gish Amit, "Salvage or Plunder? Israel's 'Collection' of Private Palestinian Libraries in West Jerusalem," *Journal of Palestine Studies* 40, no. 4 (2010–11): 6–25。

5 關於優素福．迪亞的最重要資料來源是Alexander Schölch, *Palestine in Transformation, 1856–1882: Studies in Social, Economic, and Political Development* (Washington, DC: Institute for Palestine Studies, 1993), 241–52中關於他的部分。這部分內容也轉載於*Jerusalem Quarterly* 24 (Summer 2005): 65–76。另見：Malek Sharif, "A Portrait of Syrian Deputies in the Ottoman Parliament," in *The First Ottoman Experiment in Democracy*, ed. Christoph Herzog and Malek Sharif (Würzburg: Nomos, 2010); R. Khalidi, *Palestinian Identity: The Construction of Modern National Consciousness*, rev. ed. (New York: Columbia University Press, 2010), 67–76。此外，本書中的阿拉伯語人名的英文轉寫原則是根據簡化的IJMES（International Journal of Middle East Studies）系統完成的，另外有一些人名的不同轉寫方式則是出於他們的個人喜好。

法法庭祕書處的副主任和主任長達五十年左右。但在年輕時，優素福・迪亞為自己尋找了一條截然不同的道路。在吸收了傳統伊斯蘭教育的基本知識後，他在十八歲時離開了巴勒斯坦，據說他沒有經過他父親的同意，就在馬爾他的一所英國人開辦的教會傳教士學校裡學習了兩年。從馬爾他啟程，他又去了伊斯坦堡的帝國醫學院裡學習，之後他進入這裡的羅伯特學院（Robert College）學習，該學院是當時才剛剛由美國的新教傳教士創辦的。在一八六〇年代的五年時間裡，優素福・迪亞在該地區最早的一些提供現代西式教育的機構中學習，他學會了英語、法語、德語和其他的許多知識。這對於十九世紀中期一個來自穆斯林宗教學者家庭的年輕人來說，是一條非常不尋常的發展軌跡。

優素福・迪亞・丁・帕夏・哈利迪

在獲得這種內容廣泛的教育訓練後，優素福・迪亞擔任了奧斯曼帝國政府中的各種官員，包括外交部的翻譯；駐俄羅斯黑海波提港（port of Poti）的領事；庫德斯坦、黎巴嫩、巴勒斯坦和敘利亞等地區的區長；並擔任了耶路撒冷市長將近十年時間，還曾任教於維也納皇家帝國大學。一八七六年時，在根據奧斯曼帝國新憲法而成立的奧斯曼帝國短暫的議會中，他當選為耶路撒冷代表，但因為他支持議會有權行使行政權力而惹來了蘇丹阿布杜哈米德（'Abd al-Hamid）的敵意。[6]

根據家族傳統和他所接受的伊斯蘭的和西方的教育，哈利迪成為了一名出色的學者。哈利迪圖書館裡收藏了他的許多法語、德語和英語書籍，以及他和歐洲及中東地區學識淵博的人物的通信。此外，圖書館中收藏的奧地利、法國和英國舊報紙傳達出，優素福·迪亞經常閱讀海外報刊。有證據表明，他是透過位於伊斯坦堡的奧地利郵局收到這些材料的，因為該郵局不受奧斯曼帝國嚴厲的審查法的限制。[7]

透過廣泛的閱讀、在維也納和其他歐洲國家的經歷以及與基督教傳教士的接觸，優素福·

---

6 關於他在推進立憲權利，反對蘇丹的絕對權力中的作用，請參考 R. E. Devereux, *The First Ottoman Constitutional Period: A Study of the Midhat Constitution and Parliament* (Baltimore: Johns Hopkins University Press, 1963)。

7 他在位於今天的土耳其東南部庫德斯坦的彼特里斯區（Bitlis district）擔任執政官，他編纂了第一本阿拉伯語—庫德語字典（*al-Hadiyya al-Hamidiyya fil-Lugha al-Kurdiyya*）。我在哈利迪圖書館的資料中發現了這本書和其他幾本出版物的複本。這本書在伊斯蘭曆一三一〇年（西元一八九三年）由奧斯曼帝國教育部在伊斯坦堡出版，此後又重新出版過幾次。除了書名暗指蘇丹阿布杜哈米德二世的名字之外，它的引言中還包括致蘇丹的獻詞，這幾乎是為了通過審查的必須做法，對於那些被當局認為是顛覆性的作者和作品來說尤其要這樣做。

迪亞充分地認識到了反猶主義（anti-Semitism）在西方的普遍。他還對錫安主義（Zionism，猶太復國主義）的思想淵源有了深刻的了解，他尤其深刻地理解到，猶太復國主義的本質是在回應基督教歐洲強烈的反猶主義。

毫無疑問的，他也十分熟悉維也納記者西奧多．赫茨爾（Theodor Herzl）於一八九六年出版的《猶太國家》（*Der Judenstaat*）這本書，並知道一八九七年和九八年在瑞士巴塞爾召開的最初兩次猶太復國主義大會[8]（事實似乎很明顯，他在維也納的時候就已經知道赫茨爾了）。他知道不同的猶太復國主義領導人和猶太復國主義傾向的辯論和觀點，其中也包括赫茨爾明確呼籲為猶太人建立一個擁有控制移民之「主權權利」的國家。此外，身為耶路撒冷市長，他目睹了在原型錫安主義者（proto-Zionist）活動的最初幾年裡，這些人和當地居民所產生的摩擦，這些人是在一八七〇年代末至一八八〇年代初時來自歐洲的最早的猶太定居者。

赫茨爾是這個他創立的日益壯大的運動的公認領袖，他在一八九八年完成了自己對耶路撒冷的唯一一次造訪，他到來的時間與德皇威廉二世訪問的時間相重合。在這時候，他已經開始思考對巴勒斯坦進行殖民所涉及的一些問題了，他在一八九五年的日記中寫道：

> 我們必須在劃給我們的土地上，和緩地沒收巴勒斯坦的私有財產。我們得在他們（巴勒斯坦人）過境的各國提供他們工作機會，並同時讓他們在自己的國家找不到工作，以此來鼓動那些身無分文的人口勇於跨出國界。有產者會站到我們這邊來。徵用和驅趕窮人的

過程都必須謹慎小心地進行。[9]

優素福・迪亞比他的大多數巴勒斯坦同胞更清楚新生的猶太復國主義運動的野心及其力量、資源和吸引力。他很清楚，猶太復國主義對巴勒斯坦的主張及在那裡建立猶太國家和主權的明確目標，這跟該國本地居民的權利和福祉是無法調和的。大概正是出於這些原因，在一八九九年三月一日，優素福・迪亞給法國的首席猶太教拉比札多克・卡恩（Zadoc Kahn）寄去了一封長達七頁的極具先見之明的信，並要求將這封信轉交給現代猶太復國主義的創始人赫茨爾。

信中首先表達了優素福・迪亞對於赫茨爾的欽佩，他認為赫茨爾「作為個人，是一位有才華的作家，是一位真正熱愛猶太民族的人。」優素福・迪亞還表達了他對猶太教和猶太人的尊重，他說猶太人是「我們的堂兄弟」，他的意思是說亞伯拉罕（易卜拉欣）是同時受猶太人和穆斯林尊敬的先輩。[10]

8 *Der Judenstaat: Versuch einer modernen Lösung der Judenfrage* (Leipzig and Vienna: M. Breitenstein, 1896)。這本小冊子的篇幅有八十六頁。

9 Theodor Herzl, *Complete Diaries*, ed. Raphael Patai (New York: Herzl Press, 1960), 88–89.

10 優素福・迪亞在伊斯坦堡佩拉區寫給大拉比札多克・卡恩的信，一八九九年三月。Central Zionist Archives, H1\197 [Herzl Papers]。我收到了這份文件的數位複本，由巴尼特・如賓（Barnett Rubin）提供。這封信是在伊斯坦堡佩拉區的赫迪夫酒店裡寫的。所有從法語原文的翻譯都是我自己做的。

他是理解猶太復國主義的動機的，正如他對猶太人在歐洲受到的迫害表示遺憾一樣。有鑑於此，他寫道，猶太復國主義在原則上是「自然而然的、美麗的和理所應當的」，而且，「誰能對巴勒斯坦猶太人的權利提出異議？我的主啊，它是你歷史上的國家！」

這句話有時候會被從上下文語境地單獨剝離出來，以此代表優素福·迪亞熱情接受巴勒斯坦的整個猶太復國主義計畫。然而，這位前耶路撒冷市長和副市長馬上就提出了他的警告，他預見到在巴勒斯坦實施猶太復國主義主權國家計畫的後果是危險的。猶太復國主義的想法會挑起在那裡的基督徒、穆斯林和猶太人之間的爭端。它將危及猶太人在奧斯曼帝國領土上一直享有的地位和安全。談到他的主要目的，優素福·迪亞清醒地表示，無論猶太復國主義有什麼優點，「都必須要考慮到形勢的殘酷」。其中最重要的一點是，「巴勒斯坦是奧斯曼帝國不可分割的一部分，更嚴重的是，它上面有其他人居住。」巴勒斯坦已經有了本地居民，他們絕不會接受被別人取而代之。優素福·迪亞「在充分了解事實的情況下」做出了論斷，斷言猶太復國主義接管巴勒斯坦的計畫是「純粹的荒唐」。沒有什麼比讓「不幸的猶太民族」在其他地方找到避難所更為公允和公平了。但是，他最後衷心地請求：「以神的名義，別碰巴勒斯坦。」

赫茨爾很快就回信給優素福·迪亞。他在三月十九日寄達的信可能是猶太復國主義運動的創始人，首次回應巴勒斯坦人對萌芽中的巴勒斯坦計畫的合理拒絕。在信中，赫茨爾確立了一種把本地居民的利益，有時甚至是把他們的存在視為無足輕重的公式。這位猶太復國主義領袖根本無視信中的基本論點，即巴勒斯坦已經存在一個不會同意被取而代之的居民的事實。雖然

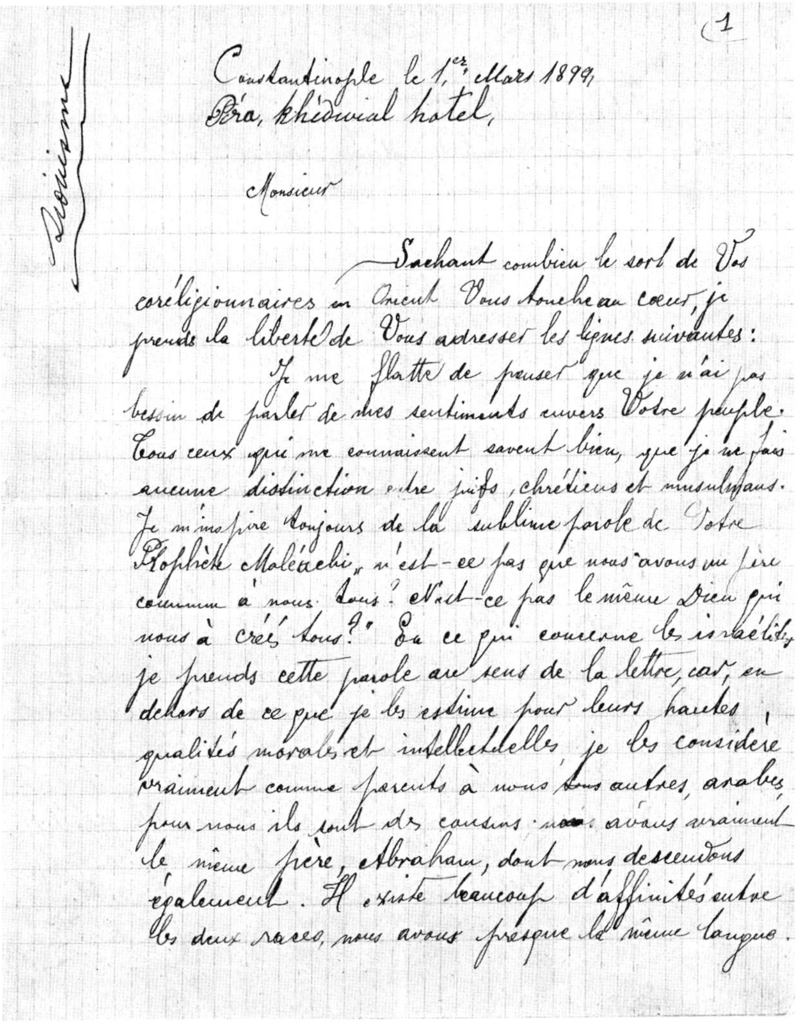

Sionisme

(1

Constantinople le 1er Mars 1899,
Péra, Khédivial hotel,

Monsieur

Sachant combien le sort de Vos coréligionnaires en Orient Vous touche au cœur, je prends la liberté de Vous adresser les lignes suivantes:

Je me flatte de penser que je n'ai pas besoin de parler de mes sentiments envers Votre peuple. Tous ceux qui me connaissent savent bien, que je ne fais aucune distinction entre juifs, chrétiens et musulmans. Je m'inspire toujours de la sublime parole de Votre Prophète Maléachi, „n'est-ce pas que nous avons un père commun à nous tous? N'est-ce pas le même Dieu qui nous à créés tous?" En ce qui concerne les israélites, je prends cette parole au sens de la lettre, car, en dehors de ce que je les estime pour leurs hautes qualités morales et intellectuelles, je les considère vraiment comme parents à nous tous autres, arabes, pour nous ils sont des cousins nous avons vraiment le même père, Abraham, dont nous descendons également. Il existe beaucoup d'affinités entre les deux races, nous avons presque la même langue.

優素福．迪亞在寫給西奧多．赫茨爾的信上說：巴勒斯坦「已有其他人定居」，他們是不會輕易接受被迫遷徙的。

赫茨爾曾經訪問過這個國家，但他和大多數早期的歐洲猶太復國主義者一樣，對當地居民沒有多少了解或接觸。他也沒有回應哈利迪所指出，猶太復國主義計畫將會給整個中東地區大量的已發展成熟的猶太人社區造成危險。

在給猶太復國主義（最終意味著猶太人控制巴勒斯坦的事實）擦脂抹粉時，赫茨爾拿出了一個在任何其他時候、任何其他地點的殖民主義者，也會拿出來當作萬用法寶的說辭，這個說辭也將會成為猶太復國主義運動的主要論點：猶太移民將會讓巴勒斯坦的本地居民獲益。「我們帶人進去，這會增加他們的好處，增加他們的個人財富。」呼應著他在《猶太國家》中使用的語言，他補充道：「如果能允許有一些猶太移民的話，他們的智慧、他們的經濟頭腦和他們的企業手段都會被帶到這個國家去，沒有人會懷疑，這對整個國家的福祉都是一個好結果。」[11]

最能說明問題的是，信中提到了優素福・迪亞甚至沒有提起的一個擔憂。「閣下，你看到了另一個困難，即巴勒斯坦有非猶太人的民族存在。但誰會想到要把他們送走呢？」[12]赫茨爾在回答哈利迪未曾問過的問題時，用他的保證暗示了他在日記中所記錄下來，希望將該國的貧困人口「和緩地」送出國界的願望。[13]從這段令人不寒而慄的引文中，我們可以清楚地看出，赫茨爾完全知道，「消失」巴勒斯坦本地人口對於猶太復國主義成功的重要性。此外，他為猶太—奧斯曼土地公司（Jewish-Ottoman Land Company）共同起草的一九〇一年章程中，也包含了同樣的原則，即把巴勒斯坦居民遷往「奧斯曼帝國的其他省份和領土上去」。[14]儘管赫茨爾在其著作中強調，他的計畫是建立在「最高的容忍度」的基礎上的，所有人都享有充分的權利[15]，但這句話的意思只不過是在其餘的人被遷往其他地方去了以後，容忍可能殘餘的少數群體。

赫茨爾低估了這位和他通信的人。從哈利迪的信中可以清楚地看出，哈利迪完全明白問題的關鍵不是把數目有限的「一些猶太人」移民到巴勒斯坦，而是將整塊土地轉化成一個猶太國家。鑑於赫茨爾給他的答覆，優素福・迪亞只能得出以下兩種結論中的一個。要麼是猶太復國主義領袖有意透過隱瞞猶太復國主義運動的真正目的來欺騙他，要麼就是赫茨爾根本不認為優素福・迪亞和巴勒斯坦的阿拉伯人值得被認真對待。

---

11 赫茨爾給優素福・迪亞的信，一八九九年三月十九日，重印於Walid Khalidi, ed., *From Haven to Conquest: Readings in Zionism and the Palestine Problem* (Beirut, Institute for Palestine Studies, 1971), 91–93。

12 Ibid.

13 雖然不該如此，但是赫茨爾對阿拉伯人的態度是一個引起爭論的話題。瓦利德・哈利迪對此所做的評估是最佳的、最為平衡的評估之一。見“The Jewish-Ottoman Land Company: Herzl’s Blueprint for the Colonization of Palestine,” *Journal of Palestine Studies* 22, no. 2 (Winter 1993): 30–47; Derek Penslar, “Herzl and the Palestinian Arabs: Myth and Counter-Myth,” *Journal of Israeli History* 24, no. 1 (2005), 65–77; and Muhammad Ali Khalidi, “Utopian Zionism or Zionist Proselytism: A Reading of Herzl’s Altneuland,” *Journal of Palestine Studies*, 30, no. 4 (Summer 2001): 55–67。

14 章程的文本可參考Walid Khalidi, “The Jewish-Ottoman Land Company”。

15 赫茨爾最烏托邦式的一九〇二年小說《古老的新疆土》（*Altneuland*），描述了一個擁有所有這些迷人特徵的未來巴勒斯坦。見Muhammad Ali Khalidi, “Utopian Zionism or Zionist Proselytism”。

相反的，赫茨爾本著十九世紀歐洲人常見的自鳴得意和自信，提出了一個荒謬的誘因，即讓一群陌生人殖民本地居民的土地，並最終篡奪這片土地，這種行為將有利於該國的人民。赫茨爾的想法和他對優素福．迪亞的答覆，似乎是基於一種假定的基礎，認為阿拉伯人最終可以被收買或愚弄，然後忽視猶太復國主義運動對巴勒斯坦懷有的實際意圖。這種面對巴勒斯坦阿拉伯人智慧的傲慢態度（更遑論權利），在隨後的幾十年裡一直不斷地在猶太復國主義、英國、歐洲和美國的領導人身上重複出現。至於赫茨爾創立的運動所最終建立起來的猶太國家，正如優素福．迪亞所預見到的那樣，那裡只容得下一個民族，也就是猶太民族。至於其他的民族，他們將確實地被「趕走」，或者頂多是被容忍留下。

§

對於研究這段歷史的歷史學家來說，優素福．迪亞的這封信和赫茨爾對這封信的回應是眾所周知的，但是大多數的歷史學家似乎並沒有仔細反思，這也許是一位巴勒斯坦領袖人物與猶太復國主義運動創始人之間的第一次有意義交流。他們沒有充分考慮到赫茨爾給出的理由其實已非常清楚說明了巴勒斯坦長達一個世紀衝突的殖民本質。大多數的歷史學家也沒有認識到哈利迪的論點，而他的這些話自從一八九九年開始，就已經得到了充分的證實。

從第一次世界大戰後開始，在新成立的英國託管統治當局的支持下，歐洲猶太定居者開始大規模向巴勒斯坦移民，幫助他們建立猶太復國主義準國家性質的自治體制，從而推動了巴勒斯坦本地社會的解體。另外，在「Avoda ivrit」（希伯來勞工）的口號下，猶太人掌握的公司企業排除了阿拉伯人勞工，並伴隨著從國外注入的絕對巨額資本，在巴勒斯坦形成一個獨立由猶太人控制的經濟體。[16]到了一九三〇年代中期，雖然猶太人仍然是人口上的少數，但這個基本上是獨立運行的經濟體，要比阿拉伯人所擁有的經濟部分更龐大。

發生在一九三六至一九三九年的阿拉伯人反抗英國統治的大起義遭到鎮壓後，巴勒斯坦本地人的人口進一步減少，在此期間，有一成的成年男性人口被殺、受傷、監禁或流放[17]，英國動用了十萬軍隊和空軍來鎮壓巴勒斯坦人的反抗。與此同時，由於受到德國納粹政權的迫害，大規模的猶太移民浪潮使得巴勒斯坦的猶太人口，從一九三二年僅占總人口的百分之十八，上升到了一九三九年的百分之三十一以上。這為一九四八年巴勒斯坦的種族清洗提供了必要的人

16 根據以色列學者澤夫·史登赫爾（Zeev Sternhell）的研究，在一九二〇年代的十年中「猶太人資本的年湧入量比猶太人的淨國內生產總值（NDP）還高百分之四十一點五……這個比率在二戰前的任何時候都從未低於過百分之三十三。」見 *The Founding Myths of Israel: Nationalism, Socialism, and the Making of the Jewish State* (Princeton, NJ: Princeton University Press, 1998), 217。這種驚人資本湧入的結果就是從一九二二至一九四七年，巴勒斯坦猶太人的經濟年增長率高達百分之十三點二。細節請參考 R. Khalidi, *The Iron Cage: The Story of the Palestinian Struggle for Statehood* (Boston: Beacon Press, 2007), 13–14。

17 在起義期間巴勒斯坦人的損失數據是以瓦利德·哈利迪提供的統計數據估算而來的，見 Walid Khalidi, ed., *From Haven to Conquest*, appendix 4, 846–49。

口臨界值和軍事力量。隨後，猶太復國主義民兵和以色列軍隊先是驅逐了該國一半以上的阿拉伯人口，完成了猶太復國主義的軍事和政治勝利。

這種以犧牲本地人口為代價的激進社會工程是所有殖民屯墾／定居運動的方式。在巴勒斯坦，這是將一個絕大多數是阿拉伯人的國家，轉變為一個以猶太人為主的國家的必要前提條件。正如本書將論述的那樣，巴勒斯坦的現代史最好從這些方面來理解：這是一場由多方勢力對本地居民發動的殖民戰爭，目的是迫使他們違背自己的意願，將自己的家園交給另一個民族。

雖然這場戰爭具有其他殖民運動的許多典型特徵，但它也具有非常具體的特徵，因為它是由猶太復國主義分子身體力行、並以其為代表的一場運動，而猶太復國主義運動本身就是一個非常特殊的殖民計畫。使這一理解變得更加複雜的是，這場在外部勢力大規模支持下進行的殖民衝突，隨著時間的推移，成為兩個新的國家實體、兩個民族之間的民族對抗。猶太人以及許多的基督徒對他們與聖經歷史上以色列土地的連結，產生了一種深刻的情感共鳴，這也是這一衝突特殊性的基礎，並擴大這一特殊性。這種情感共鳴被巧妙利用到了現代政治猶太復國主義中，成為它的組成部分。十九世紀末的殖民—民族運動就這樣給自己披上了一件聖經的外衣，對熟讀聖經的英國和美國新教徒擁有強大的吸引力，使他們視而不見猶太復國主義的現代性及其殖民性質：猶太人怎麼可能在他們的宗教發源地「殖民」呢？

鑑於這種盲目性，這場衝突被描述為，最好的情況是，在同一塊土地上擁有權利的兩個民族之間直接的、甚至是悲劇性的民族衝突。在最壞的情況下，它被描述為：因為猶太人民主張不可剝奪上帝賜予他們的永恆家園，所以猶太人才遭受阿拉伯人和穆斯林那狂熱、持久的仇恨。的確，我們沒有理由不把一個多世紀以來在巴勒斯坦發生的事情，理解為既是殖民衝突又是民族衝突。但是，我們在這裡關注的是它的殖民性質。儘管在巴勒斯坦的現代歷史中，其他殖民運動的典型特徵隨處可見，但是在衝突問題上，殖民性質的方面卻沒有得到應有的重視，而這個性質恰恰是問題的核心。

無論是在美洲、非洲、亞洲還是澳大拉西亞（或是在愛爾蘭），尋求取代或支配本地人的歐洲殖民者總是以貶義詞來形容本地的被殖民者。他們還總是宣稱，他們的統治將使本地居民生活得更好；他們的殖民計畫具有的「文明」和「進步」性質，可以為他們為實現其目標而對當地人犯下的任何滔天罪行辯護。只要看看北非的法國行政長官或印度的英國總督的言論就知道了。在談到英屬印度的時候，寇松（Curzon）勛爵說：「當你感覺到你在這好幾百萬人中間留下了之前不曾存在的一點正義、幸福或繁榮，就會有一種豪情或是道德上的高貴、一種愛國情懷、一片智性啟蒙的黎明，或是一種責任的躁動在你的心中油然而生——這就足夠了，這就是英國人在印度存在的正當理由。」[18]在他的這句話中，「之前不曾存在」這幾個字值得一再重

18 *Lord Curzon in India: Being a Selection from His Speeches as Viceroy & Governor-General of India, 1898–1905* (London: Macmillan, 1906), 589–90.

複。對寇松和他的殖民體系中的其他人來說，當地人不知道什麼是對他們最好的，也不能靠自己的力量實現這些事情。寇松在另一次演講中曾經說：「沒有我們，你們辦不到。」[19]

在之前的一百多年來，殖民者對巴勒斯坦人的描述與對其他當地人的描述完全相同。西奧多・赫茨爾和其他猶太復國主義者領導人居高臨下的言辭，與他們的歐洲同類並無二致。赫茨爾曾經寫道，猶太國家將「成為歐洲在亞洲的一道防衛牆的一部分，是文明對抗野蠻的前哨。」[20]這與歐洲人在十九世紀征服北美邊疆時使用的語言相似，當時的征服以消滅或征服北美大陸的全部原住人口而告終。與北美一樣，殖民巴勒斯坦就如同殖民南非、澳大利亞、阿爾及利亞和東非部分地區一樣，意圖是產生一個歐洲白人移民的殖民地。寇松的言論和赫茨爾的信中對巴勒斯坦人的相同語氣，甚至在今天美國、歐洲和以色列的許多關於巴勒斯坦的論述中也不斷地重複著。

根據這種殖民主義的理由，有大量的文字作品企圖證明在歐洲猶太復國主義開始殖民之前，巴勒斯坦是貧瘠、空蕩、落後的。歷史上的巴勒斯坦一直是西方流行文化中無數貶低的典故的主題，也是一些毫無學術價值的著作的主題，這些著作自稱是科學和學術的，但卻充滿了歷史錯誤、歪曲事實，有時甚至是赤裸裸的偏見。這些文獻斷言，這個國家最多是由少數無根的、游牧的貝都因人在這居住，他們沒有固定的身分，對所經過的土地也沒有依戀，基本上是流動人口。

這種爭論的必然結果是，只有新來的猶太移民的勞動和驅動力，才把這個國家變成了今天所謂的百花盛開的花園，也只有他們對這片土地有認同和熱愛，以及（上帝所賦予的）權利。這種態度被總結成一句被那些猶太巴勒斯坦的基督徒支持者，以及像以色列・贊格威爾（Israel Zangwill）之類的早期猶太復國主義者所使用的口號：「（巴勒斯坦是）無民之地，（猶太人）是無地之民。」[21]對於那些前來定居的人來說，巴勒斯坦是無主之地，生活在那裡的人是無名無姓的，無定形的。因此，赫茨爾在給優素福・迪亞的信中把當時約占全國居民九成五的巴勒斯坦阿拉伯人稱為巴勒斯坦「非猶太人口」。

從根本上說，這裡所要表達出的意思是，巴勒斯坦人並不存在，或者說他們根本不值得考慮，或者說不配居住在這個被悲慘地無視的國家裡。如果他們不存在的話，那麼即使是巴勒斯坦人對猶太復國主義運動的計畫提出有充分理由的反對意見，也可以被置之不理。正如赫茨爾置之不理優素福・迪亞的來信一樣，大多數後來處置巴勒斯坦的計畫也同樣輕率。一九一七年英國內閣發表的「貝爾福宣言」（Balfour Declaration）承諾英國將建立一個猶太民族家園，雖

19 Ibid., 489.

20 *Der Judenstaat*, 翻譯和摘錄於 *The Zionist Idea: A Historical Analysis and Reader*, ed. Arthur Hertzberg (New York: Atheneum, 1970), 222。

21 Zangwill, in "The Return to Palestine," *New Liberal Review* (December 1901), 615寫道：「巴勒斯坦是一塊無民之地，猶太人是無地之民。」關於這個口號的傾向和無休止的反覆使用的最近的例子，見Diana Muir, "A Land Without a People for a People Without a Land," *Middle East Quarterly* (Spring 2008), 55–62。

然這份文件為巴勒斯坦確定了隨後一個世紀的方向，但是卻從來沒有提到巴勒斯坦人，而巴勒斯坦人在當時是這個國家裡的絕大多數人口。

說巴勒斯坦人根本就不存在，或者甚至更糟糕的，說巴勒斯坦人的存在是那些對以色列不懷好意的人的惡意發明，也得到一些騙人書籍的支持，例如約安・彼得（Joan Peter）的《自古以來》（*From Time Immemorial*），這本書如今被學者普遍認為是完全沒什麼優點的書。但這本書在一九四八年出版後受到了熱烈歡迎，而且令人沮喪的，至今仍然暢銷。[22]這樣的文字作品，無論是偽學術作品還是通俗讀物，主要的根據都是歐洲旅行者的記載，猶太復國主義新移民的記載，或者是英國託管時期的材料。這些資料來源往往是那些對於本地社會和歷史一無所知，而且對其不屑一顧的人編纂的，或者更糟的，是根據那些有意要讓當地社會隱形或消失的計畫寫成的。那些文字作品很少會使用來自巴勒斯坦社會的資料來源，因此它們呈現出的，就是那種一再重複、無知、有偏見、受到歐洲人傲慢的影響的外人視角。[23]

這種訊息也在以色列和美國的流行文化、政治和公共生活中得到了充分的體現。[24]它經過大眾市場上的書，例如萊昂・烏瑞斯（Leon Uris）的小說《出埃及記》（*Exodus*）和獲得了奧斯卡獎的改編電影之類的作品的放大，給整整一代人帶來了強烈的影響，並確認和加深了先前已經存在的偏見。[25]政治人物也曾直言不諱地否認巴勒斯坦人的存在，例如，前美國眾議院議長紐特・金里奇（Newt Gingrich）曾說：「我覺得巴勒斯坦人是發明出來的，他們實際上是阿拉伯人。」阿肯色州的州長麥克・哈卡比（Mike Huckabee）在二〇一五年三月從巴勒斯坦之

22 Joan Peters, *From Time Immemorial: The Origins of the Arab-Jewish Conflict over Palestine* (New York: HarperCollins, 1984)。這本書在諾曼·芬克斯坦（Norman Finkelstein）、耶書亞·波拉（Yehoshua Porath）和其他許多學者那裡都受到了大力批評，他們無例外地認為作者是一個騙子。猶太教拉比亞瑟·赫茲伯格（Arthur Hertzberg）曾在哥倫比亞大學和我短暫共事過，他告訴我，這本書是在以色列右翼部門的唆使和資源支持下，由一個沒有特定的中東專業知識的人寫的。他告訴我，從本質上來說，他們把「證明」巴勒斯坦人不存在的文件給了作者，而她把它們寫成了書。我無法評估這一說法。赫茲伯格和約安·彼得已經分別於二〇〇六年和二〇〇五年離世了。

23 這樣的作品有很多，見e.g., Arnold Brumberg, *Zion Before Zionism, 1838–1880* (Syracuse, NY: Syracuse University Press, 1985)；或者是以一種表面上看來更複雜的形式，如埃夫拉姆·卡什（Ephraim Karsh）典型的引起論證、有傾向性的作品Palestine Betrayed (New Haven, CT: Yale University Press, 2011)。這本書是新保守主義所謂的「學術」新流派的一部分，資助方包括右翼對沖基金的百萬富翁羅傑·赫托格（Roger Hertog），他在作者的前言中得到了盛讚。另一個新流派中的明星人物是哈德遜研究所的麥克·多蘭（Michael Doran，赫托格是這個研究所的董事會成員），而他在他的書中也熱情感謝了赫托格，見*Ike's Gamble: America's Rise to Dominance in the Middle East* (New York: Simon and Schuster, 2016)。

24 美國公眾對於巴勒斯坦的態度是由好萊塢和大眾媒體普遍蔑視阿拉伯人和穆斯林所形成的，正如傑克·夏辛（Jack Shaheen）在他書中展現的那樣，見Jack Shaheen, *Reel Bad Arabs: How Hollywood Vilifies a People* (New York: Olive Branch Press, 2001)，以及類似的特別針對巴勒斯坦和巴勒斯坦人的描繪。Noga Kadman, *Erased from Space and Consciousness: Israel and the Depopulated Palestinian Villages of 1948* (Bloomington: Indiana University Press, 2015)透過廣泛的採訪和其他的資料顯示，類似態度已經深深扎根在許多以色列人心中。

25 M. M. Silver, *Our Exodus: Leon Uris and the Americanization of Israel's Founding Story* (Detroit: Wayne State University Press, 2010)分析了這本書和電影對美國流行文化的影響。艾美·卡普蘭（Amy Kaplan）指出，這部小說和電影在猶太復國主義的美國化中起到了核心作用。見她的論文 "Zionism as Anticolonialism: The Case of Exodus," American Literary History 25, no. 4 (December 1, 2013): 870–95，以及最重要的，她的著作*Our American Israel: The Story of an Entangled Alliance* (Cambridge, MA: Harvard University Press, 2018), 58–93。

行回國後，他說：「根本就沒有巴勒斯坦人這一回事。」[26]在某種程度上，自從杜魯門以來，每一屆進入美國政府的那些制定巴勒斯坦政策的工作人員的觀點就顯示，他們認為無論巴勒斯坦人是否存在，他們就是比以色列人低等的存在。

值得注意的是，猶太復國主義的許多早期宣傳者曾經驕傲地接受他們的殖民目標。重要的修正猶太復國主義領袖、自一九七七年以來主導以色列政治潮流的教父、受到歷任總理貝京、沙米爾、夏隆、歐麥特和納塔雅胡支持的澤維・賈鮑京斯基（Ze'ev Jabotinsky）對這一點尤其清楚。賈鮑京斯基曾在一九二三年寫道：「只要還存在擺脫被殖民的危險的一線希望，世界上任何一個地方的本地居民都會繼續反抗殖民者。這就是巴勒斯坦的阿拉伯人正在做的事情，而且只要還有一線希望，他們就會堅持不懈地做下去，希望能夠阻止『巴勒斯坦』被變成『以色列的土地』。」這樣的誠實在其他的猶太復國主義領袖中並不常見，那些人和赫茨爾一樣，會捍衛說他們的目的是純真無邪的，用童話故事來欺騙他們的西方聽眾，也許還有他們自己，說他們對巴勒斯坦的阿拉伯居民是善意的。

賈鮑京斯基和他的追隨者們是少數幾個坦率地公開，並且直截了當承認在現有人口中注入殖民定居者社會的做法，將會不可避免伴隨著嚴酷現實發生的人物之一。具體而言，他承認為了實施猶太復國主義計畫，持續對構成多數民族的阿拉伯人使用大規模武力威脅是必要的。他把這種威脅稱為刺刀組成的「鐵牆」，他認為這是成功的必要條件。正如賈鮑京斯基所說的：「猶太復國主義殖民……只有在一個獨立於本地居民的勢力的保護下才能推行和發展……要在一堵當地人無法突破的鐵牆後面進行。」[27]當時仍然是殖民主義高漲的時期，當時西方人對於當地社會所做的這種事情是被正常化的，而且是被描述為「進步」的。

早期猶太復國主義者建立的社會和經濟機構是猶太復國主義計畫成功的關鍵，但它也毫無疑問地被所有人理解和描述為是殖民性質的機構。其中最重要的機構是猶太殖民協會（Jewish Colonization Association，一九二四年改名為巴勒斯坦猶太殖民協會）。這個機構最初是由德國的猶太慈善家莫里斯・德・赫希（Maurice de Hirsch）男爵建立，後來與英國貴族和金融家埃德蒙・羅斯柴爾德（Edmond Rothschild）勛爵建立的類似組織合併。猶太殖民協會給殖民進程

---

26 見Zachary J. Foster, What's a Palestinian: Uncovering Cultural C Foreign Affairs, March 12, 2015, http://www.foreignaffairs.com/articles/143249/zachary-j-foster/whats-a-palestinian。像億萬富翁、賭場大亨謝爾頓・阿德爾森（Sheldon Adelson）之類的主要政治捐獻人也強烈地持有類似的觀點，此人連續幾年都是共和黨最大的單一捐助人，他曾說「巴勒斯坦人是一個被發明出來的民族」。在每一次總統選舉前的「金錢初選」中，他都策劃讓潛在的共和黨候選人隨他的論調起舞。見Jason Horowitz, "Republican Contenders Reach Out to Sheldon Adelson, Palms Up," New York Times, April 27, 2015, http://www.nytimes.com/2015/04/27/us/politics/republican-contenders-reach-out-to-sheldon-adelson-palms-up.html; and Jonathan Cook, "The Battle Between American-Jewish Political Donors Heats Up," Al-Araby, May 4, 2015, https://mail.google.com/mail/u/0/#label/Articles/14d22f412e42dbf1。作為川普的最大捐助人之一，阿德爾森在二〇一七年十二月美國承認耶路撒冷為以色列首都，並在此後將美國大使館遷往那裡的時候得到了回報。

27 Vladimir (later Ze'ev) Jabotinsky, "The Iron Wall: We and the Arabs,"以俄語首次發表時候的題目是"*O Zheleznoi Stene*" in *Rassvyet*, November 4, 1923。

提供了大量的財政支持，使大量購買土地和提供殖民活動補貼成為可能，這使巴勒斯坦早期的猶太復國主義殖民地在英國託管統治時期之前和期間得以生存和發展。

不足為奇的是，一旦殖民主義在二戰後的去殖民化時代變成臭名昭著的名詞，猶太復國主義和以色列的殖民起源和實踐就會被粉飾，並被以色列和西方國家方便地遺忘掉。事實上，猶太復國主義在二十年時間裡一直是英國殖民主義的寵兒，還將自己標榜為反殖民主義運動。這種猛烈地改頭換面的時機出現在二戰前夕，在英國通過了大大限制支持猶太移民的「一九三九年白皮書」（1939 White Paper）之後，猶太復國主義者竟對英國發起一場蓄意破壞和恐怖主義運動。昔日盟友之間（為了幫助他們在一九三〇年代末與巴勒斯坦人作戰，英國允許猶太定居者進入巴勒斯坦並提供他們訓練和武裝）的這種爭執，鼓勵了猶太復國主義運動本身就是反殖民主義的荒唐想法。

但無法迴避的事實是，猶太復國主義最初是緊緊依附於大英帝國的支持，只有依靠英帝國主義的不懈努力，才能成功將猶太復國主義植入到巴勒斯坦。不可能是別的情況，因為正如賈鮑京斯基所強調的那樣，只有英國人才有辦法發動一場鎮壓巴勒斯坦人抵抗的殖民戰爭。自那時以來，這場戰爭一直在繼續，有時公開進行，有時是暗中進行，但總是擁有著當時的主要大國的默許或公開批准，而且大國勢力往往是直接參與其中的，並得到它們所控制的國際機構、國際聯盟和聯合國的批准。

今天，這種典型的十九世紀歐洲殖民主義在非歐洲土地上的冒險活動，得到了自從一九一七年以來最強大的西方帝國主義力量的支持，但它所引發的衝突卻很少像過去那樣直白地描述。毫無疑問的，那些分析以色列在耶路撒冷、約旦河西岸與被占領的敘利亞戈蘭高地的定居活動，而且還從殖民定居者的起源和性質的視角，來分析整個猶太復國主義事業的人，往往會受到誹謗。許多人不能接受以下這個觀點中存在的固有兩面性：雖然猶太復國主義無疑成功地在以色列建立一個繁榮的國家實體，但它的根源卻是一個殖民定居計畫（其他現代國家也是如此，諸如美國、加拿大、澳大利亞和紐西蘭）。他們也不能接受的是，如果沒有帝國主義強國，即英國和後來的美國的支持，猶太復國主義是不會成功的。因此，猶太復國主義可以同時是一個民族運動和殖民定居者運動。

本書與其是對巴勒斯坦的歷史進行一種全面縱覽，我反而選擇重點關注巴勒斯坦鬥爭中的六個轉折點。這六個事件，從一九一七年發表決定巴勒斯坦命運的貝爾福宣言，到二〇〇〇年代初以色列對加薩走廊的圍困及其對加薩居民斷斷續續的戰爭，凸顯了百年來對巴勒斯坦人發動的戰爭所具有的殖民性質，也凸顯外部勢力在發動戰爭中起到的關鍵作用。[28] 我講述這個故

28 人們所知的百年戰爭通常是指英法百年戰爭，這場在英格蘭的金雀花王朝和法國的瓦盧瓦王朝之間的戰爭實際上是持續了一百一十六年（一三三七至一四五三年）。

事時，部分是透過親歷戰爭的巴勒斯坦人的經歷，他們中有許多人是我的家人，他們是一些事件的親歷者。我也在書中加入我自己親眼目睹的事件，以及屬於我自己和其他家族的史料和各種第一人稱敘述。我在整個過程中的目的是要表明，這場衝突必須要用與大多數主流觀點完全不同的方式來看待。

我曾以純學術的方式就巴勒斯坦歷史的不同方面寫過幾本書和許多文章。[29]本書的寫作也是以調查和學術研究為基礎，但它也存在第一人稱的層面，這個角度通常不會含括在學術性的歷史著作中。雖然我和我的家族成員多年來作為證人或參與者，一直參與著在巴勒斯坦發生的事件，雖然我們因為階級和地位而享有優勢，但我們的經歷並不獨特。儘管許多來自本文和巴勒斯坦其他的社會部門的歷史仍有待敘述，但是人們還是可以利用許多這樣的敘述。儘管我所選擇的方式存在著固有的緊張張力，但是我相信這種方式會有所幫助，它提供了在大多數和巴勒斯坦的故事相關的文字作品中所缺少的視角。

最後我要補充的是，本書並不會去呼應那種在過去一百年巴勒斯坦歷史上的所謂「悲情色彩」（套用偉大的歷史學家薩洛．巴倫對十九世紀猶太人歷史寫作趨勢的精采批評）。[30]那些同情其壓迫者的人指責巴勒斯坦人是沉浸在自己的受害者感受之中。然而，事實是，就像所有面臨著殖民戰爭的本地人民一樣，巴勒斯坦人正面對令人生畏、有時甚至不可能克服的困難。同樣的事實是，他們一再遭受失敗，而且經常被分裂和被糟糕的領導層管理。但這並不意味著巴勒斯坦人一直不能成功克服這些困難，或是在其他時候做出更好的選擇。[31]我們不能忽視那些針對他們的強大的國際和帝國主義勢力，這些勢力的規模往往被忽視，但儘管如此，巴勒斯坦人還是表現出非凡的韌性。我希望本書能夠反映出這種韌性，並有助於恢復一些把持著巴勒斯坦敘事的人從歷史中抹去的一些東西。

---

29 這些作品包括 *Palestinian Identity; The Iron Cage; Under Siege: PLO Decisionmaking During the 1982 War*, rev. ed. (New York: Columbia University Press, 2014); *Brokers of Deceit: How the US Has Undermined Peace in the Middle East* (Boston: Beacon Press), 2013。

30 薩洛・巴倫（Salo Baron）曾經是哥倫比亞大學的猶太歷史、文學和研究機構的教授，他被認為是二十世紀最偉大的猶太歷史學家。一九四〇年代末、五〇年代初，我父親伊斯瑪儀・哈利迪在哥倫比亞大學讀研究所的時候，曾經在他的課堂裡學習。在四十年後，巴倫告訴我，他記得我父親，而且說他是一個好學生。考慮到巴倫教授一慣的禮貌和善良，我想他可能僅僅是出於客氣吧。

31 在我的著作《鐵籠》（*The Iron Cage*）中，我歷數了巴勒斯坦民族運動的領導人做出的糟糕選擇以及它們所面對的巨大困難。

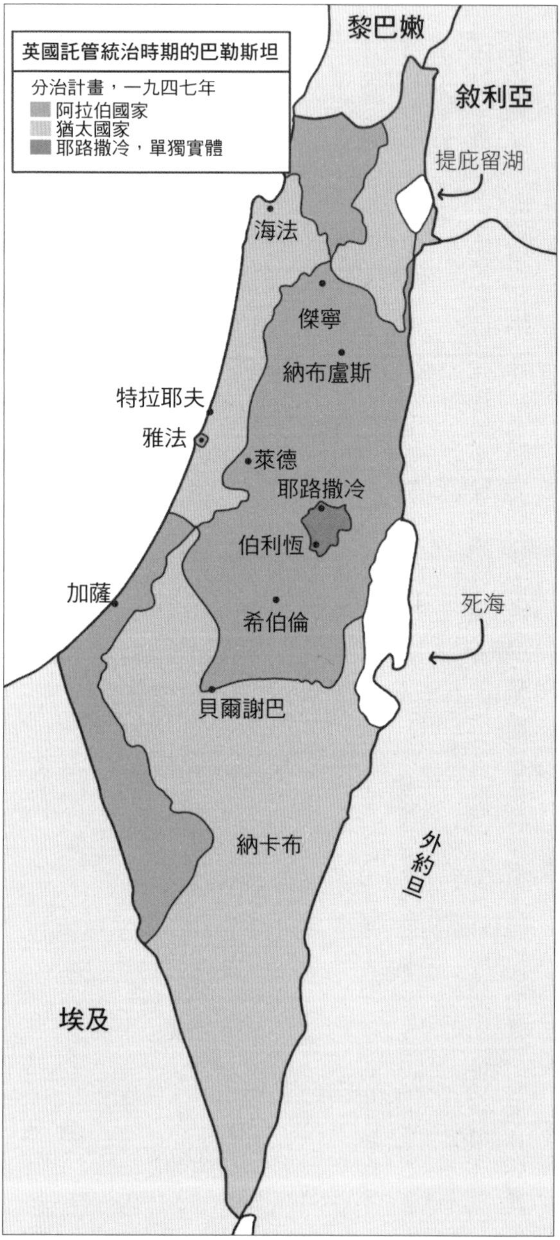
英國託管統治時期的巴勒斯坦
分治計畫，一九四七年
阿拉伯國家
猶太國家
耶路撒冷，單獨實體
黎巴嫩
敘利亞
提庇留湖
海法
傑寧
納布盧斯
特拉耶夫
雅法
萊德
耶路撒冷
伯利恆
加薩
希伯倫
死海
貝爾謝巴
納卡布
外約旦
埃及

第一次宣戰：貝爾福宣言

一九一七至一九三九年

有許多戰爭是在宣戰前就已經開始了。

——亞瑟．詹姆士．貝爾福[1]

在二十世紀初，猶太復國主義殖民化對巴勒斯坦產生重大影響之前，新的思想正在傳播，現代教育和識字率開始提高，國家經濟迅速融入了全球資本主義秩序。為出口小麥和柑橘等作物而進行的生產、投資農業資本、引進經濟作物和僱用勞動力，特別是橘子園的迅速擴張，正在改變農村大部分地區的面貌。這種演變是與私人土地所有權在少數人手中的積累相輔相成進行的。大片土控制在以犧牲農民小業主的利益為代價獲利的居外地主（absentee landlords）手

1 人們普遍認為這句話是出自貝爾福之口，它的確聽起來非常像是他說的。

中，他們中的許多人住在貝魯特或大馬士革。衛生、健康和分娩存活率都在慢慢地改善，死亡率在下降，因此人口增長速度變得更快了。電報、汽船、鐵路、煤氣燈、電力和現代化的道路逐漸改變了城市、城鎮，甚至一些農村。同時，區域內和區域外的旅行也變得更快、更便宜、更安全、更方便了。[2]

在一八六〇年代，優素福・迪亞・哈利迪不得不遠赴馬爾他和伊斯坦堡接受西方標準的教育。到了一九一四年時，在巴勒斯坦、貝魯特、開羅和大馬士革已經有了各種國立、私立傳教士學校和學院，人們都可以在這些學校裡接受這種教育。外國傳教士學校、天主教、新教和東正教學校，以及猶太聯盟大學（Alliance israélite universelle）的猶太學校經常引進現代的教學法。奧斯曼帝國當局建立了一個不斷發展的國立學校網絡，部分原因是擔心外國傳教士與其大國贊助人結盟，會主導年輕一代的教育，這些學校最終為巴勒斯坦的學生提供了比外國學校更多的服務。雖然普及教育和普遍識字仍然是遙遙無期的未來，但是第一次世界大戰前的變化為愈來愈多的人提供了新視野和新思想。[3]阿拉伯人口從這些發展中獲得了好處。

在社會方面，巴勒斯坦仍然是一個以父權制和等級制為主導的重度農村地區，直到一九四八年仍然如此。當時主導巴勒斯坦的是包括我家在內的少數幾個家族，他們即使在適應了新時局的時候也會堅守自己的地位和特權，年輕的家庭成員會接受現代教育和學習外語，以保持他們的地位和優勢。這些精英控制著巴勒斯坦的政治，但是新的職業、行業和階級的出現和發展意味著在一九〇〇年代，人們有了更多的發展和上升的管道。特別是在快速發展的沿海城市雅法和海法，變化比耶路撒冷、納布盧斯和希伯倫等較為保守的內陸城市更為明顯，沿海城市也見證了新興商業資產階級和城市工人階級雛形的出現。[4]

---

2 關於細節請參考 Roger Owen, ed., *Studies in the Economic and Social History of Palestine in the 19th and 20th Centuries* (London: Macmillan, 1982)。

3 見 Ben Fortna, *Imperial Classroom: Islam, the State, and Education in the Late Ottoman Empire* (Oxford: Oxford University Press, 2002); Selçuk Somel, *The Modernization of Public Education in the Ottoman Empire, 1839–1908: Islamization, Autocracy, and Discipline* (Leiden: Brill, 2001)。因此到一九四七年時，接近百分之四十五的阿拉伯學齡人口和絕大多數城市裡的男孩和女孩都在接受學校教育，這一情形要優於周邊的阿拉伯國家：A. L. Tibawi, *Arab Education in Mandatory Palestine: A Study of Three Decades of British Administration* (London: Luzac, 1956), tables, 270–71。這種教育上的進步基礎是在奧斯曼帝國時期就打下的。另可參考 R. Khalidi, *The Iron Cage*, 14–16; Ami Ayalon, *Reading Palestine: Printing and Literacy, 1900–1948* (Austin: University of Texas Press, 2004)。

4 關於高原和沿海地區的對比，可以參考 Salim Tamari, *Mountain Against the Sea: Essays on Palestinian Society and Culture* (Oakland: University of California Press, 2008)。塔馬里將這裡的觀點歸因於一九八五年的一場阿爾伯特・霍拉尼的講演，見 Hourani's 1985 lecture "Political Society in Lebanon: A Historical Introduction," http://lebanesestudies.com/wp-content/uploads/2012/04/c449fe11.-A-political-society-in-Lebanon-Albert-Hourani-1985.pdf. 另可參考 Sherene Seikaly, *Men of Capital: Scarcity and Economy in Mandate Palestine* (Stanford, CA: Stanford University Press, 2016); Abigail Jacobson, *From Empire to Empire: Jerusalem Between Ottoman and British Rule* (Syracuse, NY: Syracuse University Press, 2011); Mahmoud Yazbak, *Haifa in the Late Ottoman Period, 1864–1914: A Muslim Town in Transition* (Leiden: Brill, 1998); and May Seikaly, *Haifa: Transformation of an Arab Society, 1918–1939* (London: I. B. Tauris, 1995)。

與此同時，很大一部分人的身分意識也在發生著演變和變化。我祖父那一代人的認同本來是根基於家族、宗教信仰和原籍城市或村莊。他們會十分珍視自己是受人尊敬的祖先的後裔身分；他們會十分自豪於自己會講阿拉伯語，這是古蘭經的語言，並且是阿拉伯文化的繼承者。他們也可能會對奧斯曼王朝和國家感到忠誠，這種忠誠植根於習俗，也植根於認為奧斯曼國家是一個堡壘，它捍衛著最早和最偉大的穆斯林帝國的土地，這片土地自十字軍時期以來就被基督教世界覬覦，在這片土地上，坐落著聖城麥加、麥地那和耶路撒冷。然而，隨著國家的宗教基礎被削弱，奧斯曼帝國在軍事上的失敗、流失領土不斷增加，以及民族主義思想的演變和傳播，這種忠誠在十九世紀時開始減弱。

更大的流動性和更多的受教機會加速了這些轉變，而新興的新聞媒體和印刷書籍的出現也發揮了重要的作用：在一九〇八至一九一四年期間，巴勒斯坦新創辦了三十二家報紙和雜誌，在一九二〇年代和三〇年代則誕生了更多的媒體。[5]不同形式的身分認同，如民族身分，以及關於社會組織的新觀念，包括工人階級的團結和婦女在社會中的作用的新觀念正在出現，挑戰了以前固有的隸屬關係。這些歸屬的模式，無論是對一個民族、階級或職業團體的歸屬，都還在形成之中，並涉及著重疊的忠誠關係。例如，優素福・迪亞在一八九九年寫給赫茨爾的信中，喚起了宗教歸屬感、對奧斯曼帝國的忠誠、耶路撒冷的地方自豪感，以及對巴勒斯坦的明確認同感。

在二十世紀的前十年，在那些生活在巴勒斯坦的猶太人中，有很大一部分人在文化上與居住在城市裡的穆斯林和基督徒是相當近似的，那些猶太人與穆斯林和基督徒相當舒適地生活在一起。他們中大多數是非猶太復國主義的極保守猶太人、米茲拉希猶太人（mizrahi，東方）或塞法迪猶太人（Sephardic，被驅逐出西班牙的猶太人的後裔），他們是中東或地中海地區的城市居民，經常使用阿拉伯語或土耳其語（即使只是作為第二或第三語言）。儘管他們跟鄰居之間有明顯的宗教區別，但他們不是外國人，也不是歐洲人或定居者：他們自視為猶太人，並也被別人視為猶太人，他們是當地穆斯林占多數的社會的一部分。[6]此外，當時在巴勒斯坦定居的一些年輕的歐洲阿什肯納齊猶太人（European Ashkenazi Jews），包括大衛・本—古里安（David Ben-Gurion）和伊札克・本—茲維（Yitzhak Ben-Zvi）（他們兩人後來一個成為以色列總理，另一個成為以色列總統）等熱忱的猶太復國主義者在內，最初時都曾尋求一種融入當地

5　這些發展變化在R. Khalidi, *Palestinian Identity*中有詳盡討論。另可參考 Muhammad Muslih, *The Origins of Palestinian Nationalism* (New York: Columbia University Press, 1988); Ami Ayalon, *Reading Palestine*。

6　現在有大量的學術研究已經表明，儘管偶爾有摩擦，而且歐洲基督教傳教士經常傳播反猶主義，但是米茲拉希和塞法迪猶太人社區在巴勒斯坦社會中的融合度很高。見Menachem Klein, *Lives in Common: Arabs and Jews in Jerusalem, Jaffa, and Hebron* (London: Hurst, 2015); Gershon Shafir, *Land, Labor and the Origins of the Israeli-Palestinian Conflict 1882–1914* (Cambridge: Cambridge University Press, 1989); Zachary Lockman, *Comrades and Enemies: Arab and Jewish Workers in Palestine, 1906–1948* (Oakland: University of California, 1996); Abigail Jacobson, *From Empire to Empire*。另可參考Gabriel Piterberg, "Israeli Sociology's Young Hegelian: Gershon Shafir and the Settler-Colonial Framework," *Journal of Palestine Studies* 44, no. 3 (Spring 2015): 17–38。

社會的方法。本—古里安和本—茲維甚至取得了奧斯曼國籍，他們在伊斯坦堡學習，並學會了阿拉伯語和土耳其語。

與世界其他地區相比，西歐和北美先進國家在現代工業時代的轉型速度要快得多，這使得許多外部觀察家，包括一些著名學者，錯誤地宣稱包括巴勒斯坦在內的中東社會停滯不前、一成不變，甚至「處於衰落中」。[7]我們現在從許多指數中得知，實際情況絕非如此：愈來愈多基於奧斯曼、巴勒斯坦、以色列和西方資料的有堅實基礎的歷史研究，完全駁斥了這些錯誤的觀念。[8]然而，最近關於一九四八年以前巴勒斯坦問題的學術研究遠非僅僅是處理這種思想核心的錯誤觀念和歪曲。無論是在不知情的局外人看來是什麼樣子，很明顯的，到二十世紀上半葉時，奧斯曼帝國治下的巴勒斯坦存在著一個充滿活力的阿拉伯社會，正經歷一系列快速的、愈來愈快的轉型，這就像它周圍的其他幾個中東社會一樣。[9]

重大的外部衝擊會對社會產生強烈的影響，尤其是對社會的自我意識產生強烈的影響。奧斯曼帝國在二十世紀初變得愈來愈脆弱，在巴爾幹、利比亞和其他地方連連遭受重大的領土損失。從一九一一至一九一二年的利比亞戰爭開始，奧斯曼帝國遭遇了一連串延續近十年漫長、慘烈的戰爭和動蕩，接著是一九一二至一九一三年的巴爾幹戰爭，然後是導致帝國滅亡的一次大戰大混亂。一次大戰的四年造成了嚴重的短缺、貧困、飢餓、疾病，以及徵召大多數適齡勞動力青年，把他們被送往前線。在大敘利亞地區，也就是包括巴勒斯坦和今天約旦、敘利亞和黎巴嫩在內的地方，根據估算，自一九一五至一九一八年間，僅因饑荒（蝗蟲和瘟疫更加劇了饑荒的災情）就有五十萬人死亡。[10]

飢餓和大面積的困苦只是造成悲慘狀況的原因之一。大多數觀察家都把注意力集中在一戰

---

7 對於曾經廣泛流傳的中東社會「衰落」模式的最好簡要反駁是Roger Owen, "The Middle East in the Eighteenth Century—An 'Islamic' Society in Decline? A Critique of Gibb and Bowen's Islamic Society and the West," *Bulletin* (British Society for Middle Eastern Studies) 3, no. 2 (1976): 110–17。

8 僅僅以人口學領域為例，Justin McCarthy, *The Population of Palestine: Population Statistics of the Late Ottoman Period and the Mandate* (New York: Columbia University Press, 1990)是主要基於奧斯曼帝國在一九一八年以前的檔案資料工作的一個例子，它可以讓巴勒斯坦在猶太復國主義殖民化的「奇蹟」效果開始顯現之前的空曠、貧瘠的迷思不攻自破。

9 關於巴勒斯坦的這些重要變革的最重要作品包括：Alexander Schölch, *Palestine in Transformation, 1856–1882: Studies in Social, Economic, and Political Development*, trans. William C. Young and Michael C. Gerrity (Washington, DC: Institute for Palestine Studies, 1993); Beshara Doumani, *Rediscovering Palestine: Merchants and Peasants in Jabal Nablus, 1700-1900* (Oakland: University of California Press, 1995); and Owen, *Studies in the Economic and Social History of Palestine in the 19th and 20th Centuries*。

10 Linda Schatkowski Schilcher, "The Famine of 1915–1918 in Greater Syria," in *Problems of the Modern Middle East in Historical Perspective*, ed. John Spagnolo (Reading, UK: Ithaca Press, 1912), 234–54。關於人民在戰爭期間承受可怕痛苦的持久創傷性影響，請參考Samuel Dolbee, "Seferberlik and Bare Feet: Rural Hardship, Citied Dreams, and Social Belonging in 1920s Syria," *Jerusalem Quarterly*, no. 51 (Autumn 2012), 21–35。

西線駭人聽聞的傷亡上，但很少有人意識到，奧斯曼帝國總體上在戰時遭受的損失是所有主要作戰國中最嚴重的，死亡人數超過三百萬，占總人口的百分之十五。這些傷亡者大多是平民（最大的一個群體是一九一五年和一九一六年奧斯曼帝國當局下令進行的大屠殺的受害者，包括亞美尼亞人、亞述人和其他基督徒）。[11]此外，在最初動員的兩百八十萬奧斯曼士兵中，可能有多達七十五萬人在戰爭中死亡。[12]阿拉伯人的傷亡也相對較高，因為在伊拉克和大敘利亞招募來的部隊是在非常血腥的戰場上戰鬥的，如奧斯曼帝國對上俄國的東線，以及加里波利、西奈、巴勒斯坦和伊拉克等地的戰役。人口學家賈斯丁·麥卡錫（Justin McCarthy）估計，巴勒斯坦的人口在一九一四年之前是每年增長約百分之一，在戰爭期間則是每年下降約百分之六。[13]

這時期的動蕩甚至沒有放過像我家這樣的富裕家族。我的父親伊斯瑪儀在一九一五年出生時，他的四個

在奧斯曼軍隊中服役的胡塞因·哈利迪和哈桑·哈利迪。

成年兄弟努曼、哈桑、胡塞因和艾哈邁德都被徵召進了奧斯曼帝國軍隊服役。其中有兩人在戰鬥中受傷，但都幸運地活了下來。我的姑姑安巴拉·薩拉姆·哈利迪（'Anbara Salam al-Khalidi）還清楚地記得她年輕時在貝魯特的街道上挨餓的慘狀。[14]

我的伯父哈桑·哈利迪在戰爭期間擔任醫務人員，他曾回憶，在耶路撒冷發生過令人心碎的類似場面，他曾在那裡看到幾十具餓死的屍體躺在街上。[15]奧斯曼當局在戰爭期間的強徵勒索

---

11 也許有一百五十萬亞美尼亞人喪生於一九一五年四月開始的種族清洗。即使不包括這些受害者，奧斯曼帝國在一戰中一百五十萬的死亡人數在總人口中的比例，也幾乎是排在第二位的法國和德國的兩倍，後者的死亡人數分別占總人口的百分之四點四和四點三。其他的數字顯示，奧斯曼帝國在戰時的死亡人數高達五百萬人，或許占總人口的四分之一左右。

12 這些數字來自Edward Erikson, *Ordered to Die: A History of the Ottoman Army in World War I* (Westport, CT: Greenwood Press, 2001), 211。另見Hikmet Ozdemir, *The Ottoman Army, 1914–1918: Disease and Death on the Battlefield* (Salt Lake City: University of Utah Press, 2008); Kristian Coates Ulrichsen, *The First World War in the Middle East* (London: Hurst, 2014); Yigit Akin, *When the War Came Home: The Ottomans' Great War and the Devastation of an Empire* (Stanford, CA: Stanford University Press, 2018)。

13 McCarthy, *The Population of Palestine*, 25–27。作為對比，作者指出，儘管法國在戰爭中傷亡慘重，但是在第一次世界大戰期間，法國的人口只損失了百分之一，而英國和德國「沒有損失總人口」。

14 'Anbara Salam Khalidi, *Memoirs of an Early Arab Feminist: The Life and Activism of Anbara Salam Khalidi* (London: Pluto Press, 2013), 68–69.

15 Husayn Fakhri al-Khalidi, *Mada 'ahd al-mujamalat: Mudhakkirat Husayn Fakhri al-Khalidi* [The Era of hypocrisy (literally: niceties) has ended: The memoirs of Husayn Fakhri al-Khalidi] (Amman: Dar al-Shuruq, 2014), 1:75.

行為還包括以叛國罪指控我姑姑的未婚夫阿布杜．嘎尼．歐雷伊西（Abd al-Ghani al-'Uraysi），並且判處他絞刑，一同被處死刑的還有許多其他的阿拉伯民族主義愛國人士。[16]

在一九一七年，我的祖父哈吉．拉吉布．哈利迪和我的祖母阿米拉（Amira，大家都叫她 Um Hasan，意思是哈桑媽媽），以及雅法地區的其他居民，都收到了奧斯曼當局的疏散令。為了躲避不斷逼近的戰爭危險，他們帶著四個最小的孩子，包括我的父親，離開了他們在雅法附近塔爾里什（Tal al-Rish）的家（我祖父因為擔任法官的工作，所以多年前就帶著家人離開耶路撒冷去了那裡）。幾個月以來，一家人在雅法東邊的小山村達伊爾嘎薩尼（Dayr Ghassaneh）避難，和他們一同避難的還有和他們家族有世交的巴爾胡迪家族（Barghouti clan）。[17]這個村子離海很遠，不在協約國海軍的砲火射程之內，而且在埃德蒙．艾倫比爵士將軍（General Sir Edmund Allenby）率領的英軍向北推進時，這個地方避開了沿海地區的激烈戰鬥。

從一九一七年春天開始，一直到深秋，該國南部地區是英軍和奧斯曼軍隊之間一系列絞殺戰役的發生地，奧斯曼軍隊得到德國和奧地利軍隊的支持。雙方之間的戰鬥包括塹壕戰、空襲以及密集的陸軍和海軍砲擊。英軍和大英帝國的所屬軍事單位發動了多次重大攻勢，慢慢地擊退了奧斯曼帝國的守軍。戰火在冬季蔓延到了巴勒斯坦北部（位於中部的耶路撒冷在一九一七年十二月被英軍占領），並持續到了一九一八年初。在許多地區，戰爭的直接影響造成了強烈的痛苦。其中受災最嚴重的地區包括加薩及附近的城鎮和村莊，在長期的塹壕戰中，英軍的猛烈砲擊使大片地區粉身碎骨，隨後盟軍又緩慢地向地中海沿岸推進。

在一九一七年十一月，雅法落入英國人手中後不久，我祖父一家回到了他們在塔爾里什的家。另一位姑姑，當時才八歲的法蒂瑪・哈利迪・薩拉姆回憶說，她父親用他毫無疑問有著濃重口音的英語向英國軍隊講話。「歡迎，歡迎。」我的祖母則是把這句英語聽成了阿拉伯語的「Ya waylkum」，意思是「詛咒你們倒大楣。」她擔心這種嘲諷會讓外國兵危及到她的家人。[18] 不管祖父對英國人的到來是感覺歡迎還是痛惜，他的兩個兒子仍然在跟英國人作戰，另外的兩個兒子則正在被當作戰俘關押，這使得這個家庭處在危險的境況中。這兩位伯父一直在巴勒斯坦北部和敘利亞抗英的奧斯曼軍隊中，並一直頑抗到了一九一八年底。

在第一次世界大戰結束時，他們是數千名仍然不在家中的男人之一。有些人為了逃避徵兵而移民去了美洲，而許多人，包括作家阿利夫・謝哈德（'Aref Shehadeh，後來被稱為阿利夫・

---

16 *Memoirs of an Early Arab Feminist*, 63–67 描述了未婚夫被處決對我姑姑造成的影響。歐雷伊西是有影響力的貝魯特報紙《實用報》（*al-Mufid*）的聯合編輯和一名重要的阿拉伯主義者智識分子。姑姑的回憶和她的回憶錄，是我所寫關於歐雷伊西和他的報紙的一篇文章的基本資料來源之一：“'Abd al-Ghani al'Uraisi and al-Mufid: The Press and Arab Nationalism Before 1914,” *Intellectual Life in the Arab East, 1890–1939*, ed. Marwan Buheiri (Beirut: American University of Beirut Press, 1981), 38–61。

17 採訪瓦利德・哈利迪，麻薩諸塞州劍橋市，二〇一四年十月十二日和二〇一六年十一月十九日。我的大堂哥瓦利德出生於一九二五年，他在年輕時從我們的祖父那裡聽說了家族在戰時流離失所的故事。一些細節在我們的伯父胡塞因・法赫里・哈利迪的回憶錄證實了，*Mada 'ahd al-mujamalat*, 1:75。

18 採訪法蒂瑪・哈利迪・薩拉姆，貝魯特，一九八一年三月二十日。

阿利夫）在內，則是被關押在協約國的戰俘營中。[19]其他一些人則是在山上躲避徵召，例如納吉布·納賽爾（Najib Nassar），他是海法的一份直言不諱的反猶太復國主義報紙《沃土報》（*al-Karmil*）的編輯。[20]同時，還有一些阿拉伯士兵則是在奧斯曼帝國軍隊中心猿意馬，投身敵營，或是在謝里夫胡塞因（Sharif Husayn）領導的與英國結盟的阿拉伯叛軍中服役。還有一些人，例如《巴勒斯坦報》（*Filastin*）的編輯伊薩·伊薩（’Isa al-’Isa），他因其激烈的獨立意識和強烈的阿拉伯民族主義而被奧斯曼當局流放，他被迫從相對國際化的雅法周邊向內陸轉移到了以安納托利亞農村為中心的各個小城鎮去。[21]

所有這些深刻的物質衝擊都加劇了戰後政治變革的影響，這迫使人們重新思索長期存在的認同感的議題。在戰鬥結束時，巴勒斯坦和阿拉伯世界大部分地區的人民發現自己被歐洲軍隊占領了。在四百年後，他們開始面臨著異族統治的黯淡前景，以及迅速消失的奧斯曼帝國控制力，而奧斯曼帝國的政府系統是這些地方的二十多代人所熟知的唯一政府制度。正是在這種巨大的創傷中，當一個時代結束，另一個時代開始，在痛苦、損失和匱乏的淒厲背景下，巴勒斯坦人零零散散地聽說到了關於貝爾福宣言的消息。

在距今一個多世紀以前，也就是一九一七年十一月二日，英國外交大臣亞瑟·詹姆士·貝爾福（Arthur James Balfour）代表英國內閣發表了重要聲明，這份聲明即所謂的貝爾福宣言，它只有一句話：

> 吾國王陛下之政府贊成在巴勒斯坦建立猶太人的民族家園，並將盡最大努力促進此目標之實現，但有一清楚瞭然之事，即任何事都不得損害巴勒斯坦現有的非猶太社區的公民和宗教之權益，或任何其他國家的猶太人所享有之權利及政治地位。

如果說在第一次世界大戰之前，許多有先見之明的巴勒斯坦人已經開始將猶太復國主義運動視為一種威脅，那麼貝爾福宣言則是引入了一個新的恐怖元素。宣言用柔和、具有欺騙性的外交語言，用模稜兩可的措辭批准「在巴勒斯坦建立猶太人的民族家園」，實際上是英國承諾支持西奧多・赫茨爾的猶太建國、主權與控制整個巴勒斯坦的移民目標。

---

19 阿利夫・謝哈德是Salim Tamari, *Year of the Locust: A Soldier's Diary and the Erasure of Palestine's Ottoman Past* (Oakland: University of California Press, 2011) 這本書中，回憶起一戰恐怖記憶的三位巴勒斯坦士兵中的一位。

20 見拉賈・謝哈德對他的曾曾叔父納吉布・納賽爾的想像性描述。*Najib Nassar: A Rift in Time: Travels with my Ottoman Uncle* (New York: OR Books, 2011)。另請參考納賽爾的半虛構、半自傳形式小說，他在其中講述了他的冒險經歷。*Riwayat Muflih al-Ghassani* [The story of Muflih al-Ghassani] (Nazareth: Dar al-Sawt, 1981)。

21 Noha Tadros Khalaf, *Les Mémoires de 'Issa al-'Issa: Journaliste et intellectuel palestinien* (1878–1950) (Paris: Karthala, 2009), 159–75.

值得注意的是，巴勒斯坦人口中占壓倒性多數的阿拉伯人（當時約占百分之九十四）沒有被貝爾福提及，只是以一種反面的方式被稱為「巴勒斯坦現有的非猶太人社區」。對他們的描述是關於他們不是猶太社群，當然也不是一個國家或一個民族——「巴勒斯坦」和「阿拉伯」這兩個詞沒有出現在宣言的六十七個英文字中。宣言只承諾給這占絕大多數的人口「公民和宗教權利」，而不是政治權利或民族權利。相比之下，貝爾福將民族權利賦予了他所謂的「猶太人」，而他們在一九一七年只是占全國居民百分之六的極少數人。

在獲得英國的支持之前，猶太復國主義運動一直是一個尋找大國贊助的殖民計畫。在奧斯曼帝國、威廉皇帝時期的德國和其他地方都沒有找到贊助人後，赫茨爾的繼任者哈伊姆・魏茨曼（Chaim Wieizmann）和他的同夥終於在與勞合・喬治領導的戰時英國內閣的接觸中獲得了成功，獲得這個時代最強國的支持。巴勒斯坦人現在面臨著一個比以往任何時候都更加可怕的對手，英國軍隊此時正向北推進，並占領他們的國家，這些部隊是為了服務一個承諾要植入「民族家園」的政府，在這個政府中，無限制的移民是為了培養未來占大多數的猶太人口。

英國政府在當時的意圖和目的已經在過去一個世紀裡得到充分的分析。[22]在英國人懷有的眾多動機中，既有浪漫、源於宗教、想讓希伯來人「回歸」聖經中的土地的慈愛—猶太主義願望，也有減少進入英國的猶太移民數量的反猶主義渴望，這跟一種信念有關，即「世界上的猶太人」有能力讓新近爆發革命的俄國繼續參戰，並將美國捲入到戰爭中來。除了這些衝動之外，英國主要是出於地緣政治的戰略原因，希望控制巴勒斯坦，這些原因在第一次世界大戰之前就已經存在，只是在戰時事件中得到了進一步的增強。[23]無論其他的動機有多麼重要，後者才是最核心的動機：大英帝國的動機從來就不會是出於利他主義。英國贊助猶太復國主義計畫完全符合其戰略利益，正如英國在戰時的一系列地區性計畫一樣。這其中也包括它在一九一五年和一九一六年向麥加的謝里夫胡塞因做出的承諾：讓阿拉伯人獨立（銘記在胡塞因—麥克馬洪通信中），以及英國在一九一六年與法國達成的祕密協議：賽克斯—皮科協定（Sykes-Picot Agreement），同意殖民分割阿拉伯東部國家。[24]

比英國發表貝爾福宣言的動機更加重要的是，這個承諾對猶太復國主義運動的明確目標

---

22 關於英國人的動機，請參考 Jonathan Schneer, *The Balfour Declaration: The Origins of the Arab-Israeli Conflict* (London: Bloomsbury, 2010); Henry Laurens, *La question de Palestine, vol. 1, 1799–1922: L'invention de la Terre sainte* (Paris: Fayard, 1999)；以及 James Renton, *The Zionist Masquerade: The Birth of the AngloZionist Alliance, 1914–1918* (London: Palgrave-Macmillan, 2007)。另請參考 A. L. Tibawi, Anglo-Arab Relations and the Question of Palestine, 1914–1921 (London: Luzac, 1977), 196–239; Leonard Stein, *The Balfour Declaration* (London: Valentine, Mitchell, 1961)；和 Mayir Vereté, "The Balfour Declaration and Its Makers," *Middle Eastern Studies* 6 (1970): 416–42。

23 這就是我在我的書中的核心論點，請參考 *British Policy Towards Syria and Palestine, 1906–1914: A Study of the Antecedents of the Husayn-McMahon Correspondence, the Sykes-Picot Agreement, and the Balfour Declaration, St. Antony's College Middle East Monographs* (Reading, UK: Ithaca Press, 1980)。

24 布爾什維克外交事務政委托洛斯基打開了沙俄的外交檔案並且公開戰時英、法、俄三國的戰後安排祕密聲明，轉載於 *Soviet Documents on Foreign Policy, 1917–1924*, ed. Jane Degras, vol. 1 (Oxford: Oxford University Press, 1951)。

（主權和完全控制巴勒斯坦）存在的實際意義。在英國的不懈支持下，這些目標突然變得可信起來。英國的一些主要政治家對猶太復國主義的支持遠遠超出宣言文本的謹慎措辭。在一九二二年，貝爾福的宅邸裡舉辦的一次晚宴上，當時英國最著名的三位政治家——勞合・喬治、貝爾福和殖民地事務大臣邱吉爾向魏茨曼保證，他們所說的「猶太民族家園」這個詞「從來都是指一個最終的猶太國家」。勞合・喬治讓猶太復國主義領袖相信，出於這個原因，英國絕不會允許在巴勒斯坦建立一個代議制的政府。英國也從來沒有這樣做過。[25]

對猶太復國主義者來說，他們的事業現在有了英國軍事力量這道不可或缺的「鐵牆」（澤維・賈鮑京斯基就是用這個詞）的支持。對於未來命運受到最終裁定的巴勒斯坦居民來說，貝爾福小心翼翼、用詞準確的話語實際上是一把槍，直接對準了巴勒斯坦人的頭，這是大英帝國對本地居民的宣戰。這片土地上的多數民族現在面臨著被無限制的猶太移民帶入到一種寡不敵眾的情境中，而當時的巴勒斯坦幾乎完全是一個由阿拉伯人口和文化構成的國家。無論對方是否有意利用猶太移民造成人口多數狀況，這道宣言都引發了一場全面的殖民衝突，這是針對巴勒斯坦人民長達一個世紀的攻擊，目的是以犧牲他們的利益為代價，建立一個排他性質的「民族家園」。

§

巴勒斯坦人對貝爾福宣言的回應來得較為緩慢，在最初時也比較平淡。英國人的聲明在頒布之後立即就在世界上的大多數其他地區傳開了。但是在巴勒斯坦，由於政府的審查制度和缺乏新聞報紙（當地的報紙自戰爭開始以來就被關閉了），這是盟軍嚴密封鎖奧斯曼帝國的港口所造成的結果。在一九一七年十二月英國軍隊占領了耶路撒冷後，軍政府禁止出版有關貝爾福宣言的新聞[26]，事實上，英國當局在近兩年的時間裡都不允許有任何報紙重新出現在巴勒斯坦。當有關貝爾福宣言的報導終於傳到了巴勒斯坦時，消息是透過口耳相傳，然後透過旅行者從開羅帶來的埃及報紙的複印品慢慢流傳進來。

在第一次世界大戰的後期，當混亂和流離失所的倖存者正在慢慢返回家園時，這個炸彈擊中了這個已經疲憊不堪的社會。有證據顯示，巴勒斯坦人對這個消息的反應是極為驚駭的。在一九一八年十二月時，剛剛從安納托利亞來到大馬士革（他們可以在這裡不受限制地獲取新聞消息）的三十三名流亡巴勒斯坦人（包括伊薩在內），向正在凡爾賽召開的和平會議與英國外交部發出了一封預先抗議信。他們強調，「這個國家是我們的國家」，並表達他們對猶太復國

25 記載於耶胡達・雷因哈茨（Yehuda Reinharz）重要的傳記作品中，*Chaim Weizmann: The Making of a Statesman* (Oxford: Oxford University Press, 1993), 356–57。

26 Ronald Storrs, *Orientations* (London: Ivor Nicholson and Watson, 1937)。耶路撒冷第一任英國軍事總督羅納德・斯托爾斯的回憶錄中提及英國嚴格管控巴勒斯坦的新聞和所有形式的阿拉伯政治活動：327ff。斯托爾斯以前在擔任英國駐埃及高級專員的東方祕書時，曾經擔任過當地媒體的審查人員。

主義者聲稱的「巴勒斯坦將被變成他們的民族家園」的驚恐。[27]

在貝爾福宣言剛剛發表時，這種前景對於許多巴勒斯坦人來說可能還是遙不可及的幻想，當時猶太人只占巴勒斯坦人口的一小部分。然而，一些有遠見的人，包括優素福·迪亞·哈利迪在內，很早就明白猶太復國主義所帶來的危險。在一九一四年時，伊薩在《巴勒斯坦報》的一篇精闢的社論文章中指出：「一個民族在這塊巴勒斯坦人的土地上受到了猶太復國主義浪潮的威脅而面臨被消失的危險……被逐出家園的危險正威脅著這個民族的根本存在。」[28]那些對猶太復國主義運動的侵蝕感到恐懼的人，對於猶太復國主義運動能夠購買大片肥沃土地，把本地的農民趕走，讓猶太移民的人數成功增加的能力感到震驚。

事實上，在一九〇九至一九一四年期間，約有四萬的猶太移民來到這裡（儘管有些人很快就離開了），猶太復國主義運動在主要是從那些居外地主買來的土地上建立了十八個新的殖民點（至一九一四年共有五十二個）。私人土地所有權的相對集中大大促進了這些土地的購買。猶太復國主義對巴勒斯坦人的影響在密集殖民地區的農業社區裡表現得尤其明顯，尤其在沿海的平原地區和北方肥沃的馬爾芝·伊本·阿默爾（Marj Ibn ʻAmer）和胡勒谷地（Huleh valleys）。新殖民地附近村莊的許多佃農因土地買賣而被剝奪了土地。有些人還在跟歐洲猶太定居者組建的第一批準軍事部隊的武裝衝突中遭受了損失。[29]海法、雅法和耶路撒冷（當時和現在的主要猶太人口中心）的阿拉伯城市居民也和他們一樣感到恐懼，他們愈來愈擔心地觀察到戰前幾年猶太移民的湧入。在貝爾福宣言發表後，對巴勒斯坦人未來的災難性影響已經愈來愈明顯了。

除了人口和其他方面的變化外，第一次世界大戰及其後果加速了巴勒斯坦民族情緒的變化，從對國家（country）的熱愛和對家庭和居住地（locale）的忠誠，轉變成一種完全現代形式的民族主義。[30]在一個民族主義已經流行了幾十年的世界裡，第一次世界大戰在全球範圍內推動了這項思想的蔓延。戰爭結束後，美國的威爾遜和蘇俄的列寧更是加劇了這趨勢，他們都支持民族自決的原則，儘管所持的方式和目的不同。

無論這兩位領導人的意圖如何，表面上反殖民的大國都明顯認可世界各國人民的民族願望，產生了巨大的影響。很顯然，威爾遜並無意將這原則適用在那些把民族自決理想當作民族

---

27 ʻAbd al-Wahhab al-Kayyali, *Watha'iq al-muqawama al-filistiniyya al-ʻarabi did al-ihtilal al-britani wal-sihyuniyya 1918–1939* [Documents of the Palestinian Arab resistance to the British occupation and to Zionism, 1918–1939] (Beirut: Institute for Palestine Studies, 1968), 1–3.

28 Special issue of *Filastin*, May 19, 1914, 1.

29 關於這些土地收購和導致的武裝衝突的細節，可以參考 R. Khalidi, *Palestinian Identity, 89–117*。另見 Shafir, *Land, Labor, and the Origins of Israeli-Palestinian Conflict*。

30 關於發展的詳情，請參考 R. Khalidi, *Palestinian Identity*，尤其是第七章，頁一四五至一四六。

解放希望的大多數民族身上。

事實上，威爾遜曾承認，他對於響應他的民族自決號召的眾多民族感到困惑，其中的大多數民族他甚至從來沒有聽說過。[31]然而，威爾遜支持民族自決的聲明、布爾什維克革命以及協約國在凡爾賽和會上對殖民地人民的獨立要求的無動於衷，先是燃起了人們的希望，然後又澆滅了人們的希望，在印度、埃及、中國、朝鮮、愛爾蘭和其他地方都引發了大規模的反殖民主義革命。[32]羅曼諾夫王朝（沙俄帝國）、哈布斯堡和奧斯曼帝國這些多民族王朝國家的解體，在很大程度上也是民族主義在戰時和戰後蔓延與加強的結果。

在一戰爆發之前，巴勒斯坦的政治認同肯定已經發生了變化，這與全球的變化和奧斯曼國家的演變保持一致。然而，這種認同感的變化在王朝性質、多民族、具有宗教正當性的帝國的框架內發生的，是相對緩慢的。在一九一四年之前，大多數臣民心中的精神地圖都是很有限的，因為他們長期受這種政治制度的統治，他們很難想像自己不是生活在奧斯曼帝國的統治之下的樣子。在進入一戰後的世界時，巴勒斯坦人正禁受著集體創傷，面臨著一個全新的現實：他們將被英國統治，而他們的國家已被許諾給他人作為「民族家園」。與此相對應的是，他們對英國人在一九一六年向謝里夫胡塞因許諾的阿拉伯獨立和自決的可能性的期望——這一許諾在此後又多次公開確認，包括在一九一八年的英法宣言中的許諾，然後在一九一九年新的國際聯盟公約中得到體現。

巴勒斯坦的新聞媒體界是一個重要的窗口，幫助我們了解當時巴勒斯坦人對自己的看法和對兩次戰爭之間發生事件的理解。兩份報紙，即伊薩．伊薩在雅法的出版物《巴勒斯坦報》和納吉布．納賽爾在海法出版的《沃土報》，是地方愛國主義的堡壘，也是對猶太復國主義者——英國諒解備忘錄及其對巴勒斯坦的阿拉伯多數民族構成的危險的撻伐者。這兩份報刊是巴勒斯坦身分認同觀念最有影響力的燈塔。其他報紙也呼應和擴大了同一主題，重點關注那些蓬勃發展、在很大程度上是封閉的猶太經濟機構，以及其他由猶太復國主義建國計畫建立與受到英國當局支持的機構。

在一九二九年，開通了一條連接台拉維夫與南部的猶太定居點、阿拉伯村莊的新鐵路，伊薩．伊薩在參加這條鐵路的開通儀式後，在《巴勒斯坦報》上寫了一篇不祥的社論。他寫道：「沿線所有的猶太定居者都利用英國官員的存在，向他們提出新的要求，而巴勒斯坦人卻不見蹤影。」他又說：「在這麼多戴著帽子的人群中，我只看到了一頂塔勒布什帽（tarbush，巴勒斯坦人戴的紅色帽子）。」他的訊息傳達得很清楚：「wataniyin」，即「這個國家的人民」的組織十分不力，而「al-qawm」，即「那一群人」正在利用可提供的一切機會獲利。這篇社論文

31 這一點在瑪格麗特．麥克米連的著作中得到了令人驚訝的展現，請參考 Margaret Macmillan, *Paris, 1919: Six Months That Changed the World* (New York: Random House, 2002)。

32 見 Erez Manela, *The Wilsonian Moment: Self-Determination and the International Origins of Anticolonial Nationalism* (New York: Oxford University Press, 2007)。馬內拉正確地認為，威爾遜在一戰結束後立即激發了反抗殖民國家的民族主義精神方面發揮了重要作用，但是他沒有充分意識到布爾什維克在這一進程中的作用。

章的題目可以很好地總結出伊薩提出的警告的核心思想：「我們土地上的陌生人：我們的困倦和他們的警醒。」[33]另一個這樣的窗口是巴勒斯坦人出版的愈來愈多回憶錄。其中大多數是以阿拉伯文寫成的，反映上層和中層階級作者的關切。[34]要找到巴勒斯坦社會中不太富裕階層的觀點就比較困難了。在英國統治初期的幾十年裡，口述歷史還很稀少。[35]

雖然這些資料提供了巴勒斯坦人身分認同演變的大體感覺，但隨著「巴勒斯坦」和「巴勒斯坦人」等術語的使用愈來愈多，我們很難確定地指出這一過程的轉折點發生在具體哪一個時間點。從我祖父的個人軌跡中，我們可以得到一些啟發。哈吉．拉吉布接受過傳統的宗教教育，擔任過宗教官員和伊斯蘭法官（qadi），是伊薩．伊薩的密友（順便提一句，伊薩．伊薩是我妻子穆娜的祖父），並曾給《巴勒斯坦報》投稿關於教育、圖書館和文化等主題的文章。[36]透過哈利迪和伊薩家族的各種資料和故事，我們可以感受到兩人之間頻繁的社會交往，他們一個是穆斯林，另一個是希臘正教基督徒，他們之間的交流互動主要是在我祖父位於雅法郊區的塔爾里什房子的花園裡。在一則故事中，兩個人忍受了一位沉悶、保守的當地長老的喋喋不休，在客人離開後，兩人才返回氣氛愉悅的私下暢飲中。[37]這個故事的重點在於，哈吉．拉吉布作為一名宗教人士，也是巴勒斯坦主要的世俗倡導者圈子中的一員，這個圈子也是巴勒斯坦身分認同感的一個來源。

在對於這場衝突的今日普遍的迷思面前，即使粗略地瀏覽一下報紙、回憶錄和巴勒斯坦人的類似資料來源，就會看到這段歷史，而大眾對這場衝突的迷思的前提則是這段歷史不存在，或者是缺少這種集體意識。事實上，巴勒斯坦人的認同和民族主義太常被人視為是一種晚近才出現的表達，是一種針對猶太民族自決的不講理（還有人說是瘋狂）的反對。但是，巴勒斯坦人的認同感，就和猶太復國主義一樣，是在許多刺激因素作用下產生的，而且幾乎與現代政治

---

33 "Ghuraba' fi biladina: Ghaflatuna wa yaqthatuhum" [Strangers in our own land: Our drowsiness and their alertness], *Filastin*, March 5, 1929, 1.

34 自從二〇〇五年以來，僅巴勒斯坦研究所一個單位就出版了九本阿拉伯語的自傳體回憶錄和日記：Muhammad 'A al-Hadi Sharruf, 2017; Mahmud al-Atrash, 2016; al-Maghribi, 2015; Gabby Baramki, 2015; Hanna Naqqara, 2011; Turjuman and Fasih, 2008; Khalil Sakakini, 8 vols., 2005–2010; Rashid Haji Ibrahim, 2005; Wasif Jawhariyya, 2005。該研究所在二〇一七年還用英文出版了Reja-i Busailah的回憶錄。在上述作品的作者中，Sharruf是一名警察；al-Maghribi是一個工人和共產黨召集人；Turjuman和Fasih都在一戰期間被徵召到了奧斯曼軍隊中，他們提供的都不是精英人士的觀點。要了解英國託管統治時期的核心政治人物，我們還可以參考這本重要的回憶錄：Muhammad 'Izzat Darwaza, *Mudhakkirat, 1887–1984* (Beirut: Dar al-Gharb al-Islami, 1993)。

35 泰德．斯韋登堡的著作是為數不多仰賴一九三六至三九年起義的口述歷史的著作，見Ted Swedenburg, *Memories of Revolt: The 1936–1939 Rebellion and the Palestinian National Past* (Minneapolis: University of Minnesota Press, 1995)。

36 R. Khalidi, *Palestinian Identity*, 225, n32；Noha Khalaf, *Les Mémoires de 'Issa al-'Issa*, 58。哈拉夫在書中提到了我祖父的文章和伊薩．伊薩的大量文章與詩歌，反映了巴勒斯坦認同感的演變。

37 我聽到的大部分這種身分認同觀念的故事和其他的故事，都是來自我的姑姑法蒂瑪（一九八一年三月二十日在貝魯特的採訪），以及我妻子的叔叔拉賈．伊薩，他是伊薩．伊薩的兒子，也是一名報紙編輯（一九九六年七月七日在安曼的採訪）。

猶太復國主義的產生時間完全相同。猶太復國主義的威脅只是這些刺激因素之一，正如反猶太主義只是助長猶太復國主義的因素之一一樣。就像是《巴勒斯坦報》和《沃土報》等報紙所揭示出的那樣，這種認同感包括對國家的愛、改善社會的願望、對巴勒斯坦的宗教感情和對歐洲人的掌控的反對。戰後，隨著歐洲殖民勢力對敘利亞和中東其他地方的控制更加令人窒息，阿拉伯人的願望受到阻撓，人們普遍感到沮喪，因此把

哈利迪家族，拍攝於一九三〇年前後的塔爾里什。上排左起：伊斯瑪儀（作者的父親）、雅庫布、哈桑（懷抱著薩米拉）、胡塞因（懷抱著萊拉）、嘎里布。中排左起：安巴拉、瓦利德、烏姆・哈桑（作者的祖母）、蘇拉法、哈吉・拉吉布（他的祖父）、納什艾特、伊克拉姆。下排左起：阿德勒、哈提姆、拉吉布、阿米拉、哈利迪、穆阿維亞。

巴勒斯坦作為身分認同的中心點的關注變得愈來愈強，並從阿拉伯人面臨的境遇中汲取力量。因此，這種認同感和同一時間在敘利亞、黎巴嫩和伊拉克萌生出來的其他阿拉伯民族—國家認同感，是可以相提並論的。

毫無疑問，所有鄰近的阿拉伯人民都發展出與巴勒斯坦人非常相似的現代民族認同，他們的認同感並沒有受到猶太復國殖民主義在他們中間出現的影響。與猶太復國主義一樣，巴勒斯坦和其他阿拉伯民族特性是現代的、是隨著時局應運而生的，它是十九世紀末和二十世紀大環境的產物，它不是永恆、不可改變的。否認真實、獨立的巴勒斯坦認同，與赫茨爾關於所謂猶太復國主義會給當地居民帶來的好處的殖民主義觀點不謀而合，這是貝爾福宣言及其後續文件抹殺巴勒斯坦人的民族權利和民族意識的一個關鍵因素。

§

隨著第一次世界大戰落幕，巴勒斯坦人一有條件就開始在政治上組織起來，反對英國的統治，並反對一個被英國人賦予強加於人特權的猶太復國主義運動。巴勒斯坦人的努力包括向英國人、巴黎和會與新成立的國際聯盟提出請願。他們最顯著的努力是由一個全國範圍的穆斯林—基督徒網絡聯手策劃，從一九一九年到一九二八年舉行了七次的巴勒斯坦阿拉伯大會。這些大會提出一系列一致的要求，其中的重點是阿拉伯巴勒斯坦的獨立，反對貝爾福宣言，支持由多數人統治，以及結束不受限制的猶太人移民和土地收購。大會成立了一個阿拉伯行政機構，該機構多次在耶路撒冷和倫敦與英國官員會晤，但收效甚微。這是對著聾子喊話。英國人拒絕承認大會的代表權，也不承認其領導人的代表權，並堅持要求阿拉伯人接受貝爾福宣言和其後的託管統治條款，並將其作為討論的先決條件——這是阿拉伯人所有實質性要求的反面。巴勒斯坦領導層在超過十五年的時間裡一直在推行這種毫無結果的法律途徑。

與這些精英領導的舉措形成鮮明對比的是，不滿英國人支持猶太復國主義的民眾發動了示威遊行、罷工和騷亂，在一九二〇年、二一年和二九年發生的暴力事件尤為突出，它們每一次都比上一次更為激烈。每一次都是自發性的爆發，往往是由猶太復國主義團體挑起的。英國人每次都是以同樣嚴厲的手段鎮壓和平抗議和暴力事件，但阿拉伯民眾的不滿情緒仍在繼續。到一九三〇年代初，年輕、受過教育的中下層與中產階級人士對精英階層的和解處事方式感到不耐煩，他們開始發起更為激進的倡議，並組織起更激進的武裝團體。這些團體中包括一個在該國北部地區活動的行動分子網絡，它的首腦是一名敘利亞出身、以海法為主要活動地點的巡迴傳教士，名叫謝赫·伊茲丁·卡薩姆（Shaykh ‘Iz al-Din al-Qassam），他們在祕密地籌備武裝起義。另外還包括成立獨立黨（Istiqlal Party），其黨名就概括出了該黨的目標。

所有這些努力最初都是在一個嚴厲的英國軍事政權的陰影下進行的，這個政權一直持續到了一九二〇年（有一次巴勒斯坦阿拉伯大會是在大馬士革舉行的，因為英國禁止了在巴勒斯坦的政治活動），在英國軍事政權結束後，隨之而來的是一系列英國委任的高級專員的託管統治。其中第一位高級專員是赫伯特·塞繆爾爵士（Sir Herbert Samuel），他是一位堅定的猶太復國主義者，也是前內閣大臣，他為後來的大部分工作奠定政府基礎，他精明幹練地推進了猶太復國主義的目標，同時阻撓著巴勒斯坦人的目標。

知情的巴勒斯坦人都知道猶太復國主義者在國外和巴勒斯坦，用希伯來語向其追隨者宣揚的東西，即無限制的移民將會讓猶太人成為人口大多數，從而允許他們接管這個國家。早在第一次世界大戰之前，他們就透過阿拉伯媒體對這一問題進行的廣泛報導，關注猶太復國主義領導人的言行。[38]例如，哈伊姆·魏茨曼於一九一八年三月在耶路撒冷的一次晚宴上告訴幾位阿拉伯要人：「要留意那些對猶太復國主義者尋求政治權力的用心險惡的影射。」[39]但大多數人都知道，這種說法是戰略性的，它的目的正是掩蓋猶太復國主義者的真正目標。事實上，猶太復國主義運動的領導人明白，「在任何情況下，他們都不應該說得好像猶太復國主義計畫需要驅逐阿拉伯人一樣，因為這將使猶太人失去世界的同情」，但對此心知肚明的巴勒斯坦人並沒有上當受騙。[40]

雖然與猶太定居者有直接接觸的報紙讀者、精英階層、村民和城市居民都意識到這種威

38 關於阿拉伯媒體對於猶太復國主義的看法，請參考R. Khalidi, *Palestinian Identity*, chapter 6, 119–44。

39 Storrs, *Orientations*, 341。斯托爾斯所記載的這場演說，是在紀念魏茨曼和猶太復國主義委員會成員而舉辦的晚宴上的講話。出席者包括耶路撒冷市長和穆夫提，以及其他一些巴勒斯坦政治和宗教領袖人物。

40 Tom Segev, *One Palestine, Complete* (New York: Metropolitan Books, 2000), 404.

脅，但這種意識還遠沒有普及開來。與此相似的是，巴勒斯坦人的認同感的發展也是不平衡的。雖然大多數人都希望巴勒斯坦獨立，但也有一些人希望，這種獨立可以是作為一個更大的阿拉伯國家的一部分。在一九一九年，由艾里夫・艾里夫（‘Arif al-‘Arif）和另一位政治人物穆罕默德・哈桑・布戴利（Muhammad Hasan al-Budayri）在耶路撒冷出版的一份報紙發表了一則簡要聲明，在其名稱中就表達出這一願望：Suriyya al-Janubiyya，即南敘利亞。在一九一八年時，謝里夫胡塞因的兒子埃米爾・費薩爾（Amir Faysal）領導的政府在大馬士革成立，許多巴勒斯坦人希望他們的國家能夠成為這個新生國家的南部地區。然而，法國根據「賽克斯—皮科協定」將敘利亞據為己有，在一九二〇年七月時，法國軍隊占領了敘利亞，消滅這個新生的阿拉伯國家。[41] 隨著受託管統治或其他形式的歐洲直接或間接控制的阿拉伯國家開始專注於自己的地方問題，愈來愈多的巴勒斯坦人意識到他們將不得不依靠自己。阿拉伯主義和對大阿拉伯世界的歸屬感始終很強，但由於英國偏袒新興的猶太復國主義計畫，巴勒斯坦的認同也不斷得到加強。

中東其他地區的變化席捲了這個持續不穩定的地區。土耳其共和國在與協約國占領軍發生激烈衝突後，它的核心出現在安納托利亞，這個共和國取代了奧斯曼帝國。同時，英國未能在伊朗推行它的單邊條約，並於一九二一年撤出了占領軍。法國在粉碎埃米爾・費薩爾的國家後，在敘利亞和黎巴嫩建立了法國統治的國家。埃及人在一九一九年反抗英國統治者的起義被殖民者艱難地鎮壓，最後英國不得不在一九二二年給予埃及一個虛幻的獨立地位。類似的情況也發生在伊拉克，一九二〇年伊拉克發生大規模的武裝起義，迫使英國人同意伊拉克獲得在同一個埃米爾．費薩爾為首的阿拉伯君主下實行自治，現在他的頭銜是伊拉克國王。在一次大戰後的十多年內，土耳其人、伊朗人、敘利亞人、埃及人和伊拉克人都獲得一定程度上的獨立，縱使往往受到高度的限制和嚴重的制約。但是在巴勒斯坦，英國人的行動有一套不同的規則。

§

一九二二年，新的國際聯盟頒布了「巴勒斯坦託管委任狀」（Mandate for Palestine），正式確定英國對該國的統治。作為給猶太復國主義運動的一份特殊禮物，託管委任狀不僅逐字納入貝爾福宣言的文字內容，而且還大大擴展了宣言的承諾。該文件首先提到國際聯盟公約的第二十二條，該條規定：「特定的社群……其作為獨立國家的存在可以得到暫時承認。」接著，該文件做出維護貝爾福宣言條款的國際承諾。這個順序的明確含意是，在巴勒斯坦，只有一個民族的民族權利得到承認，即猶太民族。這與每一個其他中東託管統治區不同，在這些地方，盟

41　這場戰爭與其他的許多殖民征服活動相比的一大諷刺是，在一九二〇年七月二十三日梅薩倫戰役（Battle of Maysalun）中擊敗阿拉伯軍隊，並在翌日占領大馬士革的法國第二十四師的五個步兵團，只有一個團是法國人組成的，兩個團是塞內加爾人組成的，一個團是由阿爾及利亞人組成，剩下一個團是由摩洛哥人組成。以這種方式僱用殖民地臣民是歐洲帝國主義擴張中的一個關鍵要素。這種分而治之的策略在愛爾蘭、北美、印度、北非和南非，以及巴勒斯坦和中東其他地區的殖民工程中也同樣重要。

約第二十二條適用於全體居民，最終是為了讓這些國家獲得某種形式的獨立。

在委任統治的序言部分第三段中，猶太民族，而且只有猶太民族被描述為與巴勒斯坦有歷史性的連結。在起草者的眼中，巴勒斯坦整整兩千多年的建築環境，包括村莊、陵墓、城堡、清真寺、教堂，以及奧斯曼王朝、馬穆魯克王朝、阿尤布王朝、十字軍、阿巴斯王朝、歐麥亞王朝、拜占庭的與更早時期的地標建築物，都根本不屬於任何民族，或者只屬於無定形的宗教團體。那裡當然有人，但他們沒有歷史或集體存在，因此可以被忽略。以色列社會學家巴魯克．基默林（Baruch Kimmerling）所說的對巴勒斯坦人民的「政治殺害」（politicide）的根源，就在託管統治的序言中得到了充分展示。剝奪一個民族對其土地的權利的最可靠辦法，就是否認他們與土地的歷史連結。

在託管委任狀隨後的二十八個條目中，沒有任何一條提到巴勒斯坦人是一個擁有民族或政治權利的民族。事實上，正如在貝爾福宣言中一樣，「阿拉伯」和「巴勒斯坦」這兩個詞都沒有出現。為絕大多數巴勒斯坦人口所設想到的唯一保護是個人和宗教的權利，以及維護神聖地點的現狀。在另一方面，託管委任狀規定了為猶太人民建立和擴大民族家園的關鍵手段，根據起草人的說法，猶太復國主義運動不是在創立，而是在「重建」。

在委任狀的二十八條中，有七條專門論述為實施民族家園政策而給予猶太復國主義運動的特權和便利（其他條款涉及行政與外交事務，最長的一條論述了文物的問題）。猶太復國主義運動在巴勒斯坦的體現是猶太事務局（Jewish Agency），該部門被明確指定為該國猶太人口的官方代表，儘管在堅定的歐洲猶太復國主義者大規模移民到巴勒斯坦之前，這裡的猶太社區主要由宗教的或米茲拉希猶太人組成，他們中的大部分人都不是猶太復國主義者，甚至是反對猶太復國主義的。當然，委任狀沒有為隻字片語都未被提到的阿拉伯多數人口指定這樣的官方代表。

委任狀第二條規定了自治機構；然而，上下文清楚地表明，這只適用於「yishuv」（依舒夫），這是對在巴勒斯坦的猶太居民的稱呼，而巴勒斯坦多數人一直被拒絕進入這些機構。（任何在後來針對代表權問題做出的讓步中，例如英國提出的建立阿拉伯事務局的建議，都是有條件的，是以極少數人擁有與大多數人平等的代表權為條件，並以巴勒斯坦人要接受託管統治的條件為前提條件，而託管統治的條件則明顯無視了巴勒斯坦人的存在，這是巴勒斯坦人將會發現自己被推入到的愚弄陷阱中的第一個圈套。）在民主的基礎上為整個國家建立具有真正權力的代表機構的提議，從來沒有提出來過（這與勞合．喬治對魏茨曼的私下保證一致），這是因為巴勒斯坦的大多數人口自然會投票結束猶太復國主義運動在他們國家的特權地位。

委任狀的關鍵條款之一是第四條，該條賦予猶太事務局作為「公共機構」的準政府地位，在經濟和社會領域擁有廣泛的權力，並有能力「協助和參與國家的發展」。

除了使猶太事務局成為託管統治政府的夥伴外，這一規定還使它獲得國際外交地位，從而在國際聯盟和其他地方可以用官方身分代表猶太復國主義的利益。這種代表權通常是主權的一種屬性，猶太復國主義運動充分利用這一優勢來提高其國際地位，並將其作為一個準國家行事。同樣的，在整個三十年的託管統治期間，儘管巴勒斯坦人一再提出要求，但英國沒有允許巴勒斯坦的多數民族可以擁有這種權力機構。

第六條則規定了促進猶太人移民與鼓勵「猶太人在這塊土地上就近定居」的強制力。這是最關鍵的規定，因為在隨後一個世紀猶太復國主義與巴勒斯坦人的鬥爭中，人口統計和土地控制非常重要。這規定為猶太人口的大幅增長與獲得具有戰略意義的土地奠定了基礎，從而能夠讓猶太人控制該國脊梁骨一般的沿海地區、加利利東部和連接它們的肥沃馬爾芝．伊本．阿默爾谷地。

第七條規定了一項國籍法，好方便猶太人獲得巴勒斯坦公民身分。同樣的法律也被用來拒絕給予奧斯曼時代移民到美洲、現在希望返家的巴勒斯坦人國籍。[42]因此，猶太移民無論其出身如何，都可以獲得巴勒斯坦國籍，而在英國接管時碰巧在國外的巴勒斯坦阿拉伯人則被剝奪了國籍。最後，其他的條款還允許猶太事務局接管或建立公共工程，允許每個社區用自己的語言辦學（這意味著猶太事務局控制了依舒夫的大部分學校系統），並將希伯來語定為該國的官方語言。

總而言之，託管統治基本上允許建立一個與英國託管統治政府平行的猶太復國主義行政機構，而英國託管統治政府的任務是促進和支持後者。這個平行機構旨在為巴勒斯坦的一部分人口行使主權國家的許多職能，其中包括民主代表權和控制教育、衛生、公共工程、國際外交。為了享受主權的所有屬性，這個實體就只差能擁有一支軍事力量。隨著時間的推移，這件事也將會到來。

為了充分了解委任統治對巴勒斯坦人的特別破壞力，值得回過頭來看看國際聯盟公約第二十二條，看看貝爾福勛爵在一九一九年九月寫的一份機密備忘錄。對於以前屬於奧斯曼帝國的地區，第二十二條（「暫時」）承認它們「作為獨立國家存在」。這一條款的內容與中東地區有關的背景環境，涉及到英國在一次大戰期間曾多次承諾會讓奧斯曼帝國領土上的所有阿拉伯人獨立，好換取他們支持英國人，以及牽扯到威爾遜宣布的民族自決原則。事實上，中東的所有其他託管統治區最終都贏得獨立（儘管英國和法國這兩個託管統治國都扭曲規則，以便在盡可能長的時間內保持最大程度的控制）。

只有巴勒斯坦人被剝奪這些優勢，而巴勒斯坦的猶太人則獲得代議制機構和自治的進展，他們從盟約第二十二條中得到獨有的好處。幾十年來，英國官員虛偽而堅定地堅持把巴勒斯坦排除在阿拉伯獨立的戰時承諾之外。然而，當一九三八年胡塞因—麥克馬洪通信的相關內容摘錄首次被披露時，英國政府才被迫承認，它所使用的語言至少是模稜兩可的。[43]

42 近年在*Journal of Palestine Studies* 46, no. 2 (Winter 2017) 中的出色論文正好處理這個話題，請參考Lauren Banko, "Claiming Identities in Palestine: Migration and Nationality Under the Mandate," 26–43；以及Nadim Bawalsa, "Legislating Exclusion: Palestinian Migrants and Interwar Citizenship," 44–59。

43 喬治・安東尼斯（George Antonius）在*The Arab Awakening* (London: Hamish Hamilton, 1938) 一書中率先披露英國在戰時對阿拉伯人承諾的細節，並公開體現這些承諾的文件。這迫使尷尬的英國政府只好公布了全部信件。請參考Great

正如我們所看到的，參與剝奪巴勒斯坦人權利最深的官員之一是英國的外交大臣貝爾福勛爵。他是一個沉默寡言、世故的貴族，也是前首相，以及長期擔任保守黨首相索爾茲伯里勛爵（Lord Salisbury）的姪子，他曾在帝國最古老的殖民地——愛爾蘭擔任英國的祕書長一職長達五年之久，在那裡，他備受憎恨，贏得了「血腥的貝爾福」的綽號。[44]具有諷刺意味的是，正是他的政府起草了一九〇五年的《外國人法案》（*Aliens Act*），這份法案的主要目的是把逃離沙皇大屠殺的赤貧猶太人擋在英國之外。他是一個堅定的犬儒主義者，但他仍然持有一些信念，其中之一是猶太復國主義對大英帝國的效用和道德正確性，他被哈伊姆．魏茨曼列入到了猶太復國主義的志業中。儘管有這樣的信念，貝爾福卻很清楚他的政府的行動所產生的影響，並偏好假裝其他人並不存在。

在一份一九一九年九月的祕密備忘錄（直到超過三十年後，才與其他兩次世界大戰之間時期的文件匯編一起出版[45]）中，貝爾福給內閣闡釋了他對英國在中東為自己創造出來的併發症的分析，這一併發症是英國在該地區做出相互矛盾許諾的結果。關於協約國給出的那些有多重矛盾的承諾，包括在胡塞因—麥克馬洪通信、賽克斯—皮科協定和國際聯盟公約中體現出的承諾，貝爾福的措辭十分尖刻。在總結英國在敘利亞與美索不達米亞的政策的不一致後，他直截了當地評估了巴勒斯坦的局勢：

> 國際聯盟公約的文字和協約國的政策之間的矛盾在巴勒斯坦這個「獨立國家」的情

況，比在敘利亞這個「獨立國家」的情況表現得更明顯。因為在巴勒斯坦，我們甚至不建議走徵求該國現有居民意願的形式……四大國都決心支持猶太復國主義。而且猶太復國主義，無論是對還是錯、是好還是壞，都植根於悠久的傳統中，植根於當前的需要上，並植根於未來的希望上，它遠比現在居住在這塊古老土地上的七十萬阿拉伯人的願望與偏見更重要。

在我看來，這是對的。我始終無法理解的是，它如何能與宣言、公約或調查委員會的指示相一致。

我不認為猶太復國主義會傷害阿拉伯人，但他們絕不會說他們想要猶太復國主義。無論巴勒斯坦的未來如何，它現在還不是一個「獨立國家」，也還沒有走上成為獨立國家的道路。在我看來，無論要怎樣尊重居住在那裡的人的意見，列強在選擇強制性規定時都並

Britain, Parliamentary Papers, Cmd. 5974, *Report of a Committee Set Up to Consider Certain Correspondence Between Sir Henry McMahon* [His Majesty's High Commissioner in Egypt] *and the Sharif of Mecca in 1915 and 1916* (London: His Majesty's Stationery Office, 1939)。

44 貝爾福獲得了僅次於愛爾蘭總督的愛爾蘭首席祕書的高位，這通常被歸因於他和首相羅伯特・塞西爾（索爾茲伯里勛爵）的家庭關係，因此有了「鮑伯是你叔叔」（Bob's your uncle）的流行說法。

45 E. L. Woodward and R. Butler, eds., *Documents on British Foreign Policy, 1919–1939*, first series, 1919–1929 (London: Her Majesty's Stationery Office, 1952), 340–48.

沒有提議跟他們進行協商。簡而言之，就巴勒斯坦而言，列強沒有對做過的錯事發出過聲明，也沒有發表過他們並不總是打算違反條文內容的政策聲明。

在這份坦率得十分殘酷的總結中，貝爾福將猶太復國主義所體現的崇高「悠久傳統」、「當前需要」和「未來希望」，拿來跟「現在居住在這塊古老土地上」的巴勒斯坦阿拉伯人的「願望和偏見」相對比，暗示了巴勒斯坦人口的存在只不過是暫時的。呼應著赫茨爾的言論，貝爾福也輕描淡寫地宣稱，猶太復國主義不會傷害阿拉伯人，但他卻毫無顧忌地承認英國和協約國在巴勒斯坦政策中的惡意和欺騙。但這無關緊要。備忘錄的其餘部分是一套平淡無奇的建議，內容是如何克服這種虛偽和矛盾的承諾糾纏所造成的障礙。貝爾福的總結中唯一固定的兩點，一是對大英帝國利益的關注，二是為猶太復國主義運動提供機會的承諾。他的動機與其他大多數參與制定巴勒斯坦政策的英國高級官員的動機是一脈相承的，而且他們都沒有如實以告自己的行動會帶來的影響。

英國和協約國的這些自相矛盾承諾，以及為滿足猶太復國主義計畫的需要而量身定做的授權制度，在兩次大戰之間的時期裡給巴勒斯坦阿拉伯人帶來了什麼？英國人對待巴勒斯坦人的態度，就像他們對待從香港到牙買加的其他臣民一樣輕蔑高傲。他們的官員壟斷了託管統治政府的最高職位，排除有足夠才幹的阿拉伯人[46]；他們對報紙施以審查，當政治活動令他們感到不快時，他們就禁止這些活動，並且在完成其承諾方面，一般而言，能多吝嗇就多吝嗇。如同在埃及和印度一樣，他們幾乎沒有推動教育發展，因為殖民主義的傳統智慧認為，過多的教育會培養出不知道自己適當位置的「本地人」。在和這一時期有關的第一手資料中，充斥著大量表現出殖民官員對被他們認為低人一等的人，採取種族主義態度的事例，即使他們所面對的當地人是知識淵博、英語流利的專業人士。

巴勒斯坦的經歷與這一時期大多數其他殖民地人民的經歷不同，託管統治帶來了湧入的外國定居者，他們的任務是接管這個國家。在一九一七至一九三九年的關鍵歲月裡，猶太移民和託管統治所要求的「猶太人在這片土地上的就近定居」迅速地進行著。猶太復國主義運動在巴勒斯坦沿海和其他肥沃的戰略地區所建立的殖民地，都是為了確保掌控領土的跳板，一旦人口、經濟和軍事平衡發生足夠的變化，開始對猶太復國主義者有利時，他們就可以統治（並最終征服）這個國家。[47]在短時間內，猶太人口占總人口的比例增加了三倍，從一次大戰結束時

46 喬治・安東尼斯的案例是這方面的許多令人震驚的案例之一。他在劍橋大學接受教育，顯然有很好的資質，但是在託管統治政府中，他經常被拒絕擔任高級職務，而是被平庸的英國官員取代。見Susan Boyle, *Betrayal of Palestine: The Story of George Antonius* (Boulder, CO: Westview, 2001); Sahar Huneidi, *A Broken Trust: Sir Herbert Samuel, Zionism, and the Palestinians* (London: I. B. Tauris, 2001), 2。

47 Stein, *The Land Question in Palestine*, 210–11.

占總人口的百分之六左右，增長到一九二六年的百分之十八左右。

然而，儘管猶太復國主義運動在動員和向巴勒斯坦投入資本方面有非凡的能力（在一九二〇年代，愈來愈只惠及猶太人的猶太人經濟資金流入量，已經達到比國內淨產值高百分之四十一點五的驚人水平[48]）。在一九二六至一九三二年期間，猶太人口占全國人口的比例停止增長，停滯在百分之十七至十八點五之間。[49]這段時期的一些年份恰逢全球大蕭條，當時離開巴勒斯坦的猶太人超過了抵達巴勒斯坦的猶太人，資本流入明顯減少。當時，猶太復國主義計畫似乎永遠也達不到魏茨曼所說的，使巴勒斯坦「猶太化的程度就像是英國的英國化程度一樣」的臨界人口數。[50]

但到了一九三三年，隨著納粹黨在德國上台，一切都發生變化，納粹黨立即開始迫害和驅趕已經發展得根深柢固的猶太社區。由於美國、英國和其他國家制定了歧視性的移民法，許多德國猶太人除了巴勒斯坦之外無處可去。事實證明，希特勒的崛起是巴勒斯坦和猶太復國主義現代史上最重要的事件。僅在一九三五年這一年時間裡，就有六萬多名猶太移民來到巴勒斯坦，這數字比一九一七年巴勒斯坦的全部猶太人口還要多。這些難民主要來自德國，但也有一些人是來自反猶主義迫害加劇的德國周邊國家，他們中的大多數人都有一技之長和受過教育。由於納粹政府和猶太復國主義運動之間達成的轉移協議，德國猶太人被允許帶來總價值一億美元的資產，達成該協議是為了換取猶太人取消對德國發起的抵制。[51]

在一九三〇年代，巴勒斯坦的猶太經濟首次超過了阿拉伯人的經濟部門，到一九三九年，猶太人口已經增長到占巴勒斯坦總人口的三成以上。鑑於經濟的快速增長和這種在短短七年內的快速人口轉變，再加上猶太復國主義運動軍事能力的大幅擴張，猶太復國主義運動領導人清楚地認識到，實現統治整個國家或國家大部分地區所必需的人口、經濟、領土和武裝核心將很快到位。正如本—古里安在當時所說的那樣：「以每年六萬人的速度移民意味著在整個巴勒斯坦建立起一個猶太國家。」[52]許多的巴勒斯坦人也得出了類似的結論。

正如伊薩·伊薩在一九二九年發出的可怕警告，巴勒斯坦人現在眼睜睜看著自己在自己的家園中不可避免地變成了陌生人。在英國占領的頭二十年裡，巴勒斯坦人對猶太復國主義運動日益增長的統治地位的抵抗愈來愈強烈，其表現為定期爆發的暴力事件，儘管巴勒斯坦領導人向英國人承諾要讓其追隨者守規矩，但這些事件還是發生了。在農村，零星的襲擊事件往往被

---

48 Zeev Sternhell, *The Founding Myths of Israel*, 217，根據史登赫爾的說法，資本流入和國內淨產值的比率「在第二次世界大戰前的任何時候都不曾低於百分之三十三。」

49 人口數據可見於 W. Khalidi, ed., *From Haven to Conquest*, appendix 1, 842–43。

50 一九一九年九月十九日對英國猶太復國主義者聯盟的講話，摘錄於 Nur Masalha, *Expulsion of the Palestinians: The Concept of "Transfer" in Zionist Political Thought, 1882–1948* (Washington, DC: Institute for Palestine Studies, 1992), 41。

51 Edwin Black, *The Transfer Agreement: The Untold Story of the Secret Agreement Between the Third Reich and Jewish Palestine* (New York: Macmillan, 1984).

52 這部分內容是來自他公開的日記，摘錄於 Shabtai Teveth, *Ben Gurion and the Palestine Arabs: From Peace to War* (New York: Oxford University Press, 1985), 166–68。

英國人和猶太復國主義者描述為「土匪行為」，這表明民眾對猶太復國主義者收購土地的憤怒，因為這種土地收購往往導致農民被驅趕出他們認為屬於自己的土地，而這些土地是他們的生計來源。在城市裡，反對英國統治和猶太復國主義準國家擴張的示威活動，在一九三〇年代初變得更大規模也更激進。

為了保持對事件的控制，精英名流組織了一次泛伊斯蘭會議，同時向倫敦派出幾個代表團，並協調各種形式的抗議活動。然而，這些領導人不願意太過公開地對抗英國人，他們頂住了巴勒斯坦人要求全面抵制英國當局和罷稅的呼聲。他們仍然看不到，他們怯懦的外交方式不可能說服任何英國政府放棄對猶太復國主義的承諾，或是對巴勒斯坦人要求的漠視。

因此，這些精英的努力未能阻止猶太復國主義計畫的發展，也未能以任何方式推進巴勒斯坦人的事業。然而，為了應對巴勒斯坦日益頻發的騷動，特別是在暴力動亂爆發後，英國各屆政府都不得不重新審視它們在巴勒斯坦的政策。結果是產生各種調查委員會和白皮書。這些委員會包括一九二〇年的海伍德委員會（Hayward Commission）、一九二二年的邱吉爾白皮書（Churchill White Paper）、一九二九年的蕭委員會（Shaw Commission）、一九三〇年的霍普—辛普森報告書（Hope-Simpson Report）、一九三〇年的帕斯菲爾德白皮書（Passfield White Paper）、一九三七年的皮爾委員會（Peel Commission）和一九三八年的伍德海德委員會（Woodhead Commission）。然而，這些政策文件只建議採取有限的措施來安撫巴勒斯坦人（其中大部分措施在猶太復國主義分子的壓力下被倫敦政府取消了），或者提出的行動方案只會更加重巴勒斯坦人感受到的不公正待遇。

最終釀成的結果就是在巴勒斯坦引發了一場從一九三六年開始的前所未有、在全國延燒的暴力大爆發。

巴勒斯坦領導層在十五年來舉行的各種大會、示威，以及跟頑固的英國官員徒勞無功的會議，累積了巴勒斯坦人的沮喪，最終導致一場大規模的基層起義。這場起義始於一場為期六個月的大罷工，這是殖民史上最長的一次罷工，由全國各地的青年、城市中產階級積極分子（其中許多人是獨立黨的成員）自發發起。罷工最終發展成為一九三六至三九年的大起義，這是巴勒斯坦在兩次世界大戰之間的時期裡的關鍵事件。

在一九一七年之後的二十年裡，巴勒斯坦人一直未能像埃及的華夫托黨（Wafd）、印度的國大黨或愛爾蘭的新芬黨那樣，為他們的民族運動制定一個總體框架。他們也沒有像其他一些與殖民主義鬥爭的民族那樣，維持一個看似穩固的民族陣線。他們的努力受到巴勒斯坦社會和政治的等級、保守和分裂性質的破壞，這種性質是該地區許多人的特點，而且託管統治當局在猶太事務局的幫助與慫恿下，採取複雜的分化和統治政策，進一步削弱他們的努力。英國人的這種殖民戰略經過在愛爾蘭、印度和埃及的數百年歷練後，可能是在統治巴勒斯坦的時候登峰造極。

為了分化巴勒斯坦人，英國人的政策包括：攏絡精英階層中的不同派系，讓同一家族的成員同室操戈，例如在胡塞尼家族的成員間製造對立，以及憑空捏造出一個「傳統機構」來達到其目的。英國人創造出的這些例子有：設立全巴勒斯坦大穆夫提的職位（傳統上，耶路撒冷有四個穆夫提，哈奈菲、沙斐儀、馬力克和罕百里四大教法學派各有一名，而從來沒有過全巴勒斯坦的穆夫提），以及管理穆斯林社區事務的最高穆斯林委員會。英國人提名哈吉・阿敏・胡塞尼（Haji Amin al-Husayni）為大穆夫提和委員會主席，因為他在一次工作面試中向赫伯特・塞繆爾爵士承諾，他將穩定這裡的秩序（他在十五年的大部分時間裡也都是這樣做的）。[53]他的任命滿足一箭雙鵰的目的。一個是創造出一個替代的領導結構，來排擠民族主義色彩的巴勒斯坦大會阿拉伯行政部門，後者的領導人是穆夫提的堂親穆薩・卡齊姆・帕夏・胡塞尼（Musa Kazim Pasha al-Husayni），因此這麼做也就煽動起兩個人之間的齟齬。

這麼做的另一個目的是強化一種除了具有民族特徵的猶太人之外，巴勒斯坦的阿拉伯人沒有民族性，僅是由宗教團體組成的觀念。這些措施的目的是分散巴勒斯坦人的注意力，使其無暇提出建立民主的全國性代表機構的要求，並分化民族運動，阻撓創造出能夠替代託管統治，以及猶太復國主義力量的單一國民替代方案。[54]

雖然分而治之的策略在一九三〇年代中期之前進行得相當成功，但一九三六年為期六個月的大罷工是一次自下而上的民眾自發行動，讓英國人、猶太復國主義者和巴勒斯坦精英領導層措手不及，迫使後者不得不放下分歧，至少在名義上是如此。其結果是成立了阿拉伯高級委員會（Arab Higher Committee），成立該委員會是為了領導和代表整個阿拉伯多數人口，但是英國人從未承認阿拉伯高級委員會是一個代表機構。該委員會完全由男人組成，都是有頭有臉之人，在職業、地產和生意上屬於巴勒斯坦精英階層中的成員。阿拉伯高級委員會試圖對總罷工負責，但不幸的是，他們最重要的成就是在一九三六年秋天應幾個阿拉伯國家統治者的要求，讓總罷工落幕，這些阿拉伯統治者基本上是按照他們的後台金主，也就是英國人的要求辦事的。他們向巴勒斯坦領導層承諾，英國人將補償他們的不滿。

這種介入的失望結局是在一九三七年七月到來的，當時皮爾勛爵（Lord Peel）領導的一個皇家委員會正在負責調查巴勒斯坦的動蕩局勢，該委員會建議對巴勒斯坦進行分治，在約百分之十七的領土上建立一個小規模的猶太國家，而這片領土上的二十多萬阿拉伯人將被驅逐出境（驅逐被委婉地稱為「轉移」）。根據這個計畫，該國的其餘部分將繼續處在英國的控制下，或者移交給英國的盟邦、外約旦的埃米爾阿布杜拉來管理。從巴勒斯坦人的角度來看，這幾乎等同於同樣的事情。巴勒斯坦人再一次被當作沒有民族存在和集體權利的人對待。

皮爾委員會滿足了猶太復國主義的基本目標，即建立國家和驅逐巴勒斯坦人（儘管不是在整個巴勒斯坦），再加上它否定巴勒斯坦人熱切期望的自決目標，促使巴勒斯坦人走入更激進

53 更多細節請參考 R. Khalidi, *The Iron Cage*, 54–62。這次「工作面試」在頁五九到六十頁有所描述。

54 英國人如何做到這一點是《鐵籠》第二章的主要內容，請參考 *The Iron Cage*, 31–64。

的起義階段。一九三七年十月爆發的武裝起義席捲了全國。直到兩年後，英國人才透過大規模使用武力控制了局面，這時正好趕上英國軍事部隊（當時在巴勒斯坦有十萬英軍，相當於每四個巴勒斯坦成年男子對付一名英軍）被重新部署去打二次大戰。叛亂取得了暫時的顯著成功，但最終卻給巴勒斯坦人帶來了衰弱後果。

在一九三九年之前英國為猶太復國主義運動提供的所有服務中，最寶貴的可能就是用軍隊鎮壓了巴勒斯坦人以起義形式做出的抵抗。這場針對該國大多數人發動的血腥戰爭，使百分之十的成年阿拉伯男性人口被殺、受傷、遭監禁或流放，[55] 這是賈鮑京斯基所說出的關於猶太復國主義計畫必須使用武力才能成功的赤裸裸事實的最好佐證。為了鎮壓起義，大英帝國調來了兩個師的部隊、轟炸機中隊，以及在幾十年的殖民戰爭中日臻完善的各種鎮壓手段。[56]

英國人所採用的麻木不仁與殘忍的手段，遠遠超出了草率處決的範圍。在一九三七年，一位八十一歲的起義領導人謝赫．法爾汗．薩阿迪（Shaykh Farhan al-Saʿdi）只是因為擁有一顆子彈而被處死。根據當時實行的戒嚴法，一顆子彈就足以判處死刑，特別是對像薩阿迪這樣的游擊隊戰士而言。[57] 在軍事法庭進行草率處決的審判後，有一百多起這樣的死刑判決被宣判，還有更多的巴勒斯坦人被英國軍隊當場處決。[58] 起義軍伏擊了英國車隊並炸毀他們的火車，英國人被激怒了，他們把巴勒斯坦囚犯綁在裝甲車和摩托車前面，來防止起義軍攻擊，這種戰術是他們為了鎮壓愛爾蘭人反抗，在一九一九至二一年的愛爾蘭獨立戰爭期間發明的。[59] 英國人會推平被關押或是被槍決的起義者的家宅，或者是被他們懷疑是起義者的人或他們親戚的家宅。這樣的行徑成為了日常，這又是英國人從鎮壓愛爾蘭人的經驗中總結出來的戰術。[60]帝國主義在鎮壓巴勒斯坦人時廣泛採用的另外兩種做法，則是未經審判便拘留數千人和流放麻煩的領導人。

對皮爾委員會分治建議的爆炸性反應，最終導致加利利地區的英國專員路易斯·安德魯斯（Lewis Andrews）上尉在一九三七年十月被暗殺。作為對英國權威的直接挑戰的回應，託

---

55 這個數字的根據是W. Khalidi, *From Haven to Conquest*, appendix 4, 846–49提供的統計數據。

56 關於鎮壓細節，見Matthew Hughes, "The Banality of Brutality: British Armed Forces and the Repression of the Arab Revolt in Palestine, 1936–39," *English Historical Review* 124, no. 507 (April 2009), 313–54。

57 Baruch Kimmerling and Joel S. Migdal, *The Palestinian People: A History* (Cambridge, MA: Harvard University Press, 2003), 119.

58 關於歐德·溫蓋特（Orde Wingate）指揮的英國士兵和猶太復國主義武裝分子混合部隊，任意處決巴勒斯坦人的令人不寒而慄描述，請參考Segev, *One Palestine, Complete*, 429–32。在塞格夫的敘述中，溫蓋特被看作是一個殺人不眨眼的精神病患者；他還指出，他的一些手下在私底下認為他是個瘋子。以色列國防部後來對他的評價是：「歐德·溫蓋特的教導，他的個性和領導力是哈加拿武裝部隊的許多指揮官的祖師，在以色列國防軍的作戰理論中也可以看到溫蓋特的影響。」

59 Segev, One Palestine, Complete, 425–26。許多鎮壓過愛爾蘭人的老兵，其中包括之前臭名昭著的黑棕部隊（Black and Tans）裡的很多人，都被召入到英國在巴勒斯坦的安全部隊。見Richard Cahill, "'Going Berserk': 'Black and Tans' in Palestine," *Jerusalem Quarterly* 38 (Summer 2009), 59–68。

60 愛爾蘭獨立戰爭期間的愛爾蘭共和軍高級指揮官厄尼·歐瑪利（Ernie O'Malley）的回憶錄*On Another Man's Wound* (Cork: Mercier Press, 2013)，詳細敘述了一九一九至二一年英國人在企圖控制愛爾蘭人起義時利用的殘酷手段，其中包括燒毀房屋、公共建築、奶油工廠和其他的重要經濟資源，來報復對方攻擊英國軍隊、警察和武裝輔助人員。

管統治當局幾乎將所有巴勒斯坦的民族主義領導人都驅逐出境，這其中就包括我的伯父，耶路撒冷市長胡塞因·哈利迪博士。他和其他四個人（他和他們中的另外兩人是阿拉伯人權委員會的成員）一起被送去了塞席爾群島，這是大英帝國經常選擇的一個位於印度洋上一片孤絕海島，專門用來流放民族主義反對者。[61]這些人被關押在一個戒備森嚴的營地裡長達十六個月，沒有訪客，也沒辦法與外界接觸。他們在塞席爾的同伴包括來自葉門亞丁和桑吉巴爾的政治領袖。其他巴勒斯坦領導人則被流放到了肯亞或南非，而包括穆夫提在內的少數人成功逃脫，並前往了黎巴嫩。還有一些人被關在十幾個英國人自己稱呼的「集中營」裡，其中最著名的是薩拉凡德（Sarafand）的集中營，他們一般都沒有經過審判。他們之中包括我另一個伯父嘎里布（Ghalib），他和他哥哥一樣，參與了被認為是反英活動的民族主義活動。

就在被捕和遭流放之前，胡塞因·哈利迪曾在阿拉伯高級委員會裡任職，並擔任了三年的耶路撒冷民選市長，隨後被英國人免職，他遇到了英國駐巴勒斯坦部隊的指揮官約翰·迪爾爵士（Sir John Dill）少將。在我伯父的回憶錄中，他回憶說，他告訴這位英國軍官，結束暴力的唯一辦法是滿足巴勒斯坦人的一些要求，尤其是停止猶太人移民。逮捕阿拉伯領導人會有什麼效果？迪爾想要知道。一位阿拉伯高層人士曾告訴他，這種逮捕會在幾天或幾星期內讓叛亂平息下去。我的伯父則是直言不諱地指出：叛亂只會加速蔓延，失去控制。想要抓人的是猶太事務局，哈利迪知道殖民部門正在考慮這樣做，但解決巴勒斯坦問題不會是抓人那麼簡單。[62]

我伯父說的沒錯。在他被流放和其他人被大規模逮捕後的幾個月裡，起義進入了最激烈的階段，英軍失去對幾座城市地區和大部分農村的控制，起義軍接管和管理了那些地方。[63]用迪爾的繼任者羅伯特．海寧（Robert Haining）中將在一九三八年八月的話說：「當時的情況是，就所有實際目的而言，國家的民政管理是不存在的。」[64]在十二月時，海寧向陸軍部報告說：「實際上全國每個村莊都窩藏和支持叛軍，並將協助他們隱瞞身分。」[65]在一九三八年九月，慕尼黑協定簽訂後，只是靠更多的英軍到來後，大英帝國才能發動全部力量，又經過近一年的激烈戰鬥，才將巴勒斯坦起義撲滅。

與此同時，巴勒斯坦人之間出現了深刻的分歧。一些人與約旦的埃米爾阿布杜拉結盟，默默歡迎皮爾委員會的分治建議，因為這個方案傾向於讓巴勒斯坦與外約旦接壤的部分，不會被轉變成新的猶太國家。

61 H. Khalidi, *Mada 'ahd al-mujamalat*, vol. 1. The section relating to his exile in the Seychelles is 247ff.

62 Ibid., vol. 1, 247.

63 在查爾斯．安德森的一篇出色論文中，作者評估了起義者對於巴勒斯坦大部分地區的控制程度。請參考 Charles Anderson, "State Formation from Below and the Great Revolt in Palestine," *Journal of Palestine Studies* 47, no 1 (Autumn 2017): 39-55。

64 一九三八年八月三十日羅伯特．韓寧爵士（Sir Robert Haining）將軍的報告，摘錄於 Anne Lesch, *Arab Politics in Palestine, 1917–1939: The Frustration of a National Movement* (Ithaca, NY: Cornell University Press, 1979), 223。

65 英國國家檔案，內閣文件，CAB 24/282/5, Palestine, 1938, "Allegations against British Troops: Memorandum by the Secretary of State for War," January 16, 1939, 2。

然而，大多數的巴勒斯坦人強烈反對這些建議的所有方面，無論是分治他們的國家，在那裡建立一個猶太國家（不管其規模有多小），還是從這個國家驅逐大部分阿拉伯人口，人們都不答應。此後，隨著起義在一九三七年底和一九三八年初達到高潮，巴勒斯坦人之間的自相殘殺的衝突也變得更加激烈，忠於穆夫提的人與前任耶路撒冷市長拉吉布・納沙希比（Raghib al-Nashashibi）領導的穆夫提的反對者之間，出現了嚴重分裂，後者主張不要跟英國人妥協。在伊薩看來，巴勒斯坦內部的爭端導致一九三〇年代末的數百起暗殺事件，嚴重損耗巴勒斯坦人的實

在塞席爾群島流亡的阿拉伯高級委員會成員，一九三八年。照片左側坐著的人是胡塞因博士。

力。在一九三八年時，他本人也在受到生命威脅後被迫流亡到貝魯特，他在拉姆拉（Ramleh）的住家被燒毀，他的所有書籍和文件都付之一炬。這無疑是穆夫提的人所為，這讓他深感痛苦。[66]他後來寫道，如果說最初的起義「是針對英國人和猶太人的」，那麼起義後來「就變成一場恐怖主義行動、掠奪、偷竊、放火和謀殺等手段變得很普遍的內戰了。」[67]

儘管付出了犧牲（從大量巴勒斯坦人被殺、受傷、入獄或流放可以看出），而且取得了短暫的成功，但是這場起義對巴勒斯坦人的後果幾乎完全是負面的。英國的野蠻鎮壓、眾多領導人的死亡和流放，以及他們內部的衝突，使巴勒斯坦人四分五裂，沒有方向，到一九三九年夏天起義最終被鎮壓下去時，他們的經濟已經被削弱。這使得巴勒斯坦人處於非常弱勢的地位，無法對抗現在正煥發出勃勃生機的猶太復國主義運動，該運動在巴勒斯坦起義期間不斷壯大，並從英國人那裡獲取大量的武器和廣泛的訓練，來幫助英國人鎮壓起義。[68]

然而，隨著一九三九年的歐洲被戰爭的烏雲所籠罩，大英帝國面臨的新全球性重大挑戰與

66 Khalaf, *Les Mémoires de 'Issa al-'Issa*, 227–32 中描述了他的流放和家宅被燒毀的情形。
67 Ibid., 230.
68 關於英國人和猶太復國主義分子在起義期間的合作有多麼廣泛的細節，可參考 Segev, *One Palestine, Complete*, 381, 426–32。

阿拉伯起義的影響相結合，使倫敦的政策發生了重大轉變，他們不再像以前那樣全力支持猶太復國主義了。雖然猶太復國主義者對英國人果斷粉碎了巴勒斯坦的抵抗感到高興，但這種新的轉變使他們的領導人開始面臨嚴峻的形勢。隨著歐洲不可避免滑向另一場世界大戰，英國人知道，這場衝突將像上一次世界大戰一樣，有一部分戰爭也會在阿拉伯的土地上上演。

以帝國的核心戰略利益來看，現在的當務之急是改善英國人的形象，好化解阿拉伯國家和伊斯蘭世界對英國強行鎮壓大起義的怒火，而且尤其緊迫的是，這些地區現在正淹沒在軸心國有關英國人在巴勒斯坦的暴行的宣傳中。在一九三九年一月，一份向英國內閣提交的報告建議，英國在巴勒斯坦的路線需要做出改變，強調「贏得埃及和阿拉伯鄰國信任」的重要性。[69]該報告中包括英屬印度國務卿對此做出的評論，他說：「巴勒斯坦問題不僅僅是一個阿拉伯問題，而且正在迅速成為一個泛伊斯蘭問題，」他還警告說，如果這個「問題」沒有得到妥善處理，「印度就有嚴重的麻煩必須要擔憂了。」[70]

在一九三九年的春天，在倫敦聖詹姆士宮舉行的有巴勒斯坦人、猶太復國主義者和阿拉伯國家代表參加的會議失敗後，張伯倫的政府發表了一份白皮書，試圖安撫憤怒的巴勒斯坦、阿拉伯和印度穆斯林。這份文件要求嚴厲削減英國對猶太復國主義運動的承諾。它建議嚴格限制猶太移民和土地銷售（阿拉伯人的兩大要求），並承諾在五年內建立代表機構，十年內實現自決（最重要的要求）。雖然移民實際上受到限制，但是沒有任何一項其他的承諾得到完全的實施。[71]此外，代議機構和自決權的建立取決於所有各方的批准，而猶太機構絕不會批准阻止他們建立猶太國家。一九三九年二月二十三日的內閣會議紀錄清楚地顯示，英國的意向是不向巴勒斯坦人提供這兩項關鍵讓步的實質內容，因為猶太復國主義運動將擁有有效的否決權，而且它顯然會使用這項權力。[72]

巴勒斯坦人如果接受了一九三九年的白皮書，儘管從他們的角度來看，白皮書存在缺陷，但他們本可以獲得一個優勢，儘管這只是微弱的優勢。例如，胡塞因．哈利迪就不相信英國政府給的任何承諾是真誠的。他尖銳地表示，他在聖詹姆士宮舉行的會議上知道（他是從在塞席爾的流放中被帶來與會的），英國「從來沒有在任何時候認真打算忠實它的承諾。」[73]從第一次會議開始，他就清楚地認識到，這次會議是「爭取時間的手段，是給阿拉伯人下藥，不多不少，恰是如此……是要討好阿拉伯人，使他們停下革命」，好讓英國人「有時間喘口氣，因為

---

69 英國國家檔案，內閣文件，CAB 24/283, "Committee on Palestine: Report," January 30, 1939, 24。

70 Ibid., 27.

71 這是胡塞因博士在事後得出的痛苦結論，他在回憶錄裡回顧了英國人違背承諾的紀錄，請參考 *Mada 'ahd al-mujamalat*, vol. 1, 280。

72 博伊爾在《背叛巴勒斯坦》一書中討論英國在聖詹姆士宮會議上決定立場的內閣會議，請參考 Boyle, *Betrayal of Palestine*, 13。

73 關於英國在白皮書中做出的關鍵承諾被破壞的詳細情況，見 R. Khalidi, *The Iron Cage*, 35–36, 114–15。

戰爭烏雲正在聚集。」[74]不過，他還是轉念贊成對白皮書做出靈活而積極的反應，其他巴勒斯坦領導人，例如穆薩・阿拉米（Musa al-'Alami）和穆夫提的表兄弟賈馬爾・胡塞尼（Jamal al-Husayni）也是如此。[75]但最終，穆夫提在先是表示傾向於接受後，最終還是堅持直接予以拒絕，他的立場占了上風。聖詹姆士宮會議後，英國人再次流放了胡塞因・哈利迪，這次是被送去黎巴嫩。當他看到起義在英國人的大規模鎮壓下是如何變質的，看到巴勒斯坦的形勢又是如何嚴峻，他主張停止抵抗。但在這裡，他的想法也被否決了。[76]

他的主張無論有沒有被接受，都已經為時已晚。張伯倫政府在發表白皮書時已經只剩下幾個月的任期，英國很快就陷入戰爭，而接替張伯倫擔任首相的邱吉爾，也許算得上是英國公共生活中最熱心的猶太復國主義者。更重要的是，隨著納粹入侵蘇聯和美國在珍珠港事件後參戰，二戰變成了真正的全球衝突，一個新世界即將誕生，在這個世界裡，英國充其量只是一個二等強國。巴勒斯坦的命運將不再掌握在英國人手裡。但正如胡塞因博士痛苦地指出的那樣，此時的英國已經給它的猶太復國主義門徒盡足了責任。

§

我的伯父在他一九四九年寫於貝魯特（他經歷的許多流亡時期之一）的三卷本回憶錄回顧過去時，他認為在英國託管統治期間，巴勒斯坦人面臨的主要問題是英國人。[77]他對阿拉伯國家領導人的不誠信和無能表示遺憾，並對巴勒斯坦領導層的失誤，包括他自己的失誤，進行了平衡的、大多是持平的批評。他清楚看到猶太復國主義運動一心專注於完全統治巴勒斯坦，以及其領導人的能力與純粹的欺騙性，其中許多人他都認識。但就像他的大多數同年齡和同一階層的人們一樣，胡塞因博士的真正憤怒是在英國人與英國人對巴勒斯坦人的敵意上。

他跟英國的許多官員都很熟稔，在成為耶路撒冷市長之前，他曾在託管統治當局下擔任高級醫務官。後來，他在一九三九年的聖詹姆士宮會議上作為談判代表跟他們打交道，然後在耶路撒冷經歷了一九四七至四八年的戰鬥，當時他是少數幾個留在聖城的巴勒斯坦領導人之一（許多人仍在英國的命令下流亡）。他顯然與一些英國官員相處融洽，他在耶路撒冷聖喬治學校和貝魯特美國大學學到的英語，大大幫助他跟英國人打交道，但他對英國官場普遍存在的虛偽、傲慢和兩面手法感到無比憤恨。[78]胡塞因把T・E・勞倫斯（「阿拉伯的勞倫斯」）當作英

---

74 H. Khalidi, *Mada 'ahd al-mujamalat*, vol. 1, 350–51.

75 Ibid., 300–305。關於他對這個話題的明智處理，請參考 *Bayan al-Hou masterful al-Qiyadat wal-mu'assasat al-siyasiyya fi Filastin 1917–1948* [Political leaderships and institutions in Palestine, 1917–1948] (Beirut: Institute for Palestine Studies, 1981), 397，他也得出了相同的結論。

76 Ibid., 352–56.

77 Ibid., vol. 1, 230ff。回憶錄的第一部分敘述了與皮爾委員會的交往情形，其中包括胡塞因博士舉例說明英國偏袒猶太復國主義的許多例子。

78 他還用英文寫了一卷他在塞席爾流放生活的回憶錄，其中充滿對英國人的批判。這本回憶錄名為 *Exiled from Jerusalem: The Diaries of Hussein Fakhri al-Khalidi*，即將由 Bloomsbury Press 出版。

國人背信棄義的最佳例子，但他也小心區分了勞倫斯在《智慧七柱》中坦率描述他對阿拉伯人的欺騙和背叛，以及他在戰前於耶路撒冷結識的那些英國教師和傳教士的誠實和正直。[79]

最讓胡塞因博士憤怒的是英國人一貫支持猶太復國主義者。即使是身在巴勒斯坦的英國官員也確信，為了保護猶太復國主義的計畫而維持鐵牆的代價是無法持續下去的（猶太復國主義運動的領袖往往對英國為他們所做的一切忘恩負義），但這些英國官員的建議在倫敦幾乎無一例外遭到反對。至少在一九三九年之前，猶太復國主義者能夠將他們的支持者，或者有時是他們的領導人（就像令人害怕的哈伊姆·魏茨曼那樣），能夠把白廳的英國關鍵決策者置於他們的手腕下，而且英國的一些關鍵決策者本身也是狂熱的猶太復國主義者。胡塞因博士曾語帶挖苦地指出，在一九二〇年代和三〇年代，當英國官方委員會前往巴勒斯坦調查局勢時，他們得出的任何有利於阿拉伯人的結論，都會遭到倫敦猶太復國主義遊說團的反駁，在倫敦，那些猶太復國主義領導人和英國高級政治人物之間的關係異常親密。[80]

在一九四八年戰爭結束後不久，在貝魯特流亡的伊薩·伊薩也寫了他的回憶錄。他對兩次世界大戰之間這段時期的看法，在許多方面與我伯父的看法不同。與胡塞因博士不同的是，伊薩在一九三七年皮爾委員會的報告之後跟穆夫提發生了激烈的爭執，他本人也因隨後巴勒斯坦領導層的分裂而受到影響。

如果說在伊薩看來，這種內部分裂嚴重損害了巴勒斯坦人，那麼，落後的社會關係和阿拉伯人缺乏教育的現實也是如此，最重要的是，猶太復國主義者在英國人的支持下，絲毫不動搖地把重點放在取代本地人口上，這個議題是他在幾十年來一直有理有據地著墨的主題。他不愛英國人，英國人也不愛他，但在他的分析中，問題的核心是猶太復國主義，再加上巴勒斯坦和阿拉伯人的軟弱。他在詩歌和散文中對一九四八年以後的阿拉伯統治者的批評是嚴厲的，他對他們的描述，特別是對埃米爾阿布杜拉的描述，遠算不上是恭維。

關於叛亂和英國對叛亂的鎮壓，最後還必須要說明兩件事。第一，它證明了賈鮑京斯基的明察秋毫和許多英國官員的自欺欺人。猶太復國主義者的殖民事業旨在接管這個國家，這必然要造成抵抗。「如果你想在一塊已經有人居住的土地上殖民的話，」賈鮑京斯基在一九二五年寫道，「你必須為這塊土地找到駐軍，或者找到一個代表你提供駐軍的恩主……猶太復國主義是一種殖民主義事業，因此，它的成功或失敗取決於武裝力量。」[81]至少在最開始的時候，只有英國提供的武裝力量才能壓制被殖民者自然會做出的抵抗。

在更早的時候，威爾遜總統為確定該地區人民的意願而派出的金—克雷恩委員會（King-Crane Commission），就於一九一九年得出了與賈鮑京斯基類似的結論。猶太復國主義運動的代表告訴他們，該運動在將巴勒斯坦變成猶太國家的過程中，「期待著在實際上完全清除巴勒

79 H. Khalidi, *Mada ʻahd al-mujamalat*, vol. 1, 110–14.

80 Ibid., vol. 1, 230.

81 摘錄於Masalha, *Expulsion of the Palestinians*, 45。

斯坦目前的非猶太居民」，委員會成員報告說，他們所諮詢的軍事專家中沒有一個人「認為除了使用武力以外，還有別的辦法可以實行猶太復國主義計畫」，所有的人都認為執行這個計畫「需要不少於五萬名士兵」的部隊。最終，英國人在一九三六年到一九三九年用了兩倍多的兵力才戰勝巴勒斯坦人。在給威爾遜的一封附加信中，委員們有預見性地警告說：「如果美國政府決定支持在巴勒斯坦建立一個猶太國家，他們就等於讓美國人民承諾在該地區使用武力，因為只有透過武力才能在巴勒斯坦建立或維持一個猶太國家。」[82]金—克雷恩委員會就是這樣準確地預測此後一個世紀的發展進程。

第二點是，無論是起義及鎮壓起義，還是後來各方成功植入猶太復國主義計畫，都是在貝爾福宣言中制定的政策直接、不可避免的後果，也是貝爾福的話所體現出的戰爭宣言的遲來實行。

貝爾福確實「沒有覺得猶太復國主義會傷害阿拉伯人」，他似乎在最初的時候認為阿拉伯人不會對猶太復國主義者接管他們的國家做出什麼大的反應。但用喬治・歐威爾的話說：「錯誤的信念遲早會與堅實的現實相撞，而且這通常是發生在戰場上。」[83]這正是大起義戰場上發生的事情，並給巴勒斯坦人造成了持久的傷害。

§

在一九一七年之後，巴勒斯坦人發現自己正被困在三重的困境中，這種境遇在抵抗殖民定居者運動的歷史上可能是獨一無二的。與大多數淪陷在殖民統治下的其他民族不同，他們不僅要與殖民宗主國的勢力（在這裡是指倫敦方面）抗爭，而且還要與一個獨特的殖民定居者運動抗爭，這個運動雖然受制於英國，但又獨立於英國，它有自己的民族使命，有誘人的聖經理由，有既定的國際基礎和資金。按照英國負責「移民和統計」的官員的說法，英國政府不是「這裡的殖民大國，猶太人才是殖民大國。」[84]更糟糕的是，英國並沒有直接統治巴勒斯坦，它是作為國際聯盟的一個託管統治國來統治的。因此，它不僅受到貝爾福宣言的約束，而且還受到一九二二年巴勒斯坦託管統治權所體現的國際承諾的約束。

巴勒斯坦人以抗議和騷亂的形式表達出自己的強烈不滿，一次又一次引起在當地和在倫敦的英國行政人員提出修改政策的建議。然而，巴勒斯坦並不是英國政府可以隨意採取行動的皇家殖民地或任何其他形式的殖民地。如果巴勒斯坦的壓力似乎會迫使英國違反託管統治的條文或精神，那麼在日內瓦的國際聯盟長期託管統治委員會（Permanent Mandates Commission）就

82 "The King-Crane Commission Report, August 28, 1919," http://www.hri.org/docs/king-crane/syria-recomm.html.

83 George Orwell, "In Front of Your Nose," Tribune, March 22, 1946, reprinted in *The Collected Essays, Journalism, and Letters of George Orwell*, vol. 4, *In Front of Your Nose, 1945–50*, ed. Sonia Orwell and Ian Angus (New York: Harcourt Brace, 1968), 124.

84 這位官員是米爾斯（E. Mills），他曾給皮爾委員會提供祕密證詞的發言，摘自Leila Parson, "The Secret Testimony to the Peel Commission: A Preliminary Analysis," *Journal of Palestine Studies*, 49, no. 1 (Fall 2019)。

會進行密集的遊說，好提醒英國對猶太復國主義者的首要義務。[85]由於英國忠於這些義務，於是到了一九三〇年代末時，要想扭轉國家的轉變或改變雙方力量已經發展出的不平衡局面，已經為時太晚了。

在猶太復國主義組織的大量資本投資、艱苦的勞力、複雜完善的法律手段、密集的遊說、有效的宣傳，以及隱蔽和公開的軍事手段下，巴勒斯坦人最初所處的巨大劣勢變得更加複雜了。猶太殖民者的武裝力量一直是半祕密發展的，後來英國人則允許猶太復國主義運動在阿拉伯人的反抗中公開運作軍事編隊。此時，猶太機構與託管統治當局的勾結已經達到了頂峰。客觀的歷史學家一致認為，這種得到國際聯盟支持的勾結，嚴重破壞了巴勒斯坦人爭取代議制、自決和獨立的鬥爭取得成功的任何可能性，而巴勒斯坦人認為這些都是他們的權利。[86]

巴勒斯坦人如何才能擺脫這三重束縛，是一個無法回答的問題。有些人認為，他們本應該放棄其保守領導層喜歡的那種遵循法律途徑的做法，也就是發動那些空洞的抗議，並向倫敦派出代表團，呼籲英國的善意和「公平心態」，這種途徑最終是毫無結果的。相反的，我的觀點認為，他們本應該跟英國人徹底決裂，拒絕跟託管統治當局合作（就像印度的國大黨與拉吉黨或愛爾蘭的新芬黨與英國人一樣），如果做不到這一點，他們就應該走阿拉伯鄰國的道路，在比實際情況更早得多的時間發動起義。[87]此外，巴勒斯坦人沒有全心全意的盟友，只有阿拉伯公眾的無定形、尚未得到充分發展的民意支持，甚至在一九一四年之前，阿拉伯人就堅定地站在巴勒斯坦人的身後了，但隨著戰間期的消磨，這種支持也愈來愈羸弱。而且，當時（除沙烏地阿拉伯和葉門外）沒有一個阿拉伯國家享有完全的獨立；事實上，所有這些國家在很大程度上仍是處於英國和法國的控制下，沒有一個國家擁有完全的民主體制，因此，這種支持巴勒斯坦的民意也無法充分表達出來。

當英國人在一九四八年離開巴勒斯坦的時候，猶太復國主義者已經不需要為一個新的猶太國家創立他們的國家機關了。事實上，幾十年來該機構一直在英國的支持下運作。要使赫茨爾的先見之明變為現實，所剩下的就是讓這個現有的準國家在獲得正式主權的同時，對弱小的巴勒斯坦人施展其軍事力量。它在一九四八年五月做到了這一點。因此，巴勒斯坦的命運在三十年前就已經決定了，儘管結局是一直到託管統治結束時才出現，當時巴勒斯坦的阿拉伯多數人最終遭到了武力剝奪和驅逐。

85 關於國際聯盟的長期託管統治委員會是如何監督巴勒斯坦託管統治，目前最好的研究是Susan Pedersen, *The Guardians: The League of Nations and the Crisis of Empire* (New York: Oxford University Press, 2015)。

86 塞格夫的著作揭穿了猶太復國主義歷史學敝帚自珍的，那種英國人在整個託管統治期間都親阿拉伯的迷思，見Segev, *One Palestine, Complete*。

87 我在《鐵籠》一書中更加詳盡探討了這個問題，請參考*The Iron Cage*, 118–23。

第二次宣戰：聯合國第一八一號決議

一九四七至一九四八年

在原則上和實質上的分治都只會被視為是一個反阿拉伯方案。

——少數族裔報告，聯合國巴勒斯坦特別委員會[1]

在我父親一九六八年去世的前幾個月，他已經感覺到他所剩的時日無多了，他和我坐在飯廳裡，告訴我他在二十年前被要求傳達的一個訊息。當時我還是一個十九歲的大學生，他囑咐我，一定要仔細地聽好。

在一九四七年，我的父親伊斯瑪儀·拉吉布·哈利迪（Ismail Raghib al-Khalidi）在闊別八年後第一次回到巴勒斯坦。他是在一九三九年秋天離開的，他先是去密西根大學讀了研究所，

1 https://unispal.un.org/DPA/DPR/unispal.nsf/0/07175DE9FA2DE563852568D3.

此後又在紐約的哥倫比亞大學學習，並於二戰期間留在美國，在戰爭訊息辦公室工作，擔任中東地區的阿拉伯語廣播員。戰爭期間，我在雅法的祖母會熬夜收聽廣播，以求能聽一聽她那多年未見的小兒子的聲音。[2]在他回訪巴勒斯坦時，他正在新成立的阿拉伯—美國研究所擔任祕書（我在黎巴嫩出生的母親也在那裡工作，我的父母就是在那裡認識的）。[3]該研究所是由一群著名的阿拉伯裔美國人，在普林斯頓大學的菲利普．希提（Philip Hitti）教授的指導下成立，目的是提高美國人對巴勒斯坦局勢的認識，[4]我父親在一次中東之行中來到了耶路撒冷，這次行程的目的是

伊斯瑪儀．哈利迪，正在聯合國對中東廣播。

向那些新近獲得獨立的阿拉伯國家領導人介紹研究所的工作。[5]

他的兄弟、耶路撒冷前市長胡塞因・法赫里・哈利迪博士比他年長二十歲。鑑於他們的父親年事已高，而且胡塞因博士也很顯赫，伊斯瑪儀和其他三個兄弟姊妹嘎里布、法蒂瑪和雅庫布被安排給胡塞因博士照看，由他來管理他們的紀律、金錢和其他事務。[6]另一位兄長阿赫邁德是公認的教育家、作家和耶路撒冷阿拉伯政府學院院長，他負責照看他們的教育事務。儘管年齡相差二十歲，而且胡塞因博士以嚴厲著稱，但他和我父親的關係十分密切，當胡塞因被英國人囚禁在塞席爾群島時，他們之間的通信就是證明。在流亡期間寫的日記中，胡塞因博士一度抱怨從我父親那裡收到的一封信裡的英文很糟糕（「他的字很糟糕」），並希望在貝魯特美國

2 我的表姊出生於一九二〇年代中期，她在二〇一八年三月十八日的私人電子郵件中向我講述了此事，她回憶說，為了給我們的祖母打開收音機，她不得不陪她一起熬夜。

3 我父親後來成為這個研究所的財務主管。在一段時期裡，哈比布・卡提巴（Habib Katibah）曾擔任祕書，見Hani Bawardi, *The Making of Arab-Americans: From Syrian Nationalism to U.S. Citizenship* (Austin: University of Texas Press, 2014), 239–95。

4 關於該研究所的更多細節，請參考同上著作。

5 關於我父親這次出行所得出的結論，可參考 *Filastin*, January 24, 1948, “Tasrih li-Isma‘il al-Khalidi ba‘d ‘awdatihi li-Amirka,” [Statement by Ismail al-Khalidi after his return to America]。

6 我的祖父一共有九個子女，七個兒子和兩個女兒。我父親出生於一九一五年，是最小的兒子。

大學的學習能改善他的英文。[7]從照片上看，胡塞因博士是一個莊重而威嚴的人，但到了一九四〇年代末，他已經疲憊不堪，比被監禁和流放近七年之前瘦了許多（在塞席爾期間，他瘦了二十四磅）。作為一九四七年底仍在耶路撒冷的少數阿拉伯領導人之一，在巴勒斯坦人面臨巨大危機的時候，他非常忙碌。然而，他還是找來他最小的弟弟，我父親也很爽快地回應了。

胡塞因博士知道伊斯瑪儀在阿拉伯—美國研究所的要求下要去安曼，去見外約旦的阿布杜拉國王，他想給國王發一封私人而又正式的訊息。當我父親聽到信的內容時，他臉色發白。伊斯瑪儀代表胡塞因博士和他擔任祕書的阿拉伯高級委員會告訴國王，雖然巴勒斯坦人感謝他的「保護」（他用的是阿拉伯語wisaya，字面意思是「指導」或「監護」），但他們無法接受。這個訊息的隱含意思是，如果巴勒斯坦人成功擺脫了英國的枷鎖，他們也不會想要接受約旦的枷鎖（鑑於英國在安曼的影響無處不在，這意味著受約旦控制就等於受英國控制）。他們渴望掌握自己的命運。

我父親弱弱地抗議說，把這個最不受歡迎的消息傳出去，會毀了他的這次訪問，而這次訪問的目的是為了爭取國王支持阿拉伯—美國研究所的工作。胡塞因博士打斷了他的抗議。其他使節曾多次向「阿布杜拉國王帶去同樣的訊息，但他拒絕聽。」考慮到家庭關係的重要性，他不得不相信這是從胡塞因博士的親弟弟那裡傳來的。他粗聲粗氣地讓伊斯瑪儀按他的要求做，然後把他帶出了辦公室。我父親帶著沉重的心情離開了。出於對兄長的尊敬，他不得不轉達這個消息，但他知道他的安曼之行不會有好結果。

阿布杜拉國王接見了他的客人，禮貌但興趣索然地聽著伊斯瑪儀熱情洋溢的報告，他說阿拉伯—美國研究所正在努力改變美國人對巴勒斯坦的看法，即使在當時，美國人絕大多數都是親猶太復國主義者，而且對巴勒斯坦事業基本一無所知。幾十年來，國王一直將自己的財富與英國的財富連結在一起，英國為他的王位提供補貼，為他的軍隊提供資金和裝備，並為他的阿拉伯軍團提供辦事機構。相比之下，美國似乎離他很遠，而且無足輕重，國王顯然不以為然。與當時大多數阿拉伯統治者一樣，他也沒有認識到戰後美國在世界事務中的作用。

在完成了他的主要任務後，我父親接下來猶豫地傳達了胡塞因博士託付給他轉達的訊息。國王的臉上露出了憤怒和驚訝，他突然站了起來，迫使房間裡的其他人也站了起來。會面就這樣結束了。就在這時，一個僕人走了進來，宣布ＢＢＣ剛剛播報了聯合國大會支持巴勒斯坦分治的決定的消息。碰巧我父親在跟國王會面時，正值一九四七年十一月二十九日大會針對規定分治的第一八一號決議進行歷史性投票。在走出房間之前，國王轉身對我父親冷冷地說：「你們巴勒斯坦人拒絕了我的提議。你們的下場是你們應得的。」

7 在我父親的文獻中，我找到一些來自胡塞因博士的信函。在我的堂哥瓦利德．哈利迪的論文中，他也提到在流放期間跟我伯父的通信，並曾給他不斷地提供書籍閱讀，這件事在胡塞因博士即將出版的英文版塞席爾流放日記中有語氣十分感激的紀錄。請參考Walid Khalidi, "On Albert Hourani, the Arab Office and the Anglo American Committee of 1946," *Journal of Palestine Studies* 35, no. 1 (2005–6), 75。

當然，現在發生的情況是眾所周知的。到一九四九年夏天的時候，巴勒斯坦的政體已經遭到了破壞，大部分的巴勒斯坦社會被連根拔起。在戰爭結束時成為新的以色列國的國土上，有大約百分之八十的阿拉伯人口被迫離開家園，失去了土地和財產。一百三十萬巴勒斯坦人中至少有七十二萬人成為難民。由於這場暴力變革，以色列控制了前巴勒斯坦託管統治區百分之七十八的領土，現在統治著十六萬能夠留下來的巴勒斯坦阿拉伯人，僅占戰前阿拉伯人口的五分之一。這場地震性的動蕩（巴勒斯坦人稱之為「大災難」或「Nakba」）是以一九三九年大起義的失敗為基礎的，它是猶太復國主義國家的意圖，也是一些我從我爸爸那裡聽到的因素造成的，他曾聲情並茂地向我展示這些因素：外國的干涉和阿拉伯人之間的激烈競爭。這些問題在起義失敗後仍然持續存在，難以解決的巴勒斯坦內部分歧以及缺乏現代巴勒斯坦國家機構，則讓事情變得更加複雜。然而，二次大戰期間的大規模全球變化才最終使大災難成為可能。

一九三九年大戰的爆發結束了對英國白皮書的爭論，並在叛亂的動蕩之後帶來相對的平靜。不過，在一九四二年秋季阿拉曼戰役（Battle of El Alamein）和史達林格勒戰役之前的三年時間裡，納粹裝甲部隊從利比亞或透過高加索抵達巴勒斯坦的威脅始終存在。由於白皮書和戰時條件的影響，猶太移民的速度明顯放緩了，而猶太復國主義領導人認為英國政府放棄了給猶太復國主義的承諾，因而感到十分憤怒，他們精明地尋求外交調整，從英國轉向新的贊助人身上。然而，在這段時間裡，猶太復國主義分子仍能夠繼續增強他們的軍事能力。在猶太復國主義運動的壓力下，在英國首相邱吉爾的支持下，一九四四年英國陸軍組建了一個猶太旅團，為已經有相當規模的猶太復國主義軍事力量提供訓練和作戰經驗，在未來的衝突中提供重要的優勢。

相比之下，雖然巴勒斯坦戰時的繁榮讓阿拉伯經濟從叛亂造成的損失中得到一定恢復，但巴勒斯坦人在政治上仍然是四分五裂，他們的許多領導人仍在流亡或被英國人拘留，未能為醞釀中的風暴做充分的準備。二戰期間，有超過一萬兩千名巴勒斯坦阿拉伯人志願加入英國軍隊（還有許多人像我父親一樣為盟軍工作），但與來自巴勒斯坦的猶太士兵不同的是，他們從未組成一支部隊，也沒有一個巴勒斯坦人準國家機構來利用他們積累的經驗。[8]

世界大戰結束後，針對巴勒斯坦的殖民攻擊進入一個新的階段，兩個以前在區域內扮演小角色的大國（美國和蘇聯）來到了中東。美國是一個從未完全承認其殖民性質的帝國，其領地一直侷限在美洲和太平洋地區。但在珍珠港事件後，美國突然間不僅僅成了一個全球性大國，而且是一個卓越的強國。從一九四二年開始，美國的艦艇、軍隊和基地陸續抵達北非、伊朗和

8 Mustafa Abbasi, "Palestinians Fighting Against Nazis: The Story of Palestinian Volunteers in the Second World War," *War in History* (November 2017): 1–23, https://www.researchgate.net/publication/321371251_Palestinians_fighting_against_Nazis_The_story_of_Palestinian_volunteers_in_the_Second_World_War.

沙烏地阿拉伯。從這時候開始，他們再也沒有離開過中東。與此同時，蘇聯在布爾什維克革命後轉為內向，傳播其意識形態，但避免投射其力量，由於戰爭，蘇聯擁有世界上最大的陸軍，並將從納粹手中解放半個歐洲，並在伊朗、土耳其和俄羅斯南部其他地區變得愈來愈強硬。

在猶太復國主義運動中占主導地位的政治人物大衛・本—古里安的領導下，猶太復國主義運動有先見之明地預見到全球力量平衡的變化。這一調整的關鍵事件是一九四二年在紐約比特摩爾酒店舉行的一次重要猶太復國主義會議，會議上宣布了所謂的比特摩爾計畫（Biltmore Program）。[9]猶太復國主義運動第一次公開呼籲將整個巴勒斯坦變成一個猶太國家：確切的要求是「將巴勒斯坦建立為一個猶太聯邦」。與「民族家園」一樣，這也是猶太人全面控制整個巴勒斯坦的另一個藉口，而這個國家的阿拉伯人口是占三分之二的多數。[10]這一野心勃勃的計畫在美國，特別是在紐約宣布，絕非巧合，因為紐約不管是當時還是現在，都是世界上猶太人人口最多的城市。

不久，猶太復國主義運動就動員許多美國政治家和大部分公眾輿論圍繞這一目標展開。這既是該運動不斷進行有效的公關努力的結果，也是巴勒斯坦人和新興的阿拉伯國家所無法比擬的，更是人們對納粹在大屠殺中毀滅了大部分歐洲猶太人，而普遍感到恐懼的結果。[11]杜魯門總統在戰後認可未來要在阿拉伯人占人口多數的土地上，建立猶太國家的目標後，猶太復國主義這個曾經被衰落的大英帝國支持的殖民計畫，如今成了新興的美國在中東霸權的一部分。

戰爭結束後，接連發生的兩起關鍵事件顯現了巴勒斯坦人面臨的障礙。由於阿拉伯統治者跟英國結盟，他們與許多阿拉伯政權的關係已經很緊張，雙方的緊張關係可以追溯到阿拉伯政權干預一九三六年的總罷工，以及他們在一九三九年參與失敗的聖詹姆士宮會議。一九四五年三月，在英國的支持下，六個阿拉伯國家成立阿拉伯聯盟，情況變得更加糟糕。胡塞因博士在他的回憶錄中描述了巴勒斯坦人的痛苦失望，因為成員國決定在阿拉伯聯盟的成立公報中不再提及巴勒斯坦，並保留對巴勒斯坦代表人選的控制權。[12]

埃及總理阻止了巴勒斯坦穆薩．阿拉米參加聯盟的成立大會，但當阿拉米從開羅的英國情報官員克萊頓準將（Brigadier Clayton）那裡得到一封授權與會信後，埃及總理立即改變了他的決定。儘管一九四四年十月的亞歷山卓協議（埃及、伊拉克、敘利亞、黎巴嫩和外約旦最初同意建立聯盟）強調了「巴勒斯坦阿拉伯人事業」的重要性，同時「對歐洲猶太人所遭受的苦

9 關於比特摩爾計畫的文本，請參考http://https://www.jewishvirtuallibrary.org/the-biltmore-conference-1942。

10 Denis Charbit, *in Retour à Altneuland: La traversée des utopias sionistes* (Paris: Editions de l'Eclat, 2018), 17–18指出在猶太復國主義的著作中，自從十九世紀末最早的猶太復國主義烏托邦計畫開始，一直到赫茨爾在《古老的新疆土》中提及建立猶太國家，這個說法一直占據著突出的地位。

11 請參考Amy Kaplan, *Our American Israel*，本書針對這一努力是如何以及為何獲得成功，展開具有說服力和深入的研究。另請參考Peter Novick的精采著作*The Holocaust in American Life* (New York: Houghton Mifflin, 1999)。

12 H. Khalidi, *Mada 'ahd al-mujamalat*, vol. 1, 434–36.

難感到遺憾」，但這些國家幾乎都沒有從他們的前殖民宗主國獨立出來。[13]英國尤其對所有這些國家的外交政策擁有強大的影響力，英國對任何獨立的巴勒斯坦倡議的敵意也並未有所削減。這意味著巴勒斯坦人不能指望從這些軟弱和依賴性很強的阿拉伯政權那裡，得到任何的重要支持。

更為深遠的後果是一九四六年成立的英美調查委員會（Anglo-American Committee of Inquiry）。這個機構是由英國和美國政府成立，目的是考慮猶太大屠殺倖存者的緊急、可憐處境，其中有十萬名倖存者被限制在歐洲的收容營中。美國和猶太復國主義傾向於讓這些不幸的人立即進入巴勒斯坦（美國和英國都不願意接受他們），這實際上否定了一九三九年白皮書的主旨。

阿爾伯特．霍拉尼（Albert Hourani，後來成為了也許是現代中東最偉大的歷史學家）向委員會介紹巴勒斯坦的情況，他與新成立的巴勒斯坦阿拉伯辦事處的同事一起，以書面和口頭的形式提供了大量的材料。[14]他們的主要努力體現在霍拉尼的證詞中[15]，他有預見性地描述了建立猶太國家將對巴勒斯坦社會造成的破壞和混亂，以及在整個阿拉伯世界播下的種子。他警告委員會說：「在過去的幾年裡，負責任的猶太復國主義者認真談論了將阿拉伯人口或部分人口疏散到阿拉伯世界其他地區的問題。」[16]他說，猶太復國主義計畫的實施，「將會涉及到可怕的不公正，只能以可怕的鎮壓和混亂為代價來施行，有可能使中東的整個政治結構遭到破壞。」[17]從一九四九年到一九五八年之間，那些曾經在巴勒斯坦作戰過的阿拉伯軍官多次發動軍事政變，然後推翻敘利亞、埃及和伊拉克的政權，五〇年代中期蘇聯對中東事務的爆發性介入，以及英國被驅逐出中東地區，這些都可以看作是霍拉尼所預見的地震的餘波。在當時，這些結果在聽取霍拉尼證詞的十二名英美委員會成員看來，可能是遙不可及的事情。

委員會忽略了阿拉伯人提出的理由和英國政府所偏好的政策，即繼續限制猶太人移民巴勒斯坦，以避免與該國的阿拉伯多數人和新獨立的阿拉伯國家的民眾對立。這也顯示出英國和美國力量上的此消彼長。委員會得出的結論恰恰反映了猶太復國主義者和杜魯門政府的願望，包括建議接納十萬猶太難民到巴勒斯坦。這標誌著一九三九年的白皮書確實是一紙空文，英國在巴勒斯坦不再具有決定性的話語權，美國將成為那裡並最終成為中東其他地區的主要外部行為者。

13 "The Alexandria Protocol," October 7, 1944, *Department of State Bulletin*, XVI, 411, May 1947, http://avalon.law.yale.edu/20th_century/alex.asp，沙烏地阿拉伯和葉門在一九四五年加入了聯盟。

14 W. Khalidi, "On Albert Hourani," 60–79.

15 "The Case Against a Jewish State in Palestine: Albert Hourani's Statement to the Anglo-American Committee of Enquiry of 1946," *Journal of Palestine Studies* 35, no. 1 (2005–6), 80–90.

16 Ibid., 86.

17 Ibid., 81.

這兩個事件清楚地表明，在爭取保住祖國控制權的鬥爭的這一高級階段，巴勒斯坦人沒有發展出有效的阿拉伯盟友，也沒有建立起現代國家的機器，儘管他們有強烈的愛國情懷，並形成一個強大的民族運動，足以在起義期間短暫地威脅英國對巴勒斯坦的控制。這種缺失意味著他們面對的是猶太機構這個發達的準國家，而自己卻沒有一個中央國家體系；這在軍事、財政和外交上被證明是一個致命的弱點。

與猶太機構不同，巴勒斯坦沒有外交部，沒有外交官（正如我父親的故事所證明的那樣），也沒有任何其他政府部門，就更不用說中央組織的軍事力量了。他們既沒有能力籌集必要的資金，也沒有建立國家機構的國際社會同意。當巴勒斯坦特使設法與外國官員會面時，無論是在倫敦還是在日內瓦，他們都被高傲地告知，他們沒有官方地位，因此他們的會面是私人性質的，而不是官方的。[18]愛爾蘭人是在戰間期裡成功（部分）擺脫了殖民統治的唯一民族，與愛爾蘭人相比，我們會看到十分驚人的差異。儘管愛爾蘭人之中存在分歧，但他們的祕密議會、眾議院（Dail Eirann）、他們新生的政府分支機構，以及他們的中央化軍事力量最終在行政上和軍事上都戰勝了英國人。[19]

在「大災難」之前的這些關鍵年份裡，巴勒斯坦在體制建設方面的混亂是影響極其深遠的。優西夫・賽義格（Yusif Sayigh）在一九四六年被任命為新成立的阿拉伯民族基金會（Arab National Fund）的第一任總幹事[20]，他的回憶清楚顯現了巴勒斯坦人可以利用的組織結構十分簡陋。到一九三〇年代中期時，僅在美國一國，猶太民族基金會每年就能為殖民巴勒斯坦計畫籌集三百五十萬美元，而這只是定期從世界籌集的更大數額中的一部分。[21]

18 R. Khalidi, *The Iron Cage*, 41-42舉例說明了一九二〇年赫伯特・塞繆爾爵士，以及一九三〇年時的首相拉姆塞・麥克唐納（Ramsay MacDonald）和殖民部長帕斯菲爾德勛爵（Lord Passfield）對巴勒斯坦領導人代表團的待遇。塞繆爾曾對代表團說：「我只是以私人身分和你們見面。」

19 O'Malley, *On Another Man's Wound*，本書充分說明愛爾蘭民族主義者在一九一九至一九二一年與英國人的鬥爭中形成的中央組織的複雜性。

20 這個機構也被賽義格稱為阿拉伯國庫。他的敘述（本書的這部分內容主要是來自於此）分為兩個部分出版：見part 1, "Desperately Nationalist, Yusif Sayigh, 1944 to 1948," told to and edited by Rosemary Sayigh, *Jerusalem Quarterly* 28 (2006), 82; Yusif Sayigh, *Sira ghayr muktamala* [An incomplete autobiography] (Beirut: Riyad El-Rayyes, 2009), 227–60。根據這些材料所寫成的長篇回憶錄（但不包括這兩部分所敘述的一些事件）後來經由他的妻子、著名人類學家羅絲瑪麗・賽義格（Rosemary Sayigh）編輯出版，Yusif Sayigh: *Arab Economist and Palestinian Patriot: A Fractured Life Story* (Cairo: American University of Cairo Press, 2015)。

21 這筆錢有一半是用來在巴勒斯坦購置土地。請參考"100 Colonies Founded: Established in Palestine by the Jewish National Fund," New York Times, April 17, 1936, https://www.nytimes.com/1936/04/17/archives/100-colonies-founded-established-in-palestine-by-jewish-national.html。到一九九〇年代時，猶太民族基金會每年可以在美國籌集到大約三千萬美元的資金。然而，根據一九九六年的一項內部調查，這筆錢中只有大約兩成實際去了以色列；其餘的資金顯然是用在了行政管理以及美國的「以色列籌備活動」和「猶太復國主義教育」上。Cynthia Mann, "JNF: Seeds of Doubt—Report Says Only Fifth of Donations Go to Israel, but No Fraud Is Found," October 26, 1996, Jewish Telegraphic Agency, J., http://www.jweekly.com/article/full/4318/jnf-seeds-of-doubt-report-says-only-fifth-of-donations-go-to-israel-but-no-/。

阿拉伯民族基金會是在賽義格被任命後才開始蒐集資源的任務，並為其工作建立起一個結構。賽義格講述他在工作中面臨的許多困難，從零開始建立一個全國性的網絡，再到接受捐款，再到隨著巴勒斯坦局勢惡化，在農村四處奔波的困難。到一九四七年年中，在一年多一點的時間裡，基金成功籌集到了十七點六萬巴勒斯坦鎊（當時超過七十萬美元），考慮到人口的相對貧困，這是一個令人印象深刻的數字。然而，與猶太復國主義運動的籌款能力相比，這筆錢顯得微不足道。當基金董事會成員伊札特．坦努斯（Izzat Tannous）違背賽義格的建議，向媒體誇耀這筆錢時，賽義格和他的同事們第二天就得知，有一位來自南非的猶太富孀向猶太民族基金會捐贈了一百萬巴勒斯坦鎊（四百萬美元）。

賽義格對阿拉伯高級委員會的描述同樣讓人沮喪，這個組織是一九三六年成立、一九三七年被英國人解散、戰後重新組建的巴勒斯坦領導機構，在賽義格的描述中，它呈現出的是一副組織渙散、內訌不斷的畫面。我們應該記住的是，阿拉伯高級委員會已經被取締了，其所有領導人在起義期間都被英國人監禁或流放，或為逃避逮捕而被迫逃亡。有些人，例如那位穆夫提，遭到永久流放，而其他一些人，包括胡塞因博士、穆夫提的堂弟賈馬爾．胡塞尼和穆薩．阿拉米，他們都是在被流放到不同國家後，過了多年才被允許返回巴勒斯坦。[22]然而，他們的回國並沒有解決問題。賽義格描述了當時的情況，這個沒有官僚機構的委員會突然面臨著向英美調查委員會記錄巴勒斯坦案件的艱巨任務。賽義格寫道：

> 現在阿拉伯高級委員會意識到它的成員不具備智性上的技能。事實上，它根本沒有任何組織結構。當賈馬爾．胡塞尼下午離開辦公室時，他會把門鎖上，把鑰匙放進口袋。沒有祕書，絕對也沒有祕書處。他們一兩個人會去煮咖啡。甚至連一個會做筆記或打字的祕書都沒有。整個機構就是這麼空蕩蕩的。[23]

事實上的情況甚至還要更糟糕，因為嚴重的政治和個人分歧使成員產生分歧，阿拉伯人之間的競爭也圍繞著阿拉伯高級委員會展開。所有這些弊端都削弱了戰後不久後成立的另一個新組織：阿拉伯辦公室（Arab Office）的潛力，該辦公室的任務是向英美委員會提出巴勒斯坦人的觀點。作為巴勒斯坦外交部的核心，阿拉伯辦公室主要由努里．薩依德（Nuri al-Sa'id）領導的親英伊拉克政府支持，它同時肩負著外交和訊息事務的使命，其目標是使巴勒斯坦的事業

22 我的伯父先是被流放到了塞席爾，然後又被流放去貝魯特。H. al-Khalidi, *Mada 'ahd al-mujamalat*, vol. 1, 418。在我的伯父於一九四三年回到巴勒斯坦的時候，英國人才允許阿拉米回國，但是他們卻要到一九四六年才允許另一位關鍵領導人賈馬爾從羅德西亞（Rhodesia）回國。一九三七年，賈馬爾在耶路撒冷躲過英國人的抓捕，並最終去了巴格達。一九四一年，英國人重新占領伊拉克後，根據他女兒塞琳的回憶，賈馬爾和同伴們（與穆夫提不同）「拒絕了去德國的可能性……而是選擇向英國人投降」，並被抓捕和關押在伊朗，隨後被轉移去羅德西亞，見 Serene Husseini Shahid, *Jerusalem Memories* (Beirut: Naufal Group, 2000), 126–27。

23 Sayigh, "Desperately Nationalist," 69–70.

更加為人所知。

與其他機構的混亂相反，阿拉伯辦公室擁有一群非凡、積極進取的男子（我沒有看到婦女參與工作的紀錄）。他們包括創始人穆薩・阿拉米、著名教育家達爾維什・米格達迪（Darwish al-Miqdadi）、成為巴勒斯坦解放組織第一任領導人的律師阿赫邁德・舒卡伊里（Ahmad Shuqayri）、未來的歷史學家阿爾伯特・霍拉尼和他的弟弟塞西爾・霍拉尼（Cecil Hourani），以及經濟學家包爾汗・達賈尼（Burhan Dajani）、後來成為約旦總理的瓦斯菲・塔爾（Wasfi al-Tal）和我的堂哥瓦利德・哈利迪（他後來也成為著名學者）等年輕人。正是這群人將阿爾伯特・霍拉尼提交給調查委員會的陳述整理得非常有說服力、有先見之明（但遭到忽視）。

憑藉其人才資源，阿拉伯辦公室有希望發揮專業外交服務的功能，例如，這樣就可以避免胡塞因博士讓他年輕的兄弟來當特使了。先進的現代國家偶爾也會使用個人特使在更傳統的管道外傳遞訊息，但在英國託管統治時期，英國當局不允許巴勒斯坦人使用這種管道。然而，這種情況也部分是由於巴勒斯坦人的政治具有強烈的父權制、等級制和分裂性，特別是在群眾性政黨時代到來之前。但阿拉伯辦公室也未能糾正這種狀況。優西夫・賽義格和瓦利德・哈利迪的回憶證明了這些挑戰每每都給巴勒斯坦人造成阻礙，最終也破壞了建立一個能勝任國際代表的機構的努力。此外，到一九四七年，阿拉米和胡塞因博士這兩位也許最適合處理外交代表事務的巴勒斯坦領導人，也不再是盟友了。瓦利德・哈利迪描述阿拉米的高壓手段是如何疏遠了他的同事們，[24]胡塞因博士的回憶錄中也有大量這種證據。更重要的是，阿拉米與親英的伊拉克政權關係密切，這引起許多巴勒斯坦人士的懷疑。

胡塞因博士痛苦地詳細描述這些因新獨立的阿拉伯國家之間的競爭，而加劇的巴勒斯坦內部分歧。正如他所顯示出來的那樣，戰前穆夫提哈吉·阿敏·胡塞尼的一派人和反對者之間的兩極化糾葛，大部分都可以追溯到大起義與起義之前，並一直持續到戰後時代。英國不懈地反對穆夫提和任何獨立的巴勒斯坦政治實體更加劇了這種兩極化，因為他們擔心這些實體會敵視英國（他們可能是對的）。這種對巴勒斯坦大部分領導層的敵意得到大多數阿拉伯國家政府的響應，而英國對這些國家仍有很大的影響力。在一九四五年三月，英國在幕後巧妙操弄巴勒斯坦在阿拉伯聯盟成立大會上的代表權，就是這種影響力的一個顯著例子。穆薩·阿拉米最終參加了會議，據胡塞因博士說，他是一位能幹的律師，為巴勒斯坦事業辯護時講得很好，但他也非常受英國人信任，英國人曾在一九四五至一九四六年派他代表英國在整個地區進行外交訪問，有一次還為他提供一架英國轟炸機供他出訪沙烏地阿拉伯、伊拉克和其他阿拉伯國家。[25]

胡塞因博士深信，英國並沒有把巴勒斯坦人的最大利益放在心上，而且利用支持阿拉伯辦

24 這一點在他的第一人稱記載中表現得十分清晰，見“On Albert Hourani, the Arab Office and the Anglo-American Committee of 1946”。

25 H. al-Khalidi, *Mada ʿahd al-mujamalat*, vol. 1, 432–34。在穆薩·阿拉米本人對此次出訪的詳盡敘述中，此行是和胡塞因博士有關。

公室來大大影響阿拉米，因此，他公開地批評該辦公室的表現，並含蓄地批評了阿拉米。在一九四七年的一天，他在耶路撒冷的辦公室接待一位英國軍事情報上校來訪，這位上校在一般性的討論後，高度評價了阿拉米和阿拉伯辦公室為阿拉伯事業所做的工作，以及「阿拉伯人民和英國人民之間更多的理解和親近」。胡塞因博士在大起義被粉碎，以及自己被英國強行流放多年後，對英國的敵意已經更加強烈了，面對這位訪客他隻字未提自己的想法，但他對這次訪問感到十分疑惑。當他繼續公開貶損阿拉伯辦公室未能與阿拉伯高級委員會協調合作時，他的軍官訪客又回來了。

這一次，上校一直站著，同時直截了當發表了他的意見。「我們尊重阿拉伯辦公室主任，並對他充滿信心，我們希望你能與他合作。」胡塞因博士冷冷地回應道：「你們對他的尊重和信任是你們的事，與我無關。我跟他合作與否是我的事，與你們無關。早上好，上校。」胡塞因博士痛苦地指出，自從阿拉米加入到阿拉伯聯盟的那一刻起，「他就成了英國政府的代表，而不是巴勒斯坦阿拉伯人的代表。」[26]

穆薩．阿拉米還招致仍然流亡在外的穆夫提哈吉．阿敏．胡塞尼的不信任，後者在一九四六年從德國搬往開羅後，立即重新參與了巴勒斯坦政治。從他的流亡地來看，他已經無法控制巴勒斯坦的事態，但他仍然被認為是最高領導人，儘管戰爭期間他人在納粹德國一事大大傷害了巴勒斯坦的事業，但他仍一度持續發揮影響力。在最開始的時候，阿拉米是所有相關方面都接受的阿拉伯辦公室的負責人，因為他沒有跟任何巴勒斯坦派別結盟（這件事也幫助他的妹妹嫁給了穆夫提的堂弟賈馬爾・胡塞尼）。然而，到了一九四七年，這種不結盟讓穆夫提很不高興，因為他把忠誠看得比其他所有美德都重要。優西夫・賽義格在阿拉伯民族基金會的工作中多次與穆夫提會面，他面對穆夫提時擁有積極的態度，但他明白穆夫提的傳統領導風格有很大的侷限性。

> 這位穆夫提的基本弱點是，他認為他所從事的事業，即建立一個獨立的巴勒斯坦，使巴勒斯坦免遭猶太復國主義分子的接管，其本身就足夠了。因為這是一項正義的事業，他沒有建立一支現代意義上的武裝……我想部分原因是他害怕一個大的組織，他覺得他無法控制一個大組織。他可以控制一個隨從，他可以對他說悄悄話。一個大組織一定會分散到一定程度，他就會失去掌控。而且也許他會更多地依賴他們，這樣他們對他的依賴就會變

26 H. al-Khalidi, *Mada ʻahd al-mujamalat*, vol. 2, 33–35。這裡提到的上校是厄內斯特・阿爾圖尼揚（Ernest Altounyan），是一名英國—敘利亞—亞美尼亞裔外科醫生，曾經在一次大戰立下赫赫戰功，他是英國皇家外科醫學院院士，在*Plarr's Lives of the Fellows of the Royal College of Surgeons*中有關於他的條目，見http://livesonline.rcseng.ac.uk/biogs/E004837b.htm，文中指出，在二次大戰期間，「他的官方角色是醫務人員，有效掩蓋他作為中東事務專家顧問的活動。」他告訴胡塞因博士，他是在軍事情報部門裡任職的。有趣的是，兩人都是接受過訓練的醫生，而且兩人在當時都是以十分不同的身分行事。胡塞因博士沒有提到這位上校的背景，也沒有提及他們是用那種語言交談。參見H. al-Khalidi, *Mada ʻahd almujamalat*, vol. 1, 431。

少。也許他擔心會出現一些有魅力的年輕戰士，會帶走一些他的忠實擁護者。[27]

對於這位穆夫提家長作風的做事風格的敏銳分析，在很大程度上可以適用於在奧斯曼時代晚期出生的一整代他這個階層中的人們，正是他們主導著巴勒斯坦的領導層，也主導著阿拉伯世界大部分地區的政治。在巴勒斯坦和其他地方，有一些具有不同社會基礎的新興政黨，如賽義格所屬的敘利亞民族黨。但是，除了埃及（自一九一九年以來，真正以群眾為基礎的政黨華夫托黨一直主導著該國政治），沒有任何一個地方的組織發展到可以讓「名流政治」黯然失色的地步。阿爾伯特・霍拉尼在一九六八年的一篇著名文章中精闢地描述了這一點。[28]

阿拉伯辦公室主要是由親英的伊拉克努里・薩依德政府資助，後者最終疏遠了其他阿拉伯國家，尤其是疏遠了埃及和沙烏地阿拉伯，這兩個國家都渴望擁有泛阿拉伯的領導地位。這些國家的領導人以及敘利亞和黎巴嫩的領導人都懷疑（他們的懷疑可能是正確的），成立阿拉伯辦公室是伊拉克實現地區野心的工具。其他的工具還包括肥沃月灣地區國（伊拉克、敘利亞、黎巴嫩、約旦和巴勒斯坦）之間的聯邦計畫，努里的對手擔心這件事背後隱藏著他的金主英國的意圖。[29]阿拉伯國家透過在開羅的阿拉伯聯盟表達的反對意見（該聯盟本身也受到埃及的影響），嚴重損害了阿拉伯辦公室的權威和能力，最終進一步削弱巴勒斯坦人的力量。

同時，外約旦的阿布杜拉國王也有自己的野心，他想盡可能多控制巴勒斯坦，並在他的國家計畫中，盡力與猶太復國主義者和他的英國支持者達成一致。正如阿維・沙蘭姆（Avi

Shlaim）在《約旦各地的勾結》（*Collusion Across the Jordan*）一書中對這時代的描述那樣，阿布杜拉國王與猶太機構領導人（後來的以色列總理）摩西・夏里特（Moshe Sharett）和戈爾達・梅厄（Golda Meir）之間進行了廣泛的祕密接觸。[30]隨著聯合國對巴勒斯坦的分治，國王多次與他們祕密會面，希望達成協議，讓約旦取得被劃歸給阿拉伯人占多數的巴勒斯坦部分領土。因此，阿布杜拉跟伊拉克的努里不同，他不需要任何形式的獨立巴勒斯坦領導層，也不需要像阿拉伯辦公室這樣的機構作為他們的外交部門。

除了猶太復國主義享有的實力和廣泛的外部支持，跟巴勒斯坦民族運動的軟弱和分裂形成鮮明對比，新獨立的阿拉伯國家，例如像是伊拉克、外約旦、埃及、敘利亞和黎巴嫩都很脆

---

27 Sayigh, "Desperately Nationalist," 69–70.

28 Albert Hourani, "Ottoman Reform and the Politics of the Notables," *Beginnings of Modernization in the Middle East: The Nineteenth Century*, ed. William Polk and Richard Chambers (Chicago: University of Chicago Press, 1968), 41–68。在寫到「名流人士」的時候，霍拉尼是完全的知情人，因為他曾在貝魯特教書，在戰爭時的開羅為英國工作，並在耶路撒冷從事阿拉伯辦公室的工作，這些工作讓他在將近十年的時間裡和這一群體有著密切的往來。

29 在*'Ibrat Filastin* [The lesson of Palestine] (Beirut: Dar al-Kashaf, 1949)中，穆薩・阿拉米的確表示施行肥沃月灣計畫是對失去巴勒斯坦的適當回應，胡塞因博士將此事解釋為伊拉克政府給予阿拉米支持的原因：*Mada 'ahd almujamalat*, vol. 2, 30。

30 關於這些接觸的細節分析，請參考 Avi Shlaim, *Collusion Across the Jordan: King Abdullah, the Zionist Movement and the Partition of Palestine* (New York: Columbia University Press, 1988)。

弱，充滿了怨恨和不團結，而巴勒斯坦人則不得不對抗它們相互對立的野心。阿布杜拉國王試圖強加指導棋在巴勒斯坦人身上，他與埃及國王和沙烏地阿拉伯國王競爭。其他阿拉伯領導人偶爾也會跟猶太復國主義運動進行複雜、曖昧和祕密的接觸，這往往對巴勒斯坦人不利。

與此同時，即使英國的力量正在減弱，但許多阿拉伯統治者仍然嚴重依賴著跟不可靠的英國顧問的個人關係。外約旦國王阿布杜拉、他的兄弟伊拉克國王費薩爾、費薩爾的繼任者，以及沙烏地國王阿布杜勒．阿齊茲都十分依賴英國官員，無論是現任還是前任，他們的立場都很模糊（其中之一是阿布杜拉的軍隊指揮官約翰．巴戈特．格拉布中將爵士，人稱格拉布帕夏）。在某些情況下，這些統治者不得不根據條約聘請這樣的顧問，而這些顧問的主要效忠對象是英國，而不是他們提供建議的阿拉伯領導人。阿拉伯領導人接受外國外交官的建議，有時還接受他們的命令，情況就是這樣。英國大使在安曼的住所與王宮比鄰，因此英國人可以經過後花園，走上短短的一段路，就能給國王下指導棋了。[31]有時候，這種建議是相當強硬的。在一九四二年，英國大使邁爾斯．蘭普森爵士（Sir Miles Lampson）對當時的埃及政府感到不滿，於是下令英國坦克包圍開羅的阿布丁宮（Abdeen Palace），他坐著他的勞斯萊斯轎車進入王宮，命人開槍把宮門射開，並命令法魯克國王任命英國中意的首相人選。正是英國支持的這同一位首相，穆斯塔法．納哈斯．帕夏（Mustafa Nahhas Pasha）拒絕讓穆薩．阿拉米代表巴勒斯坦加入到阿拉伯聯盟。一名英國情報官員迅速扭轉了他的決定，這清楚說明誰才是在開羅擁有真正權力的人。無論阿拉伯領導人多麼希望展現自己在戰後獲得的獨立身分，但他們所領導的貧窮落後國家卻還是被捲入一張厚重的依賴關係網，這張網的基礎是不平等條約、持續存在的外國軍事占領，以及對其自然資源和其他資源的外部控制。

此外，在與新近強大的美國的關係中，阿拉伯國家的領導人表現得軟弱無力，他們中的許多人都是因為對歐洲人言聽計從才能上位的，他們同時還顯示出明顯缺乏專業知識和全球意識。沙烏地國王阿布杜勒・阿齊茲曾在一九三三年頗具遠見地與美國石油公司簽署一項重要協議，這損害了英國的石油利益，在一九四五年春，也就是已經虛弱不堪的美國總統富蘭克林・羅斯福去世的幾星期前，沙烏地國王在一艘美國軍艦上會見了羅斯福。他直接從美國總統那裡得到保證，美國不會做出任何傷害巴勒斯坦阿拉伯人的事情，而且會在採取任何行動之前與阿拉伯人協商。[32]這些承諾被羅斯福的繼任者杜魯門隨意無視，但由於沙烏地政權在經濟和軍事

31 瓦利德・哈利迪曾講述過他是怎樣在一九五〇年代初造訪安曼的時候，發現這個宮殿的「後門」，資料來源為本書作者於二〇一六年一月十六日的私人交流。有時候，英國人的「建議」是透過例如王室家族成員之類的中間人傳達。

32 關於羅斯福對這些承諾的再確認信件（一九四五年四月五日），請參考美國國務院，*Foreign Relations of the United States: Diplomatic Papers* [hereafter FRUS], 1945. *The Near East and Africa*, vol. 8 (1945), http://avalon.law.yale.edu/20th_century/decad161.asp。這封信再確認了美國政府對巴勒斯坦的保證，指出「在未經與阿拉伯人和猶太人雙方的完整磋商以前，將不會採取任何事關該國基本情況的決定」，並且補充說，美國總統「作為本屆政府的行政部門長官，將不會採取任何可能證明對阿拉伯民族有敵意的行動。」關於這部分內容的細節，請參考 R. Khalidi, *Brokers of Deceit: How the US Has Undermined Peace in the Middle East* (Boston: Beacon Press, 2013), 20–25。

上依賴美國，國王沒有提出抗議，也沒有果斷施加有利於巴勒斯坦人的影響。他的六個繼任兒子也沒有這樣做。這種依賴性，以及一代又一代的阿拉伯統治者對美國政治體系和國際政治運作的無知，將使阿拉伯世界始終失去抵抗美國影響或塑造美國政策的任何可能性。

相比之下，猶太復國主義運動運用了他們對全球政治的高度理解。在歐洲受過良好教育、同化為歐洲人的猶太人，例如西奧多・赫茨爾和哈伊姆・魏茨曼等人的最初源頭獲得了猶太復國主義者運動的補充，他們同時利用自己在美國的深厚根基和廣泛聯繫（這些聯繫在我父親與阿布杜拉國王會面以前的幾十年之間就已經建立了）。大衛・本—古里安和伊札克・本—茲維（後來的以色列第二任總統）在一次大戰結束時，曾在美國為猶太復國主義事業工作了幾年，戈爾達・梅厄（梅厄夫人）則是自幼就生活在美國。與此同時，巴勒斯坦領導層的成員卻從來沒有到訪過美國。相比猶太復國主義領導層對歐洲和其他西方社會的深刻了解，阿拉伯領導人對歐洲國家的政治、社會和文化的了解充其量也只是有限的，更不用說對這個新興超級大國的了解。在我父親、胡塞因博士、優西夫・賽義格和瓦利德・哈利迪的描述中，傳達出巴勒斯坦和阿拉伯人的不團結，他們所描寫的陰謀和內鬥，最終造成災難性的結果，不僅對阿拉伯辦公室在國際上代表巴勒斯坦人的計畫是災難性的，而且對他們在一九四七至四八年衝突高峰中的前景也是如此。他們在政治上和軍事上都沒有做好準備，而且領導層四分五裂。此外，他們幾乎沒有得到任何外部支持，只有仍然受舊殖民國家影響、嚴重分裂和不穩定的阿拉伯國家支持他們，而這些國家本身都很貧窮，而且大部分國民是文盲。這與猶太復國主義運動幾十年來建立的國際地位和強大的現代準國家，形成了鮮明的對比。

§

自一九一七年以來，巴勒斯坦民族運動一直面臨著英國及其保護下的猶太復國主義計畫的反對。但在一九三九年白皮書通過後，依舒夫（巴勒斯坦的猶太人社區）對其英國贊助人的敵意愈來愈大。這種敵意還伴隨著爆發針對英國官員的暗殺行動，例如，一九四四年斯特恩幫（Stern gang）暗殺英國駐埃及的常駐公使莫恩勛爵（Lord Moyne），接著是對巴勒斯坦的英國軍隊和行政人員的持續暴力運動。這些暴力活動的頂峰是一九四六年英國總部所在的大衛王飯店被炸毀，有九十一人罹難。英國人很快就發現自己無法駕馭幾乎整個依舒夫的武裝反抗，在大起義和二戰期間，英國人已經加強依舒夫所擁有的強大軍事和情報組織。出於戰後經濟和財政問題的嚴重景況，維持幾百年的英屬印度也瓦解了，英國最終也在巴勒斯坦屈服了。

在一九四七年，克萊門特·艾德禮（Clement Attlee）政府將巴勒斯坦問題丟給了剛剛成立的聯合國，聯合國成立了一個聯合國巴勒斯坦問題特別委員會（UNSCOP），為這個國家的未來提供建議。在聯合國裡，占主導地位的是美國和蘇聯，猶太復國主義運動精明地預見到這一事態發展，對這兩個國家都做出外交努力，這讓巴勒斯坦人和阿拉伯人無計可施。戰後國際勢力的調整在聯合國和平與合作委員會的運作中顯而易見，在其多數成員的報告中，支持著一種對猶太少數民族極為有利的方式，來分治這個國家，將巴勒斯坦百分之五十六以上的土地交給他們，而一九三七年皮爾分治計畫所設想的猶太國家則只有百分之十七的土地。這種局面在聯合國大會第一八一號決議形成時所面對的壓力中，也是顯而易見的，該決議是聯合國巴勒斯坦問題特別委員會報告的結果。

一九四七年十一月二十九日，聯合國大會通過了第一八一號決議，該決議要求將巴勒斯坦分為一個大猶太國家和一個小阿拉伯國家，並建立一個包括耶路撒冷在內的國際單獨實體（corpus separatum），這反映了新的全球力量平衡。美國和蘇聯都對該決議投下贊成票，兩國如今已經起到了顯而易見的決定性作用，以犧牲巴勒斯坦人利益為代價，讓猶太國家取代他們的位置，控制他們國家的大部分地區。該決議是又一次向巴勒斯坦人的宣戰，它為在大部分仍是阿拉伯人占多數的土地上建立一個猶太國家，提供了國際出生證明，這公然違反了《聯合國憲章》所規定的自決原則。驅逐足夠多的阿拉伯人，使一個猶太人占多數的國家成為可能，這件事必然、不可避免地隨之而來。正如貝爾福不認為猶太復國主義會傷害阿拉伯人一樣，當杜魯門和史達林通過聯合國大會第一八一號決議時，他們或他們的顧問是否注意到他們的投票，會給巴勒斯坦人帶來什麼後果呢？

與此同時，建立一個猶太國家已經不再是英國所追求的結果了。猶太復國主義的暴力運動將英國從巴勒斯坦趕走，英國對此感到憤怒，並且不希望進一步疏遠其剩餘的中東帝國裡的阿拉伯臣民，因此，英國在分治決議表決中投了棄權票。從一九三九年的白皮書開始，英國的決策者就認識到，英國在中東的主要利益寄託在那些獨立的阿拉伯國家身上，而不是在英國培育了二十多年的猶太復國主義計畫上。

隨著聯合國的分治決定，猶太復國主義運動的軍事和民事機構得到了戰後兩個新興超級大國的支持，可以著手準備盡可能多地接管這個國家。因此，對巴勒斯坦人來說，隨之而來的災難不僅是他們自己和阿拉伯人的弱點，以及猶太復國主義力量的結果，也是遠在倫敦、華盛頓、莫斯科、紐約和安曼等地的事件的結果。

大災難（Nakba，納克巴）就像一列緩慢的、似乎沒有盡頭的火車殘骸，在幾個月的時間裡展開。第一階段，從一九四七年十一月三十日開始，直到英國軍隊最後撤出和一九四八年五月十五日以色列建立，猶太復國主義的準軍事集團，包括哈加拿（Haganah）和伊爾貢（Irgun），接連擊敗了武裝和組織不力的巴勒斯坦人，以及前來幫助他們的阿拉伯志願者。在第一階段，經過激烈的戰鬥，最終於一九四八年春在全國範圍內發起了被稱為「D計畫」的猶太復國主義攻勢。[33] D計畫包括在四月和五月的上半月征服和驅逐兩個最大的阿拉伯人的

33 同樣的，關於此事的基本參考資料是瓦利德．哈利迪對此所做的大量研究工作，尤其是他具有開創性意義的文章“Plan Dalet: Master Plan for the Conquest of Palestine”，重新刊登於*Journal of Palestine Studies* 18, no. 1 (Autumn 1988): 4–33。這篇文章最初是刊登在一九六一年的《中東論壇》（*Middle East Forum*）上，在此之後，其他歷史學家也證實了他的大部

城市中心——雅法和海法，以及西耶路撒冷的阿拉伯居民區，還有幾十個阿拉伯城市、城鎮和村莊，包括四月十八日的太巴列（Tiberias）、四月二十三日的海法、五月十日的薩法德（Safad）和五月十一日的比桑（Beisan）。因此，早在一九四八年五月十五日以色列國宣布成立之前，對巴勒斯坦的種族清洗就已經開始了。

雅法遭到了圍困，不斷遭到迫擊砲的轟炸和狙擊手的騷擾。在五月的頭幾個星期裡，猶太復國主義部隊終於攻克雅法，六萬阿拉伯居民中的大部分人被有計畫地清空。雖然雅法本應成為一九四七年分治計畫指定、尚未誕生的阿拉伯國家的一部分，但沒有任何國際行為者試圖阻止這一嚴重違反聯合國決議的行為。海法的六萬名巴勒斯坦居民、西耶路撒冷的三萬名居民、薩法德的一

一九四八年時的雅法在D計畫期間被清空。

萬二千名居民、比桑的六千名居民和太巴列的五千五百名居民也遭受了同樣的命運。巴勒斯坦的大部分阿拉伯城市人口因此成了難民，失去家園和生計。

在一九四八年四月，當哈加拿和其他猶太復國主義準軍事部隊攻占西耶路撒冷的阿拉伯居民區時，阿拉伯基金會（Arab Fund）在卡塔蒙區（Qatamon）的主要辦事處被查封，其主任優西夫・賽義格遭到俘虜。就在幾週前，賽義格才前往安曼，請求阿布杜拉國王幫助防止西耶路撒冷的阿拉伯區淪陷。然而，約旦駐耶路撒冷的總領事當著賽義格的面，打電話告訴國王根本不存在這樣的危險，他聲稱：「陛下！是誰告訴你這些故事，說耶路撒冷即將落入猶太復國主義者之手？這是一派胡言！」[34]結果，阿布杜拉拒絕了賽義格的請求，繁華的西耶路撒冷阿拉伯街區被占領了。雖然賽義格和軍事活動沒有瓜葛，但他還是在一個戰俘營度過了戰爭的餘下時間。

逃亡的場景在巴勒斯坦許多地方的小城鎮和村莊裡上演。在一九四八年四月九日，耶路撒

分基本結論，甚至連那些在某些方面與他意見相左的人也是如此，例如 Benny Morris, *The Birth of the Palestinian Refugee Problem Revisited*, 2nd ed. (Cambridge: Cambridge University Press, 2004)。另請參考 Simha Flapan, *The Birth of Israel: Myth and Reality* (New York: Pantheon, 1987); Tom Segev, *1949: The First Israelis*, 2nd ed. (New York: Henry Holt, 1998); Ilan Pappe, *The Ethnic Cleansing of Palestine*, 2nd ed. (London: Oneworld, 2007)。

34 "Desperately Nationalist," 82。賽義格的回憶錄中對他在這一時期的經歷有更為詳盡的敘述。見 Yusuf Sayigh, *Sira ghayr muktamala*, 227–60。

冷附近的迪爾雅欣村（Dayr Yasin）發生了屠殺，一百名居民，其中有六十七名是老弱婦孺，在伊爾貢和哈加拿襲擊者的攻擊下被屠殺，消息傳開後，人們紛紛逃離。[35]在一天前，附近的戰略要地卡斯塔爾村（al-Qastal）在一場戰鬥中落入猶太復國主義軍隊手中，耶路撒冷地區的巴勒斯坦指揮官阿布杜·卡迪爾·胡塞尼（'Abd al-Qadir al-Husayni）在帶領他的戰士時犧牲。[36]阿布杜·卡迪爾是巴勒斯坦軍事領導人中最有才幹和最受人尊敬的人（尤其是在巴勒斯坦大起義期間有許多軍人被英國人殺害、處決或流放之後）。他的犧牲沉重打擊了巴勒斯坦人欲保留耶路撒冷控制權的努力，根據分治計畫，這些地區本應是歸阿拉伯國家所有。

在一九四八年五月十五日之前的大災難第一階段中，循環性的種族清洗行為導致大約有三十萬巴勒斯坦人被驅逐和驚慌逃離，許多阿拉伯人占人口大多數的城鎮遭到破壞，它們是關鍵的城市經濟、政治、民

在戰俘營中的優西夫·賽義格（左一）。

政和文化中心。在五月十五日之後，是大災難的第二階段，新以色列軍隊擊敗了參戰的阿拉伯國家軍隊。阿拉伯各國政府遲遲才決定進行軍事干預，而這是在阿拉伯民眾施加的巨大壓力下才實現的，阿拉伯民眾對於巴勒斯坦城市和村莊的相繼淪陷，以及在鄰近的各國首都的赤貧難民潮深感痛心疾首。[37]阿拉伯軍隊失敗後，巴勒斯坦人遭受進一步針對平民的屠殺後，有更多的巴勒斯坦人，也就是另外的四十萬人被驅逐和逃離了家園，他們逃到鄰國約旦、敘利亞、黎巴嫩、西岸和加薩（後兩者構成未被以色列征服的剩餘百分之二十二的巴勒斯坦領土）。沒有一個人被允許返回，他們的大部分家園和村莊遭到摧毀，來阻止他們返家。[38]更多的人甚至在一九四九年停戰協定簽署後被驅逐出新的以色列國，而自那時以來，還有更多的人被迫離開。在這個意義上，大災難可以理解為一個持續的過程。

---

35 Walid Khalidi, *Dayr Yasin: al-Jum'a*, 9/4/1948 [Dayr Yasin: Friday, 9/4/1948] (Beirut: Institute for Palestine Studies, 1999), table, 127.

36 Nir Hasson, "A Fight to the Death and Betrayal by the Arab World," *Haaretz*, January 5, 2018, https://www.haaretz.com/middle-east-news/palestinians/.premium.MAGAZINE-the-most-disastrous-24-hours-in-palestinian-history-1.5729436.

37 關於阿拉伯國家進入巴勒斯坦的決定的最佳敘述，請參考 Walid Khalidi, "The Arab Perspective," in *The End of the Palestine Mandate*, ed. W. R. Louis and Robert Stookey (Austin: University of Texas Press, 1986), 104–36。

38 關於這些村莊的命運的詳細描述，請參考 Walid Khalidi, ed., *All That Remains: The Palestinian Villages Occupied and Depopulated by Israel in 1948* (Washington, DC: Institute for Palestine Studies, 1992)。

在一九四八年流離失所的人中，有我的祖父母，他們不得不離開位於塔爾里什、我父親和他的大多數兄弟姊妹出生的家。起初，現年八十五歲、身體孱弱的祖父頑固地拒絕離家。在他的兒子帶著全家大部分人到耶路撒冷和納布盧斯避難後，他獨自一人在那裡待了幾個星期。由於擔心他的安全，一位來自雅法的親友在戰鬥暫停時冒險到他家找他。我祖父不情願地離開了，哀嘆著無法將他的書帶走。祖父和他的孩子們都沒有再見到他們的家。祖父母的大石頭房子的廢墟仍被遺棄在台拉維夫的郊外。[39]

傾頹中的哈利迪家族位於塔爾里什的家。

大災難是巴勒斯坦和中東歷史上的一個分水嶺。它將巴勒斯坦的大部分地區從千餘年來的阿拉伯人占多數的國家，轉變為一個猶太人占多數的新國家。[40]這種轉變是兩個過程的結果：對戰爭期間奪取的阿拉伯人居住區進行有系統種族清洗，偷竊難民留下的巴勒斯坦土地和財產，以及剝奪留在以色列的阿拉伯人所擁有的大部分土地和財產。猶太復國主義從一開始就有明確的目標，為了實現猶太人占人口大多數的目標，沒有其他的辦法。如果不奪取土地，也不可能統治這個國家。大災難的第三個重大和持久影響是，受害者們，也就是被趕出家園的數十萬巴勒斯坦人，進一步破壞了敘利亞、黎巴嫩和約旦這些貧窮、弱小、才剛剛獨立的國家以及該地區此後多年的穩定。

---

39 有一份長達六十二頁篇幅的希伯來語建築論文的主題就是這座傾頹的房子，這篇論文敘述了它在各個時間段裡的變化，並且提供它目前狀態的影像。就像是一九四八年成為了以色列的那個地區的大多數其他阿拉伯人的房屋一樣，這座房子沒有被毀，因為它們在猶太復國主義歷史上存在著重要的一席之地。在我祖父購置它以前，有一群早期的猶太復國主義者移民（這些人被稱為「比魯」，Bilu'im）在以色列．貝爾金（Israel Belkind）和他的兄弟西姆松（Shimshon）的領導下，於一八八二年在這棟房子裡租了幾個房間。隨後他們動身去建立了里雄萊錫安（Rishon LeZion），這裡是在巴勒斯坦的第二個猶太復國主義者農墾殖民地。這座建築現在被稱為「比魯屋」。我要感謝以色列．貝爾金的姪孫女尼利．貝爾金博士（Dr. Nili Belkind）提供的訊息，並把我引向了Lihi Davidovich and Tamir Lavi "Tik Ti'ud: Bet Antun AyubBet Ha-Bilu'im" [Documentation File: The Anton Ayyub House-House of the Bilu'im], 2005/2006這篇論文，本文可以在台拉維夫大學建築學院的網站上找到：http://www.batei-beer.com/aboutus.html。

40 對這一轉變的最佳記載之一是Tom Segev, 1949: *The First Israelis* (New York: The Free Press, 1986)。另請參考Ibrahim AbuLughod, *The Transformation of Palestine* (Evanston, IL: Northwestern University Press, 1971)。

然而，緊接著，外約旦的國王阿布杜拉卻成了戰爭的受益者。阿布杜拉被描述為「金絲雀籠子裡的獵鷹」[41]，他一直想統治一片更大的領土，統治比人口稀少的外約旦更多的臣民，在他於一九二一年來到外約旦時，外約旦的人口只有區區不到二十萬。最明顯的方向是向西，進入巴勒斯坦，從那裡開始，國王與猶太復國主義者進行了漫長的祕密談判，來達成一項和解，使他能夠控制該國的一部分。為了進一步實現這一目標，阿布杜拉私下批准了一九三七年皮爾委員會關於分割巴勒斯坦的建議（他是唯一一位這樣做的阿拉伯領導人），這將使巴勒斯坦阿拉伯部分併入外約旦。

這位國王和英國人都反對讓巴勒斯坦人從一九四七年的分治或隨後的戰爭中獲益，他們都不希望在巴勒斯坦建立一個獨立的阿拉伯國家。他們達成了一個祕密協議來防止這種情況發生，方法是在「託管統治結束後，立即派遣阿拉伯軍團渡過約旦河，占領分配給阿拉伯人的那部分巴勒斯坦土地。」[42]這一目標與猶太復國主義運動的目標吻合，後者與阿布杜拉進行談判，從而能達到同樣的目的。然而，在一九四八年春天的時候，當巴勒斯坦人頑強，但是缺少組織的抵抗被猶太復國主義者發動的全國性進攻打敗，以及當阿拉伯軍隊隨後進入巴勒斯坦時，作為阿布杜拉國王擴張主義野心工具的阿拉伯軍團，卻成了抵抗新生的以色列軍隊進攻的角色。在英國的強大影響下，這支阿拉伯軍團由英國武裝和訓練，由英國軍官指揮，比任何其他中東軍隊都有更多的作戰經驗；它成功阻止了以色列征服西岸和東耶路撒冷，為阿布杜拉留住這片地區，同時禁止巴勒斯坦人進入。正如歷史學家阿維．沙蘭姆所指出的那樣，「毫不誇張地說」，英國外交大臣厄內斯特・貝文（Ernest Bevin）「直接勾結外約旦人，間接勾結猶太人，扼殺了一個巴勒斯坦阿拉伯國家的誕生。」[43]

在一九四八年的戰爭之後，其他新獨立的阿拉伯國家也開始要面對嚴峻的前景，其原因不僅僅是因為湧入的巴勒斯坦難民。這些國家在一九四七年聯合國關於巴勒斯坦分治的鬥爭中失敗了，然後又在一九四八年的戰爭中失敗了，因為它們的軍隊一個接一個地被新以色列國的先進部隊擊敗。儘管人們普遍認為以色列軍隊在七支進攻的阿拉伯軍隊面前相形見絀，但我們知道，在一九四八年，以色列的人數和火力實際上都超過了對手。一九四八年在戰場上的阿拉伯正規軍只有五支，因為沙烏地阿拉伯和葉門沒有現代軍隊可言。其中只有四支軍隊進入託管統治的巴勒斯坦領土上（微不足道的黎巴嫩軍隊從未越過邊界）；其中的兩支軍隊，分別為約旦的阿拉伯軍團和伊拉克的軍隊，卻被它們的英國盟友禁止進入分治方案分配給猶太國家的地區邊界，因此沒有入侵以色列。[44]

41 這是阿維・沙蘭姆的著作中一章的標題，詳見 Avi Shlaim, *The Politics of Partition: King Abdullah, the Zionists and Palestine, 1921–1951* (London: Oxford University Press), 18，這本書是《約旦各地的勾結》的精簡版。

42 瑪麗・威爾森（Mary Wilson）準確地闡述英國和阿布杜拉是如何有計畫地這樣做。見 *King Abdullah, Britain and the Making of Jordan* (Cambridge: Cambridge University Press, 1987) 166–67ff。

43 Shlaim, *Collusion Across the Jordan*, 139。作者詳細解釋了這種針對巴勒斯坦人的複雜勾結的要素。

44 最早揭露這一迷思的是以色列的作家，其中包括 Flapan, *The Birth of Israel*; Tom Segev, *1949: The First Israelis; and Avi*

面對第一次重大的國際考驗，阿拉伯國家的失敗造成了災難性的後果。於是，面對迅速變成一支強悍軍隊的以色列戰爭機器，阿拉伯國家開啟了它們的一連串決定性軍事失敗，並一直持續到了一九八二年的黎巴嫩戰爭。它們導致了一系列區域性衝擊，充分證實阿爾伯特·霍拉尼在一九四六年不祥的預言。作為這一系列事件的後果，那些本來就在努力擺脫貧困、外部依賴、外國占領和間接控制枷鎖的阿拉伯國家，現在又不得不面對新生的艱巨內部挑戰，以及由其強大和具有侵略性的新鄰居以色列所造成的其他問題。

最終，巴勒斯坦戰爭確定了英國在中東地區的黯然退場，並被美國和蘇聯這兩個對立的超級大國取代。儘管它們在戰後的競爭已經很緊張，但這兩個超級大國都出於不同的原因支持分治巴勒斯坦和建立猶太國家。以色列國一剛建立，它們就承認了它，並為其提供關鍵的軍事支持，這對以色列的勝利起到重要作用。兩國都沒有試圖幫助建立分治決議中所預見的阿拉伯國家，也沒有透過以色列、約旦和英國的默契合作來阻止這個國家滅亡。[45]

儘管有這些相似之處，但兩個超級大國對以色列的支持在動機、期限和性質上都有所不同。史達林和他在蘇聯領導層的同事，很快就對這個他們曾以為會是蘇聯社會主義門徒的國家感到失望。他們曾期望以色列會成為制衡約旦、伊拉克和埃及的革新力量，上述三個君主制的國家被莫斯科看作是英國人的棋子，是和英國結盟的反動國家。然而到了一九五〇年的時候，當以色列在朝鮮戰爭選擇中立，同時開始向美國靠攏時，蘇聯先前所打下的算盤顯然是失算了。沒過多久，兩國的關係就開始大大降溫。到了一九五五年時，蘇聯已經和幾個阿拉伯國家建立密切的聯繫，而以色列則暗中與老牌殖民國家英國和法國結盟，對抗蘇聯的新阿拉伯盟友之一埃及。因此，蘇聯與猶太復國主義和以色列的蜜月被證明只是曇花一現。

以色列與美國的關係則是完全不同的。俄國沙皇的領土正是歐洲劇烈的反猶太主義發源地之一，而猶太復國主義正是從這種歐洲反猶主義中誕生的。與蘇聯不同的是，美國一直被那些逃離東歐的受迫害猶太人視為一個寬容的避難所，其中九成的猶太人都移民到了那裡。一八八○年至一九二○年間，美國猶太人的人口從二十五萬增加到四百萬，其中大部分新移民來自東歐。[46]現代政治猶太復國主義在美國猶太社區和許多基督徒中都有深厚的根基。在一九三○年代初，隨著希特勒在德國上台，猶太復國主義贏得了美國的公眾輿論。揭露大屠殺的恐怖情節具有決定性的意義，這證實了猶太復國主義者建立猶太國家的呼聲的實效性，並使猶太社群內部和外部的那些反對猶太復國主義的人們，只能感到不安或選擇沉默。

Shlaim, The Iron Wall: Israel and the Arab World，他們被描述為「新的」或者「修正主義歷史學家」，因為他們挑戰了關於猶太國家成立的公認說法。

45 Avi Shlaim, *Collusion Across the Jordan* 這本書是理解這種情況發生的必不可少的資料。另見 Mary Wilson, *King Abdullah, Britain and the Making of Jordan*。

46 Eli Barnavi, "Jewish Immigration from Eastern Europe," in Eli Barnavi, ed., *A Historical Atlas of the Jewish People from the Time of the Patriarchs to the Present* (New York: Schocken Books, 1994), http://www.myjewishlearning.com/article/jewish-immigration-from-eastern-europe/.

二戰期間和戰後的這些輿論風向的變化，足以改變許多美國政治家的算計。杜魯門總統因為他的私人交誼和他最親密的顧問的影響，而傾向支持猶太復國主義，他確信，徹底支持猶太復國主義的目標有助於他的國內政治。[47] 一九四五年十一月，在羅斯福會見了伊本・沙烏地國王並承諾給他支持的僅僅九個月後，杜魯門就直截了當揭示這一重大轉變背後的動機，當時有一群美國外交官很有先見之明地警告他，公開的親猶太復國主義政策將損害美國在阿拉伯世界的利益。「對不起，先生們，」他說，「但我必須對數十萬為猶太復國主義的成功而感到心急的人負責。而我的選民中沒有幾十萬阿拉伯人。」[48]

起初，國務院、五角大廈和中央情報局（後來將成為新的全球美利堅帝國的長期外交政策機構），都反對杜魯門和他的顧問堅決支持猶太復國主義和新以色列國的態度。然而，杜魯門並不是出身顯赫之家，也沒有受過高等教育（他是最後一位沒有大學學歷的美國總統），而且對外交事務沒有經驗，他並沒有被他所繼承的外交政策建制派嚇倒。在戰後初期，從國務卿喬治・馬歇爾（George Marshall）到迪安・艾奇遜（Dean Acheson）、喬治・肯楠（George Kennan），以及國務院和其他部門的其他高級官員，這些受人尊敬的人物都認為，在新的冷戰背景下，支持新生的猶太國家會損害美國在中東的戰略、經濟和石油利益。但在第一本仔細研究這一時期新近獲得的政府文件的書中，政治學家艾琳・根澤爾（Irene Gendzier）表明官僚系統內的關鍵人物的估算在幾個月內發生了變化。在以色列取得驚人的軍事勝利後，許多官僚和軍官，以及美國的石油業，都迅速認識到猶太國家可能提供美國在該地區的利益。[49]

促使這一轉變的主要原因是經濟和戰略方面的，跟冷戰的考慮和中東地區巨大的能源資源有關。在軍事上，五角大廈將以色列視為潛在的強大盟友。此外，考慮到沙烏地阿拉伯在巴勒斯坦問題上持有的軟性態度（在一九四八年戰爭的高峰時，當以色列軍隊占領該國大部分地區並驅逐數十萬巴勒斯坦人時，馬歇爾發現他有理由要感謝伊本・沙烏地國王在巴勒斯坦問題上表現出的「和解態度」），無論是政策制定者還是石油公司都不認為以色列會威脅到美國的石油利益。[50]此後，沙烏地阿拉伯便從來沒有在美國與以色列的密切關係上動搖過。事實上，沙烏地王室認為這與美國和沙烏地的親密關係完全一致，這種關係可以追溯到一九三三年在沙烏地的第一筆石油勘探和開採交易。[51]

然而，在最初的幾十年裡，以色列並沒有得到美國大規模的軍事和經濟支持，但這種支持

47 關於杜魯門政府和巴勒斯坦的話題，有大量文獻可供參考。最新的紀錄見John Judis, *Genesis: Truman, American Jews, and the Origins of the Arab/Israeli Conflict* (New York: Farrar, Straus and Giroux, 2014)。另可參考權威傳記作品David McCullough, *Truman* (New York: Simon and Schuster, 1992)。

48 Col. William Eddy, *FDR Meets Ibn Saud* (Washington, DC: America-Mideast Educational and Training Services, 1954; repr., Vista, CA: Selwa Press, 2005), 31.

49 Irene L. Gendzier, *Dying to Forget: Oil, Power, Palestine, and the Foundations of U.S. Power in the Middle East* (New York: Columbia University Press, 2015).

50 Secretary of State to Legation, Jedda, August 17, 1948, FRUS 1948, vol. 2, pt. 2, 1318.

51 關於當時沙烏地—美國關係的更多內容，請參考R. Khalidi, *Brokers of Deceit*, 20–25。

在一九七〇年代初開始成為慣例。[52]此外在聯合國，美國經常採取與以色列不一致的立場，包括投票支持安理會多次譴責以色列的軍事行動。[53]在杜魯門政府時期，實際上直到一九六七年戰爭之前，雖然美國的政策制定者大體對這個國家抱持親和、支持的態度，但他們對以色列國本身的考量是相對較少的。從杜魯門開始，美國領導人對巴勒斯坦人的考慮就更少了。

§

大多數巴勒斯坦人在震驚、失敗、被驅離四散和暫時沒有領導人的情況下，只是模糊地意識到全球的變化使他們的祖國成為一片廢墟。幾十年來，老一輩的人已經將英國視為猶太復國主義的主要推動者，他們繼續懷著極大的痛苦將英國視為其不幸的主要根源。巴勒斯坦人還嚴厲批評自己領導層的失敗，並深深厭惡阿拉伯國家的表現，以及它們的軍隊無力保住百分之二十二以上的阿拉伯巴勒斯坦土地。[54]因此，伊薩·伊薩在大災難之後在他位於貝魯特的流亡地，寫下了對阿拉伯統治者的抨擊：

哦，阿拉伯人的小人國王們，
看在神的份上，
不要再軟弱無力，不要再內訌了，
我們曾經對你們抱有希望，

但我們所有的希望已經破滅。[55]

由於這些原因，在大災難之後的黯淡新現實中，一百多萬巴勒斯坦人面對的是一個完全顛倒的世界。無論他們在哪裡，無論是否在巴勒斯坦境內，他們都經歷了深刻的社會混亂。對大多數人來說，這意味著赤貧，包括失去家園、工作和深刻的社區根基。村民失去了土地和生計，城市人失去了財產和資本，而大災難則摧毀了國家上層名流的權力和經濟基礎。名聲掃地的穆夫提再也無法恢復戰前的權威，他所在階層的其他人也無法恢復權威。在阿拉伯世界的許多地方，社會動蕩往往是由軍隊支持的革命所引發，它將用來自更多其他社會階層的年輕領導人取代那些地位顯赫的名流。大災難在巴勒斯坦人中也產生了同樣的結果。

---

52 從一九四九年到一九七一年間，美國對以色列的經濟和軍事援助總額只有四次超過了一億美元。而自從一九七四年以來，每年都高達數十億美元。

53 從一九五三年到一九七四年，安理會至少通過了二十三項決議，「譴責」、「痛惜」、「指責」以色列在加薩地帶、敘利亞、約旦、黎巴嫩、耶路撒冷和被占領土上的行動。

54 批評阿拉伯人的表現的早期典型例子就是出版於一九四八年的作品Constantin Zureiq, *The Meaning of the Catastrophe*。

55 這首詩轉載於Ya'qub 'Awadat, *Min a'lam al-fikr wal-adab fi Filastin* [Leading literary and intellectual figures in Palestine], 2nd ed. (Jerusalem: Dar al-Isra', 1992)。詩中「小人國王」的詞語除了一般的貶斥意味以外，還有可能是在諷刺阿布杜拉國王的矮小身材。

即使是那些能夠倖免於落入貧困的人，他們在世界上的位置也被摧毀了。我年邁的祖父母就是這種情況，他們突然被趕出家門，失去大部分的財產。但與許多人相比，他們是非常幸運的。直到他們在一九五〇年代初去世，他們始終有一個穩定的住所，儘管他們必須要在孩子們家之間來回搬家，而他們的孩子們現在則是從西岸的納布盧斯和耶路撒冷分散到了貝魯特、安曼和亞歷山卓。在一九四七年造訪了家鄉之後，我的父母已經回到了紐約，讓我父親繼續學業，打算在他完成學業後返回巴勒斯坦。但無論是我的父親還是母親，他們都沒能再看到巴勒斯坦一眼。

對所有巴勒斯坦人來說，無論他們的處境如何，大災難都是一個持久的身分認同的試金石，這種認同已經歷經了好幾代人。大災難標誌著一次爆發出的集體混亂，每個巴勒斯坦人都以這樣或那樣的方式，或透過他們的父母或祖父母感受到了這一創傷。在大災難為他們的集體身分認同提供一個新的焦點的同時，大災難也拆散了家庭和社區，把巴勒斯坦人分割和驅散到許多國家和不同的主權實體中。即使是那些仍在巴勒斯坦境內的人，無論是否是難民，他們都要受制於三種不同的政治制度，包括以色列、埃及（針對加薩地帶的難民）和約旦（針對西岸和東耶路撒冷的難民）。這種離散的狀況，即阿拉伯語的 shitat，自此以後一直困擾著巴勒斯坦人。我自己的家庭就是典型的例子，我的堂兄弟們分布在巴勒斯坦和六、七個阿拉伯國家，在歐洲和美國的堂兄弟也幾乎一樣多。每一群這樣的巴勒斯坦人都面臨著一系列的行動限制，他們持有各種各樣的身分證件或根本沒有身分，他們不得不在不同的條件、法律和語言下活動。

有少數巴勒斯坦人（約十六萬人）設法避免遭到驅逐，並留在已成為以色列的巴勒斯坦地區，他們現在是這個國家的公民。以色列政府首先致力於為該國新的猶太多數派服務，深深地懷疑這一群剩餘的人口，認為他們是潛在的第五縱隊。直到一九六六年，大多數巴勒斯坦人都生活在嚴格的戒嚴法下，他們的大部分土地被沒收（還有那些被迫離開該國、現在成為難民的人的土地）。這些被竊取的土地是以色列國家認為合法徵用來，包括該國大部分可耕地，這些土地被交給猶太人定居點或以色列土地管理局，或置於猶太民族陣線的控制下，該陣線的歧視性章程規定，這些財產只能用於猶太人的利益。[56]

這一規定意味著，被剝奪財產的阿拉伯人既不能回購或租賃曾經屬於他們的財產，任何其他非猶太人也不能。這些舉措對巴勒斯坦從阿拉伯國家轉變為猶太國家至關重要，因為在一九四八年之前，猶太人只擁有約百分之六的巴勒斯坦土地。以色列境內的阿拉伯人因為軍管旅行限制而被隔離，也跟其他巴勒斯坦人和阿拉伯世界其他地區隔絕。他們習慣在自己的國家和地區作為多數族群，但在突然之間，他們不得不學會在一個敵對的環境中作為被鄙視的少數群體生活，作為一個猶太政體的臣民，而這個猶太政體從未將以色列國定義為所有公民的國家。用一位學者的話說：「由於以色列把自己定義為一個猶太國家，以及這個國家所具有的排他政策

---

56 猶太民族基金會網站的原話是：「為猶太人定居而購買的土地屬於整個猶太民族。」https://www.jnf.org/menu-3/our-history#。

和法律，因此賦予巴勒斯坦人的實際上是二等公民身分。」最重要的是，巴勒斯坦人所生活的軍事制度給予以色列軍方近乎無限的權力，來控制他們生活中細枝末節的各種事情。[57]

現在生活在以色列國邊界之外的流離失所的巴勒斯坦人（實際上是巴勒斯坦人中的大多數）成了難民（就和那些留在以色列境內的人一樣）。那些逃到敘利亞、黎巴嫩和約旦的人給這些所在國家有限的救濟能力帶來了沉重的負擔。起初，他們中的大多數人被安置在聯合國救濟和工程處（United Nations Relief and Works Agency，以下簡稱救濟工程處）管理的難民營中。大多數有經濟能力、有就業技能或在阿拉伯國家有親戚的難民沒有在救濟工程處登記或者是找到其他住房，其他的難民最終也搬出了難民營，混入到了大馬士革、貝魯特、賽達和安曼等城市。那些從未待在難民營裡的巴勒斯坦人或迅速離開難民營的巴勒斯坦人往往生活得更好，他們受教育，並實現了城市化。隨著時間推移，其他的人也隨之而來，大部分難民和他們的後代都是在難民營外生活的。

在約旦，有兩百二十萬救濟工程處登記在案的難民，這是最大的一個群體，但他們中只有三十七萬人仍留在難民營中，西岸的八十三萬名登記難民中也只有四分之一仍然留在難民營中。在敘利亞的五十五萬名難民中，不到四分之一的人在敘利亞內戰前住在難民營中，在黎巴嫩的四十七萬名巴勒斯坦難民中也只有不到半數仍然留在難民營裡。在一九六七年之前，一直由埃及控制的加薩地帶狹窄領土上的一百四十萬登記難民中，這一比例大致相同。因此，儘管有五百五十萬巴勒斯坦難民及其後裔在救濟工程處登記為難民身分，但他們中的大多數，即大約四百萬，以及許多從未在救濟工程處登記的人，今天並沒有生活在難民營。

在一九五〇年，阿布杜拉國王透過吞併約旦河西岸實現了擴大他的小王國（現在叫約旦而不再是外約旦）的願望，但這吞併行為只得到了他最親密的盟友英國和巴基斯坦的承認。與此同時，國王將約旦公民身分擴大到他新擴大的領土內的所有巴勒斯坦人。這一慷慨的措施適用於流亡在阿拉伯世界和西岸的絕大多數巴勒斯坦難民，證明了以色列反覆聲稱的說阿拉伯國家阻止難民融入社會，以期將他們留在難民營中作為政治武器的說法是一個謊言。

雖然舊有的巴勒斯坦政治和經濟精英已經名譽掃地，但其中一些成員，特別是那些反對穆夫提的人（例如，曾任耶路撒冷市長的拉吉布．納沙希比）迅速適應了哈希姆君主制（Hashemite monarchy）下的新環境。有少數人甚至在安曼的約旦政府中任職。其他的巴勒斯坦人仍然不解和痛苦，因為他們失去了自決的機會，更糟糕的是，他們受制於老對手阿布杜拉國王。雖然在英國的支持下，約旦的阿拉伯軍團是一九四八年唯一一支能與以色列軍隊抗衡的軍隊，避免更多的巴勒斯坦地區落入以色列的控制，但這樣被拯救的代價是慘重的，換來了哈希姆家族對西岸和東耶路撒冷的統治。阿布杜拉效忠可恨的英國殖民主子，他反對巴勒斯坦獨立，以及他與猶太復國主義者勾搭的廣泛傳言，都對他不利。我的父親曾親身禁受過阿布杜拉

---

57 Leena Dallasheh, "Persevering Through Colonial Transition: Nazareth's Palestinian Residents After 1948," *Journal of Palestine Studies* 45, no. 2 (Winter 2016): 8–23.

的態度，在他的英國巴勒斯坦託管統治護照過期後，我父親拒絕接受約旦的護照。他的兄弟胡塞因博士曾於一九三九年在倫敦的聖詹姆士宮會議上會見過沙烏地的外交大臣（後來的費薩爾國王），透過他的調解，他最終獲得了一本沙烏地護照。

最終，阿布杜拉國王為他與以色列的往來付出了最大的代價。[58] 一九五一年七月，國王在星期五的聚會禮拜後離開阿克薩清真寺時，被人在位於耶路撒冷尊貴聖地的寬闊廣場上暗殺了。[59] 刺殺他的人很快就被抓到，並被迅速審判和處決，據說凶手與耶路撒冷的前穆夫提有關，穆夫提的辦公室長期以來一直位於長方形的尊貴聖地及其周圍，而這裡正是巴勒斯坦人的身分認同的最核心地點。人們決定不將這位死於暗殺的國王安葬在他的父親、比鄰尊貴聖地的麥加的謝里夫．胡塞因陵墓中，而是將他葬在他的首都安曼。

這起命案進一步惡化了約旦政權與巴勒斯坦民族主義者之間的關係，新近擴大了領土的約旦統治者認為巴勒斯坦民族主義者是不負責任、危險的激進分子和不穩定因素。此後，約旦政權利用了許多約旦人與該國新巴勒斯坦裔公民之間現有的裂痕，這些新的巴勒斯坦裔公民現在占了人口的大多數。然而，許多約旦人開始將哈希姆家族的政權視為西方帝國利益的不民主和壓迫性的堡壘，是作為保護猶太國家東部邊境的友好緩衝區。雖然相當一部分巴勒斯坦人最終成為約旦社會繁榮和可靠的支柱，但該政權與其巴勒斯坦臣民之間的緊張關係卻持續了幾十年，最終在一九七〇年爆發武裝衝突。

儘管在黎巴嫩的巴勒斯坦難民人數，以及他們在總人口中的比例，都要比他們在約旦小得多，但是在黎巴嫩避難的巴勒斯坦人也參與了黎巴嫩的政治。巴勒斯坦人主要是穆斯林，他們從未被考慮能獲得黎巴嫩國籍，因為這將打破該國脆弱的教派平衡，而當初法國託管統治當局的設計是為了讓馬龍派基督徒在該國占主導地位。一些黎巴嫩的遜尼派、德魯茲派、什葉派和左翼政治家會同情巴勒斯坦人，他們逐漸將巴勒斯坦人視為他們重塑黎巴嫩教派政治制度的有益盟友。然而，他們對巴勒斯坦事業的任何承諾都沒有延伸到讓巴勒斯坦人融入社會，無論如何，後者仍然抱有返回家園的希望。因此，反對tawtin（意思是在黎巴嫩永久定居下來），既成為了黎巴嫩人的信條，也成了巴勒斯坦人的信條。

巴勒斯坦難民營的居民受到了黎巴嫩的軍隊情報部門「第二局」（Deuxième Bureau）的嚴密監視，他們的就業和財產所有權也受到嚴格的限制。同時，救濟工程處在黎巴嫩和其他地方提供的服務，特別是普及教育和職業培訓，使巴勒斯坦人成為阿拉伯世界受教育程度最高的一群人。由此獲得的知識為他們的移民提供了便利，特別是移民到急需熟練勞動力和專業知識的

58 阿拉伯軍隊最資深的阿拉伯軍官之一的阿布杜拉．塔爾（Abdullah al-Tal）上校的回憶錄在一九五九年出版，揭示了這些祕密關係的細節，這部分內容後來在《約旦各地的勾結》中得到了詳細的分析。見'Abdullah al-Tal, *Karithat Filastin: Mudhakkirat 'Abdullah al-Tal, qa'id ma'rakat al-Quds* [The Palestine disaster: The memoirs of 'Abdullah al-Tal, commander in the battle for Jerusalem] (Cairo: Dar al-Qalam, 1959)。

59 關於該事件及其後果的當下詳細描述可以參考"Assassination of King Abdullah," *The Manchester Guardian*, July 21, 1951, http://www.theguardian.com/theguardian/1951/jul/21/fromthearchive。

石油資源豐富的阿拉伯國家。然而，儘管救濟工程處的服務提供了安全閥，引導了許多年輕的巴勒斯坦人走出難民營，但在所有的社會階層和社區中，民族主義和激進主義仍然普遍存在。隨著巴勒斯坦人開始從大災難的衝擊中走出來，並在政治上組織起來，他們的活動卻導致黎巴嫩人進一步分化他們的教派和政治路線，並最終在一九六〇年代後期與當局發生了衝突。

有人數較少的一些巴勒斯坦難民最終落腳在敘利亞，有些人在難民營，有些人在大馬士革和其他城市，較少的人在伊拉克，更少的人在埃及。在這些較大、較為同質性的國家裡，有限的巴勒斯坦難民群體並沒有破壞當地的穩定。敘利亞建立了難民營，但那裡的巴勒斯坦人也有某些優勢。他們獲得了許多敘利亞公民的福利，如擁有土地的權利，獲得國立教育和在政府中就業的機會，但被剝奪了國籍、護照（就像在黎巴嫩一樣，他們獲得的是難民旅行證件）和投票權。因此，敘利亞境內的巴勒斯坦人在保留難民法律地位的同時，實現了高度的社會和經濟融合。

隨著時間的推移，波斯灣國家、利比亞和阿爾及利亞發展起它們的石油工業，並能夠留住較高比例的石油和天然氣收入，許多巴勒斯坦人成為那裡的居民，並在建設這些國家的經濟、政府服務和教育系統方面發揮了重要作用。然而，就像巴勒斯坦作家嘎桑・卡納法尼（Ghassan Kanafani）的短篇小說《陽光下的人》（*Men in the Sun*）中的人物一樣，他們並不總是覺得這條道路很容易，因為這條道路往往涉及到疏遠、孤立，例如當巴勒斯坦人試圖用他們的難民證件跨越邊境的時候，甚至是遭遇悲劇。[60]在阿拉伯波斯灣國家生活並不會給他們帶來公民身分或永久居留身分，巴勒斯坦人能否留在這些地方取決於他們的就業情況，即使他們已經在那裡生活了大半輩子也是如此。

無論巴勒斯坦人在各國的融合程度如何，所有阿拉伯國家的人民都對巴勒斯坦問題給予極大且持續的關注，這既是對巴勒斯坦人民的廣泛同情，也是因為一九四八年的恥辱性失敗使他們自己的弱點、脆弱性和不穩定暴露無遺。事實上，埃及一九五二年起義的領導人賈馬爾·阿布杜勒·納瑟（Gamal Abdel Nasser）在他的回憶錄《革命哲學》（*Philosophy of the Revolution*）中，就曾思索過一九四八年巴勒斯坦戰爭中作戰的軍官是如何把推翻舊政權的想法放在首位。「我們在巴勒斯坦作戰，但我們的夢想在埃及。」[61]

一九四八年的軍事失敗除了引發動蕩之外，還讓阿拉伯鄰國非常恐懼以色列，以色列強大的軍隊力量繼續對這些國家發動毀滅性的打擊，將這種手段視為對難民的騷擾活動的不對稱報復戰略的一部分，目的是迫使阿拉伯國家的政府壓制巴勒斯坦人的領土收復論。[62]以色列的這些攻擊經常出現在聯合國安理會的會議上（我父親在五〇和六〇年代以聯合國政治和安全理事

60 卡納法尼一九六二年的小說已經由希拉里·柯克帕特里克（Hilary Kirkpatrick）翻譯成了英文，見 *Men in the Sun and Other Palestinian Stories* (Boulder, CO: Lynne Rienner, 1999)。

61 Gamal Abdel Nasser, *Philosophy of the Revolution* (New York: Smith, Keynes and Marshall, 1959), 28.

62 Benny Morris, *Israel's Border Wars: 1949–1956: Arab Infiltration, Israeli Retaliation, and the Countdown to the Suez War* (Oxford: Clarendon Press, 1993).

會事務司成員的身分參加了這些會議），以色列的行動經常受到譴責。[63]安理會從聯合國停戰觀察員那裡收到的報告，會跟以色列政府的聲明和美國媒體的歪曲報導，呈現出截然不同的論調。[64]

邊界沿線的這種動蕩局勢導致一種特殊的情況，即阿拉伯國家的領導人經常因為民眾的壓力而提出巴勒斯坦問題，但由於害怕以色列的強大和大國的反對，他們並沒有採取任何實際行動。因此，巴勒斯坦問題成了機會主義的政客隨意利用的政治足球，因為他們都想在宣稱自己在巴勒斯坦問題的貢獻上勝過對方。目睹這種自私遊戲的巴勒斯坦人最終意識到，如果要為他們的事業做任何事情的話，他們就必須得自己動手。

在一九四八年戰爭之後，巴勒斯坦人幾乎被忽視了，西方媒體幾乎沒有報導，巴勒斯坦人也很少被允許在國際上代表自己。巴勒斯坦人和他們的神聖事業常常被各個阿拉伯國家的政府提起，但是這些國家幾乎沒有發揮過任何獨立的作用。阿拉伯國家各自都在阿拉伯國家之間的論壇上為巴勒斯坦人說話，但由於它們彼此的分裂和混亂，以及它們面臨的諸多干擾，它們並沒有發出一個統一的聲音。在聯合國和其他地方，巴勒斯坦問題一般被歸入「阿以衝突」的範疇，以阿拉伯國家為首，虛弱無力地代表著巴勒斯坦人的利益。在大災難之後，阿赫邁德·希爾米·帕夏（Ahmad Hilmi Pasha）領導下的幾名前阿拉伯高級委員會的成員，包括我的伯父胡塞因在內，立即試圖為分治決議中規定的阿拉伯國家建立一個流亡政府。他們在加薩成立一個全巴勒斯坦政府，但未能贏得主要阿拉伯國家的支持，尤其是約旦，約旦再一次不希望巴勒斯坦人擁有獨立的代表權，這個政府也沒有獲得國際社會的承認。[65]這番努力最終一無所得。

穆夫提和一些知名人士仍然在世，他們有的流亡、有的退休、有的在安曼為君主服務。有幾位老領導人參與了約旦一九五六至五七年，以蘇萊曼・納布盧西（Sulayman al-Nabulsi）的民族主義政府為代表的短暫半年民主開放。這些領導人中包括我的伯父胡塞因博士，他在民族主義政府中擔任外交部長職位，然後在納布盧西被解職後，在胡笙國王任命一個實行戒嚴法的言聽計從的政府之前，擔任了十天的總理。一九五六年的選舉讓納布盧西上台，正如一位不友好的英國外交官所承認的那樣，這次選舉是「約旦歷史上第一次近乎自由的選舉」（也可能是

63 從一九五三年至一九六八年，我父親在政治和安全理事會事務司（現在的政治事務司）工作時，以色列因為其行為被安理會譴責或指控了九次。

64 擔任聯合國停戰協議觀察員的軍官的回憶錄證實了這一點，其中包括E.H.Hutchinson, *Violent Truce: Arab-Israeli Conflict 1951-1955* (New York: Devin-Adair, 1956); Lieutenant General E. L. M. Burns, *Between Arab and Israeli* (London: Harrap, 1962); Major General Carl Von Horn, *Soldiering for Peace* (New York: D. McKay, 1967)。

65 關於這件事，請參考Muhammad Khalid Az'ar, *Hukumat 'Umum Filastin fi dhikraha al-khamsin* [The All-Palestine government on its 50th anniversary] (Cairo: n.p., 1998)。

最後一次），但他的政府面臨著英國和哈希姆家族君主的持久敵意。[66]除了這個短暫的插曲之外，巴勒斯坦的那些老人們沒有一個人能夠在政治上發揮重要作用。此外，令人震驚的是，在領導權移交給新一代巴勒斯坦人和新的階級後，幾乎沒有一個傑出人物是出自大災難之前主導巴勒斯坦政治的著名家族。*

在託管統治時期的巴勒斯坦發展起來的為數不多的政治組織，例如工會和獨立黨（Istiqlal Party）之類的其他非精英團體因為大災難而遭受了不可挽回的破壞。唯一的例外是巴勒斯坦共產黨的殘餘勢力，該黨在一九四八年以前的成員主要是阿拉伯人，領導層主要是猶太人。這成為以色列共產黨的核心，從一九五〇年代起，該黨發展成為猶太人—阿拉伯人的工具，來滿足以色列許多巴勒斯坦公民的政治願望，因為到一九六六年以前，由純阿拉伯人組成的組織都會遭到軍事政權禁止。然而，該黨的活動僅限於以色列的體制內，幾十年以來，它對其他地方的巴勒斯坦人幾乎沒有影響。因此，一九四八年後，巴勒斯坦人中出現了一種政治上的白板。

許多阿拉伯國家踏足到了大災難之後出現的政治真空中，其中的許多國家，例如阿布杜拉國王統治下的約旦，已經試圖要將巴勒斯坦人置於其控制下。然而，它們更關心的是自己的議程，避免與強大而極具侵略性的鄰國以色列發生衝突，以及討好以色列的大國贊助人。阿拉伯國家的政府不是在巴勒斯坦人發動的低層級戰爭中充當盟友，而是阻礙他們的努力，有時還跟巴勒斯坦人的敵人合謀。最典型的例子是約旦，在阿布杜拉國王吞併西岸後，約旦堅決壓制巴勒斯坦民族主義言論，但其他阿拉伯國家也阻止巴勒斯坦人組織或發動對以色列的攻擊。

由於阿拉伯國家和國際社會不願意或無力扭轉一九四八年的災難性後果，在大災難後的黯淡環境中，巴勒斯坦各種形式的行動主義開始重新抬頭。一些小團體從事軍事活動，主要目的是動員巴勒斯坦人拿起武器反抗以色列，負起振興自己事業的主要責任。這種活動是自發開始

66 關於英國外交官對迄今為止在約旦發生的唯一民主事件所持有的那種居高臨下、近乎蔑視的看法，請參考R. Khalidi, "Perceptions and Reality: The Arab World and the West," in *A Revolutionary Year: The Middle East in 1958*, ed. Wm. Roger Louis (London: I. B. Tauris, 2002), 197–99。在一九五七年五月，當我伯父的政府被年輕的胡笙國王解散時，權傾一時的王太后札因幫助英國大使說服了約旦的政治人物接受組建一個「公民」政府，來掩飾英國和哈希姆家族所要求的軍事統治，這個政府最終建立了起來。大使對於在王宮裡舉行的那次會議的描述堪稱精采。「部長們不願意承擔職務上的責任，並且問國王為什麼不能成立一個軍政府……太后……強硬地指出，軍政府會讓其他形式的政府變得不必要。最後，太后下令她的部長指定人選，在他們宣誓就職以前，沒人能獲准離開王宮，正是在這種肅殺的基礎上，新政府成立了。」UK Public Records Office, Ambassador Charles Johnston to Foreign Secretary Selwyn Lloyd, no. 31, May 29, 1957, F.O. 371/127880。

* 這一時期唯一的例外是已故的費薩爾・胡塞尼，他的重要地位來自於他的勇氣、政治敏銳性、在法塔赫（Fatah）內部的激進活動，以及被以色列多次逮捕。一九九一至九三年在馬德里和華盛頓的巴以談判期間，我曾與費薩爾密切合作，他在武裝定居者占領耶路撒冷巴勒斯坦人的家園時，對抗那些保護武裝定居者的以色列安全部隊。儘管他的父親是一九四八年四月在戰場上犧牲、受人愛戴的軍事指揮官阿布杜・卡迪爾・胡塞尼，但他在耶路撒冷的顯赫地位是源自上述這些人格特質，而不是他的家世。他還跟穆夫提和賈馬爾・胡塞尼有親戚關係，他是被英國人撤職的耶路撒冷市長穆薩・卡齊姆・帕夏・胡塞尼的孫子。他的祖父一直領導著巴勒斯坦民族運動，直到一九三四年八十四歲時去世。他在去世的幾個月前，曾在雅法的一次抗議示威活動中被英國警察用警棍毆打。

的，主要是向以色列的邊境社區發動未經協調的襲擊。幾年後，這種基本上不明顯的祕密武裝行動形式才凝聚成一種明顯的趨勢，並隨著一九五九年法塔赫等組織的成立而默默出現。

除了以色列反對任何會改變巴勒斯坦現狀的活動外，巴勒斯坦人還必須要應對各個接受巴勒斯坦難民的阿拉伯國家政府，特別是約旦、黎巴嫩和埃及政府。這些國家鑑於它們在軍事上比猶太國家羸弱，因此極不願意支持對其鄰國發動的攻擊。即使後來新的巴勒斯坦運動成功建立了起來，但這些運動也不得不避開一些阿拉伯國家試圖掌控它們的企圖。一九六四年在埃及的要求下，阿拉伯聯盟成立了巴勒斯坦解放組織（Palestine Liberation Organization, PLO），這是對這種新興的獨立巴勒斯坦運動的回應，也是阿拉伯國家控制巴勒斯坦運動的最重要嘗試。

在一定程度上，這是埃及政府對一九五六年蘇伊士戰爭前的痛苦經歷做出的反應。在一九五二年革命之後，儘管在巴勒斯坦的失敗有一部分原因是埃及軍隊的武器不足和過時，但軍政府還是放棄了昂貴的重新武裝計畫。相反的，該政權將重點放在國內經濟和社會發展上，修建亞斯文大壩來實現大規模的電氣化和灌溉，投資於工業化，擴展和擴大幼兒園至中學的教育和高等教育，以及由國家主導的經濟規劃。為了這些目標，埃及從所有可能的援助來源那裡尋求外國經援，同時隨著冷戰的發展，努力地保持不結盟的狀態。[67]

納瑟在執政之初，特別尋求避免挑動埃及的強大鄰國以色列。但這些努力因以色列領導人，特別是大衛・本—古里安總理的侵略性政策[68]，以及加薩地帶內日益增長的巴勒斯坦軍事活動而受到破壞。加薩集中了大量的難民人口，為發展這種激進主義提供了理想的環境，以加薩為基地的法塔赫運動創始人的描述就證實了這一點。這些法塔赫運動的創始人中包括亞西爾・阿拉法特（Yasser 'Arafat）、薩拉赫・哈拉夫（Salah Khalaf）和哈利勒・瓦齊爾（Khalil al-Wazir）。在多年之後，他們談到了埃及政變後的情報部門阻止他們的組織反抗以色列，其中就包括逮捕、酷刑和騷擾行為。[69]

雖然埃及軍方及其情報部門嚴密控制了加薩地帶，並嚴厲鎮壓這個地方，但巴勒斯坦人還是向以色列發動了零星但往往致命的攻擊。以色列對巴勒斯坦跨境滲透者（他們被稱為feda'iyin，意思是「犧牲自己者」）造成的傷亡進行了大規模和不成比例的報復，加薩地帶在這些攻擊中首當其衝。但是，也沒有哪一個以色列的鄰國能夠倖免這些襲擊。一九五三年十月，以色列部隊在西岸的基布亞村（Qibya）發動了屠殺，報復在耶胡德鎮（Yehud）遭到自殺襲擊而死的三名以色列平民，其中包括一名婦女和她的兩個孩子。以色列特種一〇一部隊在阿里爾・夏隆（Ariel Sharon）的指揮下，炸毀這裡的四十間裡頭有村民的房屋，殺死六十九名

---

67 關於這個話題最好的作品是Salim Yaqub, *Containing Arab Nationalism: The Eisenhower Doctrine and the Middle East* (Chapel Hill: University of North Carolina Press, 2004)。

68 Avi Shlaim, "Conflicting Approaches to Israel's Relations with the Arabs: Ben Gurion and Sharett, 1953–1956," *Middle East Journal* 37, no. 2 (Spring 1983): 180–201.

69 Abu Iyad with Eric Rouleau, *My Home, My Land: A Narrative of the Palestinian Struggle* (New York, Times Books, 1981); and Alan Hart, *Arafat: A Political Biography* (Bloomington: Indiana University Press, 1989).

巴勒斯坦平民。[70]這次的襲擊遭受到聯合國安理會的譴責[71]，但儘管約旦（當時控制著西岸）不斷努力防止巴勒斯坦的武裝活動，包括監禁甚至殺害可能的滲透者，但以色列還是發動了這次襲擊。約旦軍隊經常伏擊巴勒斯坦的武裝分子，並奉命向任何試圖進入以色列的人開火。[72]

在一九五四年和一九五五年，以色列領導層曾激烈討論過度使用武力政策的問題，當時的國防部長本—古里安採取的是好戰立場，而總理摩西・夏里特則採取更為務實、有細微差別的立場。本—古里安認為，只有堅持不懈地使用武力，才能迫使阿拉伯國家按照以色列的條件媾和。而在夏里特看來，這種咄咄逼人的做法只是無意義地激怒阿拉伯人，奪走妥協的機會。[73]（不過，就跟本—古里安一樣，夏里特也不願意放棄以色列在一九四八年獲得的任何領土，也不願意讓大量巴勒斯坦難民返回家園。）一九五五年三月，本—古里安提議大舉進攻埃及，占領加薩地帶。[74]以色列內閣拒絕了這一提議，直到一九五六年十月本—古里安接替夏里特擔任總理後，他的好戰精神才勝出，進攻加薩的提案也得到默許。透過摩西・戴陽（Moshe Dayan）、伊札克・拉賓（Yitzhak Rabin）和阿里爾・夏隆等追隨者的傳播，本—古里安的好戰政策從此滲透到以色列政府與鄰國的交往中。

在一九五六年的攻擊之前，以色列對加薩地帶的埃及軍隊和警察哨所進行了一系列大規模的軍事行動。[75]這些行動最終導致有三十九名埃及士兵在一九五五年二月死於拉法（Rafah），半年後，又有七十二名埃及士兵在汗尤尼斯（Khan Yunis）被殺，還有更多的士兵和許多巴勒斯坦平民在進一步的行動中被殺。[76]軍隊的明顯虛弱最終迫使埃及放棄不結盟，並試圖先是從英國，後來是從美國購買武器。當向英美軍購的努力失敗後，埃及在一九五五年九月同意跟捷克斯洛伐克進行大規模武器交易（捷克斯洛伐克聽命於蘇聯）。由於無力應對以色列的攻擊，埃及政府在埃及和阿拉伯輿論面前顯得尷尬，與此同時埃及下令它的軍事情報部門幫助之前被

---

70 請看負責調查襲擊事件的聯合國混合停戰委員會（Mixed Armistice Commission）的美國海軍軍官，在襲擊事件發生後立即進行的目擊報告：E. H. Hutchinson, *Violent Truce*。

71 UN Security Council Resolution 101 of November 24, 1953.

72 我的堂親孟澤爾・薩比特・哈利迪（Munzer Thabit Khalidi）在一九五〇年代被徵召進了約旦軍隊，並在西岸邊境地區擔任軍官。他在一九六〇年時對我說，這些是他對他所指揮的部隊下達的命令。關於約旦軍團在這一時期阻止巴勒斯坦人滲透的更多細節，見其指揮官約翰・巴戈特・格拉布的回憶錄 John Bagot Glubb, *Soldier with the Arabs* (London: Hodder and Stoughton, 1957)。聯合國混合停戰委員會主席哈欽森指揮官的敘述證實了這些努力的程度，見 E. H. Hutchinson, *Violent Truce*。

73 這一點夏里特在莉維亞・羅卡奇（Livia Rokach）的日記中表現得十分清晰，請參考 *Israel's Sacred Terrorism: A Study Based on Moshe Sharett's Personal Diary and Other Documents* (Belmont, MA: Arab American University Graduates, 1985)。

74 莫迪凱・巴昂（Mordechai Bar On）當時是以色列參謀部門中的成員，他的著作也證實了這一點。見 *The Gates of Gaza: Israel's Road to Suez and Back, 1955–57* (New York: St. Martin's Press, 1994), 72–75。另見 Benny Morris, *Israel's Border Wars*。

75 Avi Shlaim, "Conflicting Approaches."

76 關於這些事件的權威描述是加拿大軍官伯恩斯中將的回憶錄，一九五四年至五六年間他在以埃停戰線上指揮聯合國停戰監督組織。見 Lt. Gen. Burns, *Between Arab and Israeli*。另見 Shlaim, "Conflicting Approaches"。

他們鎮壓的巴勒斯坦武裝部隊，向以色列發起行動。以色列針對這一新發展的回應很快就來了，而且是毀滅性的。因此，五〇年代初巴勒斯坦小股武裝組織發動的幾次流血襲擊（這違背了大多數阿拉伯國家政府的意願），最終導致以色列在一九五六年十月發動了蘇伊士戰爭。以色列並不是孤軍奮戰，它的夥伴也各自有攻擊埃及的理由。

英法兩國當權的老派帝國主義者對埃及國有化法—英蘇伊士運河的行為，感到憤怒，因為埃及國有化蘇伊士運河公司，是為了報復美國國務卿取消世界銀行計畫中修建亞斯文大壩的貸款。此外，法國還試圖終止埃及人支持阿爾及利亞叛軍，因為埃及曾向他們提供軍事訓練，並在開羅提供外交和廣播平台。[77]與此同時，位於倫敦的安東尼．艾登（Anthony Eden）的保守黨政府，也對埃及新政權要求英國結束已存在七十二年的駐軍，表示不滿。英國人還對埃及支持民族主義者挑戰英國在伊拉克、波斯灣、亞丁和阿拉伯世界其他地區的地位的行為感到惱火。這些挑戰促使英法兩國在一九五六年十月加入以色列全面入侵埃及的行列。[78]

第二次阿以戰爭有一些特殊的地方。以色列在一九四八年、一九六七年、一九七三年和一九八二年的其他常規戰爭裡有很多個阿拉伯國家主角，但蘇伊士戰爭卻只針對一個阿拉伯國家。在此之前，以色列與老牌殖民國家法國和英國簽訂了「塞夫爾議定書」（Protocol of Sèvres），這是戰爭開始前幾天制定的祕密協議。塞夫爾議定書標誌著英國和猶太復國主義運動之間的疏遠關係的結束，這種疏遠關係可以追溯到一九三九年的白皮書。這場戰爭涉及了聯盟關係的進一步逆轉。以色列在一九四七至四八年的贊助人，也就是美國和蘇聯，最終站在了埃及一邊。

祕密的塞夫爾議定書一經談判敲定，三國攻勢就發動了，背景是以英法軍隊藉口分離戰鬥人員而介入埃及政局。最終埃及被聯軍果斷而迅速地擊敗了。儘管由兩個歐洲強國支持的強大以色列，對戰一個勉強吸收蘇聯新式武器的弱小第三世界國家已成定局，但政治結果卻對侵略者不利。艾森豪總統非常憤怒英法兩國沒有跟華盛頓進行協商，而且當時正值蘇聯坦克鎮壓了一九五六年的匈牙利革命，三國的行為看起來（而且的確）是一次新殖民主義的介入行為。蘇聯人也對帝國主義攻擊他們的埃及新盟友感到憤怒，但這場戰爭卻舒緩了蘇聯人在鎮壓布達佩斯起義上面臨的壓力。

就像一九四八年一樣，儘管美國和蘇聯在冷戰中競爭激烈，但是兩國在中東卻聯合行動，他們對三國聯盟採取了嚴厲的立場。蘇聯威脅使用核子武器，美國警告說將切斷經濟援助，雙方迅速推動了聯合國大會上的決議，要求三國立即撤軍。（由於英法肯定會否決，所以在安理會通過決議是不可能的。）這種來自超級大國的強大壓力迫使以色列、法國和英國撤出了埃及

---

77 Matthew Connelly, *A Diplomatic Revolution: Algeria's Fight for Independence and the Origin of the Post-Cold War Era* (New York: Oxford University Press, 2002).

78 有大量的作品是關於一九五六年的蘇伊士戰爭。關於這個話題的一本出色的文集彙編：*Suez 1956: The Crisis and Its Consequences*, ed. Roger Louis and Roger Owen (Oxford: Clarendon Press, 1989)。另見 Benny Morris, *Israel's Border Wars*.

領土和加薩地帶。以色列確實試圖要拖延撤軍的腳步，直到一九五七年初才從西奈半島和加薩地帶撤出最後一批軍隊。侵略者被擊退了，美國和蘇聯表現出誰才是中東的老大，納瑟成了泛阿拉伯英雄，但加薩地帶的巴勒斯坦居民，其中大部分是難民，卻遭受了巨大的痛苦。

一九五六年十一月，當以色列占領軍在加薩地帶的城鎮，諸如汗尤尼斯和拉法的難民營肆虐時，有超過四百五十人，主要是男性平民，遭到了殺害，他們中的大多數人都是被當即槍殺的。[79]根據聯合國救濟工程處總幹事的一份特別報告，十一月三日發生在汗尤尼斯和鄰近難民營的第一次屠殺中，有兩百七十五名男子被槍殺。在一星期後十一月十二日的拉法難民營，有一百一十一人被殺。十一月一日至二十一日之間，又有六十六人被槍殺。[80]有一次，當代表約旦出席聯合國會議的穆罕默德・法拉（Muhammad El-Farra）回憶他住在汗尤尼斯的幾個堂兄弟，是如何被圍捕和槍殺的時候，我也在場。[81]這些平民是在加薩地帶的所有抵抗都已經停止後才被殺的，顯然原因是以色列要報復蘇伊士戰爭前的襲擊行動。鑑於一九四八年的先例、迪爾雅欣村和至少二十個其他地點的平民屠殺[82]，以及一九五〇年代初在基布亞村等襲擊中的大量平民傷亡事件，我們可以知道，加薩地帶的可怕事件並非孤立事件。這些事件是以色列軍隊的行為模式的一部分。屠殺的新聞在以色列會被壓制處理，並得到一家順從的美國媒體的掩蓋。

一九五六年發生的事件是加薩人民在巴勒斯坦人面臨的持續戰爭中，所付出的沉重代價的早期階段。法國歷史學家讓・皮埃爾・費留（Jean-Pierre Filiu）記錄了以色列自一九四八年以來針對加薩的十二次重大軍事行動，有些是全面占領，有些是全面戰爭。[83]以色列和阿拉伯國家之間的重大戰爭往往掩蓋了加薩是如何被當成摧殘目標，因為直接涉及大國的國與國衝突總是會得到人們更多的關注。加薩地帶成為這樣的目標並不奇怪，因為在一九四八年後，加薩地帶是巴勒斯坦人反抗外來者搶奪他們財產的反抗集中地。法塔赫和巴解組織的大多數創始領導人都是來自這片狹窄的沿海條狀地帶，好戰的巴勒斯坦人民解放陣線（Popular Front for the Liberation of Palestine, PFLP）在那裡得到了最熱烈的支持。後來，加薩又成為伊斯蘭聖戰組織（Islamic Jihad）和哈馬斯（Hamas）的發源地和根據地，而這兩個組織是對以色列進行武裝抗爭的最堅定倡導者。

在大災難發生的僅僅數年後，巴勒斯坦人受到的震驚和屈辱，就被他們不顧巨大的困難，抵制反對他們的勢力的願望取代了。這導致了一系列致命的武裝襲擊，既是對大災難的直接反

79 "Special Report of the Director of the United Nations Relief and Works Agency for Palestine Refugees in the Near East," A/3212/Add.1 of December 15, 1956, https://unispal.un.org/DPA/DPR/unispal.nsf/0/6558F61D3DB6BD4505256593 006B06BE.

80 這些屠殺行動是一九五六年十一月以色列議會辯論的主題，其中使用了「集體屠殺」一詞。關於一位目擊屠殺的以色列士兵的詳細描述，見Marek Gefen, "The Strip is Taken," Al-Hamishmar, April 27, 1982。有三場屠殺是這本書的主要關注點：Joe Sacco, *Footnotes in Gaza: A Graphic Novel* (New York: Metropolitan Books, 2010)。

81 法拉後來在美國的口述歷史中談論了這件事：http://www.unmultimedia.org/oralhistory/2013/01/el-farra-muhammad/。

82 在*The Birth of the Palestinian Refugee Problem Revisited*的第二版裡，作者班尼・莫里斯（Benny Morris）羅列了二十次這樣的屠殺。

83 Jean-Pierre Filiu, *Gaza: A History* (Oxford: Oxford University Press, 2014).

應，也是一九四八年以前武裝鬥爭的延續。這些襲擊也引發了以色列對周邊阿拉伯國家的不對稱報復攻擊，最終導致蘇伊士戰爭。這場戰爭的起源是巴勒斯坦人被趕出自己的家園而引發的抵抗，這場戰場直接源自於巴勒斯坦問題。一九四八年的戰爭也同樣如此。

這兩次衝突幾乎都被認為是以色列軍隊與其阿拉伯鄰國軍隊之間的較量。然而，巴勒斯坦人拒絕默許自己的財產被剝奪，這就把原本忙於應付、既不尋求也沒有準備與以色列開戰的阿拉伯國家拖入了迅速升級、失控的對抗中。一九五六年十月，這些不斷升級的對抗為以色列蓄謀已久的毀滅性首次攻勢提供了機會。儘管巴勒斯坦人的實力明顯弱小，但是，被一九四八年的勝利者從歷史中抹去，被阿拉伯各國政府基本無視或壓制，被超級大國的全球野心犧牲的離散、被打敗的巴勒斯坦人，卻一再設法打破對他們如此不利的地區現狀。在一九五六年的加薩和其他地方，這樣做的後果是嚴重的。在下一輪的抵抗中，其後果將更加嚴重。

一九六七年

第三次宣戰：六日戰爭

我試圖審視一個事件是怎樣被製造出來和不被製造出來的，這是因為，事件歸根結柢只是透過人們對它的說法而存在，我們可以說，事件的存在是由它的傳播者所編織的。

——喬治．杜比（Georges Duby）[1]

一九六七年六月一個陽光明媚的早晨，我走出曼哈頓的中央車站，我正從弗農山（Mount Vernon）的家前往父親在聯合國大樓的辦公室的路上。六日戰爭正在中東肆虐，新聞報導顯

1 *Le dimanche de Bouvines: 27 juillet 1214* (Paris: Gallimard, 1973), 10。法語的原話是：“*Je tachai de voir comment un événement se fait et se défait puisque, en fin de compte, il n'existe que par ce qu'on en dit, puisqu'il est à proprement parler fabriqué par ceux qui en répandent la renommée.*”。

示，埃及、敘利亞和約旦的空軍在以色列的第一次打擊中被殲滅了。我害怕以色列再次取得壓倒性的勝利，但即使我對軍事戰略的接觸有限，我也知道，一支在沙漠中沒有空中掩護的軍隊對任何空軍來說都是易如反掌的，尤其是像以色列這樣強大的軍隊。

在四十二街上，我注意到一陣騷動。人行道上有幾個人手裡各自拉著一張大床單的一角，上面壓著一堆硬幣和鈔票。還有人從各個方向趕來，往那裡投進更多的錢。我暫時停下來觀看，意識到這些人是在為以色列的戰爭努力募資捐款。我突然意識到，當我的家人和其他許多人都在關注巴勒斯坦的命運時，許多紐約人也同樣在擔心以色列的結果。他們真誠地相信，猶太國家正面臨著滅亡的危險，許多以色列人也是如此，他們對某些阿拉伯領導人的空洞威脅感到震驚。

林登・詹森總統所知道的情況卻並非如此。當以色列外交部長阿巴・埃班（Abba Eban）於五月二十六日在華盛頓特區的一次會議上告訴詹森，埃及即將發動攻擊時，總統要求他的國防部長羅伯特・麥克納馬拉（Robert McNamara）澄清事實。麥克納馬拉說，三個獨立的情報小組已經仔細研究了這個問題：「我們的最佳判斷是，並不存在一場迫在眉睫的進攻。」詹森還補充說：「我們所有的情報人員都是一致的」，如果埃及要進攻的話，「你會把它們打到下地獄的。」[2]正如華盛頓方面所知道的，以色列在一九六七年時的軍事力量遠遠超過所有阿拉伯國家的軍隊總和，他們之間的每一次較量都是如此。

在此後公布的政府文件也證實了這些判斷。美國軍方和情報部門預測，鑑於以色列武裝部隊擁有的優勢，以色列在任何情況下都會取得壓倒性勝利。[3]在一九六七年戰爭的五年後，五位以色列將軍呼應了美國的評估，在不同的場合指出，以色列並沒有被殲滅的危險。[4]在一九

2 Lyndon Johnson, *The Vantage Point: Perspectives of the Presidency* (New York: Holt, Rinehart and Winston, 1971), 293.

3 美國軍方和中央情報局估計，即使是阿拉伯國家的軍隊率先發起攻擊，以色列也能輕鬆擊敗所有的阿拉伯國家軍隊的組合。見US Department of State, *Foreign Relations, 1964–1968, Volume XIX, Arab-Israeli Crisis and War, 1967* [hereafter Foreign Relations, 1967], https://2001-2009.state.gov/r/pa/ho/frus/johnsonlb/xix/28054.htm。一九六七年五月二十六日，參謀長聯席會議主席厄爾・惠勒（Earl Wheeler）將軍與詹森和他的高級助手的會議上，他表示：「聯軍的部署是防禦性的，看起來不像是在為入侵以色列做準備……然而，他的結論是，以色列應該能夠抵禦或是進行（原話如此）進攻，在長遠上看，以色列將會獲勝……他相信以色列人將會贏得空中優勢。阿拉伯聯軍將會損失大量飛機。以色列的軍事理念是透過先攻打機場來獲得戰術上的出其不意。」（「記錄備忘錄」，文件七十二）中央情報局也有同樣的看法。「中央情報局編寫的情報備忘錄」指出「以色列幾乎可以肯定在掌握主動權的二十四小時內獲得西奈半島的空中優勢，如果阿拉伯聯軍率先進攻，以色列可以在兩三天內獲得空中優勢……我們估計，裝甲部隊可以在幾天內突破西奈半島的雙重防線。」（文件七十六）關於以色列處於弱勢，處於被消滅邊緣的說法，卻成為了關於衝突的最大謊言。

4 這些將軍們（其中有四位是一九六七年的高級將軍）是艾澤爾・魏茨曼（Ezer Weizman，一九六七年的空軍指揮官和後來的以色列總統，他是哈伊姆・魏茨曼的姪子）、哈伊姆・赫爾佐格（Chaim Herzog，一九六二年以前的軍事情報主任，後來也擔任了以色列總統）、哈伊姆・巴・勒夫（Haim Bar Lev，一九六七年的副參謀長，後來的參謀長）、馬蒂亞胡・佩萊（Matityahu Peled，一九六七年的總參謀部成員）和耶西亞胡・加維什（Yeshiyahu Gavish，一九六七年南方司令部的負責人）。Amnon Kapeliouk, "Israël était-il réellement menacé d'extermination?" *Le Monde*, June 3, 1972。另見Joseph Ryan, "The Myth of Annihilation and the Six-Day War," *Worldview*, September 1973, 38–42，該文總結了揭穿這種尤其不實說法的「將軍們的戰爭」：https://carnegiecouncil-media.storage.googleapis.com/files/v16_i009_a009.pdf。

六七年，以色列的軍隊比阿拉伯軍隊強大得多，即使阿拉伯人先聲奪人，以色列也從未有任何戰敗的危險。[5]然而，當時有個迷思卻占了上風，說在一九六七年，一個脆弱的小國家正在面臨著持續存在的生存威脅，而且它繼續面臨著這種威脅。[6]這種虛構說法一直在為全面支持以色列的政策提供理由，無論它是多麼的極端，但即便是連以色列的權威聲音也在反覆地反駁這個說法。[7]

戰爭的發展與中央情報局和五角大廈所預料的差不多。以色列空軍的第一次閃電式打擊摧毀了地面上大多數埃及、敘利亞和約旦的戰機。這使以色列獲得了完全的空中優勢，在那個沙漠地區，在那個季節，這為其地面部隊提供了絕對的優勢。因此，以色列的裝甲縱隊能夠在六天內征服西奈半島、加薩地帶、西岸、包括阿拉伯的東耶路撒冷，以及戈蘭高地。

如果說以色列在一九六七年六月取得決定性勝利的原因是清楚的，那麼導致戰爭的因素就不那麼清楚了。一個關鍵原因是激進的巴勒斯坦突擊隊的崛起。以色列政府最近開始將約旦河的河水引向國家中心，儘管阿拉伯民眾非常痛苦，阿拉伯各國政權更是無能為力。在一九六五年一月一日，法塔赫發動了一次攻擊，破壞以色列中部的一個抽水站。這是一次具有象徵意義的襲擊，是眾多襲擊中的第一次，旨在表明巴勒斯坦人可以在阿拉伯國家的政府不能採取行動時，有效地採取行動，並使這些政府感到顏面無光，迫使他們採取行動。埃及官員對法塔赫抱持懷疑態度，認為它是一個亂放砲的組織，是一個當埃及大規模參與葉門內戰，進行軍事干預和經濟建設時，卻不顧一切挑釁以色列的組織。

5 有人錯誤地聲稱埃及在一九六七年五月二十七日準備對以色列空軍基地發動突襲，只是在美國和蘇聯的努力下才被阻止：見William Quandt, *Peace Process* (Washington, DC: Brookings Institution, 1993), 512n38。以色列軍隊很顯然相信了這種可能性，但是雖然埃及有一個代號為「黎明」（Fajr）的應急計畫，但是埃及領導層從未認真考慮過這樣做，美國和蘇聯都極力勸阻埃及不可進攻。見Avi Shlaim, "Israel: Poor Little Samson," in *The 1967 Arab-Israeli War*, ed. Roger Louis and Avi Shlaim (New York: Cambridge University Press, 2012), 30。當時，一個高級埃及代表團正在莫斯科，他們的蘇聯對話者中包括蘇聯總理柯西金（Alexei Kosygin）、國防部長格列契克（Andrei Grechko）和外交部長格羅米科（Andrei Gromyko），他們都強烈建議埃及人應保持克制。以上根據埃及國防部長沙姆斯．巴德蘭（Shams Badran）的採訪，以及其他一些與會者的紀錄和會議紀錄，請參考Hassan Elbahtimy, "Did the Soviet Union Deliberately Instigate the 1967 War?" Wilson Center History and Public Policy blog (his conclusion in response to the question in his title is: no), https://www.wilsoncenter .org/blog-post/did-the-soviet-union-deliberately-instigate-the-1967-war-the-middle-east。關於資料來源和他的結論的更全面闡述，見Hassan Elbahtimy, "Allies at Arm's Length: Redefining Soviet Egyptian Relations in the 1967 Arab-Israeli War," *Journal of Strategic Studies* (February 2018), https://doi .org/10.1080/01402390.2018.1438893。另見Hassan Elbahtimy, "Missing the Mark: Dimona and Egypt's Slide into the 1967 Arab-Israeli War," *Nonproliferation Review* 25, nos. 5–6 (2018): 385–97, https://www.tandfonline.com/doi/full/10.1080/10736700.2018.1559482。

6 在最初傳播這一迷思的人中，最早、也許是最有影響力的是以色列的外交部長阿巴．埃班。他在一九六七年六月八日，用這句著名的口頭禪對安理會說，雖然很多人懷疑以色列的「安全和生存前景……但事實上，我們最終沒有像一些人希望和計畫的那樣滅亡。」United Nations Security Council Official Records, 1351 Meeting, June 8, 1967, S/PV.1351。關於對這一迷思的反駁和它的持久性的更多詳細討論，見Joseph Ryan, "The Myth of Annihilation and the Six-Day War," 38–42。

7 為了提供正當性給川普政府承認以色列擁有戈蘭高地主權的行徑，國務卿龐佩奧喚起了這個迷思，說：「這是一個難以置信、獨特的情況。以色列在打一場保護國家的防禦戰爭，而且不能是聯合國解決方案，那是自殺性的。」David Halbfinger and Isabel Kershner, "Netanyahu Says Golan Heights Move 'Proves You Can' Keep Occupied Territory," *New York Times*, March 26, 2019, https://www.nytimes.com/2019/03/26/world/mideast/golan-heights-israel-netanyahu.html。

當時正值學者馬爾科姆．科爾（Malcolm Kerr）所說的「阿拉伯冷戰」的高峰期，埃及領導的阿拉伯民族主義激進政權聯盟，反對以沙烏地阿拉伯為首的保守派集團。他們競爭的爆發點是葉門，一九六二年一場反對君主制的革命導致一場內戰，埃及的大部分軍隊都被捲入其中。

鑑於以色列具有壓倒性的軍事優勢，以及六萬多埃及軍隊和大部分空軍被綁在葉門內戰的事實，埃及在一九六七年五月挑釁以色列，諸如將軍隊開進西奈半島並要求聯合國維和部隊撤離，這似乎是不合邏輯的。但埃及是為了應對巴勒斯坦游擊隊突襲以色列，他們從一九六六年上台的敘利亞激進新政權那裡得到了這麼做的基礎，以色列對此的反應是攻擊和威脅敘利亞。埃及領導層認為有義務應對這項挑戰，來保持他們在阿拉伯世界的威信。[8]無論動機為何，埃及在西奈半島的行動構成了公然煽動以色列出兵。此外，這些行動還提供了理由，好讓以色列軍隊能夠發動計畫已久的第一次打擊，擊潰三支阿拉伯軍隊，改變了中東的面貌。[9]

§

在這場戰爭期間，每天早上我都要去聯合國大樓（我改變了上班路線好避開那些床單募捐者），到我父親位於三十五樓，可以俯瞰東河和皇后區全景的辦公室。他在政治和安全理事會事務司工作，他的工作之一是報告安理會的中東審議情況。因此，每當討論阿以衝突時，他都會旁聽安理會的會議，這意味著他在這裡工作的十五年中，大約有一半的會議都是這樣，一直持續到他一九六八年去世為止。在他的辦公室裡，我聽收音機，看新聞，一般來說，在安理會召開會議之前，我會試圖讓自己發揮作用。然後我就可以坐在觀眾席上，而我父親則坐在最後一排，坐在負責他所在部門的助理祕書長後面。這個特定的官員，根據一些也許可以追溯到雅爾達的神祕冷戰早期交易，總是由一個俄羅斯人，一個白俄羅斯人，或一個烏克蘭人來擔任。[10]

自從危機在上個月正式開始以來，委員會已經多次舉行正式或非正式會議。在戰爭本身的六天時間裡，理事會舉行了十一次會議，其中許多會議一直持續到凌晨時分。這種工作的節奏很快，工作量也是巨大的，我父親和他的同事不得不花很多時間為理事會和祕書長準備材料，然後起草每屆會議的報告，在當時拍攝的照片中，他看起來十分憔悴而蒼白。[11]

8 對這些問題的總結，請參考 Elbahtimy "Allies at Arm's Length," and Eugene Rogan and Tewfik Aclimandos, "The Yemen War and Egypt's War Preparedness," in The 1967 Arab-Israeli War: Origins and Consequences, ed. W. Roger Louis and Avi Shlaim (Cambridge: Cambridge University Press, 2012). 另見 Jesse Ferris, Nasser's Gamble: How Intervention in Yemen Caused the Six-Day War and the Decline of Egyptian Power (Princeton, NJ: Princeton University Press, 2012)。

9 麥克・奧倫（Michael Oren）在他的著作 *Six Days of War: June 1967 and the Making of the Modern Middle East* (Oxford: Oxford University Press, 2002) 中指出，突然空襲是經過「長期計畫的」（頁一〇二），而且存在有一整套的常備緊急計畫，給攻擊並占領敘利亞的戈蘭高地（頁一五四），西岸和耶路撒冷（頁一五五），以及西奈半島（頁一五三）做好戰備。

10 時過境遷，這個部門現在被稱作政治事務部門，通常都是由一個美國人來擔任首腦。

11 在關於六月九日停火投票的環球新聞短片裡，可以看到我父親在大會桌前的最後一排座位那裡，當決議通過時，他短暫起身站立，估計是在確認票數。這段影片被放入到了維基百科關於六日戰爭的文章中，見 https://en.wikipedia.org/wiki/Six-Day_War。

到六月九日星期五，即戰爭的第五天，以色列軍隊已經決定性地擊敗了埃及和約旦軍隊，並占領加薩地帶、西奈半島、西岸和阿拉伯的東耶路撒冷。當天清晨，以色列開始猛攻戈蘭高地，擊潰了敘利亞軍隊，並沿主要公路向大馬士革快速推進。安理會已於六月六日和七日下令全面停火，即使以色列政府大聲地宣布會遵守這些決議，但進入敘利亞的以色列軍隊卻選擇無視它。在中東的那個晚上（在紐約仍是下午），以色列軍隊正在接近關鍵的省城庫奈特拉（Quneitra），裝甲縱隊在平坦的豪蘭平原（Hauran plain）上行軍，距離敘利亞首都僅有四十英里。

下午十二點三十分開始的安理會會議前期階段，蘇聯提出了第三份更緊急的停火決議草案。此時，就在使用蘇聯裝備的埃及軍隊被羞辱地擊敗，以及以色列軍隊奪取了戈

一九六七年的聯合國安理會。叼著菸斗的伊斯瑪儀・哈利迪，後排右二。

蘭高地之後，蘇聯急於保護它的敘利亞盟邦免遭進一步的挫折，特別是要避免以色列進軍大馬士革。這種緊迫性反映在蘇聯代表尼古拉・費多連科（Nikolai Fedorenko）大使在辯論時愈來愈激烈的發言中。下午一點三十分左右眾人一致通過的第二三五號決議要求衝突各方「立即停止敵對行動」。與眾不同的是，它還呼籲聯合國祕書長「安排立即執行的遵守（停火協議）」，並「在兩小時內」向安理會報告。[12]

當會議持續到下午時，我緊張地坐立不安，等待祕書長確認停火協議得到遵守。這將標誌著戰鬥已經結束，以色列的推進已經停止。但隨著時間推移，不斷有新的報告稱以色列軍隊愈來愈接近大馬士革。當美國代表亞瑟・戈德堡（Arthur Goldberg）大使要求休會時，安理會似乎正準備採取一些行動來執行立即停火的要求。經過一番討論，安理會同意休會兩小時，各代表團慢慢走出會議廳。

我急忙跑去見我父親，希望他能解釋為什麼會議同意再延遲兩個小時。我父親直截了當地告訴我，戈德堡想跟他的政府協商。我感到不可思議。強加一項停火決議需要多少協商？我父親帶著奇怪的苦笑，用阿拉伯語冷靜地回答我說：「你不明白嗎？美國人正在給以色列人多一點時間。」

由於戈德堡大使的操控，將六月九日的停火決議多推遲了幾個小時施行，但以色列並沒有

12 United Nations Security Council Official Records, 1352nd Meeting, June 9, 1967, S/PV.1352.

停止向敘利亞推進，而且一直持續到了第二天下午。到那時，安理會又花了九個小時進行激烈的辯論，持續了三場會議，一直到六月十日的凌晨。在整個過程中，戈德堡一直在重複他的拖延戰術。

儘管事件不大，但這位大使的表現預示著美國對待以色列的政策發生了重大轉變。我們那天看到的是一個新中東軸心行動的證據——地面上的武裝先鋒是以色列，美國則是外交上的掩護。這是一個在半個多世紀後的今天仍然存在的軸心。這轉變已經進行了一段時間，主要是由於全球因素，特別是冷戰和越戰對該地區和美國政策的影響，但也是由於華盛頓特區的重大個人和政治考量。與此同時，以色列的外部聯盟也在不斷發展，它果斷地離開五〇年代和六〇年代初的贊助者法國和英國（以色列在一九五六年和一九六七年的戰爭中都是使用這兩個國家製造的武器），轉移到與美國完全一致的立場上。所有這些因素在戰爭開始前的一九六七年六月凝聚在一起，當時以色列政府尋求並得到了來自華盛頓方面的綠燈，向埃及、敘利亞和約旦的空軍發動先發制人的攻擊。

如果說貝爾福宣言和託管統治是西方大國對巴勒斯坦人民的第一次宣戰，一九四七年聯合國關於巴勒斯坦分治的決議是第二次宣戰，那麼一九六七年戰爭的後果則是對巴勒斯坦人民的第三次宣戰。它以聯合國安理會第二四二號決議的形式出現，該決議由美國制定，於一九六七年十一月二十二日獲得批准。在這兩項決議通過後的二十年裡，美國對以色列和巴勒斯坦的政策並非始終不變。在一九四八年戰爭之後的幾年裡，杜魯門和艾森豪政府曾不溫不火地試圖說服以色列要對戰敗的對手做出一些讓步，但沒有成功。他們的努力集中在財產遭到以色列沒收的七十五萬名左右的巴勒斯坦難民返回家園的權利，以及減少以色列在一九四八年戰爭中勝利而獲得的廣闊邊界上。在大衛·本—古里安的頑固態度面前，美國人的這些羸弱嘗試也漸漸消失了，以色列拒絕退讓這兩點。[13]

杜魯門、艾森豪和甘迺迪的政府均跟以色列保持著密切的關係，提供經濟援助給這個新國家，但他們並沒有將以色列視為地區政策的一個主要因素，也沒有批准以色列所有的行動。艾森豪曾在一九五六年蘇伊士戰爭後迫使以色列撤出西奈和加薩地帶，後來甘迺迪也曾試圖阻止以色列發展核子武器，但沒有成功。[14]在一九六〇年代初，甘迺迪將阿拉伯民族主義和埃及的

13 Itamar Rabinovich, *The Road Not Taken: Early Arab-Israeli Negotiations* (New York: Oxford University Press, 1991); Shlaim, *The Iron Wall.*

14 法國祕密提供核子武器必要技術給以色列，而以色列則是在它的核子計畫的性質問題上按部就班地欺騙了美國。二〇一五年，法院判定解密了一份一九八七年的國防部報告，其中涉及以色列核子武器發展的技術水平，見 http://www.courthousenews.com/2015/02/12/nuc%20report.pdf。關於以色列在核子計畫方面如何欺瞞美國的最佳描述是 Avner Cohen, *Israel and the Bomb* (New York: Columbia University Press, 1999)。另可參考同作者在伍德羅·威爾遜國際學者中心的核擴散國際歷史項目（Nuclear Proliferation International History Project）中，關於以色列核子武器的相關研究。

納瑟總統視作對抗共產主義的堡壘，美國在中東地區最關切的就是共產主義。這其中的一部分原因是源自發生在伊拉克的事件，阿布杜・卡里姆・卡西姆（'Abd al-Karim Qasim）的政權得到伊拉克共產黨和蘇聯的支持，但遭受埃及及其民族主義盟友的強烈反對。

隨著甘迺迪遇刺和一九六三年十二月詹森政府上台，新的因素介入了進來。隨著東南亞戰爭加劇，詹森政府更加傾向於用僵硬的冷戰術語看待世界其他地區。部分原因是，隨著一九六二年開始的葉門內戰演變成一場重大的地區衝突，美國和埃及的關係明顯惡化了。蘇聯及其盟國支持葉門共和國政權，該政權倚靠的是一支龐大的埃及遠征軍，而美國、英國、以色列及其盟國則支持沙烏地阿拉伯擁護的保王派。到了一九六七年，美國與埃及的關係已經比甘迺迪時代要冷卻得多，中東地區沿著阿拉伯冷戰的路線兩極分化，埃及和沙烏地阿拉伯是其對立的兩極。這場衝突愈來愈與更廣泛的全球範圍冷戰平行演進，但也有其自身的區域特點。其中包括意識形態的鬥爭，不是共產主義和資本主義之間的鬥爭，而是埃及提倡的阿拉伯民族主義專制，跟沙國在費薩爾國王領導下推行，以瓦哈比主義和絕對君主制為核心的政治伊斯蘭之間的鬥爭。

美國重新調整中東優先事項這檔事，也受到了詹森總統長期以來公開同情以色列的影響。身為參議院多數黨領袖，詹森曾在一九五六年反對艾森豪向以色列施加壓力，要求後者撤出西奈和加薩地帶。詹森也相對不熟悉中東和其他全球現實。相比之下，甘迺迪則是一個出身自大使家庭的公子，他在一九三九年的初夏訪問過巴勒斯坦，當時他還是二十二歲的哈佛大學學生，並給他父親寫了一封信，在信中他表現出合理把握事實，以及懷疑評估衝突雙方主要論點的能力。這種懷疑態度使甘迺迪相比大多數美國政治人物，更不容易受到以色列支持者施加的壓力的影響。[15]

在另一方面，詹森的出身則普通得多，他主要的興趣是圍繞在國內政治上。他對猶太復國主義和以色列的強烈親和力反映在他的親密朋友和顧問圈中，他們中包括以色列的支持者，如阿比・福塔斯（Abe Fortas，後來成為最高法院法官）[16]、亞瑟・戈德堡、麥克喬治・邦迪（McGeorge Bundy）、克拉克・克利福德（Clark Clifford），以及尤金・羅斯托（Eugene Rostow）和沃爾特・羅斯托（Walter Rostow）兄弟。所有這些人都是猶太國家的忠實支持者，他們的同情心在某種程度上曾被甘迺迪控制住。[17]其他與詹森關係密切的狂熱以色列支持者也是民主黨的主要捐助者，如亞伯拉罕・芬伯格（Abraham Feinberg）和亞瑟・克里姆（Arthur

15 John F. Kennedy Presidential Library and Archive, http://www.jfklibrary.org/Asset-Viewer/Archives/JFKPOF-135-001.aspx。在他的信中，這位未來的總統為九年後的事件做出預言，他認為衝突的結果就是巴勒斯坦分治。

16 福塔斯的傳記 Laura Kalman, *Abe Fortas: A Biography* (New Haven: Yale University Press, 1990) 中描述他是一個「在乎以色列更勝過猶太教的猶太人。」

17 關於邦迪等人的參考資料可以參見：https://moderate.wordpress.com/2007/06/22/lyndon-johnson-was-first-to-align-us-policy-with-israel%E2%80%99s-policies/。

Krim）[18]，以及後者的妻子馬蒂爾德．克里姆博士（Dr. Mathilde Krim），她是一位知名的科學家，曾經為走修正主義路線的猶太復國主義恐怖組織伊爾貢，走私武器和炸藥。[19]儘管詹森繼承了甘迺迪的大部分外交政策顧問，但是前面提到的那些人在一個對世界事務的經驗和把握都不如甘迺迪的政府中，卻有著高得多的地位。在一九六七年戰爭之前的三年裡，這些政治和個人因素結合在一起，為隨後美國政策的轉變做好準備。

由於美國強烈反對以色列在一九六五年的蘇伊士冒險行動，後者的內心因此被刺痛了。當以色列在一九六七年準備對阿拉伯空軍進行第一次打擊時，其領導人決心事先獲得美國的批准，他們也確實獲得批准。一九六七年六月一日在華盛頓舉行的一次會議上，以色列對外情報機構摩薩德（Mossad）的負責人梅厄．阿米特（Meir Amit）少將告訴國防部長麥克納馬拉，他將向自己的政府（以色列）建議發動攻擊。他要求麥克納馬拉保證美國不會做出消極反應。據阿米特說，麥克納馬拉回答說：「好的。」麥克納馬拉說他會告訴總統，並且只被詢問了戰爭會持續多久，以及以色列可能的傷亡情況等問題。[20]詹森和麥克納馬拉已經從他們的軍事和情報顧問那裡得知，阿拉伯人不會進攻，而且無論如何，以色列都可以贏得壓倒性勝利。以色列軍方現在有了綠燈，可以發動計畫已久的先發制人攻擊。[21]

美國以其他方式為以色列的第一次打擊提供了便利。在這場戰爭之後的一次阿拉伯國家聯合國官員和外交官的小型會議上，約旦大使穆罕默德．法拉告訴大家，他覺得自己是美國在戰爭準備階段的兩面行為的受害者。[22]他說，戈德堡大使向阿拉伯國家的大使傳達了美國正在跟

18 芬伯格是美國銀行和信託公司（American Bank and Trust Company）的總裁，也是民主黨的一個重要貢獻者。克里姆是聯美公司（United Artists）的總裁，也是民主黨全國黨務委員會的主席。

19 關於馬蒂爾德・克里姆，可參考Deirdre Carmody, "Painful Political Lessons for AIDS Crusader," *New York Times*, January 30, 1991, http://www.nytimes.com/1990/01/30/nyregion/painful-political-lesson-for-aids-crusader.html; Philip Weiss, "The Not-so-Secret Life of Mathilde Krim," Mondoweiss, January 26, 2018, http://mondoweiss.net/2018/01/secret-life-mathilde；以及格雷絲・哈塞爾（Grace Halsell）的紀錄，她曾在一九六七年於白宮擔任總統文膽，見"How LBJ's Vietnam War Paralyzed His Mideast Policymakers," *Washington Report on Middle East Affairs*, June 1993, 20, http://www.wrmea.org/1993-june/how-lbj-s-vietnam-war-paralyzed-his-mideast-policymakers.html。

20 美國對這次會面的官方紀錄，見*Foreign Relations*, 1967, Document 124, "Memorandum for the Record, June 1, 1967, Conversation between Major General Meir Amit and Secretary McNamara," https://2001-2009.state.gov/r/pa/ho/frus/johnsonlb/xix/28055.htm。關於梅厄・阿米特的觀點，見Richard Parker, ed., *The Six-Day War: A Retrospective* (Gainesville: University Press of Florida, 1996), 139。美國的說法比阿米特的說法較為含糊不清，它只指出了將軍說：「他覺得需要迅速採取極端措施」，麥克納馬拉「問阿米特將軍，他認為在西奈半島的攻擊中會造成多少傷亡」，並向他承諾，他將「向總統轉達阿米特的意見。」儘管美國官方文件和阿米特等人對於這次會議的描述早已可供查閱，但是美國沒有開綠燈給以色列發動的明顯錯誤觀點依然存在。例如，在探討詳細但存在有瑕疵的Michael Oren, *Six Days of War, 146–47*。關於一九六七年戰爭的這個方面（和幾乎所有的其他方面）都更好的作品是Tom Segev, *1967: Israel, the War, and the Year That Transformed the Middle East* (New York: Metropolitan, 2007), 329–34; 以及Guy Laron, *The Six-Day War: The Breaking of the Middle East* (New Haven: Yale University Press, 2017), 278–80, 283–84。

21 Oren, *Six Days of War, 153–55, 202.*

22 這次會議我也在場，是我父親帶我去的。法拉後來在一段口述歷史中公開談論了美國和以色列的這種勾結。http://www.unmultimedia.org/oralhistory/2013/01/el-farra-muhammad/。

以色列調停，來化解危機，並將限制以色列進攻，而且他還敦促他們向自己國家的政府建議保持克制。法拉說，就在埃及副總統抵達華盛頓參加解決危機的談判之前，詹森政府已經批准了以色列的突襲。他認為，阿拉伯國家的大使被利用來欺騙他們的政府，而以色列則在美國的批准下籌備了第一次襲擊。

同樣重要的是，鑑於美國政策的這一轉變，以色列可以指望詹森總統和他的顧問不會讓以色列重蹈覆轍，被迫從一九五六年的征服領土上撤出。這是美國立場的徹底轉變，其後果對巴勒斯坦人來說是災難性的。這種對以色列新獲取土地的容忍，是安理會第二四二號決議帶來的結果。其文本主要是由英國常駐代表卡拉頓勛爵（Lord Caradon）起草的，但從本質上講，它提煉了美國和以色列的觀點，並反映阿拉伯國家及其蘇聯贊助者在六月的慘敗後的疲軟地位。儘管安理會第二四二號決議強調「不允許透過戰爭獲取領土」，但它連結了以色列的任何撤退行為與阿拉伯國家的和平條約和建立安全邊界。在實踐中，這意味著任何撤軍都是有條件的，而且會被拖延，因為阿拉伯國家不願意直接跟以色列進行談判。事實上，就西岸、東耶路撒冷和戈蘭高地而言，儘管經過幾十年零星的間接和直接談判，半個多世紀以來全面撤軍都沒有實現。

更有甚者，透過連結以色列從「被占領土」（Occupied Territories）上撤軍與建立起一個安全和公認的邊界，安理會第二四二號決議允許以色列擴大邊界的可能性，從而滿足以色列確定的安全標準。這個擁有核子武器的地區超級大國後來用極其寬泛和靈活的方式詮釋了這段話，最後，安理會第二四二號決議的模糊話語留下另一個漏洞幫助以色列保留其剛占領到的土地：該決議的英文文本是規定以色列要「從被占領的領土撤出」（from territories occupied），而不是「從這片被占領的領土上撤出」（from the territories occupied）。以色列外交部長阿巴・埃班意有所指地向安理會強調，他的政府將認為英文原文具有約束力，而不是同樣官方的法文版本，後者的措辭（des territoires occupés）沒有允准這種歧義空間的存在。[23]在此後的半個世紀裡，在美國的幫助下，以色列大搖大擺地穿過這個措詞漏洞，這使得它能夠殖民統治被占領的巴勒斯坦和敘利亞領土，其中一些領土，例如東耶路撒冷和戈蘭高地被它正式吞併，並保持對它們無休止的軍事控制。聯合國一再譴責這些舉動，卻沒有祭出一丁點的制裁或對以色列施加任何真正的壓力，隨著時間推移，這相當於國際社會默許了這些舉動。

美國現在比以往更堅定地站在以色列一邊，這意味著它放棄了杜魯門、艾森豪和甘迺迪政府有時表現出的平衡表象。這就是阿以衝突的經典時期的開端，這種狀態一直延續到冷戰結束，在這期間，美國和以色列發展出一種獨一無二的全方位（儘管是非正式的）聯盟關係，它的核心是以色列在一九六七年表現出自己是一個可靠夥伴，能夠打擊蘇聯在中東的代理人國家。

對巴勒斯坦人來說，美國這種近乎完全和以色列立場重合的現實，造成又是一個大國來大

---

23 United Nations Security Council Official Records, 1382nd Meeting, November 22, 1967, S/PV.1382, https://unispal.un.org/DPA/DPR/unispal.nsf/db942872b9eae454852560f6005a76fb/9f5f09a80bb6878b0525672300565063?OpenDocument.

力干預巴勒斯坦人的權利和利益，並認可巴勒斯坦人受到的剝奪進到下一個階段。就跟一九四七年一樣，又有一個對巴勒斯坦人有害的新的國際法律透過聯合國決議的形式出現，而且也跟一九一七年的貝爾福宣言一樣，這份關鍵文件中沒有提到巴勒斯坦或巴勒斯坦人。

安理會第二四二號決議將整個問題視為阿拉伯國家和以色列之間的國家事務，消除了巴勒斯坦人的存在。該文本沒有提到巴勒斯坦人或原來的巴勒斯坦問題的大部分內容；相反的，它包含輕描淡寫「公正解決難民的問題」。如果不提及巴勒斯坦人，也不被公認為衝突的一方的話，那麼他們就只能被當作是一個麻煩存在，或者頂多是一個人道主義議題。事實上，在一九六七年後，巴勒斯坦人的存在主要根基於以色列人所宣揚的恐怖主義，而這種宣傳最終也被美國採納了。

由於第二四二號決議遺漏了巴勒斯坦人，因此固著了以色列否認論述中的一個關鍵因素：因為沒有巴勒斯坦人，唯一真正的問題是阿拉伯國家拒絕承認以色列，並且揮舞著一個幽靈般的「巴勒斯坦問題」來當作拒絕承認以色列的藉口。在猶太復國主義自一八九七年以來一直主導的關於巴勒斯坦的爭論中，第二四二號決議使這一精采的捏造得到了證實，給予流離失所和土地被占領的巴勒斯坦人沉重的打擊。僅僅兩年後，即一九六九年時，以色列總理梅厄夫人著名地宣稱：「不存在所謂的巴勒斯坦人……他們不存在」，而且他們從未存在過。[24] 因此，她將否認定居者—殖民計畫一事提升到了最高的境界：這裡存在有本地居民只不過是個謊言。

也許最重要的是，第二四二號決議有效地將一九四九年的停戰線（後來被稱為一九六七年的邊界或綠線）合法化為以色列事實上的邊界，從而間接同意它在一九四八年戰爭中征服的大部分巴勒斯坦土地。第二四二號決議未能提及可追溯到一九四八年的核心問題，從而忽視了巴勒斯坦難民返回家園和獲得賠償的權利，這是對他們的又一次打擊。第二四二號決議讓聯合國放棄了自己承諾過巴勒斯坦人的上述權利，這些權利是大會在一九四八年十二月的第一九四號決議中確認過的。大國再次以輕率的方式對待巴勒斯坦人，他們的權利被忽視了，被認為在解決衝突和決定其命運的關鍵國際決定中，他們的名字不值一提。這種輕視進一步促使巴勒斯坦正在復興中的民族運動，會把這起案件和志業展現在國際社會面前。

在很大程度上，由於安理會第二四二號決議，在掩蓋巴勒斯坦人和猶太復國主義定居者之間衝突的殖民根源的誘導性失憶症上，又增加了一個全新的遺忘層，即抹殺和製造迷思。該決議只關注一九六七年戰爭的結果，這使得人們有可能忽視這樣一個事實，即一九四八年戰爭導致的根本問題在這十九年間沒有解決。除了驅逐巴勒斯坦難民、拒絕允許他們回家、偷竊他們的財產和拒絕給予巴勒斯坦人自決權之外，這些問題還包括耶路撒冷的法律地位和以色列在一九四七年分界線之外的擴張。至於最初侵占巴勒斯坦所產生的核心問題，安理會第二四二號決議甚至沒有提到這些問題，更沒有提供任何解決方案。然而，該決議卻從此成為解決整個衝突的基準，名義上被各方接受，甚至在沉默中忽略了衝突的基本面向。鑑於該決議的錯誤起源，

24 *Sunday Times*, June 15, 1969.

在它通過的五十多年後，聯合國安理會第二四二號決議仍未得到執行，我們至今仍未解決巴勒斯坦紛爭的本質問題，這並不令人驚訝。

事實上，安理會第二四二號決議加劇了問題的嚴重性。將衝突限制在一九四八年後的國與國之間的層面，這讓以色列面臨的挑戰可以被分割成獨立的國與國間的雙邊部分，每個部分都可以被孤立地處理，這是以色列和美國希望的，從而可以忽略最困難和最令人不安的問題。

與其不得不面對一個（名義上）統一的阿拉伯人立場，並處理自己與巴勒斯坦人有關的棘手問題，以色列現在的任務要容易得多，即在兩國雙邊的基礎上處理被自己占領土地的阿拉伯國家的不滿，同時把巴勒斯坦人擱置在一旁。

在以色列分化其敵人並分別與他們打交道的努力中，美國提供了巨大的幫助，利用它的權力和影響力來玩弄阿拉伯國家的弱點和互鬥。這也被視為符合美國的利益。在談論另一場中東危機時，亨利．季辛吉曾經簡潔而有力地說過：「最終的結果是我們這些年一直在努力避免的：它將創造出阿拉伯國家的團結。」[25]美國有多種理由阻止這種團結，主要是這會威脅到它的地區統治地位，特別是會威脅到與之緊密相連的波斯灣地區脆弱石油專制國家。在美國和以色列的推動下，埃及在一九七〇年代、約旦在一九九〇年代分別與以色列談判達成和平條約。這些國家因此被排除在衝突之外，使以色列在處理更棘手的敵人，像是敘利亞人、黎巴嫩人，當然還有巴勒斯坦人時處於更加有利的地位。然而，對阿拉伯世界的大多數人來說，阿拉伯國家與以色列的正常化往來，這跟以色列的殖民和占領為巴勒斯坦人帶來的痛苦之間，形成鮮明的對比，不可避免地破壞了他們對美國倡議的和平進程的任何信心。[26]

就其本身而言，安理會第二四二號決議並沒有強迫阿拉伯國家接受衝突的雙邊化和碎片化。而且起作用的還有其他的因素，這其中包括埃及在一九六七年的失敗，以及隨後從葉門撤軍的影響，這兩件事都標誌著埃及維護地區霸權的企圖已經結束。埃及的衰落使其競爭對手沙烏地阿拉伯成為阿拉伯世界的主導者，這種情況一直持續到了今天。專制民族主義政權所採用的阿拉伯社會主義模式的失敗，以及蘇聯在中東地區顯示出來的疲軟，也在它們的簽約中發揮了作用。在不同時期，在美國的鼓勵下，阿拉伯國家睜著眼走進了單獨談判的陷阱，最終放棄任何團結的假象，甚至連最低限度的協調也都捨棄了。連以巴解組織為代表的巴勒斯坦人也最終走上了安理會第二四二號決議規定的道路。在阿拉伯國家接受第二四二號決議和雙邊辦法作

---

25 這是黎巴嫩內戰中的一個動盪階段。Adam Howard, ed., FRUS 1969–1976, XXVI, *Arab-Israeli Dispute*, "Memorandum of Conversation," March 24, 1976 (Washington, DC: US Government Printing Office, 2012), 967。

26 根據阿拉伯研究和政策研究中心（Arab Center for Research and Policy Studies）二〇一八年的民意調查，自二〇一一年以來的每一年，十一個阿拉伯國家中超過八成四的受訪者都反對承認以色列，反對的主要原因是以色列占領巴勒斯坦的土地。從二〇一七年到二〇一八年，百分之八十七的人反對承認以色列，只有百分之八的人贊成。這一年，四分之三的受訪者認為巴勒斯坦的事業是所有阿拉伯人的事業，而百分之八十二的人認為以色列是該地區的主要外國威脅。對美國政策的負面態度從二〇一四年的四成九增長到二〇一七至二〇一八年的七成九。Arab Opinion Index, 2017–2018: Main Results in Brief (Washington, DC: Arab Center, 2018), file://C:/Users/rik2101/Downloads/Arab%20Opinion%20Index2017-2018.pdf。

為解決衝突的基礎的僅僅幾年後，巴解組織的領導層也跟著接受了。[27]

然而，一九六七年發生的事情還有另一面。儘管戰爭和安理會第二四二號決議對巴勒斯坦人造成了傷害，但這最終成為他們民族復興運動的導火線，而這一民族運動自一九三六至一九三九年的大起義失敗後一直在衰落。當然，復興的過程早在一九六七年戰爭之前就已經開始了，例如民族主義運動在一九五六和一九六七年的戰爭中都起到了關鍵作用。然而，一九六七年標誌著巴勒斯坦民族意識的非凡復甦，以及抵抗以色列否定巴勒斯坦身分的行為，這種否定是在國際社會大部分人的共謀下實現的。用一位經驗豐富的觀察家的話說：「一九六七年的一個核心悖論是，正因為以色列擊敗了阿拉伯各國，才復活了巴勒斯坦人。」[28]

§

在一九六七年的戰爭之後，在世界大部分地區，巴勒斯坦概念的復活面臨著一場艱苦的戰鬥。戰後一年，我參加了一個小小的示威活動，抗議戈爾達・梅厄來訪，她被邀請在耶魯大學法學院演講。她受到了大批心懷讚嘆的聽眾的熱烈歡迎，而在我的印象中，我們的示威活動總共只有四名抗議者：我自己，一位黎巴嫩裔美國朋友，一位蘇丹裔研究生，以及一位曾在中東生活過的美國人。那個場景準確地代表了美國輿論界在以色列和巴勒斯坦之間的平衡。猶太復國主義的敘事享有完全的主導地位，而「巴勒斯坦」這個詞則幾乎無人問津。

在另一方面，在我如今與我母親和兄弟們一起度夏的地點——貝魯特，我見證了巴勒斯坦政治機構的重要復甦。散居海外的巴勒斯坦作家和詩人，以及生活在巴勒斯坦境內的作家和詩人，包括嘎桑・卡納法尼、馬赫穆德・達爾維什（Mahmoud Darwish）、埃米爾・哈比比（Emile Habibi）、法德瓦・圖坎（Fadwa Touqan）和陶菲克・札亞德（Tawfiq Zayyad），以及其他有天賦、積極參與的藝術家和知識分子，在這場文化和政治的復興中發揮了重要作用。他們的作品幫助重塑了巴勒斯坦的認同感和目的感，這些感受在大災難和隨後的荒蕪歲月中禁受了考驗。在小說、短篇小說、戲劇和詩歌中，他們表達了失去、流亡、異化的民族共同經歷。同時，他們表現出不間斷地頑強堅持巴勒斯坦的身分認同，以及面對艱巨困難時的堅定。

這些不同的特質在埃米爾・哈比比的《悲觀的樂觀主義者》（*The Pesssoptimist*）中得到體現，這部出色的長篇小說是上述作品中最為著名的一部。它追溯了小說主人公薩依德的悲慘故事，利用他的命運來描述巴勒斯坦人的困境和他們的堅韌。小說的全名是《納赫斯的父親薩依德失蹤前後的奇怪事件，悲觀的樂觀主義者》，表達了巴勒斯坦人的處境中的核心悖論：薩依德（Sa‘id）這個名字的意思是「幸福」，而納赫斯（Nahs）的意思是「災難」。兩者都包含在

27 早在一九七七年，美國就透過間接接觸巴解組織，努力說服該組織接受安理會第二四二號決議。見Adam Howard, ed., FRUS, 1977–1980, vol. VIII, *Arab-Israeli Dispute*, January 1977–August 1978, “Telegram from the Department of State to the Embassy in Lebanon,” Washington, DC, August 17, 1977, 477, http://history.state.gov/historicaldocuments/frus1977-80v08/d93。

28 Ahmad Samih Khalidi, “Ripples of the 1967 War,” *Cairo Review of Global Affairs* 20 (2017), 8.

「悲觀的樂觀主義者」（Pessoptimist）這個混合詞彙中。[29]

卡納法尼的思想和形象在巴勒斯坦身分復興中發揮了重要作用，他也許可以被看作是最突出的散文作家了，他的作品也是被翻譯得最廣泛的。[30]他的五部長篇小說，尤其是《陽光下的男人》（一九六三年）和《重返海法》（一九六九年）都受到了廣泛的歡迎，也許是因為它們如此生動描述了巴勒斯坦人所面臨的困境：流亡的苦難和一九六七年後完全在以色列控制之下的巴勒斯坦的生活之苦。這些小說鼓勵巴勒斯坦人正視他們的可怕困境，並有力地反抗壓迫他們的勢力。《重返海法》強調了武裝鬥爭的重要性，同時又心酸而深刻地描寫一位猶太大屠殺倖存者住在一個巴勒斯坦家庭的房子裡，那個家庭在一九六七年後回來探訪的情節。

卡納法尼也是一位沉浸在巴勒斯坦抵抗文學的多產記者，事實上，他已經可以用他關於這個主題的各種文章創造出一個新的文學類型了[31]，而且他從十幾歲開始就深入參與政治。卡納法尼一九三六年出生於阿卡，在一九四八年五月猶太復國主義進攻期間，他和家人被迫逃離家園，先是在大馬士革定居。我在貝魯特見到他時，他已經三十三歲了，是激進的巴勒斯坦人民解放陣線的週刊《目標》（*al-Hadaf*）的編輯，卡納法尼也是該組織的公共發言人。他不僅以他的文學才華贏得了別人的欽佩，而且還以他閃耀的智慧、自嘲和諷刺的幽默感，以及愉快、翩翩舉止和隨時隨地的微笑贏得了別人的喜愛。鑑於他的文學聲譽和武裝行動主義，他是巴勒斯坦民族復興運動中一個重要人物。出於同樣的原因，他也是敵人的目標，其中最重要的就是以色列政府及其情報部門。

一九七二年七月，以色列對外情報機構摩薩德策劃一起汽車炸彈襲擊，暗殺了卡納法尼和他十七歲的姪女拉米斯・納吉姆。[32]我參加了他的大型葬禮，吸引來的人群看似有成千上萬，

---

29 它的阿拉伯語題目叫作 *al-Waqa'i' al-ghariba fi ikhtifa' Sa'id abi Nahs, al-mutasha'il*。這本書在一九七四年於海法首次出版，隨即在貝魯特再版，此後便一直廣為流傳，後來被巴勒斯坦的重要演員穆罕默德・巴克里（Muhammad Bakri）改編成獨角戲，一九九〇年代我曾在耶路撒冷的卡薩巴劇院看過他的表演。

30 關於卡納法尼的作品，可以參考這本書中的相關內容：Bashir Abu Manneh, *The Palestinian Novel: From 1948 to the Present* (Cambridge: Cambridge University Press, 2016), 71–95; and Barbara Harlow, After Lives: Legacies of Revolutionary Writing (Chicago: Haymarket, 1996)。卡納法尼的著作已經被許多人翻譯成了英文。

31 尤其是 *al-Adab al-filastini al-muqawim tahta al-ihtilal, 1948–1968* [Palestinian resistance literature under occupation, 1948–1968], 3rd ed. (Beirut: Institute for Palestine Studies, 2012)。

32 以色列安全部門通常不會聲稱有這種暗殺。然而，根據羅寧・伯格曼（Ronen Bergman）對數百名高級情報官員的採訪和大量文件編寫的七百多頁專著 *Rise and Kill First: The Secret History of Israel's Targeted Assassinations* (New York: Random House, 2018), 656fn，卡納法尼是被摩薩德的特工暗殺的。伯格曼的這本書裡充滿了各種細節，作者是跟情報環境密切相關的人，所以他對以色列幾代以來清算數百名巴勒斯坦領導人和武裝人員的描述，是有權威性的。但這本書也因為欽佩策劃和實施這些殺戮的人而聲名受到嚴重損害，此外它也接受不加反思的、排除主義的零和邏輯，這從其標題中可以看出，該標題取自《塔木德》中的禁令：「如果有人來殺你，就先殺了他。」這個標題很有說服力，它暗示以色列暗殺巴勒斯坦領導人是合理的，因為如果不是這些「有針對性的暗殺」，他們就會殺死以色列人。關於批評該書但讚賞其內容價值的評論，見 Paul Aaron, "How Israel Assassinates Its 'Enemies': Ronen Bergman Counts the Ways," *Journal of Palestine Studies* 47, no. 3 (Spring 2018), 103–5。

人們都來悼念他。這是我在貝魯特的十五年中參加過的許多巴勒斯坦領導人和武裝分子的葬禮中的頭一次。*

卡納法尼、達爾維什、札亞德、圖坎、哈比比等人以他們的文學作品，幫助激發了巴勒斯坦身分認同的重塑和復興，與此同時，新的政治運動和武裝團體也在崛起。在一九四八年後，巴勒斯坦在地圖上已不復存在，該國大部分地區被以色列吞噬，其餘地區則是在約旦和埃及的控制下。巴勒斯坦人幾乎沒有發言權，沒有核心解決方案，除了爭吵不休、利己主義的阿拉伯國家之外，沒有其他支持者。猶太復國主義運動最深切的願望是將巴勒斯坦變成以色列，用猶太移民取代該國的本土居民。一九四八年後，巴勒斯坦人似乎在很大程度上消失了，無論是在物質上還是

卡納法尼的葬禮。

在觀念上都是如此。

當然，巴勒斯坦人在一九四八年之後的幾年裡並沒有消失。大災難的集體創傷反常地鞏固和加強了他們的身分認同，一九五〇年代出現的小型民族主義激進團體已經對中東地區產生了重大影響，在引發一九五六和六七年的戰爭中都發揮了作用。這些團體是由年輕的社會中產階級和中下階級中的激進者建立的，其中許多人認為自己是謝赫・伊茲丁・卡薩姆的後代，他在與英國人的戰鬥中喪生，是點燃了一九三六年大起義的火花之一，他一直被視作是英雄般的武裝鬥爭的崇高象徵。在一九五六年後，他們繼續努力將巴勒斯坦人重新確立為區域力量，並代表他們的權利和利益。在一九六〇年代，這些努力最終形成了兩個主要趨勢。一個是由阿拉伯民族主義運動（Movement of Arab Nationalists, MAN）領導，一個主要由巴勒斯坦人建立的泛阿拉伯組織，並在一九六七年成立了信奉馬克思主義的巴勒斯坦人民解放陣線（以下簡稱巴解陣線）。另一個趨勢則是由一九五九年在科威特正式成立的一個組織領導，該組織在一九六五年公開宣布自己的名稱為「法塔赫」。兩者的起源都可以追溯到一九四〇年代末和五〇年代初，在當時，這些組織的第一批領導人都是大學生或剛畢業的學生。

阿拉伯民族主義運動（以下簡稱阿民運）是由喬治・哈巴什（George Habash）創立，他

---

* 在卡納法尼去世後，他的作品仍持續被禁。紐約公共劇院曾被委託將《重返海法》改編成英文劇作，但該劇卻從未面世。因為紐約公共劇院的董事會成員反對演出被認為是恐怖分子的卡納法尼的作品。

是一名在貝魯特美國大學接受培訓的醫生，年輕時曾在里德（Lydd）經歷了大災難，該鎮在一九四八年後人口減少，被重新安置了猶太移民，並改名為洛德（Lod）。哈巴什與其他一些年輕的巴勒斯坦人和阿拉伯人一起建立了阿民運，其中大部分是像他自己和他最親密的合作者瓦迪．哈達德（Wadi' Haddad，另一位出自貝魯特美國大學的醫生）一樣的中產階級專業人士。哈巴什和他的同事主張圍繞巴勒斯坦問題實現阿拉伯國家的團結，將此作為扭轉大災難後果的唯一手段。納瑟時期的埃及在一九五〇年代中期成為阿拉伯民族主義的標竿之後，阿民運就跟埃及政權之間形成了密切的聯繫。阿民運從這一聯盟中獲益匪淺，它成為一股泛阿拉伯的政治力量，在利比亞、葉門、科威特、伊拉克、敘利亞和黎巴嫩等國都有活動。埃及的外交政策也從它們跟該組織廣泛的年輕激進分子網絡的聯繫中，得到利益。[33]

哈巴什、哈達德和他們的同伴將巴勒斯坦視為阿拉伯世界的核心問題，這在很大程度上是歷史學家兼知識分子康斯坦丁．祖雷克（Constantin Zureiq），在貝魯特美國大學的一個學生組織「堅實之柄」（Al-'Urwa al-Wuthqa）傳授給他們的。祖雷克是這個組織的導師，我父親也是這個組織的成員。[34]這位出生在敘利亞、受過普林斯頓大學訓練的有影響力的歷史學教授在貝魯特給他的學生講課時，為傳播阿拉伯民族主義的思想和巴勒斯坦問題的核心地位做了很多工作，並藉由他的著作向整個阿拉伯世界傳達他的思想。他那本八十六頁的小書《大災難的意義》（*The Meaning of the Catastrophe*）是最早對一九四八年戰敗的事後總結的作品，這本書是在戰爭進行時寫的，也許是第一次在這種情況下使用「大災難」（Nakba）這個詞。[35]祖雷克在書中主張要對阿拉伯的弱點和失敗進行嚴格、反省式的自我批評，並主張各個阿拉伯國家之間的合作和團結是克服一九四八年災難影響的唯一手段。在一九三〇年代末，我的父親在貝魯特美國大學跟著祖雷克一起學習，並深受他的影響；祖雷克所擁有的一些歷史和政治書籍，其中有些是他寫的，都收藏在我父親的圖書館中。在一九七〇年代初，我在貝魯特的巴勒斯坦研究所（他是該研究所的創始人之一）第一次見到祖雷克時，他敦促我要跟其他巴勒斯坦研究所有關的年輕歷史學家一同關注未來。他似乎在暗示，這比歷史更重要，因為歷史已經由他和他那

---

33 Walid Kazziha, *Revolutionary Transformation in the Arab World: Habash and His Comrades from Nationalism to Marxism* (London: Charles Knight, 1975)是阿拉伯民族主義運動的最佳研究作品。

34 詳情請見回憶錄 Amjad Ghanma, *Jam’iyat al-’Urwa alWuthqa: Nash’atuha wa-nashatatuha* [The ’Urwa al-Wuthqa Society: Its origins and its activities] (Beirut: Riad El-Rayyes, 2002)。他在頁一二四轉載了一張一九三七至三八年該團體「行政委員會」的照片，其中包括我的父親，祖雷克和貝魯特美國大學的校長巴亞德·道奇（Bayard Dodge）坐在前排。該組織的名稱呼應一八八〇年代初賈瑪魯丁·阿富汗尼和穆罕默德·阿布都在巴黎出版的著名泛伊斯蘭民族主義出版物，這個名稱是來自古蘭經第二章第二五六節。（對於宗教，絕無強迫；因為正邪確已分明了。誰不信惡魔而信真主，誰確已把握住堅實的、絕不斷折的把柄。真主是全聰的，是全知的。）

35 *Ma’na al-nakba* [The meaning of the catastrophe] (Beirut: Dar al-’Ilm lilMilayin, 1948)。這部短片作品曾被反覆再版，最近的一次是在二〇〇九年由巴勒斯坦研究所再版，其中還包括其他的早期關於一九四八年失敗的教訓的作品，Musa al-’Alami (*’Ibrat Filastin* [The lesson of Palestine]), Qadri Touqan (*Ba’d al-nakba* [After the catastrophe]), and George Hanna (*Tariq al-khalas* [The path to salvation])。

一代人寫好了。

阿民運組織面對法塔赫的第一次軍事行動（一九六五年一月）激發出的高漲民族主義情緒，感到有需要跟上組織的核心支持群體，因此被迫脫離廣泛的阿拉伯民族主義立場，把更多的精力集中在巴勒斯坦問題上。埃及和敘利亞在一九六七年的失敗，徹底結束了該組織依賴阿拉伯國家來解決巴勒斯坦問題的主張。[36]其結果是，哈巴什和他的同伴在一九六七年成立了巴解陣線。雖然它不是最大的巴勒斯坦人團體，但他們迅速成為最具活力的團體，並維持這地位好幾年。巴解陣線在短時間內發動多起劫機事件，這些事件都是由瓦迪·哈達德所策劃的，就像所謂的「外部行動」一樣，這些事件被世界大部分地方看作是恐怖襲擊。

巴解陣線在巴勒斯坦人中享有的威望很大程度上是因為哈巴什的正直形象，他甚至被他的政治對手尊重。他被稱為「哈基姆」（al-Hakim），即醫生，他確實是醫生，但這個詞也用於有智慧的人，這在兩種意義上都適用於哈巴什。他是一個引人入勝的演講者，特別是在小團體中，他的口才和智慧，以及他平易近人和令人愉快的態度產生了最大的影響力。他說話溫和而堅定，沒有一絲煽動的意思。正如我一九七〇年代初在黎巴嫩南部看到的那樣，儘管哈巴什的思想很複雜，但他能讓聽眾津津有味地聆聽好幾個小時。憑藉其馬克思—列寧主義分子的那種吸引力，巴解陣線在學生、受教育者、中產階級，特別是那些被左派政治吸引的人中很受歡迎。巴解陣線在難民營中也有一批忠實的追隨者，其激進的訊息在遭受最多痛苦的巴勒斯坦人中引起了強烈的共鳴。

相比之下，法塔赫與巴解陣線和其他公開的巴勒斯坦左派團體相比，它的政治方法明顯不具有意識形態。在成立之初，法塔赫代表了對阿民運、復興黨等團體的阿拉伯民族主義傾向的反應，以及對共產主義、左派和例如穆斯林兄弟會之類的伊斯蘭主義團體的反應，穆斯林兄弟會的主張是在解決其他問題，特別是解決巴勒斯坦問題之前，先進行社會變革。法塔赫呼籲巴勒斯坦人立即採取直接行動，以及它廣泛的非意識形態立場，是使其迅速成為最大政治派別的因素之一。雖然有些細節模糊不清，但我們知道，法塔赫是由一群巴勒斯坦工程師、教師和其他專業人士於一九五九年在科威特成立的，由阿拉法特領導。該組織的核心成員早先在加薩地帶和開羅的大學凝聚起來，在那裡跟阿民運爭奪巴勒斯坦學生聯盟的領導權。

薩拉赫．哈拉夫曾經給我講過一個關於阿拉法特和開羅的大學政治的象徵性故事。當時阿拉法特認為會在隔天的學生選舉中輸給阿民運，因此他帶著哈拉夫去拜訪他在埃及內政部認識的人。他們坐在一起喝茶和咖啡，閒聊，直到那人不得不離開他的辦公室一會兒，這時阿拉法特跳了起來，邁步走到官員的辦公桌後面，鬼鬼祟祟地做了些事情，然後回到他的座位。當那人回來後，兩人就離開了。哈拉夫隨後不滿地告訴阿拉法特說他們一次也沒有提到即將到來的選舉。阿拉法特則是讓他回家去，說問題已經解決了。第二天，哈拉夫沉著臉去學聯辦公室等

---

36 見我的論文“The 1967 War and the Demise of Arab Nationalism: Chronicle of a Death Foretold,” in The 1967 Arab-Israeli War, ed. Louis and Shlaim, 26484，本文討論了一九六七年的失敗如何影響阿拉伯民族主義和復興巴勒斯坦人的民族運動。

待選舉，卻發現門上貼著一張由埃及內政部蓋章的官方通知，下令推遲選舉。哈拉夫說，這是阿拉法特的所作所為，他利用這次推遲來招收在愛資哈爾大學（al-Azhar University）學習的巴勒斯坦學生，其中許多人都是盲人，而且他們都沒有被競爭的派別爭取到選票。當選舉最終舉行時，他們集體投票給法塔赫的候選人，確保他們的勝利。

法塔赫主要的、且實際上是唯一重點的是巴勒斯坦事業。為了推進這一目標，法塔赫呼籲向以色列採取直接武裝行動，並於一九六五年一月一日發起破壞襲擊以色列中部的抽水站。這跟法塔赫在這個時代所做的大部分事情一樣，其行動的象徵意義大於實際效果。但儘管如此，埃及官員認為法塔赫是危險的冒險主義團體，而當時埃及根本無法承受這種跨越邊界的挑釁行為。當阿民運和其他團體為民族主義政權的不作為找藉口時，法塔赫卻故意想讓阿拉伯國家知道他們並沒有給巴勒斯坦真正的承諾。這種姿態激怒了各政權（尤其是法塔赫的狂熱言論並沒有與之相匹配的有效武裝行動），但它卻得到大多數巴勒斯坦人的認同，他們對阿拉伯國家的缺乏參與感到沮喪。這對許多阿拉伯公民也有吸引力，他們支持巴勒斯坦人並跟他們一樣感到沮喪。

這種透過向以色列採取直接行動，從而在阿拉伯政權頭上集結公眾輿論的做法是巴勒斯坦抵抗組織，特別是法塔赫早期成功的重要祕訣。他們迎合了阿拉伯人普遍認為巴勒斯坦受到不公正的待遇，而他們的政府卻沒有採取任何實質的措施。在當時，這種呼籲是有效的，廣大的公眾輿論在整個一九六〇和七〇年代中支持巴勒斯坦的抵抗運動，甚至對非民主的阿拉伯國家政府起到了抑制作用。然而，這種克制是有嚴格限度的，當巴勒斯坦人的武裝威脅到阿拉伯國家的國內現狀或激起以色列採取行動時，這種限制就達到臨界。

與此同時，小型的激進團體的力量不斷壯大，很明顯，巴勒斯坦人的民族運動正在全面復興。到一九六〇年代中期，這一凝聚起來的運動有可能從阿拉伯國家手中奪取跟以色列衝突的主動權，並確實幫助催生了導致一九六七年戰爭的事件。大多數阿拉伯國家（一九六六至一九七〇年執政的敘利亞極端政權是個例外）都在關注其他問題，極不願意挑戰嚴重偏袒以色列的現狀，他們恐懼以色列表現出的軍事力量。雖然在西方國家，以色列仍然保持著被阿拉伯敵意環伺的受害者形象，但在阿拉伯世界，人們對以色列的看法卻是大相徑庭，反而將決定性的軍事勝利和可能擁有的核子武器視為以色列有強大實力的證明。

為了配合和控制上升中的巴勒斯坦民族主義熱潮，阿拉伯聯盟在埃及的領導下於一九六四年成立了巴解組織。這本來是一個嚴格受埃及外交政策控制的附屬機構，它本來是用來引導和管理巴勒斯坦人打擊以色列的熱情，但這種將巴勒斯坦人置於阿拉伯政權監護下的嘗試很快就解體了。在一九六七年的戰爭結束後，激進的巴勒斯坦抵抗組織接管了巴解組織，將受埃及影響的領導層排擠到了一邊。阿拉法特，法塔赫的領導人，身為這些團體中最大的組織的領導人，很快就成為巴解組織執行委員會的主席，並一直擔任著這個職務，直到二〇〇四年去世。

從此以後，阿拉伯國家不得不考慮一個獨立的巴勒斯坦政治行為體，它的活動主要是在跟以色列接壤的國家，這種情況已經證明巴解組織會給這些國家帶來麻煩，而且最終會成為巴勒斯坦運動一個極脆弱的根源。這個獨立行為體的興起使周邊國家，特別是埃及和敘利亞的戰略形勢進一步複雜化，同時對約旦和黎巴嫩構成嚴重的國內問題，這兩個國家都有大量不安分的巴勒斯坦難民。

對以色列來說，巴勒斯坦民族運動作為一種力量重新出現在中東，並愈來愈常出現在全球舞台上，這是一個巨大的諷刺，因為以色列在一九六七年的勝利幫助催生了更加頑強的巴勒斯坦抵抗運動。這造成以色列在一九四八至一九六七年間取得的巨大成功，在此後出現急轉直下的變化，在這一時期裡，巴勒斯坦民族的問題在中東和全球舞台上幾乎都被掩蓋下去了。巴勒斯坦人的回歸對以色列領導人來說，是一個最不受歡迎的幽靈。就像任何回歸本地的居民對一個自以為已經擺脫他們的定居者和殖民事業來說，都是不受歡迎的。大衛—本．古里安說的「老人會死，年輕人會忘記」的舒服念頭可能是錯誤的——這句話表達了一九四八年之後的以色列領導人最深切的願望。但事實並非如此。

雖然巴勒斯坦的復興在戰略上對以色列幾乎不構成威脅（儘管激進組織的攻擊確實造成嚴重的安全問題），但它在話語層面上則構成一種完全不同的挑戰，是一種生存上的挑戰。按照強硬派猶太復國主義者的定義，猶太復國主義計畫的最終成功在很大程度上取決於以色列能否取代巴勒斯坦。對他們來說，如果巴勒斯坦存在，以色列就不可能存在。因此，以色列不得不將其強大的宣傳機器集中在一個新目標上，同時還必須對抗阿拉伯國家。由於從猶太復國主義的角度來看，巴勒斯坦這個名字和巴勒斯坦人的存在對以色列構成了致命的威脅，因此，他們的任務是將這個名字拿來跟恐怖主義和仇恨連結起來，而不是讓它跟一個遭到遺忘的正義事業連結起來。多年來，這個主題是一個非常成功的公關攻勢，在美國尤其如此。

最後，巴勒斯坦問題的重新出現給美國的外交工作帶來了問題，因為美國在安理會第二四二號決議中選擇忽視這個問題，而當作巴勒斯坦人根本不存在。在此後的十年裡，美國努力將自己的頭埋在沙子裡，即使國際社會的大部分人都開始給予巴勒斯坦運動某種程度的承認。美國的立場跟以色列的明顯偏好相一致，而且由於巴勒斯坦人在美國舞台上沒有足夠的代表，以及美國公眾輿論中支持巴勒斯坦的情緒很稀薄，這使得這立場成為了可能。同時，從尼克森開始的各屆美國政府也給予以色列、約旦、黎巴嫩和敘利亞打擊巴解組織的軍事行動，各種形式的祕密和公開支持。

§

儘管以色列、美國和許多阿拉伯國家政府使出了渾身解數，但巴勒斯坦人仍然設法讓自己的名字出現在中東的地圖上，巴勒斯坦人成功地重新獲得長期以來被剝奪的東西，這種曾經被剝奪的東西即是愛德華・薩依德（Edward Said）所言的「講述的許可」（permission to narrate）。這意味著他們有權講述自己的故事，從以色列手裡奪回在西方無處不在的敘述控制權，在以色列的敘述中，巴勒斯坦人除了是惡棍外幾乎沒有別的出現形象（例如在《出埃及記》中），而且巴勒斯坦人還從阿拉伯國家的政府手中奪回敘述的控制權。多年以來，阿拉伯國家把巴勒斯坦人的故事當作他們自己的故事，勉強把它說成是以色列和他們之間關於邊界和難民的衝突。

在巴勒斯坦民族運動的快速興盛發展中，有一個方面曾經被忽視，這方面就是巴勒斯坦人在阿拉伯國家和發展中國家，以及較小部分在歐洲和西方的有效傳播策略。在聯合國裡，第三世界國家在一九六〇年代擁有了更大的影響力，這為巴勒斯坦帶來了更有利的環境。因此，猶太復國主義者在塑造世界輿論方面的成功與巴勒斯坦在這領域的無能之間的歷史差距開始縮小，部分原因是熟諳西方文化或在全球其他地區有經驗的巴勒斯坦人數量增加。

在阿拉伯世界裡，一九六八年三月，即一九六七年戰爭之後的九個月，巴勒斯坦民族運動在約旦的一個小鎮卡拉梅（Karameh，其名字恰好的意思是「尊嚴」）獲得一次巨大的振奮。在以色列自戰爭以來最大的一次軍事行動中，大約一萬五千名軍隊在裝甲車、大砲和空中火力的支援下渡過了約旦河，目的是消滅駐紮在卡拉梅及其周圍的巴勒斯坦戰士。但攻擊者出乎意料遭遇約旦軍隊和巴解組織的激烈抵抗，造成看似不可戰勝的以色列軍隊一百到兩百人的傷亡，並迫使他們放棄一些受損的坦克、裝甲運兵車和其他裝備。

在僅僅一年前的災難性戰爭之後，這次相對較小的交鋒，以色列人似乎是在混亂中離開了戰場，這讓阿拉伯世界大為震驚，並徹底改變了巴勒斯坦人的形象。儘管位在俯瞰約旦河谷的山上的約旦大砲和裝甲部隊，無疑大大傷害了以色列軍隊，但在卡拉梅作戰的巴勒斯坦人也從這次事件中獲得大部分的榮光。卡拉梅戰役被證明是宣傳巴勒斯坦抵抗運動的良機，它有效地將這場衝突宣傳為代表被阿拉伯政權的失敗所踐踏的阿拉伯人尊嚴。因此，巴勒斯坦抵抗運動在整個阿拉伯世界受到了歡迎。

這種自我介紹的諷刺之處在於，巴解組織在其鼎盛時期從未對以色列軍隊構成任何形式的軍事挑戰，而以色列軍隊在每一場常規戰爭中都打敗了所有的阿拉伯軍隊。即使巴解組織的部隊在防禦方面打得很好，例如在卡拉梅，但他們也少有能力跟世界上最有經驗、訓練有素、裝備最好的軍隊進行長時間的正面交鋒。此外，從一九六〇年代巴勒斯坦武裝鬥爭開始到後來巴解組織放棄這種方法，他們從來沒能夠制定一個成功的游擊戰爭策略，來對抗以色列常規部隊的優勢，或是立足於容易受到以色列軍事壓力限制的阿拉伯國家。

事實上，儘管美國拒絕跟巴勒斯坦人接觸，但巴解組織在六〇年代末和七〇年代的全盛時期所獲得的最大成功，卻是在外交領域。這種外交上的成功不僅在阿拉伯世界和東歐集團是顯而易見的（東歐國家從六〇年代末開始給予巴解組織有限的支持），而且在第三世界的大部分地區、西歐的許多國家也是如此，甚至在有第二四二號決議存在的聯合國裡也是如此。在聯合

37 關於巴勒斯坦人抵抗運動的圭臬之作是Yezid Sayigh, *Armed Struggle and the Search for State: The Palestinian National Movement, 1949–1993* (Oxford: Oxford University Press, 1997)。以及兩部關於衝突的概述性歷史著作，Charles D. Smith, *Palestine and the Arab-Israeli Conflict: A History with Documents*, 9th ed. (New York: Bedford/St. Martin's, 2016); and James Gelvin, *The Israel-Palestine Conflict: One Hundred Years of War*, 3rd ed. (Cambridge: Cambridge University Press, 2014)。另可參考Baruch Kimmerling and Joel Migdal, *Palestinians: The Making of a People* (New York: The Free Press, 1993); William Quandt, Fuad Jabber, Ann Lesch, *The Politics of Palestinian Nationalism* (Oakland: University of California Press, 1973)。

國大會上，巴解組織現在可以獲得多數票，不受美國在安理會的否決權的影響。在那裡和其他舞台上，巴解組織獲得了高度的外交認可，甚至在某種程度上成功孤立了以色列。在一九七四年，巴解組織被阿拉伯聯盟承認為巴勒斯坦人民的唯一合法代表，同時在一百多個國家裡設有外交機構。同年，阿拉法特被邀請在聯合國大會上發言，這是巴勒斯坦歷史上最大的外交成功，在此之前的幾十年裡，巴勒斯坦一直不被國際聯盟、聯合國和大國所承認。

這些有限的勝利有不同的原因。在這個時代，阿爾及利亞、南非和東南亞的民族解放運動的成功在西方獲得了支持，也包括在年輕人中獲得廣泛支持。巴解組織的反殖民主義和第三世界革命呼籲也在中國、蘇聯及其衛星國、第三世界國家，以及這些國家在聯合國的代表中產生了共鳴。[38]在大多數新獨立的亞洲和非洲國家的眼中，巴勒斯坦人被看作是另一個與西方大國支持下的殖民定居計畫抗爭的民族；因此，他們應該得到那些剛擺脫殖民主義枷鎖的人的同情。在越戰的高峰期，這些主題對歐洲和美國心懷不滿的年輕人有很大的吸引力。最後，巴解組織在一定程度上成功激勵了散居在美洲的巴勒斯坦和阿拉伯人，他們成為了民族事業的倡導者。

然而，所有這些努力都有嚴重的侷限性。其中包括巴解組織未能將足夠的精力、人才和資源投入到外交和資訊領域，儘管他們在這些領域裡也取得一些成果。巴解組織也沒有努力去了解他們的目標受眾，其中最關鍵的是未能去了解在美國和以色列的目標受眾。在這一方面而言，巴解組織最終也未能克服以色列及其支持者所提出的更有效的競爭性說法，該說法將「巴勒斯坦人」等同於「恐怖分子」。[39]巴解組織之所以不了解兩個競技場域的重要性，是源自他們的高層領導。在美國受人尊敬的巴裔美籍學者，特別是愛德華．薩依德、易卜拉欣．阿布—盧戈德（Ibrahim Abu-Lughod）、瓦利德．哈利迪、希沙姆．沙拉比（Hisham Sharabi）、福阿德．莫格拉比（Fouad Moughrabi）和薩米．法爾松（Samih Farsoun），都一再試圖讓巴勒斯坦領導人認識到需要考慮美國的公眾輿論，並投入足夠的資源和精力，但他們卻徒勞無功。

在一九四八年於安曼舉行的巴勒斯坦全國委員會（它是巴解組織的管理機構）會議上，我所在的一個美國團體曾努力向阿拉法特說明這一點。他同意與我們見面，並有禮貌地聽著，直到幾分鐘後，一位助手進來在他耳邊說了幾句。我們被匆匆趕了出去，而阿拉法特則接見了巴勒斯坦解放陣線（Palestine Liberation Front）*的領導人阿布．阿巴斯（Abu al-ʿAbbas），這是一個對巴勒斯坦事業造成巨大損害的微不足道派別（但卻在伊拉克的支援名單上）。給我們的會面時間結束了，我們這些巴勒斯坦裔美國人為吸引美國公眾輿論的重要性進行論證的機會消失了。對阿拉法特來說，在巴解組織領導層錯誤的優先事務中，他所擅長的在阿拉伯人之間取

38 有關這個話題的一本出色作品是Paul Chamberlin, *The Global Offensive: The United States, the Palestine Liberation Organization, and the Making of the PostCold War Order* (Oxford, Oxford University Press, 2012)。

39 關於以色列如何設法在美國建立其話語霸權的最詳盡分析，見Kaplan, *Our American Israel*，以及Peter Novick, *The Holocaust in American Life*。

* 編按：跟前面提到的巴勒斯坦人民解放陣線（本書簡稱巴解陣線）是不同組織，底下會用全稱稱呼巴勒斯坦解放陣線。

得平衡，會比向全球最重要的超級大國的大眾推進巴勒斯坦事業，來得更為重要。

儘管有這樣的失敗，但在一九六七年後，在美國的巴勒斯坦事業確實取得了一些進展。這主要歸功於同一批巴裔美籍學者的努力，他們有效地將巴勒斯坦的論述放在大學校園、另類媒體和其他公共輿論部門面前。尤其是薩依德，他以大眾從未聽過的方式為巴勒斯坦人辯護，產生了巨大的影響。雖然他和他的巴裔美籍同事未能在主流媒體上取得突破，主流媒體基本上仍持續重複以色列的路線，但他們為今後幾年增加對巴勒斯坦觀點的理解奠定了基礎。

在一九六七年後，巴解組織似乎從一個外交和宣傳的勝利走向另一個勝利，這些成功並不是毫無爭議的，每個成功都會激起許多敵人的激烈反對。以色列突襲卡拉梅是他們對抗巴解組織日益增長的地位的首次努力，一九六八年破壞突襲貝魯特機場則是另一次。在一九七〇年，巴解陣線劫持飛機，以及巴勒斯坦人在約旦的過度行為引發了他們跟約旦政府的災難性對抗，而他們卻無力贏得這場對抗。面對強大的武力，以及民眾同情心的一定程度喪失，這場運動的人士在被稱為「黑色九月」的日子被趕出了安曼，然後在一九七一年春天，他們被完全驅逐出約旦。在約旦的慘敗所造成的傷害之一，包括巴勒斯坦民族運動中的一些成功光環，尤其是巴解陣線的光環，自此之後便不復以往。抵抗運動不顧一切地挑釁敵人，疏遠主人，並最終遭到驅逐的模式又會在十一年後於貝魯特重演。

與此同時，以色列針對敘利亞和黎巴嫩（巴勒斯坦人繼續從這些國家發起軍事行動）進行了下一步的懲罰攻擊。其中包括一九七二年大規模地面入侵黎巴嫩南部，一九七四年空中轟炸黎巴嫩的納巴蒂亞（Nabatiya）巴勒斯坦難民營，難民營被完全摧毀，從未得到重建，此外一九七八年的入侵也導致以色列長期占領黎巴嫩南部部分地區。所有這些針對巴解組織的行動都得益於美國大力支持，例如以色列和約旦的軍隊都得到美國的武器，而且這兩個國家都能指望美國的全面外交支持。

美國還以另一種方式來反應巴解組織的知名度提高，以及一個似乎統一的阿拉伯集團的知名度提高。鑑於蘇聯支持巴解組織和阿拉伯集團，尼克森總統和他的國家安全顧問、後來的國務卿季辛吉花了很大力氣來削弱蘇聯跟阿拉伯國家的聯繫。這種冷戰戰略的核心是美國試圖讓埃及脫離蘇聯，改跟美國結盟，並誘使它同意跟以色列單獨達成和平解決方案。一九七〇年代末，在卡特政府的領導下，美國主導的這倡議最終獲得成功，其結果是分裂了統一（名義上統一的）的阿拉伯陣線，使巴勒斯坦人和其他阿拉伯行動者在面對以色列時處於更弱勢的地位。在所有這一切中，美國堅持執行安理會第二四二號決議中規定的路線，將巴勒斯坦人排除在解決方案的談判之外。美國決策者的指導思想是他們對巴解組織的敵意，因為後者的好戰性、後者跟蘇聯結盟，但也因為以色列強烈反對討論巴勒斯坦問題的方方面面。

此後，巴解組織便陷入到一個兩難的境地裡：他們要如何透過參與中東和平解決方案來實現巴勒斯坦民族的願望呢？然而，國際公認的中東和平解決方案的條件，即安理會第二四二號決議，卻是否定了巴勒斯坦人的這些願望。這是一個跟貝爾福宣言、巴勒斯坦託管統治所造成的困境非常相似的困境：巴勒斯坦為了得到國際承認，必須接受旨在否定其自身存在的方案。

在一九五〇年代和六〇年代初，重新發起巴勒斯坦民族運動的小型武裝團體為他們的鬥爭提出了簡單的目標。對他們來說，巴勒斯坦長久以來一直是一塊阿拉伯人的土地，上面的阿拉伯人是多數人口。它的人民被不公正地剝奪了他們的家園、財產、祖國和自決的權利。這些團體的主要目的是讓巴勒斯坦人民返回他們的家園，恢復他們的權利，並趕走那些他們認為是篡權者的人。「回歸」（return）一詞是核心，從那時起，它對巴勒斯坦人來說一直是如此。大多數人認為巴勒斯坦現在有兩個民族，每個民族都有民族權利；對他們來說，以色列人不過是定居者，是他們國家的外來移民。但這一立場恰恰反映了大多數以色列人的立場，對他們來說，在以色列的土地上只有一個民族擁有民族權利，那就是猶太人，而阿拉伯人不過是短暫的闖入者。在巴勒斯坦人當時的解讀中，以色列國是西方國家幫助建立和支持的殖民定居者工程（這在很大程度上是真實的），以色列的猶太人只是一個宗教團體的一部分，而不是一個民族或國家（一個強大民族國家的成功建立已經證明了這種論述是錯的）。在這一點上，巴勒斯坦人還沒有接受巴勒斯坦新的民族實體的現實，部分原因是這是以他們為代價發生，而這種代價是災難性的。

巴解組織對於巴勒斯坦鬥爭目標的這種觀點，在他們於一九六四年通過的《國家憲章》（*al-mithaq al-watani*）裡表述得十分清楚。該憲章指出，巴勒斯坦是一個阿拉伯國家，民族權利只屬於一九一七年之前居住在那裡的人及其後代。這個群體包括當時居住在巴勒斯坦的猶太人，但不包括那些在貝爾福宣言之後移民的人，因此他們將不得不離開。從這個角度來看，解放涉及逆轉自貝爾福宣言、英國託管統治、巴勒斯坦分治和大災難以來在巴勒斯坦發生的一切。它意味著時光倒流，將巴勒斯坦重新塑造成一個阿拉伯國家。儘管憲章所體現的思想反映了當時大部分，也許是大多數巴勒斯坦人的情緒，但它是由阿拉伯聯盟建立的機構通過的，而不是由巴勒斯坦人選舉或代表的機構通過的。

這些目標將隨著一九六四年後環境的變化，以及巴勒斯坦政治的轉變而迅速改變。隨著法塔赫和其他抵抗組織在一九六八年接管了巴解組織，民族運動制定了一個新的目標，主張巴勒斯坦成為所有公民，包括猶太人和阿拉伯人的單一民主國家（有些說法是指世俗民主國家）。這意味著取代《國家憲章》中規定的目標，承認以色列猶太人已經獲得在巴勒斯坦生活的權利，不能讓他們離開。這一變化也是為了重塑巴解組織的形象，吸引以色列人，因為一九六四年的《國家憲章》把以色列人當作不存在的人。生活在巴勒斯坦的猶太人和阿拉伯人有權成為該國的平等公民，這聲明代表了該運動思想的重大演變。然而，這個單一的民主國家提案並不承認以色列人是一個擁有民族權利的民族，也不接受以色列國或猶太復國主義的合法性。

隨著時間推移，巴勒斯坦人廣泛接受了這個新目標，並透過全國委員會的決議體現在巴解組織政策的一系列權威聲明中。最後，它取代了憲章，但巴解組織的反對者堅決無視這些根本性的變化，他們在今後幾十年裡繼續糾纏於憲章的原始條款。這層改變也沒有得到大多數以色列人的支持，也沒有說服西方的許多人。同樣，巴解組織領導層沒有能力理解這些以色列和西方受眾的重要性，也不願意投入足夠的資源來解釋演變的意義，好贏得他們的支持，這就注定了說服其他人相信這些目標的有效性的努力會失敗。

更重要的是，要實現如此巨大的目標，就必須解散以色列國，由一個新的巴勒斯坦國來取代它。這意味著要推翻一九四七年後國際上圍繞著以色列作為一個猶太國家而存在的國際共識，尤其是聯合國大會第一八一號決議的具體條文內容。只有以色列內部和全球的力量平衡發生革命性變化，才能實現這樣的目的，而這是巴勒斯坦人自己難以實現的，甚至是想都不敢想的。他們也不能指望他們在阿拉伯政權中的兄弟。敘利亞、伊拉克和利比亞等激進的阿拉伯國家繼續大談特談巴勒斯坦的事業，但他們的言辭是空洞的。這些國家實際所做的是透過資助散兵游勇的恐怖組織來破壞巴解組織，比方說阿布．尼達爾組織（Abu Nidal Organization），該組織暗殺了許多巴解組織的領導人，並無差別地殺死以色列人和猶太人。至於其他主要的阿拉伯國家，埃及和約旦在沙烏地阿拉伯的支持下，在一九七〇年接受了安理會第二四二號決議，敘利亞也在一九七三年接受了該決議。這一重大發展（以色列不承認），相當於這些國家在事實上承認了以色列，至少是事實承認了在一九四九年停戰線內的以色列。幾個主要阿拉伯國家的這一重要轉變與巴解組織的立場之間的不協調，對巴勒斯坦人產生了嚴重的影響。

區域環境的變化導致許多巴解組織領導人考慮進一步修改目標。一些因素產生了影響，像是巴解組織在失去約旦的基地後，無力維持對以色列的有效游擊戰；阿拉伯國家愈來愈接受跟以色列的衝突不是生存問題，而是國與國之間的邊界對抗；以及阿拉伯和國際給巴解組織施加的壓力，要求其遵守更受限的目標。一九六七年在喀土穆（Khartoum）舉行的阿拉伯聯盟首腦會議上，該聯盟宣布，他們跟以色列不會有和平，不會承認以色列，也不會跟以色列談判（在以色列政治宣傳中經常被重複的「三不」）。實際上，埃及和約旦歡迎透過聯合國特使賈納爾・亞林（Gunnar Jarring），以及後來透過美國國務卿威廉・羅傑（William Rogers），來跟以色列進行調解。儘管有喀土穆首腦會議，但與以色列接壤的最強大阿拉伯國家卻透過接受安理會第二四二號決議，在原則上承認了其鄰國有權獲得安全和公認的邊界。現在只剩下這些阿拉伯國家和以色列，就邊界和解決方案的其他條款進行談判了。一九七〇年九月約旦鎮壓巴勒斯坦人，雖然是肇因於巴解陣線的飛機劫持事件，但約旦的目的之一是懲罰巴勒斯坦人不接受主要阿拉伯國家限制的新目標。

從一九七〇年代初開始，巴解組織成員對這些壓力做出了回應，特別是在蘇聯的敦促下，提出了巴勒斯坦國與以色列國並存的想法，實際上是一種兩國制解決方案。這種方法主要由解放巴勒斯坦民主陣線（一九六九年從巴解陣線中分裂出來）和敘利亞支持的團體推動，法塔赫領導層也謹慎地鼓勵這種做法。儘管巴解陣線和一些法塔赫幹部在早期抵制兩國解決方案，但隨著時間推移，阿拉法特和其他領導人顯然支持這一方案。這標誌著開啟一個漫長而緩慢的過程，即從民主國家的最高目標及其革命影響，轉為表面上更為務實的目標，即透過立基於安理會第二四二號決議的談判，建立一個與以色列並存的巴勒斯坦國。

對巴解組織來說，向這些激進的改革靠近並非易事。只有在大災難以來巴勒斯坦民族運動遭受一些最嚴重的打擊之後，巴解組織才開始接受基於安理會第二四二號決議的兩國方案。這些打擊是在一九七五年四月正式開始的黎巴嫩內戰期間接連發生的。然而，對巴勒斯坦人來說，戰爭開始於兩年前，即一九七三年四月十日，由埃胡德·巴拉克（Ehud Barak，後來的以色列總理）領導的以色列突擊隊，在西貝魯特三名巴解組織領導人的家中暗殺了他們。[40] 他們分別是詩人兼組織發言人卡邁勒·納賽爾（Kamal Nasser）、法塔赫領導人卡邁勒·阿德萬（Kamal ‘Adwan）和阿布·優素福·納賈爾（Abu Yusuf Najar）。參加他們葬禮的巴勒斯坦人和黎巴嫩人的人數非常多。當我和大批送葬者走在一起時，我不無驚訝地發現，他們比卡納法尼的送葬者還要多。

上面提到的這三個人是數十名巴勒斯坦領導人和幹部中的一員，他們都是摩薩德暗殺小組的受害者。的確，名義上的巴勒斯坦人團體也謀殺了其他巴勒斯坦人物，其中包括法塔赫中央委員會的三名成員和巴解組織駐倫敦和駐社會主義國際的大使。這些團體充當了三個阿拉伯獨裁政權的代理人：敘利亞的哈菲茲·阿薩德、伊拉克的薩達姆·海珊和利比亞的穆阿邁爾·格達費，這些人都大聲地宣稱支持巴勒斯坦人的事業，但在對待巴解組織方面卻很嚴厲。這些政權在不同時期都是阿布·尼達爾組織槍手的靠山以及其他小型分裂團體。阿布·尼達爾組織執行了大部分的殺戮行動。

雖然以色列和阿拉伯敵對勢力的這些暗殺行動，顯現了巴勒斯坦民族運動所經歷的艱辛道路，但兩者的暗殺行動之間存在著重要區別。使用這些手段的阿拉伯國家想讓巴解組織屈服於它們的意志，甚至使用蠻力，如一九七六年阿薩德政權派軍隊在黎巴嫩對抗巴解組織。然而，它們的行動是基於冷靜、精打細算的理由。它們並不想摧毀巴解組織或消滅巴勒斯坦人的事業。以色列的情況則完全不同，因為消滅巴勒斯坦人的事業一直是它的目標。以色列從英國託管統治後期的猶太復國主義運動中繼承了清算巴勒斯坦領導人的長期政策，目標從人口、意識形態和政治上抹滅巴勒斯坦。因此，暗殺行動是以色列將整個國家，從約旦河到地中海，從阿拉伯人的領土變成猶太領土的野心中的一個核心要素。如果我們再次使用基默林的專業術語來說，這就是一種最直白的「政治殺害」（politicide）的例子。

為了證明清算運動的程度，我們有兩個新的說法，其中一個是根據以色列的機密情報和軍事材料。在其他許多新的內容中，包含揭露多次試圖暗殺阿拉法特的駭人消息。[41]當暗殺行動

40 Bergman, *Rise and Kill First*, 162–74，這本書詳細描述了這場行動，其中包括巴拉克喬裝打扮成一個女人。

41 Bergman, *Rise and Kill First*, 117–18, 248–61 中包括了許多暗殺阿拉法特的例子。關於解讀這種暗殺政策，以及解讀伯格曼的開脫論，見保羅・亞倫（Paul Aaron）對這本書的評論“How Israel Assassinates Its ‘Enemies’ ”，以及他的論文“The Idolatry of Force: How Israel Embraced Targeted Killing,” 和 “The Idolatry of Force (Part II): Militarism in Israel's Garrison State,” *Journal of Palestine Studies* 46, no. 4 (Summer 2017), 75–99, and 48, no. 2 (Winter 2019), 58–77。

的目標是針對一個民族運動的領導人時，除非它的目的是摧毀該運動，否則以打擊「恐怖主義」為藉口是不能成立的。世界上其他的反殖民主義運動的領導人都會被殖民主子安上類似的詆毀字眼，無一例外，像是恐怖分子、土匪和殺人犯，這不管他們是愛爾蘭人、印度人、肯亞人還是阿爾及利亞人。同樣的，以色列將巴解組織妖魔化為「恐怖分子」，從而成為消滅該組織的理由。一九八二年，以色列國防部長夏隆針對貝魯特的巴勒斯坦「恐怖分子」的個人聲明，就表現得再清楚不過。[42]

殖民者把暗殺行動說成是反對恐怖主義的必要防護，來作為其行徑的理由，宣稱如果不先殺死他們，他們就會殺人，但是這樣的論述是十分空洞的，只要看看許多被殺的人是什麼人，例如卡納法尼和納賽爾，或巴解組織的海外代表，如馬赫穆德．哈姆沙里（Mahmoud Hamshari）和瓦埃勒．祖埃蒂爾（Wael Zuʿaytir），他們是知識分子和巴勒斯坦事業的倡導者，而不是軍事人員。這些被暗殺的知識分子從事的文藝事業是補充性的，會跟他們的政治活動相互聯繫。卡納法尼是一位有天賦的小說家和畫家，納賽爾是一位詩人，祖埃蒂爾是一位作家和新晉翻譯家。這些人不是「恐怖分子」，而是民族運動中最突出的聲音，是以色列決心要扼殺掉的聲音。

在黎巴嫩，納賽爾、阿德萬和納賈爾在一九七三年四月被暗殺，隨後的一個月後，以色列又與黎巴嫩軍隊發生武裝對抗，以色列的空軍掃射了貝魯特南郊的巴勒斯坦薩布拉和沙提拉難民營。在黎巴嫩內戰餘下的時間裡（一直持續到一九九〇年），巴勒斯坦難民營和人口中心經常成為目標，可能會被圍困、被破壞，或上演屠殺和強迫驅逐的場景。在塔爾札塔爾（Tal al-Za'tar）、卡蘭提納（Karantina）、達巴耶（Dbaye）、基斯爾巴沙（Jisr al-Basha）、艾因西爾瓦（'Ain al-Hilwa）、薩布拉（Sabra）和沙提拉（Shatila）——所有這些地方的巴勒斯坦人都遭受這種暴行。戰爭還帶來了巴解組織各派別及其黎巴嫩盟友對黎巴嫩基督徒的可怕屠殺，特別是一九七六年一月在達穆爾（Damour）有數百名基督徒被殺，該鎮被洗劫一空。

塔爾札塔爾是貝魯特地區最大、最貧窮、最孤立的巴勒斯坦難民營，有大約兩萬名巴勒斯

---

42 本章和下一章的大部分材料，都是根據一九八二年調查薩布拉和沙提拉屠殺的卡漢調查委員會的祕密附錄中的文件英譯本。在下文中，我將稱其為卡漢文件。這些文件可以在巴勒斯坦研究所的網站上找到，https://palestinesquare.com/2018/09/25/the-sabra-and-shatila-massacre-new-evidence/。

維吉尼亞大學名譽教授、卡特總統執政期間的國家安全委員會高級工作人員威廉・昆特（William Quandt），曾向國際新聞通訊社（IPS）提供了這些文件的掃描件。在夏隆針對《時代》雜誌提起誹謗訴訟的過程中，昆特擔任了《時代》雜誌的辯護律師的顧問。他從該雜誌的律師事務所收到這些文件的希伯來文原文的翻譯版本。熟悉這些文件的專家證明，它們構成了卡漢文件中未發表的附錄的大部分。

在卡漢文件所載一九八二年七月八日夏隆和巴希爾・哲馬耶勒在貝魯特的會議中，哲馬耶勒問以色列是否會反對他用推土機推倒黎巴嫩南部的巴勒斯坦難民營，這樣難民就不會留在南部，夏隆回答說：「這不關我們的事，我們不想處理黎巴嫩的內部事務。」此外卡漢文件所載一九八二年八月二十一日夏隆與哲馬耶勒父子的會議，夏隆告訴他們：「之前有人提出一個問題，一旦恐怖分子撤離，巴勒斯坦難民營會發生什麼……你們必須採取行動……這樣就不會有恐怖分子，你們必須清理難民營。」關於夏隆、哲馬耶勒和他們的副手所共有的排除主義邏輯的更多資料，見下文第五章。

坦人和大約一萬名貧窮的黎巴嫩人，他們主要是來自南方的什葉派居民。這個難民營位於東貝魯特的迪克瓦尼（Dikwaneh）郊區，那裡主要居住著同情右翼反巴勒斯坦的長槍黨的黎巴嫩馬龍派。在內戰爆發前的幾年裡，我和妻子穆娜住在貝魯特，先是撰寫博士論文，然後在黎巴嫩大學和貝魯特美國大學任教。我們和一群朋友（巴勒斯坦研究生和塔爾札塔爾的居民）在黎巴嫩——巴勒斯坦慈善組織（Jamiyat In'ash al-Mukhayam）的支持下，在營地裡開設了第一所幼兒園。

隨著黎巴嫩局勢的惡化，難民營與周邊地區的關係變得愈來愈緊張，到一九七三年五月的時候，塔爾札塔爾和附近的達巴耶、基斯爾巴沙難民營，以及卡蘭提納地區的巴勒斯坦社區，都和周邊的社區處於明顯的敵意狀態。他們的鄰居對全副武裝的巴勒斯坦民兵在難民營中的存在深感不滿。在這種危險的情況下，我們都很擔心幼兒園裡的小孩子的安全，所以我們在中心的下面挖了一個避難所。其他幾個團體，以及最終的巴解組織，也建造了庇護所，在一九七五年戰爭真正爆發時，這些庇護所挽救了許多人的生命。

那年四月的一個星期天，穆娜和我在塔爾札塔爾的朋友卡西姆的父母家吃午飯時，聽說通往營地的道路上發生事故，這條道路穿過主要是馬龍派的艾因魯瑪尼（'Ain al-Rummaneh）郊區。我們被建議立即離開。我們開著老式的福斯金龜車回到了西貝魯特，發現一輛小巴士以一個尷尬的角度停在路中間。這輛車在返回塔爾札塔爾的路上遭到長槍黨民兵伏擊，車上的二十七名乘客全部被殺害了。據悉，長槍黨人是為了報復在附近的馬龍派教堂發生的槍擊事件，當時他們的領導人皮埃爾・哲馬耶勒（Pierre Gemayel）也在現場。[43]長達十五年的黎巴嫩內戰就此開始了。

我們再也沒能回到塔爾札塔爾。在以皮埃爾・哲馬耶勒的兒子巴希爾為首的所謂黎巴嫩軍（Lebanese Forces, LF）的圍攻下，該營地於一九七六年八月被攻破，全部人口被驅逐。也許有兩千人被殺，這可能是整個戰爭期間最大的一次屠殺。一些人在被圍困期間死亡，一些人在逃離難民營時死亡，還有一些人在黎巴嫩軍檢查站死亡，在那裡，巴勒斯坦人被抓走，然後遇害。我們幼兒園的兩名教師就是這樣被殺害的，卡西姆十一歲的姪女吉哈德也是這樣喪生的，她和她的母親先是一同遭到綁架，然後在路障處被殺害了。

在以色列的暗中支持下，黎巴嫩軍進行了塔爾札塔爾屠殺。在幾年後的一九八二年，面對工黨領導人在議會上的詰問，夏隆堅定地承認他在當年九月臭名昭著的薩布拉和沙提拉屠殺中的行徑（有超過一千名平民被殺害），指出以色列政府在一九七六年塔爾札塔爾屠殺時是如何支持長槍黨。[44]在以色列議會國防和外交事務委員會的一次祕密會議上，夏隆透露，在塔爾札

43 皮埃爾・哲馬耶勒是在一九三六年奧運會期間造訪納粹德國之後建立政黨的，在當時，他是黎巴嫩足球隊的守門員。

44 *Jerusalem Post*, October 15, 1982. Ze'ev Schiff 和 Ehud Ya'ari, *Israel's Lebanon War* (New York: Simon and Schuster, 1983), p.20指出，以色列和黎巴嫩軍的高級聯絡官、後來的以色列國防部長和副總理本雅明・本—艾利澤爾（Binyamin Ben-Eliezer）上校在七月份，也就是營地陷落的幾星期前，出現在了黎巴嫩軍指揮圍攻塔爾札塔爾的指揮所。兩位作者講述了以色列軍方和情報部門，他們跟黎巴嫩軍在這一時期和隨後展開的廣泛合作，Bergman, *Rise and Kill First* 也是如此。

塔爾屠殺發生時，現場的以色列軍事情報官員報告說，長槍黨人正在「用我們提供的武器和我們幫助他們建立的部隊殺人。」[45]隨後，夏隆對一九七六年執政的反對黨工黨領導人希蒙・佩雷斯（Shimon Peres）說：

> 你和我們是按照相同的道德原則行動的……長槍黨在沙提拉殺人，也在塔爾札塔爾殺人。我們的聯繫是道德上的聯繫，事關我們要不要和長槍黨互動。你支持了他們，那在塔爾札塔爾之後就該繼續支持他們。[46]

正如夏隆在以色列國會委員會中指出的那樣，雖然以色列的軍隊和情報官員們可能並不在難民營中，但是他們卻在兩次行動的指揮機構中扮演了角色。按照在黎巴嫩的阿拉伯聯盟調停人哈桑・薩布里・霍利（Hassan Sabri al-Kholi）的說法，他當時就在黎巴嫩軍的指揮室裡，在事發時試圖停下這場屠殺，在當時，以色列官員和兩名敘利亞聯絡員阿里・瑪達尼上校（ʿAli Madani）和穆罕默德・霍利上校（Muhammad Kholi）也在場。[47]在黎巴嫩戰爭中，以色列和敘利亞的軍官共存於黎巴嫩的畫面，也許是巴勒斯坦人面臨的窘境的最佳表徵了。以色列和敘利亞軍官共存是由季辛吉作為掮客斡旋出來的，此舉目的是要離間巴解組織。[48]這兩個國家的軍官眼看著黎巴嫩軍的指揮官指揮了在巴勒斯坦難民營中的屠殺。但是在另外的一個場合上，季辛吉卻說：「隱蔽的行動不應該和外交溝通工作相混。」[49]

在黎巴嫩的戰爭中，有許多支長槍黨的勢力，他們有的是來自黎巴嫩，有的是來自別的國家，他們各自抱持不同的目的，但對他們的大多數人來說，巴解組織都是一個主要目標。對於那些反抗巴解組織的黎巴嫩人（主要是馬龍派基督徒）來說，他們針對巴勒斯坦武裝的抵抗是以黎巴嫩民族主義和獨立為名。在黎巴嫩的巴勒斯坦難民主要是遜尼派穆斯林，而且因為世俗的巴解組織和黎巴嫩左翼和穆斯林團體結盟，馬龍派擔心這會中斷黎巴嫩的（基督教）世俗政治體制，而這套體制正是一九二〇年代初的法國託管統治時期，當局為了偏袒馬龍派而操弄出來的。

45 KP III, minutes of meeting of Knesset Defense and Foreign Affairs Committee, September 24, 1982, 224–25.

46 Ibid., 225–26.

47 巴勒斯坦通訊社指出，在一九七六年八月十三日，敘利亞在黎巴嫩的高級軍事情報官員阿里・瑪達尼上校出現在了黎巴嫩軍的指揮部，以便「監督」對難民營的行動：見一九七六年八月十三日《晨報》（*al-Nahar*）和《天使報》（*al-Safir*）報導了霍利在一九七六年八月十二日的新聞發布會。海倫娜・科班（Helena Cobban）作為《基督教科學箴言報》的記者報導了這場戰爭，並見證難民營淪陷，她說其他西方記者在黎巴嫩軍指揮部看到了瑪達尼上校。*The Palestinian Liberation Organization* (Cambridge: Cambridge University Press, 1984), 281n35。其他說法是他的下屬霍利上校也在場。

48 Adam Howard, ed., FRUS 1969–1976, XXVI, Arab-Israeli Dispute, "Minutes of Washington Special Actions Group Meeting," Washington, DC, March 24, 1976, 963.

49 一九七五年，季辛吉向國會議員奧蒂斯・派克（Otis Pike）領導的眾議院情報事務常設特別委員會，發表了美國放棄伊拉克庫德人的聲明。

對敘利亞來說，黎巴嫩是一個它尋求主導的關鍵戰略競技場，是在和以色列的衝突中的潛在弱點，也是和巴解組織爭奪阿拉伯陣線領導權的鬥爭所在地。當埃及冷酷無情地單獨與以色列和談，並且在此之後已經實際上變成一個親美國家，上述的那些原因就成了大馬士革方面的關鍵議題。在失去了埃及盟友的同時，敘利亞需要找到另一個抗衡以色列的力量，而主導黎巴嫩、巴勒斯坦人和約旦似乎是唯一可行的選擇。敘利亞總統阿薩德和巴解組織的阿拉法特之間的無限不信任更是加劇這種情況，巴解組織支持黎巴嫩的左派組織也是如此，這些組織借助巴解組織的支持，從而能夠採取更加獨立於大馬士革的立場。

對以色列政府來說，間接和直接參與黎巴嫩戰爭為獲得黎巴嫩支持、發展新的勢力範圍、削弱敘利亞和其盟友提供了一個可喜的機會。最重要的是，這場戰爭提供以色列一個機會可以報復巴解組織的零星襲擊，可以削弱並可能消滅它。這也將化解巴勒斯坦民族主義企圖反撲被以色列永久控制的「被占領土」所產生的威脅，在一九六七年後，又有數百萬不安分的巴勒斯坦人身處以色列的統治下。巴解組織從黎巴嫩發起的攻擊，往往以平民為目標，提供給歷屆以色列政府他們需要的藉口，讓他們有理由干預其北方鄰國。以色列的方法包括以武器和培訓的形式直接支持巴解組織的敵人，特別是黎巴嫩軍（據以色列官方消息來源稱，黎巴嫩軍收到了價值一點一八五億美元的設備、一千三百名民兵的培訓[50]）以及謀劃殺害巴勒斯坦領導人和無數平民的暗殺和汽車爆炸事件。以色列高級軍事和情報人員在一本書中講述了其中一些行動的細節，其中關於黎巴嫩的一章標題為「一群野狗」。[51]這是以色列特工人員描述他們黎巴嫩軍盟友的方式，他們在許多這些令人毛骨悚然的致命行動中都僱用了黎巴嫩軍人員。

在尼克森、福特和季辛吉時期，美國支持了以色列在黎巴嫩的目標，後來在卡特、萬斯（Vance）和布熱津斯基（Brzezinski）以及雷根政府時期，美國給予了同樣的支持。美國中東政策的兩個基本目標是從蘇聯手中爭取最重要的阿拉伯國家埃及，同時不允許中東衝突複雜化美國跟蘇聯的緩和關係。這需要引導埃及接受以色列。埃及與美國政策的完全一致將使美國領導人聲稱他們贏得了中東的冷戰，同時建立了美國的和平。鑑於這些戰略目標的規模和對華盛頓的重要性，唱反調的巴解組織是一個相對較小的阻礙，而且有很多中東政黨樂意透過反對巴解組織來幫助美國。

在美國的明確批准下，其中的一方敘利亞，在一九七六年向黎巴嫩的巴解組織發動了直接的軍事攻擊，在當時，黎巴嫩的內戰已經在進行中了。當華盛頓和敘利亞方面正在努力就這次干預達成雙方理解時，季辛吉澄清了美國的目標。「我們可以讓敘利亞人行動起來，讓巴解組織的後院起火。」他說，這是「一個我們不應該要放過的戰略機會。」[52]最終，美國沒有讓這

---

50 KP, I, 18。這份文件顯然是國防部為卡漢委員會準備的文件，來應對對夏隆的指責。這份文件在第四十八頁引用夏隆的話說，「大約有一百三十名長槍黨人」在以色列接受了訓練，但是給出了相同的軍事援助數字。

51 Bergman, *Rise and Kill First*, 225–61.

52 Adam Howard, ed., FRUS 1969–1976, XXVI, Arab-Israeli Dispute, "Minutes of Washington Special Actions Group Meeting," Washington, DC, March 24, 1976, 963.

個機會溜走，敘利亞軍隊在賽達和舒夫山（Shouf Mountains）以及其他地方與巴勒斯坦突擊隊展開了激烈的戰鬥。只是在季辛吉說服以色列不要反對之後，敘利亞的這次干預才成為可能，因為他們就「紅線」達成了默契，為敘利亞的推進設定了地理上的限制。[53]

§

美國在一九七六年為敘利亞開綠燈之前，早就參與了針對巴勒斯坦人的敵對行動。季辛吉在他受冷戰驅動的中東框架中，並沒有為巴解組織或巴勒斯坦問題留下解決的位置。對他來說，巴勒斯坦人跟蘇聯和「激進」的阿拉伯政權結盟，在最壞的情況下是一個需要消除的障礙，在最好的情況下則是一個需要忽略的問題。為了推進美國的冷戰目標，並一心一意追求這些目標，季辛吉在一九七三年戰爭後，針對以色列跟埃及和敘利亞之間的三項重要撤軍協議的談判中發揮作用，這些協議是單獨的埃及—以色列和平條約的先導。為了實現這一目標，季辛吉只尋求遏制巴勒斯坦問題，防止巴勒斯坦問題來干擾他的外交，並在必要時透過代理人施加武力來控制巴勒斯坦問題。

從一九六〇年代末到一九七一年，約旦的情況就是如此，後來在一九七〇年代初到中期，黎巴嫩的情況也是如此，當時巴解組織反對埃及在美國的鼓勵下，去跟以色列達成直接解決方案。在這兩個案例中，季辛吉都勾結了美國在當地的盟友，粉碎了巴勒斯坦運動。美國站在所有這些事件的背後，站在陰影中，經常是間接負起責任。

不過，季辛吉在他的回憶錄中承認，巴勒斯坦人的「命運畢竟是危機的源頭」。任何關注季辛吉漫長職業生涯的人都可以證明，他就是一個實利主義者。[54]即使季辛吉在一九七五年談判關於敘利亞對巴勒斯坦人進行軍事干預的條件時，他也授權與巴解組織進行祕密、間接的會談。這些接觸必然是祕密的，因為國務卿在當年九月的一份美以祕密協議備忘錄中做出了承諾。根據這一承諾，美國承諾不會「承認巴勒斯坦解放組織或與之談判」，直到巴解組織承認以色列的「生存權」，放棄使用武力（被稱為恐怖主義），並接受安理會第二四二和三三八號決議。（第三三八號決議在一九七三年通過，再度確認安理會第二四二號決議，並呼籲「有關各方在適當情況下進行談判」，這句話的意思是一場多方和平會議，後來這場會議在日內瓦召開。）[55]

儘管季辛吉祕密承諾了以色列，但不久之後，他就要求福特總統批准美國接觸巴解組織。

---

53 Ibid.

54 Henry Kissinger, *Years of Renewal* (New York: Touchstone, 1999), 351.

55 這個備忘錄最初只能在Meron Medzini, ed., *Israel's Foreign Relations: Selected Documents, 1974–1977*, vol. 3 (Jerusalem: Ministry of Foreign Affairs, 1982), 281–90中取得。二十年後，美國政府出版了它，見Adam Howard, ed., FRUS, 1969–1976, XXVI, Arab-Israeli Dispute, "Memorandum of Agreement between the Governments of Israel and the United States"。福特總統在同一天給以色列總理拉賓的一封密信中包含另一項重要的承諾，美國承諾在任何和平談判中，它將「盡一切努力和以色列協調其建議，避免提出以色列會認為不滿意的建議。」

他認為：「在中東問題上，我們對巴解組織的立場不會改變，但我們沒有承諾以色列不跟巴解組織專門討論黎巴嫩局勢。」[56]表面上看，這些接觸的目的是為了確保美國駐貝魯特大使館和美國公民在黎巴嫩內戰期間的安全，巴解組織承諾會這樣做。在隨後的幾年裡，雙方的情報人員就巴解組織提供的這種安全保護進行了廣泛協調。當以色列知道這些交易內容時，他們的反應是嚴厲的批評，但美國政府重申了他們與巴解組織的對話的目標有限性。然而，美—巴的接觸迅速地擴大開來，遠遠超出它最初的有限目標，其中包括討論黎巴嫩的總體政治局勢。在一九七七年，美國駐貝魯特大使理查．帕克（Richard Parker）的任務是透過跟巴解組織有關的中間人，就各種政治問題保持聯繫，其中包括貝魯特美國大學的一名教授和一位著名的巴勒斯坦商人。

無論季辛吉的理由是什麼，美國跟巴解組織暗通款曲都違反了一九七五年他們跟以色列簽訂的協議備忘錄。[57]一旦以色列政府發現了這件事，就對這種背叛做出了有力回應，在他們看來，這就是背叛。在一九七九年一月，以色列特工在貝魯特暗殺了參與這些接觸的巴解組織關鍵人物阿布．哈桑．薩拉梅（Abu Hassan Salameh），他們炸毀了他的汽車，造成了「巨大的爆炸」，形成一顆「火球」。薩拉梅曾是阿拉法特的個人安全機構：第十七部隊（Force 17）的負責人，以色列還聲稱薩拉梅參與襲擊一九七二年慕尼黑奧運會上的以色列運動員。然而，根據一份採訪了參與該行動的以色列情報人員的內容，他說：「摩薩德最終得出的結論是，切斷這個管道很重要……這是在暗示美國人，這不是對待朋友的方式。」[58]不過暗殺事件並沒有結束美巴接觸，甚至變成了隱藏更深的祕密行為，因為美國和巴解組織都接受了以色列的強硬暗示。

一九七八年，帕克的繼任者約翰．岡瑟．迪安（John Gunther Dean）出任駐黎巴嫩大使，奉命繼續維持溝通管道，其範圍擴大到包括美巴官員之間的首次直接互動，並涉及更廣泛的政治議題。其中包括巴解組織接受安理會第二四二號決議和美國承認巴解組織的條件；將巴解組織納入和平談判；伊朗伊斯蘭革命；以及釋放被關押在德黑蘭的美國人質。至少四年來，美國一直在跟巴解組織進行祕密談判，儘管美國承諾過以色列不這麼做。

一九八〇年，迪安成為又一次暗殺企圖的目標。「從外國人手中解放黎巴嫩陣線」（Liberation of Lebanon from Foreigners）聲稱要對此事負責，但這個組織後來被發現配合以色列的情報來

---

56 Adam Howard, ed., FRUS, 1969–1976, XXVI, Arab-Israeli Dispute, "Minutes of National Security Council Meeting," Washington, DC, April 7, 1976, 1017.

57 Ibid., 831–32. See also Patrick Seale, Asad: *The Struggle for the Middle East* (Oakland: University of California Press, 1989), 278–84.

58 伯格曼在*Rise and Kill First*, 214–24的敘述中有一些錯誤，例如書中提到一九七八年一名以色列臥底特工以非政府組織的工作作為掩護，潛伏「在塔爾札塔爾的難民營」。但這個難民營在兩年前就已經被毀掉了。這裡說的非政府組織可能是為了屠殺中倖存的兒童設立的孤兒院「以恆兒童之家」（Bayt Atfal al-Sumud）。

源，暗殺事件是以色列控制的行動。[59]迪安本人一直堅持以色列是打算殺害他的幕後黑手，而這一證據，加上以色列暗殺了跟美國接觸的幾個巴勒斯坦人，似乎證實了迪安的說法。[60]

迪安提供給我他和國務院在一九七九年期間的通信，其內容清楚顯示在國務院系列紀錄片《美國的外交關係》（*Foreign Relations of the United States*）中，沒有完全反映出美巴之間的聯繫程度。[61]例如，這些聯繫就包括巴解組織努力去溝通釋放關押在駐德黑蘭大使館的美國人質（其中有一些人被釋放至少部分是因為巴勒斯坦跟伊朗革命政權的交涉）。雖然這些接觸是透過中間人開始的，但這也導致了迪安和薩阿德．薩伊爾（Sa'd Sayel）準將之間的會面，薩伊爾準將是前約旦陸軍軍官，目前是巴解組織的參謀長和高級軍事官員。[62]他後來也被暗殺了，凶手也許是敘利亞特工，也許是以色列的特工。

與交流的程度和範圍同樣重要的是其主旨。巴勒斯坦中間人與迪安和他的一位同事詳細討論了巴解組織接受第二四二號決議的條件（巴解願意在有一些保留的情況下接受），以及這如何能導致美巴間正式的、公開的接觸。關於這個問題，雙方從未能達成協議。巴勒斯坦人一再轉達巴解組織希望華府承認他們為美國利益所做的努力，但迪安只被授權表達美方對巴解組織提供了安全的感謝。美國從未提供給巴勒斯坦領導層明顯想要的政治補償。

當美國在貝魯特與巴解組織進行接觸時，卡特總統的政府正努力於日內瓦舉行一次多邊中

東和平會議，並於一九七七年十月與蘇聯發表了一份聯合公報。該公報具有突破性意義，提到衝突所有各方的參與，包括「巴勒斯坦人民的參與」。卡特在幾個月前發表的聲明，呼籲為巴勒斯坦人建立家園，表明了華盛頓的不同基調。然而，在由梅納赫姆・貝京（Menachem Begin）領導的以色列新當選的利庫德集團（Likud）政府和埃及安瓦爾・薩達特（Anwar Sadat）的壓力下，美國政府很快放棄了推動全面解決，以及將巴勒斯坦人納入談判的做法。[63]相反的，美國採用了雙邊的大衛營（Camp David）進程，導致一九七九年單獨的埃及—以色列和平條約。

這個進程是貝京專門設計的，目的是凍結巴解組織，允許一九六七年「被占領土」可以不

---

59 Bergman, *Rise and Kill First,* 242–43ff。關於「從外國人手中解放黎巴嫩陣線」，我們現在知道它只不過是以色列安全部門的一個幌子集團，見Remi Brulin, "The Remarkable Disappearing Act of Israel's Car-Bombing Campaign in Lebanon," Mondoweiss, May 7, 2018, https://mondoweiss.net/2018/05/remarkable-disappearing-terrorism。

60 關於迪安指控的更多內容，見Philip Weiss, "New Book Gives Credence to US Ambassador's Claim That Israel Tried to Assassinate Him," Mondoweiss, August 23, 2018, https://mondoweiss.net/2018/08/credence-ambassadors-assassinate/。

61 已故的迪安大使慷慨地提供他在一九七八年底至一九八一年於貝魯特擔任大使時期的文件。有關巴解組織的文件是一九七九年的。維基解密中還有至少六份機密電報，涉及了帕克和迪安與這些中間人之一，也就是我的堂兄瓦利德・哈利迪進行的接觸，參見https://search.wikileaks.org/?s=1&q=khalidi&sort=0。

62 迪安大使向巴勒斯坦研究所提供了這些文件的複本，供研究者查閱。

63 "Telegram from Secretary of State Vance's Delegation to Certain Diplomatic Posts," October 1, 1977, FRUS, 1977–80, Arab-Israeli Dispute, vol. 8, 634–36.

受阻礙地被殖民化，並將巴勒斯坦問題擱置起來，這也就是十多年來的情況。雖然薩達特和美國官員曾就擱置巴勒斯坦問題提出了微弱的抗議，卡特也在擔任總統之初就強調這個問題的重要性，但最終他們還是默許了這種情況。對薩達特來說，以埃條約將西奈半島還給了埃及。對貝京來說，以埃和平也加強了以色列對其餘「被占領土」的控制，並使埃及永久脫離了阿以衝突。對美國來說，該條約讓埃及從蘇聯陣營跳槽到美國陣營，化解了跟中東超級大國衝突的最危險問題。

有鑑於這些國家目標對三方都至關重要，於是貝京被允許在大衛營和一九七九年的和平條約中，就跟巴勒斯坦問題有關的條款內容發號施令。[64]所有這一切對巴解組織領導層來說都是顯而易見的，他們跟美國政府間接互動的後期階段只反映出愈來愈多的苦悶。他們眼見，巴解組織跟各國在黎巴嫩的合作非但沒有得到回報，反而遭到美國、以色列進一步的孤立。

儘管在卡特的領導下，美國已經接近認可巴勒斯坦人的民族權利和他們可參與談判，但雙方卻發現自己比以往任何時候都更加疏遠。大衛營、以埃和平條約清楚顯示出美國跟以色列在否定巴勒斯坦權利的最極端表現上，是保持一致的，這種一致性也在雷根政府得到了鞏固。貝京和他在利庫德集團的繼任者，伊札克．沙米爾（Yitzhak Shamir）、夏隆，然後是納塔雅胡（Benjamin Netanyahu），都堅決反對巴勒斯坦建國、巴勒斯坦主權或巴勒斯坦人控制被占領的西岸和東耶路撒冷。他們認為，整個巴勒斯坦只屬於猶太人，一個擁有民族權利的巴勒斯坦人民並不存在。最多，「當地的阿拉伯人」可能會有自治權，但這種自治權只適用於人，而不適用於土地。他們的明確目標是將整個巴勒斯坦變成以色列的土地。

透過與埃及簽訂的條約，貝京確保了沒有任何東西會干擾利庫德集團願景的實現。他巧妙奠定了基礎，並被美國採納，成為往後一切的基礎。[65]未來的談判將被限制在一個可無限延長的過渡時期的自治條款上，並排除對主權、國家地位、耶路撒冷、難民的命運，以及對巴勒斯坦的土地、水和空氣的管轄權的任何討論。與此同時，以色列開始加強殖民化「被占領土」。儘管美國和埃及偶爾會提出溫和的抗議，但貝京強加的條件設定了允許巴勒斯坦人進行談判的上限。

在一九七九年的和平條約之後，巴勒斯坦人的處境變得更加糟糕了。黎巴嫩戰爭在持續進行中並摧毀該國大部分地區，使黎巴嫩人民疲憊不堪，並削弱了巴解組織的力量。在不同階段，巴解組織發現自己面對的是以色列、敘利亞和黎巴嫩軍隊，以及由包括以色列、美國、伊朗和沙烏地阿拉伯暗中支持的黎巴嫩民兵。然而在這一切之後，儘管以色列在一九七八年的利塔尼入侵行動（Litani Operation），使黎巴嫩南部的大片地區落入其代理人南黎巴嫩軍（South

---

64 對這個問題的最權威研究是：Seth Anziska, *Preventing Palestine: A Political History from Camp David to Oslo* (Princeton, NJ: Princeton University Press, 2018)。

65 根據之前尚未披露的以色列和美國文件詳盡研究，包括貝京是如何做到這一點，以及他是如何為後來的談判，包括一九九〇代在馬德里、華盛頓和奧斯陸的談判奠定基礎，最為嚴謹的敘述是Anziska, *Preventing Palestine*。

Lebanese Army）的控制下，但巴解組織依然屹立不倒。事實上，巴解組織仍是黎巴嫩大部分地區最強大的力量，那些不在外國軍隊或其代理人手中的地區，包括西貝魯特、的黎波里、賽達、舒夫山和南部大部分地區。為了驅逐巴解組織，仍需要再進行一次軍事行動，於是在一九八二年，美國國務卿亞歷山大．海格（Alexander Haig）將軍同意了夏隆的計畫，讓以色列試圖徹底消滅該組織，並隨之終結巴勒斯坦人的民族主義。

美國大學
美國大使館
長槍黨
軍事總部
康莫多
酒店
札利夫
東貝魯特
法罕尼
綠線
沙提拉
薩布拉
西貝魯特
貝魯特－大馬士革公路→
機場
貝魯特
黎巴嫩
巴勒貝克
貝魯特
塔爾札塔爾
阿列伊
貝卡谷地
舒夫山
貝魯特－大馬士革公路
賽達
大馬士革
敘利亞
利坦尼河
泰爾
以色列
黎巴嫩，1982年
被以色列和南黎巴嫩軍
占領的地區，
1982-2000年

第四次宣戰：黎巴嫩戰爭

一九八二年

禁止攻擊或轟炸不設防的城鎮、村莊、居住地或住所。

——《海牙公約》附件第二十五條，一八九九年七月二十九日[1]

你不敢告訴我們的讀者和那些可能向你抱怨的人，以色列人有能力不分青紅皂白地砲擊整個城市。

——《紐約時報》貝魯特分社社長托馬斯・弗里德曼寫給他的編輯的話[2]

1 http://avalon.law.yale.edu/19th_century/hague02.asp#art25.

2 摘錄於Alexander Cockburn, "A Word Not Fit to Print," *Village Voice*, September 22, 1982。

到一九八二年的時候，貝魯特人已經經歷多年的戰爭。他們已經習慣爆炸的聲音，並從經驗中學會如何區分這些爆炸聲。那年的六月四日是一個星期五，我正在貝魯特美國大學參加招生委員會的會議，我在那裡教了六年書。這似乎是一個尋常的週末。突然，我們聽到雷鳴般的聲音，肯定是多枚兩千磅的炸彈在遠處爆炸了。我們很快意識到所發生的事情的嚴重性，會議立即解散了。這次空襲是以色列一九八二年針對巴解組織入侵黎巴嫩的第一砲。這個國家的每一個人都早已預料到這一點，而且大多數人都在恐懼這件事的發生。

我們的兩個女兒，五歲半的拉米亞和當時快三歲的迪瑪在不同的地方上幼兒園和托嬰班。在超音速戰機俯衝攻擊的刺耳轟鳴聲（地球上最可怕的聲音）的背景音效中，我急忙開車去學校接女兒回家。那天，路上的每個人都像貝魯特戰火重燃時一樣，不顧一切地開車——也就是說，只是比平時開車的方式更魯莽一點。

我的妻子穆娜，當時正懷孕四個月，在巴解組織的巴勒斯坦通訊社（WAFA）工作，她是該社英文公報的主編。根據我的最佳判斷，震撼黎巴嫩首都的巨大爆炸聲似乎來自幾英里外西貝魯特法罕尼區（Fakhani）的繁華地帶。毗鄰薩布拉和沙提拉難民營，巴勒斯坦通訊社的辦公室就在那裡，巴解組織的大部分訊息和政治辦公室也在那裡。爆炸的地點很快就被無線電報告證實了。

貝魯特的電話系統從來就不是很可靠，經過七年的戰爭之後更是如此，它早已超負荷運轉，我沒辦法聯絡到穆娜。我聯絡不到她，也不知道發生了什麼。我希望她已經在巴勒斯坦通訊社的破舊大樓的地下室裡避難了。幸運的是，貝魯特美國大學離女兒們的學校很近。每當時起時休的戰鬥開始時，穆娜和我總是焦慮地想辦法能迅速聯絡到她們。在黎巴嫩斷斷續續的戰爭的頭幾年裡，我們從來沒有為自己擔心過，但是一旦女兒們開始上學，我們就一直擔心。

我們的女兒，以及後來的兒子，都是戰爭期間在貝魯特出生的，由於他們的父母都參與了政治活動（就像幾乎所有在黎巴嫩的三十萬左右巴勒斯坦人一樣），他們都被以色列政府和其他一些人看作是恐怖分子，穆娜和我也不例外。令我苦惱的是，那些最有可能給我們貼上這種標籤的人，現在正準備入侵這座城市。雖然這幾乎是一次正常的貝魯特星期五的學校接送，即使遠處傳來令人顫抖的爆炸聲，但我知道，在相當長的時間內我們的生活不會是正常的了。我很快就把女兒安全帶回家裡，我和母親在外頭無情的雷鳴般聲響中盡可能地安撫她們。

當穆娜終於回到家時，我了解到，儘管有猛烈的空襲，她還是決定不聽從去地下避難所的勸告。根據她多年的戰爭經驗，她知道，長時間的攻擊（就像那次一樣）將意味著她可能會被困在那裡，跟女兒分離許多個小時。因此，她溜出了辦公室，開始往家走。街上的人都在躲避爆炸，看不到汽車或計程車，她也跑了。在一英里左右的地方，在聯合國教科文組織的辦公室附近，她發現一輛計程車願意停下來，送她安全走完剩下的路程。這次經歷對她懷中的孩子，也就是我們的兒子伊斯瑪儀沒有特別明顯的影響，他在幾個月後出生，但是在之後很長一段時間中，他都對巨大的聲音非常敏感。

在那個星期五，以色列戰機轟炸並夷平了幾十座建築，包括法罕尼區附近的一座體育場，藉口是這些建築裡有巴解組織的辦公室和設施。密集轟炸貝魯特和黎巴嫩南部目標一直持續到了第二天，這是六月六日開始的大規模地面進攻的前奏，最終導致以色列占領黎巴嫩的大部分地區。進攻的高潮是以色列圍困貝魯特七個星期，最終以八月十二日的停火結束。在圍困期間，許多公寓大樓被整棟摧毀，已經遭到嚴重破壞的城市西半部的大片地區遭到了破壞。貝魯特和黎巴嫩其他地區有近五萬人被殺或受傷。直到二〇〇三年美國占領巴格達前，這次對貝魯特的圍攻是自二次大戰以來，單一正規軍對阿拉伯國家首都的最嚴重攻擊。

一九八二年入侵黎巴嫩是以巴之間衝突的一個分水嶺。這是自一九四八年五月十五日以來第一場主要涉及巴勒斯坦人，

西貝魯特法罕尼區，一九八二年六月。巴勒斯坦通訊社、巴解組織大多數的訊息和政治辦公室都在這裡。

而不是阿拉伯國家軍隊的重大戰爭。從一九六〇年代中期開始，巴勒斯坦的敢死隊（feda'iyin）就和以色列軍隊在戰鬥中交手，例如在約旦的卡拉梅，一九六〇年代末和七〇年代在黎巴嫩南部，一九七八年的利塔尼行動，以及一九八一年夏天在黎巴嫩——以色列邊境上的激烈交火。然而，儘管以色列一再試圖將巴解組織連根拔起，但巴解組織在黎巴嫩的政治和軍事上都建立了牢固地位，以色列相對有限的此類行動只產生了很小的影響。

一九八二年的入侵就其目的、規模、持續時間、涉及的重大損失及其長期影響而言是完全不同的。以色列向黎巴嫩發動戰爭有多個目標，但與眾不同之處在於以色列關心的目標是巴勒斯坦人，以及改變巴勒斯坦的內部局勢。雖然這場戰爭的總體計畫得到總理貝京和以色列內閣的批准，但他們經常被入侵的設計師，也就是國防部長夏隆蒙在鼓裡，不知道他的真正目標和作戰計畫。雖然夏隆想把巴解組織和敘利亞軍隊從黎巴嫩驅趕出去，並在貝魯特建立一個聽話的盟國政府，來改變該國的狀況，但他主要的目標還是巴勒斯坦。從夏隆、貝京、沙米爾等大以色列支持者的角度來看，在軍事上摧毀巴解組織並消除其在黎巴嫩的力量，也將結束在以色列占領的西岸、加薩地帶和東耶路撒冷的巴勒斯坦民族主義的力量。因此，這些地區就會更容易被以色列控制並最終被併吞。前以色列參謀長莫迪凱・古爾（Mordechai Gur）於戰爭之初，曾在以色列議會委員會的祕密會議上讚許地歸納了這麼做的目的：「在『被占領土』上，歸根結柢來說，就是要限制住（巴解組織）領導人的影響力，從而提供我們更大的行動自由。」[3]

在規模上，以色列入侵黎巴嫩涉及到相當於八個師的兵力（遠遠超過十二萬人，其中很大一部分是預備役軍人），這是該國自一九七三年戰爭以來最大的一次動員行動。[4]在戰爭的頭幾個星期，這支龐大的部隊在黎巴嫩南部與幾千名巴勒斯坦和黎巴嫩戰士，進行了斷斷續續但激烈的戰鬥，並在貝魯特東部的貝卡谷地、舒夫山及梅廷區（Metn）的山區，以色列也跟兩個師的敘利亞裝甲部隊和步兵進行了凶猛的戰鬥。六月二十六日，敘利亞接受了停火協議（該協議明確排除了巴解組織），並在戰爭的剩餘時間裡坐視不理。隨後以軍圍攻貝魯特包括空襲轟炸和大砲轟炸，以及僅僅跟巴解組織和黎巴嫩部隊進行的零星地面戰鬥。

據黎巴嫩官方統計，在一九八二年六月初至八月中旬的十週戰鬥中，有超過一點九萬名巴勒斯坦人和黎巴嫩人被殺，其中大部分是平民，超過三萬人受傷。[5]賽達附近具有戰略意義的艾因西爾瓦巴勒斯坦難民營是黎巴嫩最大的難民營，難民營的四萬多居民激烈抵抗以色列的進攻後，就幾乎被完全摧毀了。在九月，貝魯特郊區的薩布拉和沙提拉兩個難民營也遭遇類似的命運，戰鬥結束後，這裡發生了一場臭名昭著的慘烈屠殺。貝魯特和南部的許多其他地區以及舒夫山也遭受嚴重破壞，而以軍不時地切斷被圍困的黎巴嫩首都西部地區的水、電、食品和燃料，他們從空中、陸地和海上斷斷續續，但有時又非常密集地進行轟炸。在十個星期的戰爭和圍困期間，以色列官方公布的軍事傷亡人數超過兩千七百人，其中三百六十四名士兵死亡，近兩千四百人受傷。[6]以色列入侵黎巴嫩和隨後長期占領該國的南部地區（直到二〇〇〇年才結束），軍事傷亡人數是以色列在其七十多年歷史的六場主要戰爭中第三多的。[7]

在西貝魯特被轟炸和圍困的十個星期裡，我跟我的家人，穆娜、兩個女兒、我的媽媽塞爾

3 KP III, 196。古爾是在一九八二年六月十日在議會的防衛和外務委員會上對夏隆這樣說的。

4 Chaim Herzog, *The Arab-Israeli Wars: War and Peace in the Middle East from the War of Independence Through Lebanon*, rev. ed. (New York: Random House, 1985), 344。書中給出的數字是八個師。赫爾佐格是一名退役少將，前軍事情報局長，後來擔任以色列總統。其他權威的以色列消息來源表示，最終有多達九個師參加了入侵部隊。

5 這是根據黎巴嫩安全總局（Da'irat al-Amn al-'Am）的官方報告得出的，該報告稱貝魯特的傷亡人員中有百分之八十四是平民。*Washington Post*, December 2, 1982。鑑於戰爭正在進行中，這些數字不一定完全精確是可以理解的。

6 The Palestine News Agency, WAFA, on August 14, 1982。該報導指出，以色列報刊上關於在黎巴嫩作戰的十週內死亡士兵的訃告共有四百五十三則。造成這種差異的原因可能是以色列軍方只發布了在行動中陣亡者的數字，而沒有發布後來因傷不治或是在戰區被殺的數字：摘自*Under Siege*, 199–200n4。

7 *The Jerusalem Post*, October 10, 1983。在一九八二年的八月二十一日，夏隆本人向皮埃爾和巴希爾．哲馬耶勒提及了兩千五百人的以方傷亡：KP IV, 5。從一九八二年六月到一九八五年六月的部分撤軍，以色列軍隊的傷亡人數超過了四千五百人。從一九八五年到二〇〇〇年五月結束對黎巴嫩南部的占領期間，又有五百多名以色列士兵被殺，從一九八二年到二〇〇〇年總共有八百多人被殺。因此，以色列的黎巴嫩戰爭和占領行動造成該國史上第三大的軍事傷亡，僅次於一九四八年和一九七三年的戰爭，超過了一九五六年和一九六七年的戰爭，以及一九六八年至一九七〇年沿蘇伊士運河的消耗戰。

瓦、我的弟弟拉賈一起住在位於西貝魯特密集的札利夫街區的公寓。前線已經令人不安地靠近我母親在貝魯特南郊的哈雷特赫雷克（Haret Hreik）的家，這迫使她和我弟弟搬來和我們一起住。戰鬥結束後，當我們能夠到他們的公寓去查看情形時，我們發現廚房被以色列的砲彈直接擊中了。

全家人在一起意味著我們每個人都能隨時知道其他人在哪裡，有助於保持我們全家人的整體士氣，儘管在圍困期間，有很多困難要解決，包括照顧兩個被關在家裡的小孩，應對水、電和新鮮食物的嚴重短缺，以及焚燒垃圾的惡臭，我們和數十萬的西貝魯特人一起忍受著這些。我們已經忍受了多年的內戰，禁受了猛烈的轟炸，甚至以色列的空襲，但這次圍困，以色列從陸地和海上發射的大量砲火和無情的空中轟炸，要激烈和凶猛得多。

在這場關乎巴勒斯坦事業的生存危機中，我們中的許多人都感到生死攸關，我充當了西方記者的非正式消息來源，多年以來，我和他們中的一些人成了朋友。我沒有義務介紹巴解組織的官方路線，但仍跟曾經一起工作過的巴勒斯坦通訊社同事保持密切聯繫，我能夠對事件做出坦誠的評估。與此同時，穆娜繼續編輯巴勒斯坦通訊社的英文新聞簡報，但考慮到她懷有身孕，現在去法罕尼社區的老辦公室太危險了，她不得不遠距工作。[8]

貝魯特一直是中東大部分地區的新聞神經中樞（也是間諜活動的中心），大多數記者都在城市的西部，這對介紹巴勒斯坦的觀點而言是很幸運的。他們當中有多年報導阿以和黎巴嫩衝突的資深戰地記者，對明顯的宣傳大多是免疫的，不管是巴解組織粗糙的訊息傳遞、馬龍派黎

8 可能是因為我之前在巴勒斯坦通訊社的角色，我在那裡幫助穆娜建立了新的英語服務，所以有一些不知道我在戰爭期間和他們交談的基本規則的記者，錯誤地把我描述成了「巴勒斯坦通訊社主任」或是「巴解組織的發言人」，而我並沒有擔任任何一個角色（Thomas Friedman, "Palestinians Say Invaders Are Seeking to Destroy P.L.O. and Idea of a State," *New York Times*, June 9, 1982）。這樣的稱謂會讓巴勒斯坦通訊社的實際負責人齊雅德．阿布杜．法塔赫（Ziyad 'Abd al-Fattah）、阿赫邁德．阿布杜．拉赫曼（Ahmad 'Abd al-Rahman）和馬赫穆德．拉巴迪（Mahmud al-Labadi）感到驚訝，他們才是巴解組織的官方發言人，前者是面對阿拉伯媒體的，後者是面對外國媒體的。作為巴解組織外國訊息部門的負責人，拉巴迪是唯一負責和外國記者打交道的人。這三位官員都有義務提出巴解組織的立場，而我沒有義務這樣做。當我在和西方記者交談時，我不是以任何官方身分進行的，而是用「巴勒斯坦知情人士」的身分匿名進行的。幾乎所有的記者都遵從了這一慣例。

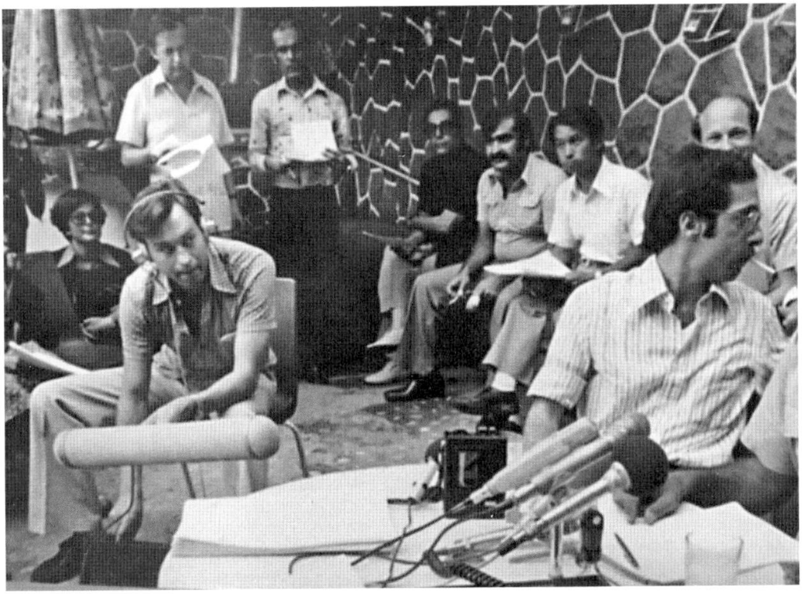

作者（照片居右者）在貝魯特的康莫多酒店裡準備媒體簡報。

巴嫩陣線的嚴厲言辭、敘利亞政權公式化的虛張聲勢，還是以色列狡猾的外宣努力（hasbara）。由於他們人在貝魯特，國際媒體才能對戰爭的進程有充分的報導。

在去年七月，以色列和巴解組織在邊境上進行了為期兩週的激烈交火，以色列的飛機和大砲猛烈轟擊黎巴嫩南部，巴解組織的火箭和大砲部隊則襲擊以色列北部。[9]結果是有大量的黎巴嫩和巴勒斯坦平民被迫逃離家園，而位於加利利的以色列人則被限制在避難所內或逃走了。這場激烈的戰鬥最終導致一九八一年七月二十五日，美國總統特使菲利普・哈比布（Philip Habib）大使談判達成停火協議，值得注意的是，該協議在接下來的十個月裡一直得到遵守，很少發生違約行為。[10]然而，貝京政府和夏隆顯然不滿意這個結果。

黎巴嫩和巴勒斯坦領導人、媒體和其他人都收到關於以色列正在進行戰備的預警。其中一個警告是在一九八二年春季為研究人員舉行的簡報會上發出來的，我參加了巴勒斯坦研究所的簡報。發言人是葉夫基尼・普里馬科夫博士（Dr. Yevgeny Primakov），他是蘇聯東方研究所的主任，據說是蘇聯國家安全委員會（ＫＧＢ）的高級官員。普里馬科夫直言不諱地說：以色列很快就會攻擊黎巴嫩，美國會全力支持，而蘇聯沒有能力阻止攻擊或保護其黎巴嫩和巴勒斯坦盟友。他說，莫斯科將很難阻止戰爭擴展到敘利亞，或保護住它的主要地區盟友，像是敘利亞政權。我們被告知，他對巴解組織的領導層也說了同樣的話。[11]

因此，當戰爭隨著一九八二年六月四日對貝魯特的轟炸而開始時，我們都不應該感到驚訝，儘管隨後發生的事情的範圍和規模遠遠超過我和其他人的預期。相比之下，阿拉法特和其他巴解組織領導人早就明白，當戰爭來臨時，夏隆會把他的軍隊一直推進到貝魯特。他們顯然一直在為這種可能性做準備，儲存彈藥和物資，轉移辦公室和文件，並準備避難所和備用指揮中心。[12]從六月六日開始，以色列龐大的裝甲縱隊，通常是以兩棲作戰部隊和直升機空降部隊為先導，從賽達沿海岸線向北迅速推進，向著貝魯特進發。其他以色列裝甲部隊同時通過該國中部的舒夫山脈，而其他部隊則在東部的貝卡谷地作戰。由八個師組成的入侵部隊在各條戰線

9 David Shipler, "Cease-Fire in Border Fighting Declared by Israel and PLO," *New York Times*, July 25, 1981, https://www.nytimes.com/1981/07/25/world/cease-fire-border-fighting-declared-israel-plo-us-sees-hope-for-wider-peace.html.

10 我在十幾歲的時候就已經認識哈比布了，當時我正在首爾陪伴我父親，我父親曾在一九六二年至一九六五年在韓國主持聯合國最高文職官職，哈比布在那裡擔任美國大使館的高級外交官。他和他的妻子曾經和我父母打交道，我母親和哈比布夫人經常一起在我家打橋牌。當哈比布同意接受我關於黎巴嫩戰爭期間的巴解組織著作 *Under Siege: PLO Decisionmaking During the 1982 War* 的採訪時，我從這種熟人關係中獲益匪淺。

11 這並非我第一次見到普里馬科夫，他對中東政治的了解、他的智慧和坦率一如既往給我留下深刻印象。在蘇聯解體以後，他先是成為俄羅斯情報部門的負責人，然後擔任外交部長和總理。在他擔任總理時，他幫助我和一位奧地利同仁跟俄羅斯國家檔案館達成協議，出版了一九四〇年代至一九八〇年代關於中東的蘇聯外交政策文件。在一九九九年，普里馬科夫被葉爾欽總統罷免，該項目也隨之流產了。普里馬科夫對一九八二年戰爭的描述可參考他的著作 *Russia and the Arabs: Behind the Scenes in the Middle East from the Cold War to the Present* (New York: Basic Books, 2009), 199–205。

12 事後在突尼斯的採訪中，薩拉赫·哈拉夫和哈利勒·瓦齊爾都向我證實，巴解組織領導層早就知道戰爭即將來臨，並做了相應準備，見 *Under Siege*, 198n21。

上都享有數量和裝備上的絕對優勢，並且完全控制著空中和海上。雖然困難的地形或密集的建築區，加上堅決的抵抗可能會短暫地阻礙這樣的強力攻勢，但只有造成非常嚴重的以方傷亡才有可能減緩甚至阻止它。

因此，在六月十三日，以色列軍隊抵達了貝魯特南部海岸公路上具有戰略意義的哈勒德（Khaldeh）十字路口，巴勒斯坦、黎巴嫩和敘利亞的戰鬥人員最終寡不敵眾。[13]以色列的坦克和大砲很快出現在位於巴阿布達（Ba'abda）的總統府附近，以及首都東部的其他郊區。西貝魯特現在被包圍了，圍困即將開始。在以色列發動攻勢，將敘利亞軍隊趕出俯瞰貝魯特的山地城鎮，並迫使敘利亞單獨和以色列停火以後，巴解組織與它在黎巴嫩民族運動中的盟友，在戰場上是孤軍作戰的。圍困不斷地加劇，以色列軍隊似乎可以隨意轟炸西貝魯特，而且看不到有任何一方將會提供救濟或有意義的支援。

在某些情況下，以色列的砲擊和轟炸是有針對性的，有時是基於良好的情報。然而，情況在多數時候並非如此。在以色列針對城市西部的空襲中，特別是在法罕尼—阿拉伯大學區，幾十棟八至十二層的公寓被摧毀了，許多空蕩蕩的巴解組織辦公室和居民住宅被擊中。在那裡和其他的地方，有很多建築乾脆被徹底炸成了平地，例如說在沿岸的勞謝（Raouché）街區，我的堂兄瓦利德的公寓就被大砲夷平了，但是這些建築物根本就沒有軍事功能。

《紐約時報》記者托馬斯．弗里德曼在報導中提及以色列的砲擊是「不分青紅皂白地」，但是他的編輯把這個挑釁性的詞刪掉了。[14]弗里德曼具體指的是以色列對康莫多酒店周圍街區發動的不定時砲擊，他和大多數記者都住在那周圍，而那些地方肯定是沒有任何軍事意義的目標。[15]這種全面砲擊的唯一可能目的就是為了恐嚇貝魯特的居民，讓他們反對巴解組織。

雖然面對這樣的火焰風暴，即使以色列有廣泛的空中監視能力，以及在黎巴嫩安插的數百名特工和間諜[16]（戰爭發生在偵察無人機時代之前），巴解組織幾個正常運作的地下指揮和控制站或其多個通訊中心卻無一被擊中。也沒有一個巴解組織領導人在襲擊中喪生，但有許多平

---

13 阿拉法特很顯然並不感到驚訝。在一九八二年三月的一次演講中，他曾經預言巴解組織及其盟友將會不得不在哈勒德作戰：*Under Siege*, 198n20。巴解組織在那裡的部門指揮官阿布杜拉．西亞姆（Abdullah Siyam）上校在這場戰鬥中犧牲，他是戰爭期間陣亡的最高級別的巴解組織官員。在兩天前，有史以來在戰鬥中死亡的最高級別以色列軍官，前副參謀長和摩薩德指派主任尤庫蒂爾．亞當（Yukutiel Adam）少將，也在距離海岸不遠的達穆爾被巴勒斯坦戰士擊斃，這個地方先前已經被認為是平定了：*Under Siege*, 80–81。

14 這是亞歷山大．考科本（Alexander Cockburn）透露的，"A Word Not Fit to Print," *Village Voice*, September 22, 1982。

15 大多數的西方記者都是從位在濱海區域的傳奇的聖喬治酒店搬入到康莫多酒店的，聖喬治酒店在一九七五年被洗劫和燒毀。那裡一直以來都是外國記者、外交官、間諜、軍火商和其他令人難以啟齒的人物的匯集之所。儘管比起豪華的聖喬治酒店，康莫多酒店更為簡陋，而且也沒有壯麗的海景，但是它的一個不可估量優勢在於它離內戰的大多數戰場相對較遠。Said Abu Rish, *The St. George Hotel Bar* (London: Bloomsbury, 1989)記錄了在那裡發生的一些陰謀，指出著名的情報人員，如金．菲爾比（Kim Philby）和邁爾斯．柯普蘭（Miles Copeland）都是這裡的常客。

16 Ze'ev Schiff and Ehud Ya'ari, *Israel's Lebanon War* (New York: Simon and Schuster, 1983)，比較詳細地介紹了以色列在黎巴嫩的間諜網絡有多麼廣泛，Bergman, *Rise and Kill First*也有這一部分內容的介紹。

民因以色列空軍錯失攻擊目標而傷亡。考慮到以色列為清除巴解領導層所做的巨大努力，這一點著實令人驚訝。[17]以色列的領導人顯然對殺害平民無感，例如在一九八一年七月的一次空襲摧毀貝魯特的一棟建築，並造成了嚴重的平民傷亡後，貝京的辦公室表示：「以色列不再迴避對居住區的游擊隊目標施以攻擊。」[18]阿拉法特本人就是一個首要的目標。在八月五日寫給雷根總統的信中，貝京寫說「這些天」他感覺他和他的「英勇軍隊」，彷彿是在「面對一個『柏林』，在無辜市民中間，希特勒和他的爪牙藏身在地表下的掩體中。」[19]貝京經常把阿拉法特拿來跟希特勒相提並論：如果阿拉法特是另一個希特勒，那麼，無論付出什麼樣的平民生命代價，殺死他肯定是可允許的，也是正當的。[20]

以色列最臭名昭著的間諜之一，被貝魯特人稱為「阿布．里什」（Abu Rish，意思是「羽毛之父」，他有時會在帽子上戴著一根羽毛），經常在我岳母位於西貝魯特的馬納拉區的公寓對面搭帳篷，有時甚至會現身在她家公寓的大廳裡。他古怪的外表讓路人和我的女兒都很熟悉他，她們從上面的陽台看著他，在三十五年後仍然記得這個人。[21]有一些貝魯特人說後來曾看到這個人在給以色列軍隊領路，儘管這可能是一則都市傳說。

在那場戰爭的兩年以後，巴解組織情報部門的負責人薩拉赫．哈拉夫在突尼斯接受我的採訪時，幫助解釋了為什麼以色列的情報部門儘管很受吹捧，但卻可能沒擊中一些預定的攻擊目標。在圍困期間，巴解組織設法獲得了源源不絕的燃料、食物供應和彈藥，將它們轉移到主要與以色列結盟的馬龍派黎巴嫩陣線的一個分支控制的線路上。這是一個簡單的錢的問題，他用他那低沉的老菸槍嗓音告訴我。另外，他還告訴我有系統地使用雙面諜，僱用雙面諜可能也與巴解組織領導人的高存活率有關。「但人們永遠不應該相信雙面諜，」哈拉夫說，「任何你能買到的人都能再次被買走。」一個殘酷的諷刺是，一九九一年在突尼斯暗殺哈拉夫的，正是一個被再次收買的雙面諜。[22]

在圍困即將結束的八月六日那天，我正在一座離我們的住處有幾個街區距離的一棟尚未完

---

17 Bergman, *Rise and Kill First*, 244–47提到企圖殺死整個巴解組織領導層的共同努力，至少可以追溯到一九八一年。

18 "123 Reported Dead, 550 Injured as Israelis Bomb PLO Targets," *New York Times*, July 18, 1981, https://www.nytimes.com/1981/07/18/world/123-reported-dead-550-injured-israelis-bomb-plo-targets-un-council-meets-beirut.html.

19 "Begin Compares Arafat to Hitler," UPI, August 5, 1982, http://www.upi.com/Archives/1982/08/05/Begin-compares-Arafat-to-Hitler/2671397368000/.

20 Bergman, *Rise and Kill First* 指出以色列刺殺阿拉法特的努力始於一九六七年（頁一一七至一一八）。而在頁二四八至二六一，有包括一九八二年戰爭期間以色列多次試圖殺死他的敘述。

21 採訪拉米亞．哈利迪博士，二〇一八年六月一日。在Bergman, *Rise and Kill First*中有一張照片（頁二六四至二六五之間），以色列暗殺小組的指揮官「打扮成一個乞丐」，坐在一個不知名的阿拉伯城市的街道上，這有可能是指貝魯特。

22 這名雙面諜被哈拉夫的部門派去滲透設在利比亞的反巴解組織——阿布．尼達爾，希望能削弱他們的組織，這個行動獲得了很大成功。他後來被哈拉夫的一名高級副手阿布．霍爾僱為司機。但他實際上也是帶著任務的（估計是被伊拉克政權收買，因為伊拉克政權支持阿布．尼達爾組織，而且因為哈拉夫公開反對入侵科威特）。這名雙面諜在一九九一年一月十四日暗殺了哈拉夫、霍爾和一名助手，這是發生在美國將伊拉克軍隊趕出科威特的兩天前。

工的八層公寓附近，一枚精確的導彈將它炸毀了。[23]當時我正要把一個朋友送到他停在離大樓不遠的汽車那裡，於是我們在那附近停留了一下。當飛機俯衝而下時，我幾乎已經到家了，我聽到身後傳來了巨大的爆炸聲。後來，我看到整棟樓都被炸平，被炸成一個個冒煙的廢墟。這座建築裡住滿來自薩布拉和沙提拉的巴勒斯坦難民，據說阿拉法特曾剛剛到訪過那裡。至少有一百人被殺，可能人數更多，其中大部分是婦女和兒童。[24]幾天後，我的朋友告訴我，空襲之後，就在他搖搖晃晃地上了車，但沒有受傷的時候，一顆汽車炸彈在附近爆炸了，估計是為了殺死那些救援人員，後者正在幫助難民在廢墟中尋找他們的親人。這種汽車炸彈是圍困貝魯特的以色列軍隊的首選武器，也是他們最可怕

一九八二年八月六日位於西貝魯特的札利夫街區。「我聽到身後傳來了巨大的爆炸聲。後來，我看到整棟樓都被炸平，被炸成一個個冒煙的廢墟。」

的死亡和破壞工具之一，一位摩薩德官員將其描述為「為殺戮而殺戮」。[25]

這場骯髒的戰爭一直持續到在以色列、美國和他們的黎巴嫩盟友的強大壓力下，在沒有任何阿拉伯政府的有意義支持下，巴解組織被迫同意撤離貝魯特為止。[26] 撤離談判主要是透過哈比布大使與黎巴嫩中間人來進行，但法國和一些阿拉伯政府也有參與，特別是沙烏地阿拉伯和敘利亞。直到最後，儘管美國的角色和他們對以色列的態度發生了一些變化，但美國仍然致力

---

23 這可能是伯格曼在*Rise and Kill First*, 256描述的轟炸：「有一次，他們（暗殺小組）甚至聽到阿拉法特本人在打電話，並派出一對戰鬥機，將大樓夷為平地，但據達揚（部隊指揮官）說：『阿拉法特離開的時間不超過三十秒。』」這可能是頁二五八至二五九提到的同一次攻擊，但日期被錯誤地定在八月五日，並被錯誤地描述為針對「位於西貝魯特的薩納伊辦公區，阿拉法特本應在那裡參加會議。」據伯格曼稱，參謀長拉斐・艾坦親自參與了這次轟炸。

24 *Under Siege*, 97。《新聞週刊》的記者托尼・克里夫頓（Tony Clifton）在現場，《每日電訊報》的約翰・布洛赫（John Bulloch）也在現場。克里夫頓對事後的情況做出了令人痛心的描述，並說死亡人數可能高達兩百六十人。Tony Clifton and Catherine Leroy, *God Cried* (London: Quartet Books, 1983), 45–46。另見John Bulloch, *Final Conflict: The War in Lebanon* (London: Century, 1983), 132–33。

25 詳情見*Under Siege*, 88 and 202n39。另參考Bergman, *Rise and Kill First*, 242–43，其中詳細介紹了以色列情報部門在黎巴嫩使用汽車炸彈的情況。

26 在《圍困之中》中，我敘述了巴解組織是如何做出撤離貝魯特的決定。我寫這本書的依據是我所查閱的當時位於突尼斯的巴解組織檔案，以及採訪參與談判的美國、法國和巴勒斯坦主要人員。（這些檔案和巴解組織的其他辦公室在一九八五年十月一日遭到以軍轟炸，還殺害幫助我的一位檔案工作人員。）

於實現以色列的主要戰爭目標：擊敗巴解組織並將其驅逐出貝魯特。

以色列要求巴解組織完全且無條件地撤出貝魯特，這個目標也得到美國全力背書。貝京和夏隆利用他們知道會在華盛頓引起共鳴的冷戰套路，早就說服了雷根政府，讓他們認為巴解組織是一個跟邪惡的蘇聯帝國結盟的恐怖組織，消滅它對美以雙方都有好處。美國在戰爭期間的所有外交活動都是源於這個共同信念。因此，巴解組織不僅面臨來自以色列的強大軍事壓力，而且還面臨來自美國不懈的外交脅迫。這種脅迫是強烈而持續的，同時，以色列和美國還造謠和欺騙了談判的進程，目的是削弱巴勒斯坦和黎巴嫩的士氣，促使其迅速投降。

同時，美國還向盟友提供了不可或缺的物質支持，在一九八一年和八二年這兩年中，每年向以色列提供了十四億美元的軍事援助。這些錢支付了以色列在黎巴嫩部署的無數美國武器系統和彈藥，從F－16戰鬥機到M－113裝甲運兵車、一五五毫米和一七五毫米火砲、空對地導彈和集束炸彈。

除了以色列和美國交織在一起的作用之外，這場戰爭最卑劣和最可恥的附帶品是阿拉伯國家政權屈服於美國的壓力。它們的政府大聲宣稱它們支持巴勒斯坦人的事業，但在巴解組織獨自對抗以色列的軍事進攻時，以及在一個阿拉伯國家的首都遭到圍困、轟炸和占領時，卻沒有採取任何行動支持巴解組織，甚至沒有支持它們的盟友黎巴嫩。當美國支持以色列將巴解組織驅逐出貝魯特時，它們只是發表了形式上的反對意見。七月十三日，阿拉伯聯盟外交部長在為籌備阿拉伯首腦會議而舉行的會議上，沒有提出任何行動來應對當時已經持續了五個多星期的戰爭。相反的，阿拉伯國家溫順地默許了這一現狀。

敘利亞和沙烏地阿拉伯的情況尤其如此，它們被阿拉伯聯盟選為代表阿拉伯國家立場的代表團，在一九八二年夏天前往華盛頓。阿拉伯國家政府的反戰意識被金錢廉價收買了，美國承諾會發布一個全新的美國—中東外交倡議，並最終在九月一日公布，後來這一倡議被稱為「雷根計畫」（Reagan Plan）。該倡議將限制以色列人的定居點，並在西岸和加薩地帶建立一個自治的巴勒斯坦當局，但該倡議排除了在這些領土上建立一個擁有主權的巴勒斯坦國的可能性。美國從來沒有強力推動的雷根計畫，就被貝京政府不費吹灰之力地破壞了，這計畫沒有帶來任何的結果。

然而，在阿拉伯國家的公眾輿論中，入侵黎巴嫩和圍攻貝魯特的事件引起人民極大的震驚與憤怒，令人揪心的電視畫面在各地播出。然而，對於任何一個壓迫性的、不民主的阿拉伯國家政府來說，是沒有足夠的民眾壓力來迫使以色列結束圍困一個阿拉伯國家的首都，或者為撤離巴解組織爭取更好的條件。在大多數戒備森嚴的阿拉伯城市，很少有大規模的示威活動，也沒有公開的騷亂。而更諷刺的是，在中東地區因這次戰爭引發的最大示威活動，卻可能是在台拉維夫發生的，人們在那裡抗議薩布拉和沙提拉的屠殺事件。

也許以色列人是那個開戰的國家，而且也遭受了傷亡，但巴勒斯坦人再一次發現，戰場上的敵人從一開始就得到超級大國的支持。入侵黎巴嫩是以色列政府做出的決定，但如果沒有國務卿海格的明確同意，沒有美國的外交和軍事支持，再加上阿拉伯國家政府的完全被動，入侵計畫就不可能施行。海格為所謂的「有限行動」給以色列開了綠燈，這是很清楚的。在五月二十五日，也就是開始進攻的十天前，夏隆在華盛頓會見了海格，明確提出他雄心勃勃的戰爭計畫。事實上，夏隆提供給海格比他後來提交給以色列內閣更全面的情況。海格唯一的回應是，「必須要有一個大家都看得到的挑釁行為」，一個「會被國際社會理解的挑釁行為」。[27]不久之後，以色列駐倫敦大使什洛莫・阿戈夫（Shlomo Argov）被暗殺未遂（由反對巴解組織的阿布・尼達爾組織策動），這正是他們需要的挑釁。[28]

夏隆向海格解釋說，以色列軍隊將剷除在黎巴嫩的巴解組織，這就包括所有的「恐怖組織」、軍事機構和位在貝魯特的政治總部。僅僅是計畫中的這一內容就已經超過夏隆對「有限行動」的描述。儘管夏隆鐵口直斷堅稱他「不希望跟敘利亞開戰」，以色列還是有把敘利亞人趕出黎巴嫩這個「附帶目標」，並希望建立黎巴嫩的傀儡政府。這一論述很清楚，記錄這場會議結果的美國外交官指出：「海格為有限行動開了綠燈。」[29]

雖然在一九八二年的巴解組織知道它不可能得到執政的阿拉伯國家政權的支持，但該組織的確曾指望著能得到黎巴嫩人民的同情。然而，巴解組織在過往十五年的強硬和傲慢行為已經嚴重削弱黎巴嫩民眾對他們的支持，特別是傷害了人們對巴勒斯坦人存在於黎巴嫩的支持。位在貝魯特上流的凡爾登社區的巴勒斯坦研究所附近，曾發生一起典型事件，巴解組織的高級領導人阿布・札伊姆（Abu Za'im）上校的警衛，在一個深夜裡射殺一對年輕的黎巴嫩夫婦，原因是這對夫婦沒有在領導人公寓附近匆忙設立起來的檢查站停車受檢。[30]由於巴解組織紀律渙散，沒有人因為這些死亡事件而受到懲罰。這種不可饒恕的行為太常見了。

巴勒斯坦人在黎巴嫩的行動本應受到一個正式框架限制，這個框架是在一九六九年通過的「開羅協議」（Cairo Agreement），該協議給予巴解組織對難民營的控制權，以及組織在黎巴嫩南部大部分地區的行動自由。但是，全副武裝的巴解組織在該國許多地方已經成為一支日益重要的支配力量。一般的黎巴嫩人對這種壓迫性的巴勒斯坦存在感到不滿，因為隨著冗長的內戰，這種壓迫性的存在只會愈演愈烈。在黎巴嫩國家內建立一個相當於巴解組織的迷你國家終將是持續不下去的，因為這對許多黎巴嫩人來說是不可容忍的事。人們對巴勒斯坦人的軍事行

---

27 Anziska, *Preventing Palestine*, 201.

28 巴勒斯坦人一直懷疑阿布・尼達爾組織在不同時期曾經為利比亞、伊拉克和敘利亞的情報機構做事，也被以色列摩薩德滲透了。Bergman, *Rise and Kill First*, 249提到根據以色列的消息來源，「英國情報部門在阿布・尼達爾組織裡有一位雙面諜」，並攻擊了以色列大使阿戈夫。雖然伯格曼描述的以色列雙面諜幾乎存在每一個敵視以色列的團體中，且儘管阿布・尼達爾組織向以色列和猶太人發動驚人攻擊，但在他的書中卻沒有提到以色列雙面諜滲透，實際上也沒有為這個團體設置一個適當的索引條目。

29 Anziska, *Preventing Palestine*, 201–2.

30 我的母親在一九七七年二月開車經過另一個這樣的檢查站的時候遭到槍擊，幸運的是她只受了輕傷，這個檢查站是由敘利亞軍隊駐守。

動所引發的以軍對黎巴嫩平民的破壞性攻擊，也是感到深惡痛絕。巴解組織在以色列的攻擊目標往往是針對平民百姓，這即使沒有損害到巴勒斯坦的民族事業，但也明顯沒有起到什麼作用。不可避免的是，所有這些因素都會讓大部分黎巴嫩人起而反對巴解組織。在這一時期，巴解組織最嚴重的缺點就是沒有看到自己的錯誤行為，以及有缺陷的戰略舉措所引發的強烈敵意。

因此，當一九八二年的關鍵時刻到來時，巴解組織突然發現自己失去許多傳統盟友的支持，這其中包括三個關鍵團體。這三個團體分別是由納比赫．貝里（Nabih Berri）領導的阿邁勒運動（Amal movement），這團體跟敘利亞結盟，也在黎巴嫩南部和貝卡谷地有大量的什葉派擁護者（但阿邁勒的年輕民兵仍在許多地區與巴解組織英勇地並肩作戰）；位在貝魯特東南舒夫山的瓦利德．瓊布拉特（Walid Jumblatt）德魯茲派地方豪強；以及貝魯特、的黎波里和賽達的遜尼派城市人口。自一九六〇年代以來，遜尼派政治領導人的支持是巴勒斯坦要維護在黎巴嫩的政治和軍事存在的重中之重。[31]

我們不難理解這些領導人和他們所代表的社區是如何做判斷的。在黎巴嫩南方的人口，其中大部分是什葉派，比其他黎巴嫩人更容易受到巴解組織行動的影響。巴解組織除了自己會侵犯和踐踏黎巴嫩南部居民外，組織的存在會讓居民會面臨以色列的攻擊，迫使許多人一再逃離他們的村莊和城鎮。所有人都明白，以色列是在故意懲罰平民，好疏遠他們跟巴勒斯坦人的關係，但還是有很多人因此怨恨巴解組織。

瓦利德．瓊布拉特的想法與此類似，他後來說，在以色列向舒夫山的德魯茲地區推進的壓倒性力量面前，他別無選擇，只能低頭。他可能覺得，以色列軍隊中的德魯茲軍官的保證可以保護他的社區。從一九八二年六月下旬開始，以色列軍隊和安全部門開始支持無紀律和有仇必報的馬龍派民兵滲透到德魯茲人為主的地區，例如在阿列伊（'Aley）和貝伊特丁（Beit al-Din）之類的地區，在那裡他們犯下了更多的暴行，也因此變得臭名昭著，這讓瓊布拉特的社區開始後悔當初做出的決定。[32]

至於遜尼派，特別是對貝魯特西部的遜尼派來說，轟炸和圍攻黎巴嫩首都這事件結束了他們對巴解組織的堅定支持，他們曾將巴解組織視為對抗馬龍派統治的黎巴嫩國家和馬龍派民兵的武裝力量的重要盟友。一部分的黎巴嫩人可能被巴勒斯坦人把貝魯特變成另一個史達林格勒或凡爾登而被激發了起來，但更多數人是震驚於貝魯特慘遭以色列的大砲和空襲摧毀。不屈服以色列是件好事，但這不能以破壞他們的家園和財產為代價。這是個關鍵的轉變，如果沒有貝魯特大部分遜尼派居民和許多什葉派居民的支持，巴解組織就無法長期抵抗以色列的攻勢。

31 他們包括拉什德・卡拉米（Rashid Karami）、薩伊布・薩拉姆和薩利姆・霍斯（Salim al-Hoss）等政治人物，他們曾經根據一九四三年國家獨立時的方案擔任過黎巴嫩總理，他們在傳統上和黎巴嫩境內主要是遜尼派的巴勒斯坦政治和軍事存在保持一致。

32 *Under Siege*, 65, 88, and 201n16。關於薩布拉和沙提拉難民營屠殺的卡漢委員會調查文件的祕密附錄中，有許多文件都提及在舒夫地區的黎巴嫩軍屠殺德魯茲派的居民：KP I, 5; KP II, 107–8; KP III, 192; KP IV, 254, 265, 296; KP V, 56, 58; KP VI, 78。這些文件在此可查：https://palestinesquare.com/2018/09/25/the-sabra-and-shatila-massacre-new-evidence/。

這些考慮更嚴重削弱對巴解組織本就已經衰弱了的支持，在戰鬥的早期，南部和舒夫山區被攻克了，貝魯特被轟炸和包圍，敘利亞退出了戰爭，菲利普・哈比布轉達了以色列要求巴解組織立刻無條件撤離的苛刻要求。然而，在戰爭開始後的幾個星期裡，黎巴嫩三個穆斯林社區的領導人大大改變了他們的立場，變得更加支持巴解組織。這個轉變是在巴解組織同意從貝魯特撤軍，好換取黎巴嫩人能保護留下來的平民。

七月八日，巴解組織提出從貝魯特撤軍的十一點計畫。該計畫要求在以色列軍隊和西貝魯特之間建立一個緩衝區，加上以軍有限度撤離，國際部隊持久部署，以及國際上能保障巴勒斯坦（和黎巴嫩）人民，因為一旦巴解組織的戰士離開，這些人民將幾乎沒有防備可言。[33]在這些計畫上，黎巴嫩的穆斯林領導人相信，作為拯救城市的一個舉動，巴解組織是真誠地願意離開。另外，這些穆斯林領導人也深感不安，因為有愈來愈多的證據顯示，以色列正公開支持主要是馬龍派的黎巴嫩軍，這問題凸顯出穆斯林社群在一個後巴解組織的黎巴嫩的弱勢地位，以色列和它的武裝盟友將主導這樣的一個黎巴嫩。

在六月底，黎巴嫩軍民兵抵達了舒夫山，並在那裡大範圍的屠殺、綁架和謀殺以色列控制的南部地區，這更加重了人們的擔憂。[34]在這個階段，經過七年的內戰，這種教派屠殺已經變得司空見慣了，巴解組織的部隊已經成為黎巴嫩的穆斯林和左派人士的主要保護者。因此，遜尼派、什葉派和德魯茲派的領導人更加倍支持巴解組織在其十一點計畫中的要求。

要了解接下來發生的事情，必須要沿著美國所負有的責任這一條重要的線索。這些後果不僅僅是夏隆、貝京和其他以色列領導人的決定的結果，也是作為以色列盟友的黎巴嫩民兵的行動的結果。雷根政府也對這些後果負有直接責任，在以色列的壓力下，雷根政府頑固地拒絕接受為平民提供任何正式保障的需求，拒絕提供國際保障，並阻止長期部署可能保護非戰鬥人員的國際部隊。相反的，為了確保巴解組織撤離，菲利普・哈比布透過黎巴嫩中間人，向巴勒斯坦人提供莊嚴、直截了當的書面承諾，好保護西貝魯特的難民營和街區裡的平民。這些備忘錄是印在沒有信頭、簽名或身分證明的白紙上，由黎巴嫩總理沙菲克・瓦贊（Shafiq al-Wazzan）轉交給巴解組織，後來被載入黎巴嫩政府的紀錄中。其中第一份備忘錄的日期是八月四日，提到「美國……保證難民營的安全」。第二份，在兩天以後，說「我們還重申了美國保證貝魯特難民營的安全。」[35]八月十八日，美國給黎巴嫩外交部長的照會中包含這些保證，其中指出：

> 留在貝魯特的守法的巴勒斯坦非戰鬥人員，包括已經離開的人的家屬，將被批准過著

33 十一點計畫的文本可在 *Under the Siege*, 183-84找到。

34 除了在六月底和七月初在舒夫山的屠殺以外，卡漢委員會的祕密附錄中的文件還報告了其他暴行：在貝魯特，有一千兩百人在黎巴嫩軍情報主管埃利・霍貝卡控制的部隊手中失蹤，並被推定謀殺（KP II, 1, and KP V, 58），以及一份摩薩德的報告說到六月三十日時，已經有五百人在黎巴嫩軍設置的路障處被「清除」（KP II, 3, and KP VI, 56），見：https://palestinesquare.com/2018/09/25/the-sabra-and-shatila-massacre-new-evidence/。

35 *Under the Siege*, 171引用了巴解組織檔案中的原始文件。

和平和安全的生活。黎巴嫩和美國政府將提供適當的安全保證……其基礎是以色列政府和與之接觸過的某些黎巴嫩團體的領導人的保證。[36]

巴解組織認為，這些保證構成了具有約束力的承諾，正是在此基礎上，巴解組織同意撤離貝魯特。

八月十二日，經過了曠日費時的談判，雙方達成巴解組織撤離的最終條件。談判進行的同時，以色列也發動整場圍困行動中最猛烈的轟炸和地面攻擊。僅僅這一天的空襲和砲擊（在巴解組織原則上同意離開貝魯特一個多月後），就造成了五百多人的傷亡。它是如此無情，甚至連雷根也被觸動了，要求貝京停止這場殺戮。[37]在雷根的日記中提到，他在凶猛的攻勢中給以色列總理打了電話，並說：「我很生氣，我告訴他必須停止，否則這會讓我們未來的關係處在危險中。我故意用了屠殺這個詞，並說象徵他這場戰爭的符碼，正在變成一張七個月大的嬰兒被炸斷手臂的照片。」[38]這通尖銳的電話促使貝京政府幾乎立即停止了火雨，但以色列拒絕在關鍵問題上讓步，以色列不願拿為巴勒斯坦平民提供國際保護，來交換巴解組織撤離黎巴嫩。

八月二十一日至九月一日期間，數千名巴解組織的武裝人員和戰鬥部隊離開貝魯特時，西貝魯特的民眾情緒開始波動。當卡車車隊將巴勒斯坦武裝人員運往港口時，哭泣、歌唱和歡呼的人群在道路兩旁排成了長龍。他們看著巴解組織被迫撤離黎巴嫩首都，其領導人、幹部和戰士走向了未知的命運。他們最終將經過陸路和海路分散到超過六個阿拉伯國家裡。

這些被送往不確定目的地的男人和女人，有些是他們一生中的第二次或第三次遭到驅逐，他們被許多貝魯特人視為英雄，因為他們在沒有任何外部支持的情況下，在中東最強大的軍隊面前挺立了十個星期。當他們的車隊駛過貝魯特時，沒有人意識到，在以色列的壓力下，美國突然做出單方面的決定，負責監督疏散的國際部隊，諸如美國、法國和義大利部隊將在最後一艘船離開後立即撤離。以色列的頑固和美國的默許使平民百姓得不到保護。

在我們居住的札利夫區裡，只有少數的建築物受到嚴重破壞，所以我們得以在貝魯特之圍中毫髮無損地活了下來（儘管我擔心戰爭會對兩個年幼的女兒產生持久性的影響）。[39]一旦巴解組織的部隊離開，圍困解除了，生活開始慢慢恢復正常，但以色列軍隊仍然包圍著西貝魯特，局勢仍然非常緊張。這種看似正常的狀態很快就結束了，我們將會了解到，各國向巴解組織做出的那些保證甚至不值得被寫在那張白紙上。

九月十四日，總統當選人、黎巴嫩軍指揮官和長槍黨領導人巴希爾・哲馬耶勒（Bashir

36 全部的美國—黎巴嫩通信內容都可以在這裡找到：*Department of State Bulletin*, September 1982, vol. 82, no. 2066, 2–5。

37 黎巴嫩警方報告稱，當天「至少有一百二十八人死亡」，四百人受傷。*Under Siege*, 204n67，引用《紐約時報》一九八二年八月十三日發表的美聯社報告。

38 一九八二年八月十二日的日記，Ronald Reagan, *The Reagan Diaries*, ed. Douglas Brinkley (New York: HarperCollins, 2007), 98。

39 在這之後的一段時間裡，他們只要聽到頭頂上有飛機或直升機的聲音就會很害怕。

Gemayel）在一起巨大的炸彈爆炸中被殺，長槍黨總部被摧毀了。這是以色列軍隊立即進入並占領西貝魯特的導火線，儘管以色列曾向美國承諾不會這樣做。巴解組織以前的總部就在這裡，他們的盟友黎巴嫩民族運動（LNM）也仍在這裡。第二天，當以色列軍隊席捲了西貝魯特時，他們迅速壓制了來自黎巴嫩民族運動戰士的零星抵抗，我和我的家人擔心全家的安全，其他跟巴解組織有關聯的巴勒斯坦人也是如此（這句話的意思是幾乎所有在黎巴嫩的巴勒斯坦人）。這些人不僅包括在黎巴嫩登記和出生的難民，還包括像我們一樣擁有外國公民身分、工作許可和合法居留身分的人。

在我們所有人的心目中，一九七六年長槍黨在塔爾札塔爾難民營的屠殺是最難忘懷的，有兩千名巴勒斯坦平民在屠殺中喪生。鑑於以色列和黎巴嫩軍的聯盟，巴解組織在其十一點計畫，以及在關於撤離的談判也特別提到了塔爾札塔爾。當然，由於黎巴嫩軍在最近被以色列占領的地區的殺戮行為，以及以色列將巴解組織說成是恐怖分子，且不加區分武裝人員和平民，這讓我們全家的擔憂更加嚴重了。

在哲馬耶勒被暗殺的第二天早上，在激烈的槍聲中，公寓敞開的窗戶傳來了柴油機的轟鳴聲和坦克履帶發出的聲響。這是以色列裝甲部隊進入西貝魯特時發出的噪音。我們知道，我們必須迅速趕到安全地帶。我很幸運聯繫到了馬爾科姆．科爾，他是貝魯特美國大學的校長，也是我的好朋友，他立即帶我們到一個空置的教師公寓裡避難。[40]穆娜、我的母親、我的兄弟、我和我的女兒，將一些匆忙收拾的行李裝進了兩輛汽車，在以色列軍隊抵達大學門口之前，飛快地趕到了大學。

第二天，也就是九月十六日，我和科爾以及我的幾位貝魯特美國大學的同事，就坐在他住家的陽台上，這時一位氣喘吁吁的大學警衛來告訴他，以色列軍官在一列裝甲車的前面，要求進入校園搜查恐怖分子。科爾急忙跑到大學門口，他後來告訴我們，他拒絕了軍官的要求。「本校沒有恐怖分子，」他說，「如果你們要找恐怖分子的話，那就在你們自己的軍隊中找那些已經摧毀了貝魯特的人吧。」

多虧了科爾的勇敢，我們在教職員公寓裡是暫時安全的，但是很快，我們就聽說其他人正處在瀕死的危險中。在同一天晚上，九月十六日，我的弟弟拉賈和我困惑地看著一幕超離奇的畫面：以軍射出的照明彈從黑暗的夜空中從天而降，一個接著一個，落在完全靜謐如永恆般的貝魯特城南。當我們眼睜睜看著照明彈飛落的時候，我們感到十分困惑：軍隊通常會利用照明彈來照亮戰場，但是，停火協議在一個月以前就簽訂了，所有的巴勒斯坦戰鬥人員已經在幾個星期前就離開了，在以色列軍隊抵達西貝魯特時的零星黎巴嫩抵抗，也已經在前一天停止了。我們聽不到爆炸聲或是槍聲。這座城市是安靜的，噤若寒蟬的。

在第二天傍晚，兩名心有餘悸的美國記者，《華盛頓郵報》的羅倫・詹金斯（Loren Jenkins）和強納森・蘭達（Jonathan Randal），他們是最早進入到薩布拉和沙提拉難民營的西方人之一，

---

40 僅僅十六個月後，科爾就在他辦公室外頭被暗殺了，我的一些貝魯特美國大學的同事也是如此。

告訴了我們他們所看到的事情。[41]他們當時和瑞安．克羅克（Ryan Crocker）一起，後者是第一個匯報了他們三人所目擊事件的美國外交官，他呈交出的是一場屠殺的醜惡證據。我們得知，在前一天的整個夜晚，以色列軍隊發射的照明彈是為了給黎巴嫩軍照亮難民營用的。黎巴嫩軍被派去那「清理」了手無寸鐵的平民。在九月十六日至十八日早晨之間，黎巴嫩軍殺害了超過一千三百名巴勒斯坦人、黎巴嫩男子、女子和兒童。[42]

在埃瑞．福爾曼（Ari Folman）共同撰寫的電影和書籍《與巴希爾跳華爾茲》（*Waltz with Bashir*）中，故事情節是以一個非常不同的角度，描述那些令我們困惑不已的照明彈。在貝魯特被圍困期間，福爾曼是一名以色列士兵，在屠殺發生時，他與發射信號彈的部隊一起駐紮在一棟建築的屋頂上。[43]在《與巴希爾跳華爾茲》中，福爾曼提到一個因集體謀殺而形成的責任同心圓，且指出身處同心圓外圍的人也同樣

這一幅《杜恩斯伯里》（*Doonesbury*）漫畫描繪了以色列政府對於認定什麼人是恐怖分子的寬泛標準。這裡提到的「七千名嬰兒恐怖分子」總是讓我想到我的兩個小女兒。

負有責任。在他心目中，「凶手和圍繞在他們周圍的圈子是一體的，是相同的。」[44]

這句話對整場戰爭來說也是正確的，對薩布拉和沙提拉的屠殺來說也是如此。事件發生後成立的調查委員會，由以色列最高法院法官伊札克．卡漢（Yitzhak Kahan）主持，確定了貝京、夏隆和以色列高級軍事指揮官對屠殺負有直接和間接責任。[45] 因為以色列國內對這起屠殺事件普遍覺得反感，大多數被點名的人都失去了職位。然而，以色列國家檔案館在二〇一二年

---

41 因為報導薩布拉和沙提拉屠殺的事件，詹金斯後來與《紐約時報》的弗里德曼共同獲得普立茲獎。

42 基於廣泛的採訪和艱苦的研究，最完整分析屠殺受害者人數的是巴勒斯坦歷史學家巴彥．努瓦希德．胡特（Bayan Nuwayhid al-Hout），她在 *Sabra and Shatila: September 1982* (Ann Arbor: Pluto, 2004) 一書中確定了至少有近一千四百人死亡。然而，她指出，由於許多受害者是被綁架並從未被找到，所以實際數字無疑更大，而且已經無從知曉了。

43 這部漫畫小說的作者是埃瑞．福爾曼和大衛．波隆斯基（New York: Metropolitan Books, 2009）。根據福爾曼在《與巴希爾跳華爾茲》中的描述，他的部隊發射了照明彈，創造「一個明亮的天空，來幫助其他人殺人。」儘管這本書和電影不留情面地描述了以色列的暴行，但主要聚焦點是讓殺手得以施展拳腳的以色列人在屠殺後感到的痛苦，而不是在最後描述到的那些無名受害者的苦難。在這一點上，它與以色列著名的「先射殺再哭泣」的文學體裁有較多相似之處。

44 最後，福爾曼的朋友用了一點流行心理學的內容幫福爾曼脫罪。他告訴福爾曼，你身為十九歲的猶太大屠殺倖存者，施行屠殺的人和周圍圈子裡的以色列人沒有區別的念頭只是「存在於你的認知中」，「你覺得有罪……違背了你的意願，你被賦予了納粹的角色……你發射了照明彈。但是你沒有進行屠殺。」

45 卡漢委員會的報告可以在這裡找到：http://www.jewishvirtuallibrary.org/jsource/History/kahan.html。對這份報告的許多瑕疵和遺漏之處的尖刻批評可以參考：Noam Chomsky, *Fateful Triangle: The United States, Israel, and the Palestinians*, 2nd ed. (Cambridge, MA: South End Press, 1999), 397–410。

公布的文件[46]和未公布的卡漢委員會[47]祕密附錄，卻揭露了這些人的更大罪責，這些罪責遠超過一九八三年的原始報告所描述的罪行。這些文件揭露了夏隆和其他人長期以來深思熟慮的決策，他們將經驗老到的長槍黨殺手送到巴勒斯坦難民營中，目的是屠殺和驅趕這些人。這些文件還顯示美國外交官是如何被以色列人反覆恫嚇，而未能阻止美國政府曾承諾要阻止的屠殺。

根據這些文件，在巴解組織的全部軍事單位於一九八二年八月底離開貝魯特後，貝京、沙米爾、夏隆和其他以色列官員卻謊稱約有兩千名巴勒斯坦戰士和重型武器仍然在城市裡，說這違反了撤離協議。[48]沙米爾在九月十七日跟一位美國外交官會面時提出了這件事[49]，美國政府肯定知道事實並非如此，像是夏隆本人在一天前還曾告訴以色列內閣：「一萬五千名武裝恐怖分子已經撤出貝魯特了。」[50]此外，以色列的軍事情報機構也毫無疑問知道，這數字已經包含每一個在貝魯特的巴解組織常規軍事單位。

但令人悲傷的是，美國外交官並沒有質疑以色列領導人提出的虛假數字。事實上，這些文件顯示，美國官員很難站出來反對跟以色列占領西貝魯特有關的任何問題。當以色列駐華盛頓大使摩西．阿倫斯（Moshe Arens）不得不聽取由國務卿喬治．舒爾茨（George Shultz，當時已接替海格）起草的一系列嚴厲談話要點時（美國指責以色列「欺騙」並要求其立即撤出西貝魯特），阿倫斯則是以嘲諷的口氣回應了他。他對副國務卿勞倫斯．伊格伯格（Lawrence Eagleburger）說：「我不確定你們知道自己在做什麼」，並稱美國人的觀點是「捏造的」和「完全錯誤的」。伊格伯格建議國務院可能要發表一份聲明，指稱以色列占領西貝魯特「違背了保證」，這時阿倫斯的副手，三十三歲的納塔雅胡也參與了進來。「我建議你刪掉這條，」他說道，「否則的話，你就是讓我們別無選擇了，我們只能透過澄清事實來捍衛我們的信譽。我們最終會陷入彼此之間的攻伐。」在聽完納塔雅胡用希伯來語說的一段話後，阿倫斯加了一句：「我認為你說的對。」[51]歷史上很少有一個小國的年輕外交官會對一個超級大國的高級代表這樣說話，並在這樣做時還得到了支持。

---

46 在薩布拉和沙提拉屠殺事件的三十週年之際，《紐約時報》在網上公布了以色列國家檔案館發布的文件，以及在檔案館發現這些文件的塞斯．安齊斯卡（Seth Anziska）就該主題發表的專欄文章。"A Preventable Massacre," New York Times, September 16, 2012: http://www.nytimes.com/2012/09/17/opinion/a-preventable-massacre.html?ref=opinion。這份文件可以在線上找到："Declassified Documents Shed Light on a 1982 Massacre," *New York Times*,September 16, 2012, http://www.nytimes.com/interactive/2012/09/16/opinion/20120916_lebanondoc.html?ref=opinion。

47 如前所述，該報告的祕密附錄的英文譯本可在巴勒斯坦研究所的網站上查閱：https://palestinesquare.com/2018/09/25/the-sabra-and-shatila-massacre-new-evidence/。我把它們作為卡漢文件來引用。

48 早在七月十九日，夏隆就告訴哈比布，有以色列情報報告顯示，巴解組織計畫留下「恐怖主義基礎設施的核心」，「這就是要求多邊部隊保護難民營背後隱藏的想法。」KP III, 163。由於所說的並不是事實，因此要麼夏隆是被嚴重誤導了，要麼就是他已經在準備一個藉口，計畫在巴解組織離開後對黎巴嫩境內剩餘的巴勒斯坦人採取行動。

49 "Declassified Documents Shed Light on a 1982 Massacre," *New York Times*, September 16, 2012.

50 KP IV, 273。夏隆還向這次內閣會議報告，黎巴嫩軍已被派往薩布拉。

51 「解密文件揭示了一九八二年的一場屠殺」。另見 Anziska, *Preventing Palestine*, 217-18。

在九月十七日，當羅倫．詹金斯和強納森．蘭達向我們描述屠殺還在繼續進行時，菲利普．哈比布的助手莫里斯．德雷珀（Morris Draper）大使接到了華府的指示，向沙米爾和夏隆施壓，要求他們承諾離開西貝魯特。夏隆則是一如既往地要讓事情升級，「貝魯特有數以千計的恐怖分子，」他告訴德雷珀，「他們留在那裡對你有好處嗎？」德雷珀對這錯誤斷言沒有提出異議，但當這位氣急敗壞的美國使節對聚在一起的以色列官員說：「我們認為你們不應該進來（西貝魯特）。你們應該待在外面。」這時候夏隆直截了當地告訴他：「無論你們是沒想到，還是想到了。當問題涉及到我們的安全時，我們從來不會問。我們永遠不會問。當問題涉及到生存和安全時，這是我們自己的責任，我們永遠不會把它交給任何人來幫我們決定。」在德雷珀就另一個涉及所謂「恐怖分子」的說法，而溫和地質疑夏隆時，夏隆直截了當地說：「所以我們會殺死他們。他們不會被留在那裡。你不會救他們的。你不會去救這些國際恐怖主義團體。」[52]

夏隆的直白已經足夠令人不寒而慄了。德雷珀和美國政府都不知道，就在這個時候，夏隆的部隊派往難民營的黎巴嫩軍民兵正在進行他所說的殺戮，但面對民兵的都是手無寸鐵的老人、婦女和兒童，而不是所謂的恐怖分子。即使夏隆的部隊沒有進行實際的屠殺，他們還是提供給黎巴嫩軍一點一八五億美元的武裝，訓練他們，派他們去執行任務，並用照明彈提供照明，推動他們所執行的血腥任務。

夏隆以這種方式利用黎巴嫩軍的意圖，在卡漢文件的數十頁祕密附錄中得到了證實。夏隆、陸軍參謀長拉斐爾・艾坦（Rafael Eitan）中將、軍事情報負責人耶書亞・薩古伊（Yehoshua Saguy）少將、摩薩德負責人伊札克・尤菲（Yitzhak Yofi），以及尤菲的副手和繼任者納胡姆・阿德莫尼（Nahum Admoni），他們全都清楚地知道黎巴嫩軍在黎巴嫩戰爭早期所犯下的暴行。[53]他們也知道巴希爾・哲馬耶勒和他的追隨者對巴勒斯坦人懷有的致命意圖。[54]雖然那些

52「解密文件揭示了一九八二年的一場屠殺」。一九八二年九月十六日，夏隆在以色列內閣發言時，報告了早些時候與德雷珀的交流，他指責德雷珀「非常厚顏無恥」地反駁了他。KP IV, 274。

53 KP III, 222-26。如第三章所述，夏隆在一九八二年九月二十四日，以色列議會國防和外交事務委員會的一次非公開會議，以及一九八二年十月在以色列議會，詳細地談到了塔爾札塔爾。根據摩薩德一九八二年六月二十三日的一份報告，巴希爾・哲馬耶勒在一次有他的六名高級顧問參加的會議上對摩薩德代表說，在對付什葉派時，「他們可能需要好幾個迪爾雅欣村」。關於以色列對一九八二年以色列入侵期間早期黎巴嫩軍屠殺的了解，見前文注釋三十二和三十四。

54 一九八二年七月八日，巴希爾・哲馬耶勒問夏隆，如果黎巴嫩軍用推土機清除南部的巴勒斯坦營地，他是否會反對。夏隆回答說：「這不關我們的事，我們不想處理黎巴嫩的內部事務。」（KP IV, 230）一九八二年七月二十三日與薩古伊少將的會談中，巴希爾・哲馬耶勒說，有必要處理巴勒斯坦的「人口問題」，如果南部的巴勒斯坦難民營被摧毀，大多數黎巴嫩人不會在意。（KP VI, 244）。一九八二年八月一日的一次會議上，薩古伊將軍說：「巴希爾的人準備對付巴勒斯坦人的時候到了。」（KP VI, 243）八月二十一日，在回答夏隆關於黎巴嫩軍計畫如何處理巴勒斯坦難民營的問題時，巴希爾・哲馬耶勒說：「我們正在規劃一個真正的動物園。」（KP V, 8）卡漢委員會的一名證人哈諾夫中校（Lt. Col. Harnof）說，黎巴嫩軍領導人曾說「薩布拉將成為一座動物園，沙提拉將成為貝魯特的停車場」，並指出他們已經在南部屠殺了巴勒斯坦人。（KP VI, 78）摩薩德主任（一九八二年九月起）納胡姆・阿德莫尼（Nahum Admoni）告訴委員會，巴希爾・哲馬耶勒「一心想著黎巴嫩的人口平衡……當他談到人口變化時，總是從殺戮和消滅的角度來談。」（KP

被點名的人向卡漢委員會極力否認這是預謀的屠殺，但卡漢委員會所蒐集到的和祕而不宣的證據卻是令人震驚的，而且這些證據還為委員會的決定提供了依據。然而，在薩布拉和沙提拉難民營的殺戮卻不僅僅是黎巴嫩軍民兵渴望復仇的結果，甚至也不僅僅是這些以色列指揮官所預謀的結果。就跟這場戰爭一樣，美國政府也對這些死傷負有直接責任。

在計畫入侵黎巴嫩的過程中，以色列領導人一直在警惕不再重蹈一九五六年慘敗的覆轍，當時他們的國家在未經美國允許的情況下襲擊了埃及，並被迫退縮。從這次痛苦的經歷中吸取教訓後，以色列在一九六七年得到美國盟友的支持後才開戰。如今，一九八二年，以色列發動這場被許多以色列評論家稱為「獲選的戰爭」（war of choice），是完全取決於海格開的綠燈，而這點在戰後不久就被消息靈通的以色列記者證實了。[55]在那些先前未被披露的文件中，更新、更全面的細節清楚地說明了這一點。夏隆把他要做的事情非常詳細地告訴了海格，而海格表示贊同，這相當於美國又一次向巴勒斯坦人宣戰。即使在公眾對這麼多黎巴嫩和巴勒斯坦平民的死亡感到憤怒之後，在轟炸貝魯特的電視畫面播出之後，在薩布拉和沙提拉的難民被屠殺之後，美國給予以色列的支持依舊沒有減少。

就埃瑞．福爾曼所稱的責任同心圓的外圈而言，美國對以色列入侵所負有的責任甚至比海格所開的綠燈還波及得更遠，因為美國提供了致命的武器系統，殺死了成千上萬的平民，而且使用這些武器顯然不符美國法律所規定的純防禦性目的。夏隆事先也明確警告了美國官員，這種情況會發生。根據德雷珀後來的回憶，在一九八一年十二月他和哈比布一同跟夏隆會面後，他向華府報告說，在以色列計畫的攻擊中，「我們將看到美國製造的彈藥從美國製造的飛機上被投擲到黎巴嫩的國土上，平民將會因此喪命。」[56]此外，並不是只有以色列的高級指揮部和情報部門知道黎巴嫩軍預謀屠殺巴勒斯坦平民，他們的美國情報同行也同樣了解黎巴嫩軍的血腥紀錄。

出於這種知情，出於美國支持以色列並容忍他們的行動，出於美國提供以色列用來殺戮平民的武器和彈藥，出於美國脅迫巴解組織離開貝魯特並拒絕跟他們直接打交道，以及美國毫無價值的給予保護的保證，一九八二年的入侵必須被看作是以色列和美國的聯合軍事行動，而這是它們專門針對巴勒斯坦人的第一次戰爭。美國因此站上了英國在一九三〇年代所扮演的角色相似的位置，用武力協助鎮壓巴勒斯坦人，為猶太復國主義的目的服務。然而，在一九三〇年

VI, 80）一九八二年九月之前的摩薩德主任伊札克·霍菲（Yitzhak Hofi）說，黎巴嫩軍領導人「用一個手勢來談論解決巴勒斯坦問題，意思是肉體上的消滅。」（KP VI, 81）

55 兩位知識淵博、德高望重的以色列記者齊夫·希夫（Ze'ev Schiff）和艾胡德·亞瑞（Ehud Ya'ari）所寫的《以色列的黎巴嫩戰爭》，充滿了對以色列決策的關鍵事例和美國外交的支持作用的描述，其中很多都被新解密的雙方官方文件證實了。見Ze'ev Schiff and Ehud Ya'ari, *Israel's Lebanon War*，另見希夫的論文"The Green Light," *Foreign Policy* 50 (Spring 1983), 73–85。

56 Anziska, *Preventing Palestine*, 200–201，引用自Morris Draper, "Marines in Lebanon, A Ten Year Retrospective: Lessons Learned" (Quantico, VA, 1992)，感謝強納森·蘭達提供的幫助。

代，英國是主導方，而在一九八二年，是以色列發號施令，部署力量，進行殺戮，美國則扮演一個不可或缺的輔助角色。

§

在得知薩布拉和沙提拉的屠殺後，我們便已經心知肚明，留在貝魯特是不安全的，尤其是考慮到我們的兩個孩子，還有即將臨產的穆娜。我們的記者朋友讓我們與美國高級政治官員、唯一仍在西貝魯特使館的美國外交官瑞安．克羅克取得聯絡。[57]克羅克不僅提出可以安排我們以美國公民身分撤離，他還將動用隸屬大使館的裝甲車護送我們離開貝魯特。但他只能把我們帶到黎巴嫩山區巴姆杜（Bhamdoun）和索法爾（Sofar）之間的以敘邊界，因為有報告說在敘利亞控制的領土上有伊朗革命衛隊。當我告訴他，我們必須走得更遠，到附近的貝卡谷地的石陶拉（Shtaura），從那裡我們可以乘計程車到大馬士革去，他同意了。克羅克言出必行。在九月二十一日，也就是阿敏．哲馬耶勒（Amin Gemayel）代替他被暗殺的兄弟當選黎巴嫩總統的那一天，我們和他以及一名司機離開了貝魯特，越過以色列和黎巴嫩軍的防線，抵達石陶拉，然後乘計程車前往大馬士革。

然而到了那裡，司機沒有把我們帶到酒店，而是把我們送去敘利亞情報部門的一間辦公室。在那裡，已經懷孕七個月的穆娜、我的兄弟和我被拘留了幾個小時，期間對我們每個人都進行單獨的審訊，其中包括一些尖銳的問題，例如「你在貝魯特看過任何以色列士兵嗎？」幸運的是，敘利亞安全機構沒有審問我六十七歲的母親和我們的兩個小女兒，最終我們被釋放，之後我們去了酒店，然後以最快的速度離開大馬士革。[58]我們飛往了突尼斯，在那裡與一些從貝魯特疏散到那裡的巴勒斯坦朋友團聚。在突尼斯，我首先提出了一些想法，這些想法最終成為我關於巴解組織在一九八二年戰爭期間所做決定的書：《圍困之中》（*Under Siege*），並開始與巴解組織的一些領導人討論，後來我為這本書採訪他們。然後我們去了開羅，我和穆娜都有家人在那裡，我們意識到戰爭對女兒們的影響有多大，當她們聽到相鄰街道上的電車發出刺耳的隆隆聲時，她們就會以為是以色列坦克，然後陷入瘋狂的恐慌。

當以色列軍隊一撤出西貝魯特，機場一開放，我們就回到這座城市。穆娜堅持讓曾為我們接生過兩個女兒的同一位婦科醫生（他的父親在三十多年前曾為穆娜接生），為我們接生第三

57 在其傑出的外交生涯中，瑞安．克羅克曾擔任駐六個國家的大使，其中許多是極為困難的職位，例如駐巴格達和喀布爾的職位。

58 這不是我跟敘利亞情報部門的最後一次接觸。幾年後，因為黎巴嫩出版商恐懼當時主宰貝魯特的敘利亞情報部門，《圍困之中》的阿拉伯文譯本出版工作被叫停了，書中包括了批評阿薩德政權在一九八二年戰爭中的作為。我是在科威特的報刊上以連載的形式出版了本書的阿拉伯文譯本。後來，巴勒斯坦研究所終於在二〇一八年出版了阿拉伯文譯本。雖然當時無法在貝魯特出版阿拉伯文版，但以色列國防部的出版社馬拉霍特（Marachot）在一九八八年出版了《圍困之中》的希伯來文譯本，儘管偶爾會加上一個冷笑話的批評性旁注。

個孩子。我們的兒子伊斯瑪儀在一九八二年十一月出生[59]，而我則是回到了貝魯特美國大學任教，繼續在巴勒斯坦研究所工作。在經歷了因一九八三年春天美國大使館自殺炸彈事件而緊張的幾個月後，我們離開了貝魯特，剛開始我們只打算離開一年。但黎巴嫩內戰又再度爆發，我們再也沒能回到貝魯特的家。[60]

§

這場一九八二年戰爭所造成政治影響是巨大的。它所帶來的重大變化深深影響了中東並一直持續至今。其中最重要的持久結果是真主黨崛起於黎巴嫩，以及黎巴嫩內戰的加劇和延長，讓這一衝突成為更加錯綜複雜的地區衝突。一九八二年的入侵過程中發生了許多個「第一次」：這是自一九五八年美國軍隊短暫進入黎巴嫩以來，美國在中東地區的第一次直接軍事干預，也是以色列在阿拉伯世界強行改變政權的第一次和唯一一次嘗試。這些事件又使許多黎巴嫩人、巴勒斯坦人和其他阿拉伯人對以色列和美國，產生更強烈的反感，進一步加劇阿以衝突。這些都是以色列和美國政策制定者在選擇發動一九八二年戰爭時所直接導致的後果。

這場戰爭還激起了激烈的反應，包括以色列社會中的重要階層廣泛厭惡戰爭結果，導致一九七八年成立的「立即和平」（Peace Now）運動迅速發展。這場戰爭還產生自一九四八年以來美國和歐洲對以色列的首次重大和持續的負面觀感。[61]數星期以來，國際媒體大量播放被圍困和轟炸的貝魯特平民遭受痛苦的影像畫面，這是第一個、也是唯一一個被以色列以這種方式攻擊和占領的阿拉伯國家首都。無論以色列及其支持者如何進行複雜的宣傳，都不足以消除這些不可磨滅的形象，因此，以色列在世界上的地位受到了嚴重的損害。以色列在西方苦心培養的完全積極形象受到了明顯的損害，至少是暫時受到了損害。

---

59 貝魯特美國大學花了近八個月的時間才為他獲得了居留證，而這本該是幾個星期就能完成的事，這是因為夏隆新政權中的安全官員在搞鬼。阿敏．哲馬耶勒選舉的性質可以從Bergman, *Rise and Kill First*, 673n262中看到，其中詳細介紹了以色列軍事和安全人員如何「護送」黎巴嫩代表參加選舉，有時還幫忙「勸說」他們。

60 在離開貝魯特之前，我拜訪了黎巴嫩高層政治人物薩伊布．薩拉姆（Sa'eb Salam），想要就一九八二年戰爭採訪他。薩拉姆跟我家有多重的姻親關係。他回答了我的問題，但要求不在書中露臉。就在我離開前他告訴我，他在巴希爾．哲馬耶勒被暗殺前幾天曾去拜訪過哲馬耶勒。這次的單獨會面是在哲馬耶勒和貝京之間的一次激烈的祕密會面之後進行的，當時哲馬耶勒拒絕貝京要求立即與以色列簽署和平條約。詳情可參見Schiff and Yaari, *Israel's Lebanon War*，希夫在接受採訪時曾向我證實了其中一些內容（華盛頓特區，一九八四年一月三十日）。現在已經去世的年輕當選總統（哲馬耶勒）曾對他說：「你知道薩伊布．貝伊（他父親獲得的一個奧斯曼帝國尊稱），我的許多高級副手都是在以色列受訓的。我完全不確定他們中哪些人忠於以色列，哪些人忠於我。」儘管他與貝京的關係在他死前已經變壞，但哲馬耶勒有很多敵人。埋炸藥炸死他的人據說是一個與敘利亞情報部門合作的黎巴嫩左派。刺客之一的哈比布．沙爾圖尼（Habib al-Shartouni）的審訊紀錄可以在長槍黨報紙《事業報》（*al-'Amal*）中找到。第一部分：https://www.lebanese-forces.com/2019/09/04/bachir-gemayel-chartouni/；第二部分：https://www.lebanese-forces.com/2019/09/02/bachir-gemayel-36/；第三部分：https://www.lebanese-forces.com/2019/09/04/bachir-gemayel-37/。

61 這就是艾美．卡普蘭在她研究美國支持以色列的著作*Our American Israel*, 136–77，所得出的結論之一，這一章的名稱叫「這不是我們之前所看到的以色列」，但是她總結說，以色列的支持者及時而成功地修復了它的形象。

巴勒斯坦人因圍困而獲得相當多的國際同情。另外，他們至少部分擺脫了以色列在宣傳中成功貼在他們身上的恐怖主義標籤，在許多人眼中，巴勒斯坦人是面對以色列這尊歌利亞巨人的大衛。但是，儘管他們的國際形象得到有限的改善，他們卻未能獲得足夠的支持，無論是來自阿拉伯國家、蘇聯還是其他國家的支持，來抵消雷根政府嚴酷而堅定支持以色列將巴解組織趕出黎巴嫩這關鍵戰爭目標。

隨著巴解組織撤離貝魯特，巴勒斯坦的事業似乎已經被嚴重削弱了，夏隆似乎已經實現了他所有的主要目標。然而，這些事件自相矛盾的結果，是逐漸將巴勒斯坦民族運動的重心從鄰近的阿拉伯國家轉移到了巴勒斯坦境內，而在一九五〇年代和六〇年代，巴勒斯坦民族運動也曾在那裡重新發起。正是在那裡，五年後的一九八七年十二月爆發了第一次大起義（First Intifada），其結果震撼了以色列和世界輿論。就像幾十年前的「大災難」一樣，這次慘痛的失敗使巴勒斯坦人在面對敵人多管齊下的戰爭時，有了新的和不同形式的抵抗。夏隆和貝京發動入侵是為了打敗巴解組織，打擊巴勒斯坦人的士氣，從而使以色列能夠吸收被占領土，但最終的結果激起巴勒斯坦人的抵抗，並將抵抗運動轉移到了巴勒斯坦境內。

至於那些在一九八二年夏天的事件中發揮關鍵作用的人，對他們中的許多人來說，疑慮和遺憾似乎主導了他們的回憶。在一九八三年和八四年的採訪中，德雷珀和當時的美國駐黎巴嫩大使羅伯特．狄龍（Robert Dillon）都對他們在談判中所扮演的角色，表達了深深的悔意。他們都覺得被夏隆和貝京狠狠欺騙了，他們說夏隆和貝京曾向美國明確承諾以軍不會進入西貝魯特。菲利普．哈比布毫不客氣地說，他的政府不僅被以色列騙了，而且還被自己的國務卿欺騙了。「海格在撒謊。夏隆在撒謊」，他對我說道。[62] 最近公布的以色列文件證實，在一九八二年春夏之交，在貝魯特、華盛頓和耶路撒冷發生了大量的欺騙行為，以及可能甚至更多的自欺欺人、掩耳盜鈴的行為。

我採訪過參與巴解組織撤離黎巴嫩談判的法國高級外交官，他們都對未能獲得更好的結果表示遺憾，他們也對未能保障巴勒斯坦平民的安全，以及未能達成多國部隊長期駐紮保護巴勒斯坦平民的目標，而感到痛苦。他們更對美國單方面處理磋商並努力限制國際代表參與而感到遺憾。在當時，他們已經反覆地、有預見地警告美國人所走的路徑將會造成悲劇性的後果，但是到最後，法國政府也沒有做出任何事情來阻止這一切發生。

在巴解組織內部，領導人對美國的背叛感到憤怒，因為美國沒能保護難民營。對那些組織無法保護的人們，他們表現出了悲痛，甚至是一種沒有確保那些人可以得到萬全保障的內疚

62　一九八四年十二月十四日、十二月六日和十二月三日在華盛頓特區訪問德雷珀、狄龍和哈比布。這些都是為《圍困之中》進行的採訪，這個想法最早出現在戰爭期間，當時我正在閱讀伊本．赫勒敦（Ibn Khaldun）在一四〇〇年帖木兒圍困大馬士革期間與帖木兒會面的紀錄，我碰巧與一位朋友薩米．穆薩拉姆博士（Dr. Sami Musallam）見面。和我一樣，薩米也在巴勒斯坦研究所兼職工作，他也負責巴解組織主席辦公室的檔案。我告訴他，在戰後，雖然我肯定不是伊本．赫勒敦，但我也希望能接觸到這些檔案，就我們在圍困期間所目睹的一切留下紀錄。薩米說，如果我們能活下來的話，如果他能設法把檔案帶出貝魯特的話（他做到了），他將會得到阿拉法特許可這件事（他也做到了）。

感。薩拉赫．哈拉夫在整個圍困期間一直主張採取更強硬的談判立場，他明確指責巴解組織領導層辜負了自己的人民，有許多巴勒斯坦人都有這樣的判斷。其他一些人也有類似的觀點。哈利勒．瓦齊爾除了對結果表示深深的遺憾之外，其他方面都是沉默寡言，不露聲色。而毫不出人意料的，阿拉法特是那個最沒有自覺要自我批評的人。[63]

對美國來說，堅持壟斷中東外交和推動以色列人的野心並不符合美國的利益。隨後發生的事件清楚地證明了這一點，其中包括幾起針對美國駐貝魯特大使館、美國海軍陸戰隊營房和法國軍隊的自殺炸彈襲擊，這些軍隊在薩布拉和沙提拉屠殺後不久就回到了貝魯特，執行著定義不明的任務。在幾個月內，紐澤西級戰艦向舒夫山發射了如同金龜車般大小的砲彈，德魯茲民兵（敘利亞支持）正在這裡跟黎巴嫩軍（以色列支持）交戰。[64]美國捲入了一場少有美國人能完全理解的戰鬥中，甚至連許多直接參與其中的人也無法完全理解自己為何而戰。

從黎巴嫩漩渦中成長起來的真主黨成為了美國和以色列的致命敵人。在考慮其崛起的因素時，很少有人注意到，創立該運動並對美國和以色列目標展開致命攻擊的許多年輕人，都曾在一九八二年與巴解組織並肩作戰。在巴解組織的戰士離開後，他們仍然留在那裡，只能眼睜睜地看著數百名什葉派同胞在薩布拉和沙提拉跟著巴勒斯坦人一同被屠殺。在美國大使館爆炸案中喪生的人，死在軍營裡的海軍陸戰隊員，以及其他許多在貝魯特被綁架或被暗殺的美國人（其中包括馬爾科姆．科爾和我在貝魯特美國大學的幾個同事和朋友），大部分都成了真主黨各前身組織的受害者，這些人因為自己的國家勾結以色列占領者，而付出了代價。

在福爾曼的責任同心圓裡，對屠殺負有直接和間接責任的黎巴嫩人也許付出了最大的代價。巴希爾．哲馬耶勒和他的副手埃利．霍貝卡（Elie Hobeika）都死於暗殺，其他幾個人也是如此，黎巴嫩軍的高級領導人（最終成為該黨主席）薩米爾．賈蓋阿（Samir Geagea），也因為在黎巴嫩戰爭期間犯下的罪行而在監獄中度過了十一年，儘管他入獄的原因跟一九八二年的入侵無關。在幾位做出致命決定導致薩布拉和沙提拉悲劇的巴解組織領導人中，哈利勒．瓦齊爾和薩拉赫．哈拉夫都被暗殺了，前者是被以色列人暗殺，後者可能是被伊拉克特工暗殺。阿拉法特則是在拉馬拉（Ramallah）的總部裡被以軍圍困後殞命。[65]沒有人要求他們要對一九八二年戰爭的結果負責。

由於卡漢委員會的報告和以色列國內在屠殺發生後發出的譴責聲浪，大多數參與此事的以色列決策者，包括貝京、夏隆和一些高級將領，都禁受了羞辱或失去職位。然而，他們中沒有人受到刑事處罰或任何其他嚴重制裁。事實上，負責入侵部隊的以色列北方司令部負責人埃米爾．德羅里（Amir Drori）少將還走完他的任期，然後去華盛頓特區學習了一年。沙米爾、夏

63 一九八四年三月、八月和十二月，我在突尼斯採訪了阿拉法特、薩拉赫．哈拉夫、哈利勒．瓦齊爾、馬赫穆德．阿巴斯、哈利德．哈桑、哈尼．哈桑、法魯克．卡杜米，以及其他巴解組織官員。

64 這艘龐大的二戰艦艇轟炸了舒夫山的德魯茲民兵，導致一些黎巴嫩人將「紐澤西」稱為「紐德齊」，這是阿拉伯語中德魯茲一詞的諧音。

65 Bergman, *Rise and Kill First*, 560–63隱晦地用很大篇幅暗示阿拉法特是被以色列特工毒死的。

隆、納塔雅胡後來都擔任以色列的總理。

相比之下，沒有一個相關的美國官員被要求負責他們的行為，無論是他們跟以色列勾結發動一九八二年的戰爭，還是美國未能履行巴勒斯坦平民的安全承諾。他們中的許多人，包括雷根、海格和哈比布現已都不在人世了。到目前為止，他們都逃掉了審判。

第五次宣戰：奧斯陸協議

一九八七至一九九五年

他們讓它變成荒漠，然後說這就是和平。

——塔西佗[1]

一九八七年十二月爆發的巴勒斯坦人大起義，即Intifada，是一個完美的意外後果法則的例子。[2]夏隆和貝京發動了對黎巴嫩的入侵，來粉碎巴解組織的力量，結束巴勒斯坦民族主義

1 Caius Cornelius Tacitus, Agricola and Germania, tr. K. B. Townsend (London: Methuen, 1893), 33.

2 本章主要提及的是第一次起義，也就是一九八七年至一九九八年全面持續的非武裝、非暴力起義，它與二〇〇〇年開始的第二次起義不同，後者最終成為了武裝起義，特點是巴勒斯坦人使用自殺炸彈，以色列占領軍使用坦克、直升機和其他重型武器。

者反對將屬於「被占領土」的西岸和加薩地帶，併入以色列的行動。這將完成歷史上猶太復國主義的殖民任務，在整個巴勒斯坦建立起一個猶太國家。一九八二年的戰爭確實成功削弱了巴解組織，但戰爭的矛盾效果卻加強了巴勒斯坦本地的民族運動，將行動的重點從國外轉移到了國內。經過二十年相對可控的占領，貝京和夏隆這兩位「大以色列」理想的狂熱支持者，無意中卻引發了巴勒斯坦人對殖民化進程的新一輪抵抗。從那時起，巴勒斯坦內部將以不同形式反覆爆發，來反抗以色列人的土地掠奪和軍事統治。

第一次大起義，正如它所知道的那樣，在整個「被占領土」上自發地爆發出來，當時以色列軍隊的車輛在加薩地帶的賈巴利亞（Jabalya）難民營襲擊了一輛卡車，造成四名巴勒斯坦人死亡，起義便被點燃了。儘管加薩是一個醞釀反抗的中心，而且仍然是以色列最難控制的地區，但是起義迅速在整個巴勒斯坦蔓延開來。起義在村莊、城鎮、城市和難民營中產生了廣泛的地方組織，並由一個祕密的全國統一領導機構領導。事實證明，起義期間形成的靈活而祕密的基層網絡，是軍事占領當局所無法壓制的。

經過一個月的騷亂升級，一九八八年一月，國防部長伊札克・拉賓命令安全部隊使用「武力、威力和毆打」進行鎮壓。[3]他毫不含糊的明確施行他的「鐵拳」政策，會打斷示威者的胳膊和腿，敲碎他們的頭骨，以及毆打其他引起士兵憤怒的人。在很短的時間內，全副武裝的士兵殘暴地對待十幾歲的巴勒斯坦抗議者的電視畫面，就在美國和其他地方引起媒體的強烈反響，顯現以色列是一個冷酷無情的占領國的真面目。在媒體報導圍城和轟炸貝魯特事件的僅僅五年後，這次的曝光再次打擊一個主要依賴美國公眾輿論的國家的形象。

儘管一九八二年的戰爭影響了以色列的地位，但以色列精明的公關作為仍重新麻醉了大部分的美國公眾輿論。[4]但起義跟電視轉播的空襲、砲擊黎巴嫩不同，起義的暴力持續了一年又一年，從一九八七年十二月到一九九三年，僅在波斯灣戰爭和一九九一年十月美國在馬德里組織和平會議期間，才稍稍收斂。在這期間，起義誕生了年輕的巴勒斯坦抗議者，去跟擁有裝甲運兵車和坦克的以色列軍隊，展開街頭戰鬥的振奮畫面。而這一時期的標誌性畫面是一名巴勒斯坦男孩，向一輛龐然大物般的以色列坦克扔石頭。

正如俗話說的那樣：「有血腥暴力，就能上頭條」，電視觀眾被反覆出現的暴力場面吸引，這些暴力場面顛覆了以色列身為長期受害者的形象，使它成為巴勒斯坦的大衛面前的歌利亞巨人。這對以色列來說是一種持續的消耗，不僅體現在針對其安全部隊的壓力上，而且也許更重要的是體現在以色列的海外聲譽上，在某種程度上，海外聲譽是以色列的最重要資產。甚至連拉賓，這個背後的大老闆，也意識到這個政治因素的重要性。《紐約時報》在拉賓的採訪中，開宗明義地聲稱：「國防部長伊札克．拉賓今天承認，巴勒斯坦暴動者在世界媒體上贏得

---

3 Francis X. Clines, "Talk with Rabin: Roots of the Conflict," *New York Times*, February 5, 1988, http://www.nytimes.com/1988/02/05/world/talk-with-rabin-roots-of-the-conflict.html.

4 關於大起義給美國對以色列的看法所造成的影響的出色分析，見 Kaplan, *Our American Israel* 第四章。

了對以色列的公關戰，他強調，軍隊所面對的是新的、複雜的局面，那是幾十年來巴勒斯坦人的挫折所產生的廣泛起義。」[5]

在第一次起義爆發時，以色列占領西岸和加薩地帶已經持續了二十年。以色列利用這相對平靜的局勢，在一九六七年戰爭後立即開始殖民化「被占領土」，最終建立了超過兩百個定居點，其中有容納五萬居民的城市，也有容納幾十個定居者的脆弱的組合屋。多年以來，以色列專家向他們的領導人和公眾保證，巴勒斯坦人生活在他們所謂的「開明的占領」下，是感覺滿意的，巴勒斯坦人生活在完全的控制之下。但是，爆發大規模基層抵抗卻否定了上述說法。的確，有部分巴勒斯坦人震懾於以色列的力量，以及一九六七年戰爭後大規模驅逐超過二十五萬巴勒斯坦人[6]，在一開始的時候，一些巴勒斯坦人似乎默許了以色列強加給他們的新秩序。由於有成千上萬的巴勒斯坦人被允許在以色列工作，西岸和加薩地帶人民的收入也確實有大幅增加。

然而，到了一九七六年時，異化現象加劇了。任何民族主義上的表達，例如懸掛巴勒斯坦國旗，展示代表巴勒斯坦的顏色，組織工會，表達對巴解組織或任何其他抵抗組織的支持，都會受到嚴厲鎮壓，或被罰款、毆打和監禁。被拘留和監禁者通常會被施以酷刑。公開抗議或透過印刷品來抗議占領行為也會導致同樣的結果，甚至會被驅逐出境。更積極的抵抗，尤其是涉及暴力的抵抗，會招致集體懲罰、拆毀房屋、在「行政拘留」的名義下被未經審判收監，甚至會遭到法外謀殺。在一九七六年，得到巴解組織支持的市長候選人贏得了納布盧斯、拉馬拉、希伯倫（Hebron）和比雷赫（al-Bireh），以及其他城鎮的市長選舉。但在一九八〇年，這許多市長被指控犯有煽動罪而被驅逐出境，其他人則是在一九八二年春天被軍事占領當局免職，這引發了廣泛的騷亂。這些做法是在以色列入侵黎巴嫩之前就開始進行的，這是夏隆拔除巴解組織的全面運動的一部分。

該運動的一個方面是試圖建立地方合作組織，即「村莊聯盟」，但這個項目從未啟動，因為在市長被撤職後，巴勒斯坦人普遍拒絕與占領者合作。夏隆為這政策選擇的工具是利用一位以色列阿拉伯人，名叫梅納赫姆・米爾森（Menachem Milson），他同時是阿拉伯語教授和以色列軍隊的後備上校。[7]一個人戴著兩頂帽子並不罕見，因為以色列大多數的高階中東學術專家，都同時兼任軍事情報部門或其他安全部門的後備軍官，在其他時間從事間諜活動並壓迫他們研究的對象。[8]

與此同時，新一代的巴勒斯坦人已經長大成人，他們對軍事占領一無所知，而且他們並不

5 Francis X. Clines, "Talk with Rabin: Roots of the Conflict."

6 David McDowall, *Palestine and Israel: The Uprising and Beyond* (London, I. B. Tauris, 1989), 84.

7 關於對米爾森和他的作用的尖刻描述，見Flora Lewis, "Foreign Affairs: How to Grow Horns," *New York Times*, April 29, 1982, http://www.nytimes.com/1982/04/29/opinion/foreign-affairs-how-to-grow-horns.html。

8 關於專家研究他們所壓迫的人民，這種經典的東方主義者現象的分析，見Gil Eyal, *The Disenchantment of the Orient* (Stanford, CA: Stanford University Press, 2006)。

默許這件事。儘管這樣做有風險，但這些年輕人在東耶路撒冷、西岸和加薩地帶公開表達對巴解組織的支持。在起義前的幾年裡，巴勒斯坦年輕人的大規模示威比他們的長輩更無所畏懼，以色列安全部隊也在加強他們的鎮壓，安全部隊的上級似乎視而不見他們所下令執行的殘酷暴力的積累效應。

鑑於所有動蕩情勢都有加劇的跡象，發生大起義對以色列當局來說應該是毫不意外的。然而，他們的迅速反應是不周全、粗暴、不對稱的。以色列的士兵，其中大部分是年輕的被徵召者，會對他們負責控制的人口採取系統性的暴行，這不僅僅是感到沮喪，甚至恐懼的結果。拉賓「打斷骨頭」的命令為這些行為定了調，但過度的暴力也源於以色列社會不斷灌輸反巴勒斯坦的情緒，這種情緒的基礎是一種「教義般」的觀念，即如果以色列的安全部隊不用武力阻止他們，以色列人就會被阿拉伯人壓倒，因為阿拉伯人對猶太人的非理性敵意是無法控制的。[9]

當我自一九六六年以來第一次到造訪巴勒斯坦時，大起義已經進行了將近一年半，當時西岸一直在約旦的統治下。[10]我在跟芝加哥大學的一些同事訪問納布盧斯期間，一天晚上離開我堂弟齊亞德的家後，我們發現自己身陷在年輕的抗議者與以色列軍隊在老城蜿蜒的街道上爆發的衝突中。他們發射橡膠子彈和催淚瓦斯。士兵沒有抓住任何一位示威者，但士兵最終還是成功驅散了示威者。那一刻是很明顯的，在這種貓捉老鼠的城市騷亂中，以軍不可能有持久的勝利，年輕的抗議者隨時都可能在迷宮般的狹窄小巷中，再次現身。當然，部隊也可以乾脆簡單地殺死他們，這種情況發生得太頻繁了。從第一次起義開始到一九九六年底，在九年時間裡，包括起義的六年間，以軍和武裝定居者就殺害了一千四百二十二名巴勒斯坦人，幾乎每隔一天就有一人被殺。其中兩百九十四人，或超過兩成的人，是十六歲及以下的未成年人。在同時期，有一百七十五名以色列人被巴勒斯坦人殺害，其中八十六人是安全人員。[11]這種八比一的傷亡比例是典型的，但人們不會從美國媒體的許多報導中知道這一點。

還有一次，我開車經過加薩市，準備去看望我的堂妹胡達，她是加薩的巴勒斯坦紅新月會負責人海達爾·阿布杜·沙菲醫生（Dr. Haydar ʻAbd al-Shafi）的妻子。在交通堵塞的緩慢爬行中，我們的車經過了一支全副武裝的以色列巡邏隊，吉普車上的士兵手持武器準備就緒。他們焦躁不安、緊張萬分，從他們的臉上，我看到一種曾在一九八二年被占領的貝魯特的以色列軍人身上注意到的特徵：他們感到害怕。他們的車輛以蝸牛般的速度穿過人口密集的建築區，那

9 "Colonel Says Rabin Ordered Breaking of Palestinians' Bones," Reuters, cited in the *LA Times*, June 22, 1990, http://articles.latimes.com/1990-06-22/news/mn-431_1_rabin-ordered。在傳記 *Yitzhak Rabin: Soldier, Leader, Statesman* (New Haven, CT: Yale University Press, 2017), 156–57中，作者拉比諾維奇否認了這個引用的準確性，然而承認了拉賓「明顯是尋求利用暴力來鎮壓大起義的政策的元凶。」

10 兩年後，在一次利用傅爾布萊特獎學金的旅行中，我被以色列禁止入境。在被拘留多時後，由於美國駐台拉維夫總領事的交涉，我才被允許入境，國務院向美國駐台拉維夫總領事發出了我將抵達的預告。

11 這些數字是由以色列人權非政府組織卜采萊姆（B'tselem）蒐集的，其中包括在「被占領土」和以色列境內被殺的巴勒斯坦人和以色列人：http://www.btselem.org/statistics/first_intifada_tables。

裡的整個社區都厭惡士兵的占領行動。正規軍的士兵，無論多麼全副武裝，在這種情況下都不會感到安全。

拉賓和其他人也認識到我在納布盧斯和加薩的街道上，所看到的固有內在問題。據拉賓的傳記作者、親密合作者和網球球友伊塔馬爾・拉比諾維奇（Itamar Rabinovich）說，巴勒斯坦人第一次起義讓這位老將認識到，使用政治手段來解決是必要的。[12]但儘管如此，他仍堅持認為暴力行動會有威懾力。拉賓說：「使用武力……包括毆打，無疑帶給我們想要的影響，這加強了民眾對以色列國防軍的恐懼。」[13]他說的也許沒錯，但這種暴行並無法終止大起義。

起義是一場自發、由下而上的抵

納布盧斯舊城區，第一次大起義，一九九八年。在這種貓捉老鼠遊戲一般的城市抗爭中，以色列部隊無法維持長久的勝利。

抗運動，源於挫折感的積累，最初與巴勒斯坦正式的政治領導層沒有關係。這次的起義跟一九三六至三九年巴勒斯坦人的起義一樣，持續的時間和廣泛受到支持證明了它享有廣泛的民眾支持。起義也是靈活和創新的，在保持本地驅動和控制的同時發展出一個協調的領導層。起義者中有男有女、有精英專業人士和商人、有農民、有村民、有城市貧民、有學生、有小店主，還有幾乎所有其他社會階層的成員。婦女發揮了核心作用，在許多男人入獄後，她們擔任愈來愈多的領導職務，並動員那些經常被排除在傳統男性主導的政治之外的人們。[14]

除示威外，起義還涉及從罷工、抵制、扣留稅款，以及其他巧妙的公民不服從形式的各種策略。抗議活動有時會演變成暴力事件，往往是因為士兵對手無寸鐵的示威者或投擲石塊的青年，發射實彈或橡膠子彈造成嚴重傷亡。但是，起義主要是非暴力和非武裝的，這是一個至關重要的因素，有助於把社會各階層以及在街頭抗議的年輕人動員起來，同時顯現整個被占領的巴勒斯坦社會是反對現狀、支持起義的。

---

12 Rabinovich, *Yitzhak Rabin*, 157–58.

13 "Iron-fist Policy Splits Israelis," Jonathan Broder, *Chicago Tribune*, January 26, 1988, http://articles.chicagotribune.com/1988-01-27/news/8803270825_1_beatings-anti-arab-anti-israeli-violence.

14 二〇一七年獲獎的紀錄片Julia Bacha, *Naila and the Uprising*，全面描述了婦女在起義中的核心作用：https://www.justvision.org/nailaandtheuprising。另見二〇一四年電影Amer Shomali, *The Wanted 18*）：https://www.youtube.com/watch?v=ekhTuZpMw54。

第一次起義是民眾反抗壓迫的傑出例子，可以說是巴勒斯坦人從一九一七年開始的漫長殖民戰爭中，取得的第一次無懈可擊的勝利。這次起義跟一九三六至三九年的起義不同，是由一個廣泛的戰略願景和一個統一的領導層推動的，並沒有加劇巴勒斯坦內部的分歧。[15]起義取得的團結效應，以及基本避免使用武器和爆裂物（這要跟六〇和七〇年代的巴勒斯坦抵抗運動相比），有助於讓國際聽到巴勒斯坦人的呼籲，這對以色列和世界輿論產生了深刻而持久的積極影響。

但這並不是偶然，起義的明確目標不僅是動員巴勒斯坦人和阿拉伯人，而且也是在塑造以色列和世界各國對他們的看法。這是一個關鍵的目標，這點從許多戰術中可以看出端倪，也能從那些能夠向國際受眾解釋起義意味著什麼的人，他們那複雜而有效的溝通策略中看出端倪。這些人包括巴勒斯坦境內能言善辯、積極入世的活動家和知識分子，如哈南．阿什拉維（Hanan ʻAshrawi）、海達爾．阿布杜．沙菲（Haydar ʻAbd al-Shafi）、拉賈．謝哈德（Raja Shehadeh）、伊亞德．薩拉季（Iyad al-Sarraj）、嘎桑．哈提卜（Ghassan al-Khatib）、札希拉．卡邁勒（Zahira Kamal）、穆斯塔法．巴爾古提（Mustafa Barghouti）、麗塔．賈卡曼（Rita Giacaman）、拉吉．蘇拉尼（Raji Sourani），以及許多其他人。身在巴勒斯坦以外的人，其中包括愛德華．薩依德和易卜拉欣．阿布—盧戈德，也產生了類似的影響。到一九九〇年代初的時候，巴勒斯坦的統一立場已經成功表明，以色列人的占領是站不住腳的，至少在前二十年的運作是如此。

§

但儘管第一次起義取得的成就，包括出現一個有效的地方領導層，以及擁有能言善辯、有吸引力的發言人，但是，這些成功卻隱藏著一個內在危險，即草根運動將會取代既有的政治精英成員，這構成了對他們權力的挑戰。一九八二年巴解組織在黎巴嫩戰敗後，該組織就被困在突尼斯和其他阿拉伯國家的首都裡，陷入一種毫無生氣和虛弱的流亡狀態，他們的精力主要花在爭取跟美國對話，以及爭取以色列接受他們為解決方案的夥伴，但這嘗試在最初是徒勞無功的。巴解組織驚訝於基層領導了大起義，並不失時機地試圖要收編基層，從中獲利。

由於大多數在「被占領土」上起義的人把巴解組織看作他們的合法代表，把巴解領導人看作巴勒斯坦民族主義的化身，這在一開始並沒有什麼問題。「被占領土」上的人們從遠處看到巴解組織的武裝人員在「黑色九月」期間，這些人在約旦、在黎巴嫩內戰、在以色列入侵期間的犧牲，人們如今認為自己也在承擔民族重擔的一部分。他們對巴勒斯坦人在爭取自由中發揮的主導作用感到自豪。

但在這過程中仍存在著問題，原因是突尼斯的巴解組織領導人的短視和有限的戰略眼光。

---

15 正如我們所看到的，儘管起義造成了分裂，但在被十萬英國軍隊粉碎之前，起義產生了廣泛的社會和政治變革，這些軍隊得到猶太復國主義附屬機構的支持，並大量使用空中武力。見 Charles Anderson, "State Formation from Below"。

他們中的許多人並不完全了解占領政權的性質，也不了解西岸和加薩地帶的巴勒斯坦人在被以色列控制二十年後的複雜社會和政治狀況。事實上，這些領導人中的大多數自一九六七年或更早的時間點，就沒有再進過巴勒斯坦了。他們對以色列社會和政治的了解，遠不如那些在以色列統治下生活、直面著以色列統治的巴勒斯坦人，其中許多人還在以色列境內工作時或在監獄服刑時學會了希伯來語（住在「被占領土」的巴勒斯坦人，有五分之一進過這些監獄）。結果，巴解組織透過在突尼斯遠距管控起義，變得愈來愈具有侵入性，因為巴解組織開始主宰這個曾經是民眾自發的抵抗運動。巴解組織發布指令，從遠端進行管理，但卻往往忽略那些發起起義並成功領導起義者的意見和喜好。

一九八八年四月，大起義開始大約四個月後，以色列暗殺了哈利勒・瓦齊爾，這個問題變得更加嚴重。阿拉法特最親密的副手瓦齊爾從一開始就是法塔赫的領導人物，長期以來一直負責處理「被占領土」的問題，或者按照他的部門名稱 al-Qita' al-Gharbi，即西區（Western Sector，大概是為了掩蓋其真實目的）。瓦齊爾也有他的缺點，但他是一位巴勒斯坦內部局勢的密切觀察者，他深入了解那裡的巴勒斯坦人和以色列人。他的被暗殺，是以色列領導層因為無法控制大起義，而日益萌發出的沮喪的結果，這使巴解組織失去一個關鍵人物，他的作用不可能輕易由另一個人補上。[16]瓦齊爾的死是以色列數十年來系統性清除巴勒斯坦高層組織者的政策的一部分，特別是針對其中那些有能力的組織者。[17]

瓦齊爾的死和突尼斯的領導層缺乏專業知識，都不是巴解組織在處理大起義問題上的唯一理由。在一九八二年戰爭後，法塔赫度過了由敘利亞支持，兩名高級軍事指揮官阿布．穆薩上校（Colonel Abu Musa）和阿布．哈利德．阿姆萊上校（Colonel Abu Khalid al-'Amleh）領導，在黎巴嫩北部、東部和敘利亞境內的重大兵變。這是自法塔赫成立以來對其領導層造成的最嚴重內部挑戰，這點說明了阿拉伯政權基本上會隱蔽地向巴勒斯坦民族運動發動攻擊。在此案例中，是敘利亞向巴勒斯坦民族運動發動攻擊。[18]

法塔赫兵變是一場痛苦的、代價巨大的事件，它加劇了阿拉法特和他同事對競爭者出現的擔憂，特別是那些受敵對政權影響的競爭者。這種擔憂是有根據的，因為民族運動的競爭者正努力創造替代方案，例如在「被占領土」上組織村莊聯盟。值得注意的是，成立於一九八七年

16 Bergman, *Rise and Kill First*, 311–33 提到，哈利勒．瓦齊爾在起義中扮演的角色是他被殺的主要原因，該書還指出，一些以色列高級官員後來體認到，「暗殺並不能達成目標」，也就是遏止起義的目標，基於上述原因和其他原因，他們開始覺得殺害他是一個錯誤。

17 同前書頁三一六到三一七提到，殺害哈利勒．瓦齊爾行動的策劃者故意決定放棄刺殺馬赫穆德．阿巴斯，而他的家就在事發地附近。許多巴勒斯坦人長期以來一直懷疑，只有那些被以色列安全部門認為是巴勒斯坦事業的傑出倡導者才是清算的目標，這意味著其他人是不值得以色列花力氣去殺害的。

18 我們可以從伯格曼的說法中看出敘利亞和巴解組織之間競爭的激烈程度，同前書的頁三〇四，以色列臥底情報人員冒充持不同政見的巴勒斯坦人，暗中向敘利亞駐塞普勒斯情報站傳遞有關巴解組織特工人員的訊息。敘利亞安全部門隨後「除掉了大約一百五十名巴解組織人員」，這些人是在抵達黎巴嫩後被清理掉的。

的哈馬斯（最初得到以色列謹慎支持，目的是要削弱巴解組織[19]）已經開始發展成一個強大的競爭對手。這種可能被取代的擔憂，就是巴解組織領導層會妒忌大起義地方領導人的緣由，特別是當這些人在巴勒斯坦境內的追隨者愈來愈多，全球媒體也對他們產生積極的看法的時候。隨著大起義的發展，以及巴解組織長期渴望的目標——以巴勒斯坦人民的合法代表身分在國際談判占有一席之地，就看起來快要實現時，阿拉法特的怨恨就成為一個愈來愈大的問題。

§

正如巴解組織的領導人不太理解「被占領土」和以色列境內的現實一樣，他們也從未掌握美國的全部情況。即使在一九八二年之後，他們仍對美國及其政治一無所知，只有少數二線人物除外，如納比勒・沙阿斯（Nabil Sha'ath）和伊利亞斯・舒法尼（Elias Shoufani），他們曾在美國接受教育，但是卻無法影響阿拉法特和他的夥伴。[20]一些巴解組織的高級領導人，如政治部主任（實際上是外交部長）法魯克・卡杜米（Faruq al-Qaddumi），每年秋天都會參加在紐約舉行的聯合國大會，但他們在法律上被限制在距離哥倫布圓環二十五英里的旅行半徑內。在任何情況下，他們在訪問期間大多待在他們的豪華酒店裡。他們很少冒險出去見阿拉伯外交官或跟巴勒斯坦社區團體交談，很少公開露面，也不跟美國團體或紐約媒體接觸。他們當然從來沒有像以色列官員那樣展開全方面的外交和公關活動，那些以色列人在電視上和任何時候的區域集會上都無所不在，尤其是在聯合國大會的年度會議到來時。

未能利用巴勒斯坦在聯合國的存在，就等同是故意忽視地球上最強大的國家，以及作為以色列後台支柱的人民、精英階層和媒體，這種做法可以追溯到一九四八年及之前。正如我在一九四八年看到的那樣，阿拉法特更重視會見跟伊拉克有連結的巴解組織小派別的領導人，而不是聽取專家關於動搖美國公眾輿論的建議。從那時起，情況並沒有改善。巴解組織簡單化華盛頓的政府結構和決策，造成他們把所有希望都寄託在美國政府會承認巴勒斯坦是合法對話者上；並認為美國隨後就會居中調停巴勒斯坦人與以色列人達成公平交易。這種態度帶有前幾代巴勒斯坦領導人的天真想法的痕跡（許多阿拉伯統治者至今依然如此），他們認為向英國殖民祕書或首相、美國國務卿或總統發出個人呼籲就能解決這個問題。這種對權力關係中個人因素的虛幻看法，可能是基於他們跟阿拉伯世界中多變、全能的獨裁者和絕對君主打交道的經驗。

阿拉伯國家君主的經歷也在一定程度上決定了這一點，他們認為美國國務卿舒爾茨（曾領導過波斯灣地區的主要營建承包商貝泰公司），以及後來的老布希總統和他的國務卿詹姆斯·貝克（James Baker，過去與石油工業有連結的德州人）都是「親阿拉伯」的。的確，就跟羅

19　詳情見Richard Sale, "Israel Gave Major Aid to Hamas," UPI, February 24, 2001，以及Shaul Mishal and Avraham Sela, *The Palestinian Hamas: Vision, Violence, and Coexistence* (New York: Columbia University Press, 2000)。這些人脈關係廣闊的以色列作者明確地指出，分裂巴勒斯坦人的團結是以色列安全機構鼓勵巴解組織的伊斯蘭主義競爭者崛起的目的。

20　一九八二年戰爭後，舒法尼加入了敘利亞支持的法塔赫叛軍，反對阿拉法特的領導。

斯福以來的大多數美國決策者一樣，這些人都跟阿拉伯石油大國關係密切，但這並沒有轉化為他們對阿拉伯人，特別是對巴勒斯坦人的同情，也沒有轉化為對以色列的批評態度。

上述這些有缺陷的理解，都是巴解組織在八〇年代末未能與美國公眾輿論認真接觸，並參與和平談判的原因。然而，在一九八八年，在大起義的國際影響下，巴解組織加倍地做出努力，最終於十一月十五日在阿爾及爾舉行的巴勒斯坦全國委員會會議上通過了「巴勒斯坦獨立宣言」。該文件主要由馬赫穆德·達爾維什起草，他得到了愛德華·薩依德和受人尊敬的知識分子沙菲克·胡特（Shafiq al-Hout）的幫助，正式放棄巴解組織對整片巴勒斯坦土地的訴求，接受分治、兩國解決方案與和平解決衝突的原則。隨之而來的一份政治公報也接受了安理會第二四二號決議和第三三八號決議，來作為和平會議的基礎。

這些都是巴解組織的重大政治轉變，是七〇年代初開始接納以色列，並倡導建立一個與以色列並存的巴勒斯坦國的演變的頂點，儘管這些變化沒有得到以色列承認。更重要的轉變還在後頭。同年十二月十四日，阿拉法特接受了美國關於展開雙邊對話的條件。在他的聲明中，他明確接受了第二四二號和第三三八號決議，承認以色列在和平與安全中存在的權利，並宣布放棄恐怖主義。[21]巴解組織屈服於美國開的條件，最終使他們獲得長久尋求的與華盛頓的開放合作，但這並沒有讓以色列人同意跟巴解組織打交道，也沒有促成和平談判，至少在三年內沒有。

這其中的原因很簡單。除了巴解組織對美國的其他誤解之外，它的領導人也未能理解美國不太關注他們的利益和目標，甚至是不屑一顧（鑑於一九八二年美國毀棄保護貝魯特難民營的承諾，巴解組織的這種誤解是匪夷所思的）。但最重要的是，他們無法理解美國和以色列的政策是如何密切相關。一九七五年，季辛吉的祕密承諾將美國政策制定者在處理巴勒斯坦問題上的腳步，鎖定在難以改變的基礎上。巴解組織也許並不知道以色列對於美國在任何和平談判中的立場都有有效的否決權，[22]但是，當時已經有了足夠多的關於祕密協議的可信消息被揭露給了媒體等平台（主要是來自以色列人，他們急於宣傳這些協議是可以理解的）。[23]而且當時還發生了一些尷尬事件，例如美國駐聯合國大使安德魯．楊（Andrew Young）在與巴解組織官員會面後被迫辭職。

美國承諾以色列的一般條款對一個內行觀察者來說應該是很清楚的。阿拉法特和他的同事們絕對不是這樣。大起義帶給他們一份價值不可估量的禮物，這是一筆道德和政治資本的儲蓄

21 "Statement by Yasser Arafat—14 December 1988," Israel Ministry of Foreign Affairs, Historical Documents, 1984–88, http://mfa.gov.il/MFA/ForeignPolicy/MFADocuments/Yearbook7/Pages/419%20Statement%20by%20Yasser%20 Arafat-%2014%20 December%201988.aspx.

22 *FRUS*, XXVI, *Arab-Israeli Dispute*, 1974–76, Washington, DC: US Government Printing Office, 2012, 838–40, 831–32, https://history.state.gov/historicaldocuments/frus1969-76v26.

23 正如我們在第四章中所看到的，福特總統給拉賓的信後來由以色列外交部於一九八二年在*Israel's Foreign Relations: Selected Documents series*一書中刊載，此後可在外交部網站上查閱，但季辛吉的大量回憶錄中從未提及這封信，美國政府在三十年後的二〇一二年才在《美國外交關係》叢書中刊載這封信。

金。人民的大起義揭示了軍事占領的侷限性，損害以色列的國際地位，並提高了巴勒斯坦人的地位。儘管在最初的幾十年裡，巴解組織成功地把巴勒斯坦重新放在世人的眼光下，但可以說，大起義影響世界輿論的程度，要遠比巴解組織在武裝鬥爭上普遍無效的努力，還產生更積極的效果。當時的摩薩德主任納胡姆．阿德莫尼（Nahum Admoni）的話就證實了這一點，他說：「大起義對我們造成的政治傷害，對我們形象的損害，比巴解組織在其存在期間內所取得的一切成功都要大得多。」[24]巴解組織領導層利用這一重要的新資產進行交易，使他們能夠正式放棄從巴勒斯坦以外的基地發動武裝鬥爭，無論如何，這在一九八二年後也已經變得愈來愈不可能了，而且在他們手中從來沒有什麼成功的機會，反而會傷害巴勒斯坦的事業。

甚至在一九八二年之前，巴解組織中的許多人就已經明白，結束武裝鬥爭的時候到了。當巴解組織仍以黎巴嫩為基地時，巴解的領導人就已責成傑出的巴基斯坦知識分子伊克巴爾．阿赫邁德（Eqbal Ahmad，他是薩依德的密友和我的朋友）評估其軍事戰略。雖然在原則上，阿赫邁德是阿爾及利亞等反殖民武裝鬥爭的堅定支持者，但他仍強烈批評了巴解組織執行該戰略的無效性和往往適得其反的方式。

更為嚴重的是，基於政治而非道德或法律上的原因，阿赫邁德也質疑武裝鬥爭是否是針對巴解組織的特定對手，也就是以色列的正確行動方案。他認為，考量到猶太人的歷史經驗，尤其是在二十世紀的歷史，對他們使用武力只會加強以色列人心中預先存在、普遍存在的受害意識，同時這會統一以色列社會，加強猶太復國主義中最激進的傾向，並增強外部行為者的支持。[25]這個例子跟阿爾及利亞的情況不同，在那裡，民族解放陣線使用的暴力行為（其中包括在吉洛·彭特科沃〔Gillo Pontecorvo〕一九六六年的電影《阿爾及爾之戰》中，一位法國審訊者指控阿爾及利亞婦女用籃子運送炸彈，這種暴力行為奪去了許多無辜的生命），最終成功地分裂了法國社會，削弱社會大眾對殖民政策的支持。阿赫邁德的批判是深刻而尖銳的，它並沒有受到巴解組織領導人的歡迎，後者仍公開宣稱要致力於武裝鬥爭，儘管他們在實際行為上已經遠離了武裝鬥爭。阿赫邁德除了敏銳理解到猶太復國主義和歐洲長期以來對猶太人的迫害之間的深刻連結，他的分析也敏銳察覺到以色列殖民計畫的獨特性質。[26]

巴勒斯坦人行使的非暴力式大起義，終於讓阿拉法特考慮到阿赫邁德的觀點（儘管是遲來的），阿拉法特同時也積極回應要跟美國對話的首要條件，也就是放棄被美國和以色列認為是

---

24 Bergman, *Rise and Kill First*, 311.

25 我從阿赫邁德本人和其他人那裡聽說了這建議，並體現在一份備忘錄中，但我無法找到這份文本。其中一些主題可以在此查閱：Carollee Bengelsdorf, Margaret Cerullo, Yogesh Chandrani, eds., *The Selected Writings of Eqbal Ahmad* (New York: Columbia University Press, 2006), 77–78, 296–97。

26 在一封一九八二年九月十七日給一位「同志」（收信人姓名被塗掉了）的信中，阿赫邁德後來給巴解組織提出了同樣的建議：雖然他呼籲要在黎巴嫩從事「地下武裝抵抗」以色列占領軍，但在被占領的巴勒斯坦，他卻主張「積極和創造性地組織非暴力政治鬥爭」。我手上的信件複本是努巴爾·霍夫塞皮安（Nubar Hovsepian）提供的。另見阿赫邁德在下文中沿著這些思路所做的進一步分析："Pioneering in the Nuclear Age: An Essay on Israel and the Palestinians," 見 *The Selected Writings of Eqbal Ahmad*, 298–317。

恐怖主義的武裝抵抗。然而，巴解組織對美國的天真看法很快就顯現出不好的結果。就巴解組織本身而言，想得到美國的承認和在談判桌上獲得一席之地是個無可厚非的目標。但對每一個反殖民主義運動，無論是在阿爾及利亞、越南還是南非，反殖民的一方都希望他們的敵人能夠接受自己的正當性，並與反殖民方進行談判，從而體面地結束衝突。然而，在所有這些情況下，一個體面的結果就意味著要結束占領和殖民化，且最好是在正義的基礎上達成和平和解。這也是其他解放運動所尋求的談判的主要目標。但是，巴解組織沒有利用大起義的成功來爭取以這種解放目的為框架的討論，而是讓自己被捲入到以色列在美國的默許下所明確設計出來的進程，而這個進程是要延長以色列的占領和殖民，而不是結束占領和殖民。

巴解組織拚命尋求加入所謂的和平談判，但這些談判的狹窄詮釋空間從一開始就受限於聯合國安理會第二四二號決議，這項決議對巴勒斯坦人是極為不利的。安理會第二四二號決議沒有提到巴勒斯坦問題，也沒有提到一九四七年聯合國大會第一八一號決議的規定，即建立一個阿拉伯人的國家，或一九四八年聯合國大會第一九四號決議規定的難民返回問題。由於以色列精心算計和起草了撤出一九六七年「占領的領土」（而不是撤出「這片」占領的領土）的話術，第二四二號決議實際上給予以色列進一步擴大其一九六七年前邊界的機會。無論他們是否意識到了，只要接受第二四二號決議當作任何談判的基礎，阿拉法特和他的夥伴就是為自己設定了一個不可能完成的任務。

他們也沒有理解到要繼續向對手施加壓力的必要性，隨著武裝鬥爭結束和九〇年代初大起義的力道減弱，施壓變得愈來愈不可能了。一旦談判最終開始（即一九九一年秋天在馬德里舉行的談判），巴解組織便試圖讓大起義停下來（大起義沒有戛然而止，而是在幾年後逐漸消停了下來），彷彿啟動談判成了進程的結束而不是開始。考慮到美國對於自己做出的承諾的實際作為，美國就不可能成為誠實的調停人，此外，以色列也有自己的立場。因此，巴解組織對美國做出的任何讓步都不一定會對以色列有約束力，也不一定會讓以色列更願意跟巴解打交道。事實上，當雷根政府結束任期時，美國終於在巴解組織於一九八八年做出聲明後開始跟巴解對話，但以色列卻變得更加頑固了。

此外，巴解組織似乎沒有理解一九七八年大衛營協議，以及隨後一九七九年的埃以和平條約的全部意義，在這些協議中，貝京、薩達特和卡特就巴勒斯坦問題達成一個破壞性的交易。另外，蘇聯的衰落意味著巴解組織失去一個斷斷續續、不穩定的靠山，這個靠山曾經在軍事上和外交上支持過巴解組織，並且蘇聯也支持巴解組織以不像美國和以色列要求的這麼苛刻的條件，來參加談判。[27]但時間來到一九九一年底，蘇聯已經解體了，美國成為任何巴以進程的唯

27 雖然在一九四七年時，莫斯科是分治和由此產生的以色列的助產士之一，而且它此後也一直支持以色列的存在並支持第二四二號決議（該決議將以色列一九四八年和一九六七年的勝利神聖化了），但這裡提到的內容也是事實。蘇聯最初對巴解組織的「冒險主義」感到懷疑，並考慮了巴解組織將其埃及和敘利亞客戶國以及蘇聯拖入他們不希望的衝突中的可能性。

一國際擔保人和支持者。

另一個嚴重打擊巴解組織地位的事件，是阿拉法特和他的大多數同事深深誤判了一九九〇到一九九一年的波斯灣戰爭。幾乎在一九九〇年八月伊拉克入侵和占領科威特之後，波斯灣國家、埃及、敘利亞等國跟幾乎所有阿拉伯大國，都一起加入了美國領導的國際聯盟，強行扭轉海珊對阿拉伯聯盟成員國主權的嚴重侵犯。這符合亞洲、非洲和中東地區的後殖民國家對維護殖民邊界和在邊界內成長起來的國家的一貫偏好。但阿拉法特沒有堅決支持科威特反抗伊拉克，而是試圖引導一條「中立」路線，提出要調解雙方。他的建議被所有相關者忽視了，就像蘇聯等更強大的行為體的調停努力一樣，像是蘇聯向巴格達派出了高級中東特使，但沒有取得任何成果。[28]

有很多種原因讓巴解組織做出支持伊拉克的怪異決定，這個決定讓巴解組織在需要他們財政支持的波斯灣國家中成了一個異類，並在其他方面受到無數的傷害。在這些原因中，首先的一點是阿拉法特長期強烈反感阿薩德霸道的敘利亞政權（這種反感是互相的），以及阿拉法特反射性地試圖回擊敘利亞的影響。阿拉法特的標誌性口號之一「獨立的巴勒斯坦決定」（al-qarar al-Filastini al-mustaqill），通常會被用來回應敘利亞對巴解組織的脅迫、限制和支配。雖然埃及曾經起到過平衡阿薩德政權所施加的壓力的作用，但在薩達特跟以色列單獨媾和後，這作用就不再可能了。唯一可信的其他抗衡力量必然是敘利亞的敵手伊拉克。在薩達特背叛了之後，巴解組織就愈來愈依賴伊拉克給予的政治、軍事和財政支持，特別是在一九八二年敘利亞政權策劃針對讓巴解組織自相殘殺的叛亂，來破壞阿拉法特的領導地位之後。

這種依賴性使得阿拉法特和巴解組織要承受服從伊拉克政策的強大壓力，而伊拉克的政策是由海珊這個無知、多疑和殘暴的暴君決定的。為了使巴解組織和伊拉克行動保持一致，海珊政權經常對其進行懲罰。在眾多的工具中，巴格達掌握著各種名義上的巴勒斯坦分裂團體，如阿布·尼達爾的恐怖網絡、阿拉伯復興黨解放陣線（Ba'thist Arab Liberation Front），以及由阿布·阿巴斯領導的巴勒斯坦解放陣線。所有這些小團體都缺乏民眾基礎，本質上是可怕的伊拉克情報部門的延伸（儘管如我們所見，阿布·尼達爾的僱傭槍手有時也被利比亞和敘利亞政權祕密僱用，並被其他的情報部門深深滲透）。他們中的任何一個組織都可以開展破壞巴解組織或攻擊其領導人的行動，好迫使巴解組織重新跟伊拉克政權站在同一陣線。事實上，有一段時間，阿布·尼達爾的槍手在歐洲殺害的巴解組織特使和領導人幾乎和摩薩德一樣多。幾個阿拉伯政權的這些陣線還專門對以色列和猶太平民行使引人矚目的恐怖行動，如一九八五年阿布·尼達爾集團在羅馬和維也納機場的屠殺，以及一九八六年血腥襲擊伊斯坦堡猶太會堂，或一九八五年襲擊阿奇爾·勞羅號遊輪（Achille Lauro cruise liner）。

28 關於普里馬科夫為避免戰爭（並將最後一個蘇聯客戶從其領導人的愚蠢行為中拯救出來）所做的努力，見 *Missions à Bagdad: Histoire d'une négociation secrète* (Paris: Seuil, 1991)。在此之後，普里馬科夫成為了ＫＧＢ對外行動局的負責人，蘇聯解體後，他曾擔任俄羅斯對外情報局局長、外交部長和總理。

除了對伊拉克的依賴，阿拉法特和其他人也在一九九〇至九一年過度高估了伊拉克的軍事能力。他們誇大了伊拉克抵禦美國聯軍的能力，而這種攻擊在入侵科威特後很顯然會到來。儘管伊拉克在八年之久的戰爭中也無法打敗伊朗，但認為伊拉克可以抵禦聯軍的痴心妄想觀點，在阿拉伯世界的各個地方卻很普遍。在美國領導的不可避免的反攻開始前幾個月裡，巴勒斯坦、黎巴嫩和約旦等地那些原本聰明、消息靈通的人士都在大聲宣稱，戰爭不會到來，但如果戰爭真的來了，那麼伊拉克會獲勝。阿拉法特也在某種程度上被民眾的浪潮推著走，因為很大一部分阿拉伯公眾輿論都存在這種幻想。許多人支持海珊掠奪土地，認為這是民族主義在打擊「殖民者強加的邊界」（好像阿拉伯東部的大多數邊界和國家不是殖民者強加的一樣）。海珊被那些受到蒙蔽的人視為偉大的阿拉伯英雄，一個新的薩拉丁（薩拉丁來自提克里特，那裡也是海珊的老家），他肯定能打敗美國及其盟友。

但在巴解組織的愚蠢共識中有一個例外，那就是組織的情報主管薩拉赫・哈拉夫，他是巴解組織高級領導人中最聰明、最腳踏實地的一個。他明白組織所選擇的路線將導致災難，並激烈反對支持伊拉克的決定，這引發了他跟阿拉法特的激烈爭論。除了其立場的明顯原因外，他還關心保護科威特境內繁榮的巴勒斯坦人社區，該社區有幾十萬人。他和阿拉法特都曾在科威特生活與工作多年，他跟該社區有著密切的連結，這個社區是巴解組織在全世界最堅實的民眾和財政基礎之一。此外，科威特本身也支持巴解組織，並且是巴勒斯坦人享有相對言論自由的唯一阿拉伯國家。社區經營起自己的學校，並可以組織起來幫助巴解組織，只要他們注意不干涉科威特的政治就可以了。哈拉夫認為，阿拉法特如果不反對海珊對科威特的自殺式入侵，那就會削弱巴解組織，導致科威特的巴勒斯坦人社區遭到破壞，讓他們再次被迫流離失所。

這一切都如哈拉夫預料的那樣，但他也為自己的膽大妄為付出了代價（據說他甚至當面批評過海珊）。[29]一九九一年一月十四日，在美國領導的攻勢開始三天前，他在突尼斯被暗殺了。槍手是為阿布·尼達爾（無疑是為伊拉克）辦事，哈拉夫領導的巴解組織情報部門在多年來一直在追捕該組織。在哈拉夫被殺三年後，法塔赫高層中已經沒有人有資格或意願來對抗阿拉法特了，因為這種情況只會讓他更傾向於採取高壓手段。

沒過多久，巴解組織就嘗到阿拉法特的錯誤決定所帶來的後果，首先是科威特被解放後，數十萬的巴勒斯坦人就被趕出該國。波斯灣國家停止對巴解組織的所有財政支持，巴解組織被許多阿拉伯國家排斥，包括那些在一九八二年從巴解撤出貝魯特後同意接納其幹部的國家。因此，在一九九〇至九一年的波斯灣戰爭之後，巴解組織發現自己也許比歷史上的任何階段都更加沒有朋友，比以往任何時候都更加孤獨。阿拉法特和他的同志漂浮的冰山正在迅速融化，他們急切地想跳到堅實的地面上去。

這場危機恰好與美國的勝利主義時刻相吻合，當時正值美國在伊拉克獲得勝利以及蘇聯解

29 Elizabeth Thompson, *Justice Interrupted: The Struggle for Constitutional Government in the Middle East* (Cambridge, MA: Harvard University Press, 2013), 249.

體。在老布希於一九九一年一月發表的國情咨文中，他歡呼著「新的世界秩序」和「下一個美國世紀」的到來。老布希政府已經篤定要抓住海珊的愚蠢給他們的機會，從而讓美國來定義新的世界秩序，在他們看來，阿拉伯—以色列衝突必須要依靠這個新世界秩序來解決。以色列和美國的外交官知道，巴解組織的談判地位已經被嚴重削弱了。正是在這種情況下，美國國務卿詹姆斯．貝克開始籌劃一九九一年十月在馬德里舉行的和平會議，他希望能啟動以色列和阿拉伯人的直接談判，決定巴勒斯坦的未來。當阿拉法特和他的同事最終在談判桌上獲得一個代理席位時，他們受到了很大的壓力，並且急於離開他們在突尼斯和其他地方的不穩定位置，這導致他們沒有評估他們的巨大劣勢。因此，隨後在馬德里、華盛頓、奧斯陸以及之後的談判中出現的挫折，在很大程度上是源於巴解組織在科威特問題上的史詩級誤判。

§

一九九一年夏天我在耶路撒冷做研究時，我順便拜訪了費薩爾．胡塞尼。他和我有姻親關係，直到他在科威特去世以前，他都是耶路撒冷最重要的巴勒斯坦領導人，也是法塔赫的高級人物。我去拜訪他是為了我的一些堂兄弟之間的小問題（我在耶路撒冷有一個大家庭，偶爾會有爭吵）。費薩爾出乎意料地問我是否同意擔任巴勒斯坦代表團的顧問，參加由美國召開的和平會議。我知道，在巴解組織的要求下，胡塞尼、哈南．阿什拉維、阿布杜．沙菲等人正在與詹姆斯．貝克討論會議的基本規則和代表團的組成問題。我還知道，以色列總理沙米爾堅決反對巴解組織參加任何談判，反對建立巴勒斯坦國，所以我相信這場會議並不會舉行。我沒有多想就默許了費薩爾的請求，並感謝他對我們家庭問題的建議，然後就離開了。

幾個月後，也就是一九九一年十月底，我發現自己居然已經身在馬德里，面對著貝克無法解釋的頑強精神或突尼斯的巴解組織領導層的絕望。在會議開始時，巴勒斯坦代表團團長沙菲的莊重講話和阿什拉維在媒體上的有效亮相，給許多巴勒斯坦人留下了這樣的印象：他們的事業終於有了動能，大起義的犧牲沒有白費。然而，烏雲卻籠罩著這次的會議，以及隨後巴解組織在馬德里、華盛頓與以色列人進行的所有雙邊談判。巴解組織透過貝克默許了沙米爾開出的條件，也就是在決定巴勒斯坦命運的會議上，巴勒斯坦沒有獨立的代表。因此，我被派到了約旦—巴勒斯坦聯合代表團裡擔任顧問。

當然了，巴勒斯坦人被排除在關乎他們的存亡的決定之外，沒有獨立角色，這也並不是什麼新鮮事（巴勒斯坦代表團最後被允許可以跟約旦代表團分開）。但以色列的否決權延伸到了巴勒斯坦代表的選擇上，否決權阻止了任何與巴解組織有關的人，或來自耶路撒冷的人，或是來自散居地的人的參與權（這大大縮小了可選代表的範圍）。由於貝克的干預，被這些條款排除在外的領導人，如阿什拉維和薩里．努塞貝赫（Sari Nuseibeh），以及顧問、法律和外交專家，如拉賈．謝哈德、卡米爾．曼蘇爾（Camille Mansour）和我，也被允許加入到了代表團中，但是被禁止參加跟以色列人的正式會談。以色列決定用跟誰談判，以及用何種方式談判的羞辱並沒有嚇倒巴解組織。但更多的羞辱還在後頭。

除了規定誰可以參加談判，沙米爾政府還決定可以談論的內容。貝京在大衛營協議和一九七九年與埃及簽訂的和約中，堅持加諸於巴勒斯坦的限制，現在被應用在為期三天的馬德里會議和隨後幾個月在華盛頓的討論中。也就是對巴勒斯坦人來說，無論是在「自治」還是「臨時自治」的標題下，只有自治是可以討論的。每一個重要議題，諸如巴勒斯坦的民族自決權、主權、難民回歸、結束占領和殖民、耶路撒冷地位的處置、猶太人定居點的未來、以及土地和水權的控制，都不被允許討論。相反的，這些議題都被推遲了，據說是推遲了四年，但實際上是推遲到一個不會到來的未來。傳說中的「最終地位」談判本應在一九九七年完成（這個期限後來在奧斯陸協議中被延長到一九九九年），但從未被落實。與此同時，在打算持續到那時的過渡階段，以色列被允許在所有這些領域一意孤行、隨心所欲。因此，在整個一九九〇年代，巴勒斯坦是在馬德里和其他地方的談判者強加的規則下運作的，這些談判者將討論限制在正在進行中的殖民化和占領。馬德里會議的發起人在他們面前展現，一個可以從目前這個臨時過渡階段解脫出來的前景未來，但二十五年過去了，「被占領土」上的巴勒斯坦人仍然生活在臨時的過渡狀態中。

美國表面上是與蘇聯共同發起了這次會議，但蘇聯即將解體，它的支持只是名義上的，事實上，貝克和老布希做出了所有的決定。華府方面的基本規則體現在一封精心起草的致各方的邀請函中，其中包括敘利亞、黎巴嫩和約旦的代表團。[30]在邀請函的一項莊嚴承諾中，美國保證「身為一個誠實的中間人」，會努力以「全面」的方式解決阿以衝突。[31]美國還向每個代表團發出詳細的單獨保證信。在寫給巴勒斯坦人的信中，美國承諾「鼓勵所有各方避免採取會加劇當地緊張局勢、或使談判更加困難、或阻止其最終結果的單方行動」，並強調「任何一方都不應採取單方行動，試圖預先確定只能透過談判解決的問題。」[32]但美國從未兌現這些承諾，未能阻止以色列進行的一系列無休止的單方行動，從擴大定居點、禁止西岸人和加薩人進入耶路撒冷，到建立巨大的全新隔離牆、安全屏障和檢查站網絡。

當他們抵達馬德里時，巴勒斯坦代表團的其他成員都不知道福特總統在一九七五年曾明確承諾拉賓，即美國會避免提出任何以色列不贊同的和平建議，我自己也對此一無所知。[33]我們都知道一九七八年的大衛營協議，也知道美國偏袒以色列，以及許多美國外交官偏袒以色列，但我們不知道季辛吉已經將繼任的國務卿綑綁在以色列的平台上的程度。如果我當初了解這場

30 美蘇邀請參加一九九一年十月十八日在馬德里舉行的中東和平會議的文本可見：William Quandt, Peace Process: American Diplomacy and the Arab-Israeli Conflict Since 1967, 3rd ed. (Washington, DC: Brookings Institution Press, 2005), appendix N, https://www.brookings.edu/wp-content/uploads/2016/07/Appendix-N.pdf。至於對巴勒斯坦人的保證信，見同著作的附錄M：https://www.brookings.edu/wp-content/uploads/2016/07/Appendix-M.pdf。

31 見同上，附錄N。

32 針對巴勒斯坦人的保證信的落款日期是一九九一年十月十八日。見同上著作，附錄M。

33 如第四章和上文所述，這封信直到二〇一二年在《美國外交關係》叢書中發表時才被美國政府披露。然而，在此之前二十年，即一九八二年，以色列就已經在其外交部的文件中公布了這封信，遠早於馬德里會議時。

牌局有多大，了解美國被他們跟以色列的承諾約束著的話（這表示以色列可以決定自己的立場和贊助人的立場），那麼我可能就不會去馬德里參加談判，也不會在接下來的兩年花很多時間參與跟華府的會談。即使我能夠跟代表團分享這些知識（他們都來自「被占領土」，沒有外交經驗，但最終證明他們是強勁的談判能手），但終究也起不到什麼作用。

身在突尼斯的巴解組織領導人做出所有巴勒斯坦方面的重要決定。他們如此迫切地希望被納入談判進程裡，並擺脫孤立狀態，以至於即使他們知道美國是多麼嚴格地遵循以色列的方針，我相信他們很可能仍然會在談判中犯下他們最終犯下的錯誤。由於巴勒斯坦在區域或全球範圍內沒有什麼盟友，沒有能力向以色列施加壓力，對占領的性質或所涉及的晦澀法律問題的理解也很有限，他們基本上是選擇把所有的雞蛋都集中放在美國政府這個籃子裡，而美國則是只能表達由以色列預先批准的觀點。最重要的是，他們對於和經驗豐富的以色列外交官進行談判所需的瑣碎法律細節，缺乏耐心，也沒有耐心採取長期戰略，而這種戰略可能會在涉及控制領土、擴大定居點和耶路撒冷等關鍵問題上，磨損以色列的頑固性。

馬德里會議將所有各方聚集在一起，發揮其啟動全面談判進程的作用。隨後有幾個不同的路徑：三個阿拉伯國家，即敘利亞、黎巴嫩和約旦，開始與以色列就最終和平條約進行雙邊會談。同時，與約旦脫鉤的巴勒斯坦，在一年半的時間裡跟以色列代表在位於華盛頓的國務院裡進行了十輪討論。這些討論仍然僵化侷限在西岸和加薩的有限自治問題。在諸多阻礙華盛頓討論進展的因素中，諸如巴解組織領導層指導會談的做法有誤，美國的欺騙性角色，以及以色列在巴勒斯坦權利問題上的頑固態度，這些在在呈現一個事實：當前線的巴勒斯坦談判者和他們的顧問逐漸發展出法律和外交專業上的知識時，突尼斯的領導人卻不了解法律和外交專業技能在這個過程中的關鍵重要性。

鑑於許多參與其中的美國人員所扮演的扭曲角色，認識到這一點就顯得更加重要了。有幾個美國人不願意在任何實質性的問題上逼迫以色列人，例如擴張定居點和過渡時期耶路撒冷的地位，又或者巴勒斯坦人將成為名義上自治的地區，以及人口的管轄權範圍。無論手頭的問題是什麼，美國代表認為，以色列所持的立場，正如他們所理解的那樣，就是可行的或可以討論的上限。我們知道，他們與以色列同行密切合作，其中一些人將美國對以色列的正式（但祕密）承諾推向了一個極端。美國談判代表阿倫・戴維・米勒（Aaron David Miller）後來遺憾地用「以色列的律師」一詞，來描述他和他的許多同事的立場。[34]恰如其分的，這個詞正是季辛吉創造出來的，他對於美國擁護以色列政策的程度，是再熟悉不過的了。[35]

在這方面，詹姆斯・貝克與他的任何下屬都截然不同，他有著超乎尋常的政治直覺和對權力部署方式的敏銳感覺。他和老布希都明白，在冷戰結束後，全面解決阿以衝突可以給美國帶

---

34 Aaron David Miller, "Israel's Lawyer," Washington Post, May 23, 2005, http://www.washingtonpost.com/wp-dyn/content/article/2005/05/22/AR2005052200883 .html.

35 Aaron David Miller, *The Much Too Promised Land* (New York, Bantam, 2008), 80.

來的好處，而且他當然知道，要達成一個長久協議，就需要向以色列施加壓力。貝克也擁有足夠的骨氣，以及跟總統的密切關係，他可以無視季辛吉在一九七五年的談判中達成的對美國行動自由的限制，或至少可以根據他們認為的美國國家利益，來寬泛解釋這些限制。他們這樣做是為了啟動談判。例如當沙米爾阻撓美國政府最初倡議會議的努力時，貝克不怕公開對抗沙米爾政府，他對沙米爾說：「當你打算認真地對待和平時，請給我們打電話」，並提供了白宮的電話號碼。[36]貝克不顧沙米爾的頑固反對，堅持不懈地推動讓巴勒斯坦人參與馬德里會議。我們這些見過貝克的人都感覺到，他同情占領下的巴勒斯坦人的困境，並理解我們對沙米爾政府施加的荒謬限制的挫折感。這種同情感受有一部分是來自於他在籌備會議期間，跟胡塞尼、阿什拉維、沙菲以及他們的同事的長時間交流。

但貝克只能做這麼多，或者是只願意做這麼多。他沒有做的最重要的事情是限制以色列的行動，這些行動在談判進行的同時，也系統性地改變了巴勒斯坦的現狀。這其中包括繼續建造定居點、禁止「被占領土」其他地區的居民進入耶路撒冷。兩件事都嚴重違反了貝克保證書中所體現的美國承諾。在巴勒斯坦人看來，以色列的這些行動是在先發制人地吃掉雙方本應分割的蛋糕，同時利用禁止巴勒斯坦代表與會來阻止他們談論最終地位問題。儘管老布希政府對沙米爾的阻撓和西岸無休止的殖民化感到不耐煩，導致老布希扣下了以色列為重新安置俄羅斯猶太人而尋求的一百億美元貸款擔保，但這對以色列政府幾乎沒有任何影響。[37]華盛頓方面所做的僅此而已。

無論如何，貝克在馬德里會議結束的十個月後就離開了國務院，他在一九九二年八月被徵召去主持老布希失敗的總統競選。從那時起，在貝克擔任國務卿期間一直受他控制的初階官員接管了這個部門，他們沒有貝克的地位，沒有他跟以色列打交道時的堅定意志，也沒有他的公平和遠見。這種情況在老布希政府剩下的幾個月裡一直持續著，然後在當年十一月贏得選舉的柯林頓和他的兩位平庸的國務卿沃倫・克里斯托福（Warren Christopher）和馬德琳・歐布萊特（Madeleine Albright）手下，情況變得更糟了。新政府的高層沒有人像老布希和貝克那樣對這一進程、對以色列、或對巴勒斯坦問題有相同的看法，而且他們都強烈受到老布希政府沿襲下來的官員的影響，特別是丹尼斯・羅斯（Dennis Ross）的影響。

這批專家團體中的許多成員對工黨猶太復國主義（Labor Zionism）有著強烈的個人喜好，也深為欽佩一九九二年六月成為以色列總理的拉賓（柯林頓也是如此）。他們透過所謂的和平進程工作而贏得了自己的聲譽和事業，但該進程自一九七八年大衛營峰會以來就一直被拖延著。這些和平進程專業人士的崛起標誌著美國國務院和政府其他部門中，所謂阿拉伯專家一代

---

36 “‘When You’re Serious, Call Us,’” *Newsweek*, June 24, 1990, http://www.neweek.com/when-youre-serious-call-us-206208.

37 John Goshko, “Baker Bars Israeli Loan Aid Unless Settlements Are Halted,” *Washington Post*, February 25, 1992, https://www.washingtonpost.com/archive/politics/1992/02/25/baker-bars-israeli-loan-aid-unless-settlements-are-halted/e7311eea-e6d3-493b-8880-a3b98e0830a1/.

人的消亡。後者這批人主要是在中東地區長期從事政府工作的老將，他們擁有豐富的語言能力，他們在工作中對該地區和美國在該地區的地位有著深刻理解。他們經常被美國以色列公共事務委員會（American Israel Public Affairs Committee）等遊說團體的支持者，詆毀為是反以色列人士，但這是一種虛構出來的說法。事實上，他們只不過是和大多數繼承他們的人不同，沒有代表以以色列為中心的觀點而已。[38]

他們的繼任者（全都是男性）都曾經在這個議題中排除了其他一切事項：把迪斯雷利（Disraeli）所說的，「東方是一項事業」變成了「和平進程是一個事業」。他們一般都有學術專長，例如丹尼斯．羅斯、馬丁．因迪克（Martin Indyk）、丹尼爾．庫策（Daniel Kurtzer）和阿倫．米勒都擁有博士學位，[39]但他們沒有在中東地區服務多年的經驗，也沒有對該地區除了以色列以外的任何國家或人民有任何特別的同情。他們中的一些人後來擔任美國大使，其中庫策曾派駐過埃及和以色列，因迪克曾派駐過以色列，其他人則擔任負責中東事務的助理國務卿、國務院政策規劃負責人，以及國家安全委員會成員。

這些和平進程專業人員中，羅斯是最偏心的人。一位國務院高級官員對他的評價就是這樣的。「羅斯的壞習慣是他要事先跟以色列人協商。」[40]另一位官員則更加尖刻：他說，羅斯很容易「先屈服於對方畫下的紅線」，這裡說的紅線是指以色列人畫下的紅線。[41]在他處理這份工作的幾十年時間裡，羅斯對以色列深刻而持久的承諾變得愈來愈明顯，特別是在他二〇一一年離開政府機構之後（他從一九七〇年代中期開始斷斷續續擔任公職）。此後，他成了一個名副其實的以色列遊說人，擔任猶太人民政策規劃研究所的負責人，該機構由猶太機構創立和資助，並在美國以色列公共事務委員會支持的華盛頓近東政策研究所，擔任傑出研究員，該研究所是他跟因迪克共同創立的。華盛頓近東政策研究所的另一位創始人因迪克以前也曾為美國以色列公共事務委員會工作，並在柯林頓政府期間成為談判的關鍵人物（因迪克是澳大利亞人，柯林頓政府特別迅速批准了他的美國公民身分，以便他能在一九九三年擔任政府職位）。[42]

---

38 反對他們的運動中的一份關鍵文本是Robert Kaplan, *Arabists: Romance of an American Elite* (New York: Free Press, 1995)，該書是根據《大西洋月刊》上的一系列尖銳文章編寫的。另一位批評美國外交和中東學術的人是Martin Kramer, *Ivory Towers on Sand: The Failure of Middle Eastern Studies in America* (Washington, DC: Washington Institute for Near East Policy, 2001)。克雷默是伯納・路易斯（Bernard Lewis）的學生，他是一長串詆毀西方中東政策的極右翼人士之一，他們認為，美國的政策不夠親以色列、不夠反阿拉伯，這種態度可以追溯到出生於巴格達的英國學者埃利・凱杜里（Elie Kedourie）。

39 前兩人獲得的是國際關係博士學位（因此絕不是中東問題專家），而庫策和米勒獲得的是中東研究博士學位。

40 Roger Cohen, "The Making of an Iran Policy," *New York Times Magazine*, July 30, 2009, https://www.nytimes.com/2009/08/02/magazine/02Iran-t.html.

41 Peter Beinart, "Obama Betrayed Ideals on Israel," *Newsweek*, March 12, 2012, http://www.newsweek.com/peter-beinart-obama-betrayed-ideals-israel-63673.

42 因迪克後來擔任美國駐台拉維夫大使，這位在華盛頓為以色列利益而戰的老將曾被詆毀過於軟弱，他的同事庫策擔任同一職務時也是如此。儘管他們兩人都是猶太人，但他們都沒有倖免於以色列強硬派不斷粗暴謾罵他們。

羅斯和他的一些同事的公開偏見在我們所有的互動中都表現得十分明顯。他們的主要特點是接受以色列的公開立場，並將其作為美國政策可接受的界線。對羅斯和其他人來說，這種觀點根植於他們的核心信仰。事實上，羅斯甚至還更進一步袒護以色列，會事先自己評估哪些內容是以色列不會接受的，然後讓美國也不能支持這些內容。他做出的這些評估往往會被事實證明是錯的。他認為承認巴解組織，並讓巴解參與談判對以色列來說是不可接受的，但拉賓事實上最後也同意這些條款。在華盛頓的一次談判僵局中，美方堅定地拒絕提出自己的觀點，而是同意提出一個所謂的「搭橋建議」（bridging proposal）。這樁羅斯本人十分自豪的建議是一條通不到任何地方的橋，它甚至比以色列人非正式提出的最終立場還要更嚴苛。[43]羅斯的偏見在會談的另一點也表現得很明顯，在我的聽證會上，他威脅說，如果巴勒斯坦代表團不接受以色列向他們施加的爭議觀點的話，華盛頓將讓他們的「波斯灣朋友」向以色列靠攏。

以色列一方造成的障礙則有著完全不同的性質。在沙米爾擔任總理期間，雙方在程序上爭吵不斷，就實質內容而言，則是一種痛苦的聾子對啞巴的對話。特別是，以色列堅持貝京一九七八年在大衛營提出的人民自治，而非土地自治的設想。這符合以色列右翼的觀點（實際上這是猶太復國主義學說的核心），即只有一個民族（即猶太民族）在整塊土地上擁有合法的生存和主權權利，這塊土地被稱為Eretz Israel，是以色列的土地，而不是巴勒斯坦。巴勒斯坦人充其量是插足者。在實踐中，這意味著當巴勒斯坦人為未來的自治當局爭取廣泛的法律和領土管轄權時，他們就遭受以色列談判人員的堅決回絕。同樣的，以色列也拒絕以任何方式限制定居點活動。這並不令人驚訝。有名的是，據報導，沙米爾說他會再拖延談判十年，並在同時「大大增加以色列占領區內的猶太定居者人數。」[44]

當以色列工黨領導的聯盟取代了沙米爾的政府後，拉賓成為了新總理，他在優先考慮敘利亞問題還是巴勒斯坦問題上搖擺不定。身為一個戰略家，他意識到跟敘利亞達成協議的好處之一是會讓巴勒斯坦人處於弱勢地位，使他們更容易對付。拉賓還認為，跟敘利亞方面達成協議是更具有戰略意義的，這相對直接，而且可以實現。拉賓在最後一點上可能是對的，他跟阿薩德幾乎成功達成協議。[45]

為了證明他對敘利亞問題的認真態度，拉賓任命伊塔馬爾・拉比諾維奇為敘利亞事務的首席談判代表（他同時擔任以色列駐美國大使）。拉比諾維奇是以色列軍隊的後備上校，曾是高級情報官員，也是對敘利亞有深入研究的知名學者，他是擔任這職務的理想人選。儘管最終雙方無法達成協議，但任命他一事達成了他自己所描述的跟敘利亞人之間的「一些進展」。無法達成協議的主因是雙方在加利利海東側幾平方英里的戰略性海岸線的處置上，存在著分歧。這

---

43 R. Khalidi, *Brokers of Deceit*, 56.

44 Clyde Haberman, "Shamir Is Said to Admit Plan to Stall Talks 'For 10 Years' " *New York Times*, June 27, 1992, https://www.nytimes.com/1992/06/27/world/shamir-is-said-to-admit-plan-to-stall-talks-for-10-years.html.

45 拉賓的傳記作者和親密同事伊塔馬爾・拉比諾維奇證實了這一點，他曾是以色列與敘利亞的主要談判代表。*Yitzhak Rabin*, 177–85, 193–99。

個不複雜但很重要的問題因為以色列的一些人（以及他們在美國最狂熱的支持者）強烈反對撤軍戈蘭高地，而被大大放大了，而拉賓則是準備考慮採取撤軍步驟的。在談判過程中，我碰巧參加在芝加哥舉行的一次談話，在這次談話中，拉比諾維奇完全沒有說服以色列的強硬派支持者，讓他們認為跟敘利亞達成協議是可行的，也是可取的。我向拉比諾維奇指出，這種非理性的反對是以色列自己造成的，因為以色列之前曾妖魔化敘利亞，而他和拉賓現在相信以色列可以跟敘利亞達成協議。

如果拿拉賓對敘利亞採取的相對靈活方法和任命一位非常合適的特使相比，在談判桌上他對巴勒斯坦的主要方法就沒有什麼改變。他保留了以色列代表團團長伊利亞金．魯賓斯坦（Elyakim Rubinstein）的位置，此人是一位經驗豐富的外交官和後來的最高法院法官，他在跟我們打交道時態度十分強硬。以色列的立場有了些許轉變，例如在巴勒斯坦選舉、西岸和加薩地帶相連以及其他一些問題上，但魯賓斯坦簡報中的主要內容仍然限於最嚴格的有限形式的自治，僅此而已。當我們意識到以色列政府的改變並不意味著他們的觀點的實質性改變時，巴勒斯坦代表團內部以及突尼斯的領導層都顯露出明顯的失望情緒。我們本不應該感到驚訝。在一九八九年的一次演講中，拉賓明確提到他對貝京的大衛營方案的承諾，其中包括自治，但他不會讓巴勒斯坦人建立獨立的國家。[46]六年後的一九九五年十月，在他被暗殺前不到一個月，拉賓告訴以色列議會，任何將要建立的巴勒斯坦「實體」，都會「低於國家層級」。[47]

儘管一九九二年一月的華盛頓出現了令人沮喪的跡象，但是在沙米爾仍然在任時，巴勒斯坦代表團提出了「巴勒斯坦臨時自治機構」（Palestinian Interim Self-Governing Authority）的建議大綱，我們稱之為PISGA，我們認為它是建國的敲門磚。在三月時，我們提出一個強化的、更有實質內容的版本。其核心思想是建立巴勒斯坦政府實體，其權力來自人民選舉，其中包括西岸、耶路撒冷、加薩地帶的巴勒斯坦居民，以及在一九六七年從這些地區流離失所的人，還有自那時起被以色列驅逐的人。在選舉之後，以色列軍政府及其占領官僚機構，即委婉地命名為「民政部門」的機構，將要把所有權力移交給這個新當局，之後這些以色列機構將會撤出。新當局將對包括定居點（但不是定居者）在內的整個「被占領土」的空氣、土地和水，以及所有巴勒斯坦居民擁有完全的管轄權（但既不是主權也不是完全的安全控制）。當這權力機構成立時，以色列將不得不凍結定居點活動，並將其部隊「撤回到被占領巴勒斯坦領土邊界的重新部署點。」[48]

---

46 Ibid., 165.

47 Ibid., 212–14.

48 "Outline of the Palestinian Interim Self-Governing Authority (PISGA)" delivered January 14, 1992, http://www.palestine-studies.

雖然ＰＩＳＧＡ提案構成了一次從被占領到獨立的實際努力，但它最終仍然是徒勞一場，它無法繞過談判限制和以色列準備接受的自治的受限形式。這些限制基本上保留了以色列在安全、土地、水、領空、人口登記、流動、定居點和大多數其他重要事項上的所有權力。ＰＩＳＧＡ提案失敗的原因有很多，其中最主要的原因是讓巴勒斯坦人流離失所的理論，也就是猶太復國主義理論，該理論認為猶太人對整個巴勒斯坦擁有排他性的專屬權。在ＰＩＳＧＡ提案中大致設想的管轄權會跟這核心理論相矛盾，而所有的一切都源於這核心理論；ＰＩＳＧＡ提案太靠近主權的禁區，無法讓魯賓斯坦和他的政治老闆們接受，無論是沙米爾還是拉賓都無法接受它。

突尼斯的巴解領導層則構成了另外一個障礙。雖然巴解組織領導層批准了ＰＩＳＧＡ提案，但我感覺到他們對該提案所體現的概念明顯缺乏熱情。他們沒有在國際上、阿拉伯世界或以色列推廣該提案，儘管這種推廣可能會給它帶來一些助力。也許他們知道以色列政府永遠不會接受它，他們過於渴望一個可接受的交易，任何交易都可以。或者，他們不溫不火的反應可能是因為嫉妒代表團真正制定了一個複雜和精心設計的計畫，而不是像巴解組織自進程開始以來所做的那樣，只是對其對手提出的任何東西做出回應而已，他們直到今天仍然如此。

這個問題由於突尼斯的巴解組織和來自「被占領土」的巴勒斯坦人（其中許多人是起義的資深領導人，他們是代表團的正式成員）之間深刻而緊張的關係，而變得更加嚴重了。我們都知道這種緊張關係，而且我們看到它有時會爆發成公開的爭端。當胡塞尼在華盛頓的酒店套房裡跟阿拉法特進行激烈的電話交流時，我們中的許多人都在場。以色列人也意識到這種緊張關係，並樂於利用。一九九三年，他們突然改變了基本規則，允許胡塞尼、阿什拉維和其他被排除在正式談判之外的人（包括我們的顧問）直接參與談判。這似乎是一個親切的讓步，但正如拉賓在一次會議上告訴柯林頓的那樣，他這樣做的目的是在挑撥離間巴勒斯坦人，希望「地方領導人能夠站出來對抗阿拉法特」。[49]這些分而治之的策略，拉賓在擔任國防部長時就曾採用過，是任何殖民統治者都會使用的標準程序。在拒絕了我們的PISGA建議後，華盛頓的代表團沒有從以色列人那裡得到，任何將會有意義地改變巴勒斯坦境內殖民現狀的嚴肅對策提案。因此，華盛頓的會談被證明是沒有結果的。

以色列的立場最終確實發生了一些根本性的變化，但我們在華盛頓期間只有一絲絲的感覺。在一年半的僵局和挫折之後，我們得知巴解組織和以色列之間進行了一次重要的祕密交流。一九九三年六月在華盛頓，我們與以色列人進行的最後一輪會談中，阿什拉維和我受命連夜起草一份文件，作為第二天向代表美國提案國的外交官介紹這次交流的基礎。當我聽到我們

org/sites/default/files/uploads/images/PISGA%20Jan%2014%2C%201992%20%20p%201%2C2.pdf。該計畫的一個更詳細的版本曾交付給了以色列方面：“Palestinian Interim Selfgovernment Arrangements: Expanded Outline of Model of Palestinian Interim Selfgovernment Authority: Preliminary Measures and Modalities for Elections,” March 2, 1993, http://www.palestine-studies.org/sites/default/files/uploads/files/Final%20outline%20 PISGA %20elections%20 2%20Mar_%2092.pdf。

49 Rabinovich, *Yitzhak Rabin*, 183.

應該要告訴他們的內容時，我感到很驚訝。我們了解到，巴解組織和以色列達成了一項私下諒解，「可能包括巴勒斯坦解放軍的軍官」在內的巴解組織的幹部和部隊，將被允許進入「被占領土」，並以安全部隊的身分在那裡執行任務。這對我們這些要做簡報的人來說是一個啟示。如果這是真的，就意味著巴解組織和以色列一直都在進行祕密的直接談判（一直有這方面的傳言），而且他們已經就拉賓和阿拉法特最關心的問題達成了初步的諒解：安全問題。

我們後來了解到，這個突破是一個未公開的談判管道所取得的成果，這條管道與奧斯陸祕密會談是完全分開的，它從未得到同樣程度的知名度。而這只是拉賓授權的幾條管道中的一條，他同

海達爾．阿布杜．沙菲，哈南．阿什拉維（被照相機擋住了）和費薩爾．胡塞尼在一九九一年的馬德里和平會議上被媒體簇擁著。筆者位於後方，正在向右側看。

時對參與其他管道的人隱瞞了每一條管道的存在。[50]在平行於奧斯陸會談的談判中，主角是以色列外交部長西蒙・佩雷斯和艾哈邁德・庫雷（Ahmad Quray‘），他們早就有了不顧一切的自我推銷員的名聲，可以預見的是，他們將確保他們的敘事會抹去任何其他敘事，這正是後來發生的情況。[51]相比之下，拉賓和阿拉法特利用祕密的中間人，在安全這個關鍵問題上達成默契，這是一個重要的先決條件，也為同時進行的更著名、更詳盡的奧斯陸進程取得成功的基礎。

安全談判完全是在鎂光燈之外進行的，談判地點仍然是個祕密，由謹慎的特使來談判，人們至今仍然對這些談判知之甚少。在以色列方面，他們由前軍事情報局局長領導，他也曾擔任過處理占領下的巴勒斯坦人問題的第一任協調員，即所羅門・嘎茲特（Shlomo Gazit）退役少將。拉賓似乎只對嘎茲特和拉比諾維奇這樣的高級現役、預備役和退役軍官抱有充分的信心。[52]阿拉法特也有同樣的傾向，因此嘎茲特的談判對手是尼扎爾・艾瑪爾（Nizar ‘Ammar），他是

50 同上頁一八九至一九一，引用了拉賓下令開通的另外兩條「通往奧斯陸」和華盛頓的替代管道，但沒有提到這一條。

51 這兩個人沒有一個是謙虛低調的，他們兩位都大書特書自己在奧斯陸所起的作用，後者尤甚。見 Abu al-‘Ala [Ahmad Quray‘], *al-Riwaya al-filistiniyya al-kamila lil-mufawadat: Min Oslo ila kharitat al-tariq* [The complete Palestinian account of the negotiations: From Oslo to the Road Map], vols. 1–4 (Beirut: Institute for Palestine Studies, 2005–2014); Shimon Peres, *Battling for Peace: A Memoir* (New York: Random House, 1995)。

52 用拉比諾維奇在 *Yitzhak Rabin*, 187 中所說的：「拉賓信任以色列國防軍的前軍官。」其中就包括他自己。

已故的薩拉赫・哈拉夫手下的情報部門裡的一位高級官員，後來擔任巴勒斯坦權力機構安全部隊的指揮官。[53]阿拉法特明確授權我的同事哈南和我，可以進行即將到來的簡報。我知道這一點是因為我們難以置信以色列人會考慮接受如此寬泛的條款，所以我們向突尼斯發送了一份草案，其中一定程度修改了我們被告知的內容。我們立即收到阿拉法特明確無誤的修改意見，恢復了全部的草案內容。

在一九九三年的六月二十三日，我們給丹・庫澤（Dan Kurtzer）和阿倫・米勒做了簡報，即使我們沒有被授權可以明確地說，其實存在一份正式的協議（因為充其量那是非正式的協議，儘管它十分重要，而且取得了雙方理解），他們也仍然感到難以置信。哈南・阿什拉維說，為了提供安全維護，巴勒斯坦人需要「援引外部的資源」，例如說擁有相關經驗的「巴勒斯坦解放軍中的軍官」。我補充說，「以色列的安全管理人」明白這樣的需求是很必要的。其中的一位美國外交官馬上就心知肚明了一些事情，「以色列人和巴勒斯坦人之間很可能正在進行一些交流，」但是他懷疑我們可以敲定這樣的協定，「除非你們跟以色列人取得了理解。」我試圖讓他們放心，於是說：「我們不認為（以色列）在同意這件事上會有問題」。「很好，這是我們第一次沒話說了。」庫澤說道，米勒同時還加了一句：「這個安全陳述實在是超凡脫俗。」[54]

這些精明的美國外交官無疑知道雙方之間已經建立了祕密管道，但他們很難想像巴解組織可以跟以色列就如此全面的事情達成一致意見。他們可能也很懊惱，因為這個消息與他們和丹尼斯・羅斯所相信的、並一直告訴國務院和白宮上級的一切，都是南轅北轍的。他們以為以色列人絕不會直接跟巴解組織打交道，更不會允許解放軍部隊進入「被占領土」負責安全維護。不過，無論他們的反應如何，這都不再由美國人決定了。

這一重要轉變源於拉賓從巴勒斯坦人大起義中得到的教訓：以色列不能再僅僅藉由使用武力來控制「被占領土」了。因此，他願意以不同於貝京和沙米爾的方式做些事情，同時繼續軍事占領和殖民化巴勒斯坦的剩餘部分（事實上，在拉賓的政府下，定居點的開支受到了限制，但總體的定居點活動仍有增加）。為此，拉賓授權跟巴解組織直接進行接觸，但堅持有限自治這一狹隘的選擇。隨著時間推移，這些祕密接觸讓拉賓接受了巴解組織的大多數領導人和幹部，可以在雙方相互承認的情況下返回巴勒斯坦，這是一九九三年九月在白宮草坪上簽署的以色列和巴解組織之間的原則宣言的基礎。根據這項協議，以色列承認巴解組織是巴勒斯坦人民的代表，巴解組織也承認以色列國。

雖然拉賓做出了其他以色列領導人從未做過的事情，正式承認有一個巴勒斯坦民族存在，

53 我們可以在這兩個人的簡歷中（就二〇一〇年去世的艾瑪爾而言，則是在他的訃告中），徒勞地尋找任何關於他們在確保以巴安全協議方面的作用。Bergman, *Rise and Kill First*, 184-85 報告說以色列情報部門計畫在一九七三年於羅馬暗殺艾瑪爾，但該行動被取消了。

54 "Draft Minutes: Meeting with the Americans," June 23, 1993, http://www.palestine-studies.org/sites/default/files/uploads/files/Minutes%20Kurtzer%2C%20Miller%20meeting%2023%20June%2093.pdf.

接受巴解組織是他們的代表，並與其展開談判，作為回報，他也讓巴解組織承認了以色列國，但這種交換既不對稱也不對等。以色列沒有承認巴勒斯坦國，甚至沒有承諾允許巴勒斯坦建立一個國家。這是一個奇怪的交易，一場民族解放運動從其壓迫者那裡獲得了名義上的承認，但卻沒有實現解放的目標，這場運動用「承認」殖民自己家園並繼續占領自己家園的國家的方式，來做了場交易。這是一個徹底的歷史錯誤，會給巴勒斯坦人民帶來嚴重的後果。

§

到了一九九三年六月，也就是在白宮草坪上舉行儀式性簽約的三個月前，華盛頓會談已不再是巴解組織和以色列之間談判的主要場所。在雙方開闢的各種隱蔽的直接溝通管道中，最重要的管道是在奧斯陸。雙方都希望逃避我們的美國主人和媒體的關注，儘管這是轉變的一個附帶原因。一旦拉賓和阿拉法特發現直接交易是可能的，他們就指派各種特使去探索進一步的可能性。奧斯陸會談是由雙方的領導人授權進行的，但以色列方面由西蒙・佩雷斯監督，巴勒斯坦方面則是由馬赫穆德・阿巴斯（Mahmud 'Abbas）監督。

正是在奧斯陸，雙方制定出了「原則宣言」（Declaration of Principles），也就是所謂的「奧斯陸一號文件」（Oslo I），並在那裡確定了雙方協議的細節。該協議的問題在於，有魔鬼藏在細節中，而巴解組織派往奧斯陸的人員並不擅長處理細節。事實上，他們的人不具備語言、法律或其他必要的專業知識來理解以色列人到底在做什麼。在以色列方面兩位學者主導的最初幾輪探索性討論之後，巴勒斯坦人才發現自己正面對一個強大、專業的以色列談判團隊，其中包括具有豐富國際法律經驗的人，如喬埃・辛格（Joel Singer，另一位前以色列軍隊上校）。

這個以色列團隊是由西蒙・佩雷斯組建起來的，他並不比拉賓或沙米爾更準備將巴勒斯坦人一視同仁，也並不支持巴勒斯坦建國和巴勒斯坦的主權。參加奧斯陸會議的巴勒斯坦特使根本不在他們的圈子裡，這些特使缺乏資源和培訓，他們中也沒有一個人在「被占領土」有幾十年的生活經歷，更沒有研究和吸收我們與以色列進行的十輪談判的成果。自一九九〇年代中期以來，奧斯陸之後「被占領土」上的巴勒斯坦居民的狀況不斷地惡化，這在很大程度上是因為巴解選擇一批在奧斯陸表現無能的特使，以及阿拉法特和他的同僚願意簽署他們起草的有缺陷的協議。[55]

當我們第一次看到奧斯陸協議的文本時，我們這些在馬德里和華盛頓有二十個月經驗的人們，立即就明白，巴勒斯坦談判者沒有理解以色列所說的自治是什麼意思。他們所簽署的是「被占領土」的一部分可以施行有高度限制性的自治，而且無權控制土地、水、邊界或其他方

55 關於奧斯陸協議及其後續協議的失敗原因，存在許多詳細的分析，以及那些參加了巴勒斯坦—以色列—美國三方會談的參與者的後續著作，其中包括 Abu al-'Ala, Shimon Peres, Yossi Beilin, Dennis Ross, Daniel Kurtzer, Aaron David Miller, Camille Mansour, Hanan 'Ashrawi, Ghassan al-Khatib 的著作，以及我的著作《欺詐的掮客》。

面。在這些協議和基於這些協議的後續協議中，以色列保留了所有這些特權，實際上相當完全控制土地和人民，以及主權的大部分屬性。這正是我們的「巴勒斯坦臨時自治機構」提案所要避免的，即賦權給一個自治、選舉產生的巴勒斯坦當局來管轄人民和土地。由於沒有看到這些重要資產的重要性，奧斯陸的巴勒斯坦談判者陷入了我們設法避免的一個又一個陷阱。實際上，他們最終接受的計畫跟當初貝京的自治計畫幾乎沒兩樣，而且是沙米爾和拉賓政府都堅守的計畫。

在以色列拒絕了「巴勒斯坦臨時自治機構」提案之後，我們的代表團拒絕了貝京的自治計畫。來自「被占領土」的代表知道以色列式的自治在實踐中意味著什麼，代表團的顧問也知道，他們在巴勒斯坦生活或在那裡待過很長時間。鑑於沙米爾和拉賓政府都拒絕支持永久凍結定居點或結束軍事統治，我們知道以色列只是在做表面上的變化，同時也打算無限期維持占領現狀。這就是為什麼我們在華盛頓緊咬不放，也是為什麼巴解組織應該下令它在奧斯陸的特使，要堅決反對這種貝京式的交易，薩依德一針見血地稱之為「巴勒斯坦投降的工具，巴勒斯坦人的凡爾賽和約。」[56]

我相信，拒絕以色列在華盛頓和奧斯陸提出的赤裸裸提議才是正確的做法。如果巴解組織採取如此的強硬立場，其結果不會比巴勒斯坦人自一九九三年以來所遭受的土地、資源和行動自由的損失更糟。總的來說，未能達成協議會比奧斯陸協議產生的後果要好。占領還是會持續下去，就像現在一樣，但不會有巴勒斯坦自治的假面具，不會減輕以色列治理和管理數百萬人口的財政負擔，也不會有所謂的「安全協調」（這是奧斯陸最糟糕的結果），在以色列殖民者逐漸侵占他們的土地時，巴勒斯坦權力機構反而去幫助以色列人，去管理那些生活在軍事政權下憤懣不安的巴勒斯坦人。

還有一個很小的可能性是拉賓可能會被迫讓出更好的條件。這種假想的條件是否會導致一個真正的巴勒斯坦主權國家，現在還無法言說。然而，就像是巴解組織感覺自己必須要確保達成協議一樣，拉賓也感到有必要達成協議，尤其是在敘利亞一線的管道進展停滯之後。據拉比諾維奇說，到了一九九三年八月，拉賓已經「感覺到了壓力」，他必須採取戲劇性的行動，因為以色列跟敘利亞和巴勒斯坦的談判在一年後陷入僵局，而且他領導的聯合政府也很不穩定。[57]這一舉動可能是為了給巴勒斯坦人帶來更好的交易。

然而，這種結果似乎不太可能，因為事實證明拉賓受到了他的侷限和偏見的限制。這限制就是他對於「安全」所持有的根深柢固的關注，在以色列人的字典裡，「安全」的意思就是完全支配和控制對手。除此之外，拉賓也深深鄙視著巴勒斯坦民族主義，特別是巴解組織，在拉

56 "The Morning After," London Review of Books 15, no. 20, October 21, 1993, https://www.lrb.co.uk/v15/n20/edward-said/the-morning-after。這一篇對協議深表懷疑的文章寫於一九九三年，在白宮草坪上舉行奧斯陸協議簽署儀式時，當時幾乎所有人都為之歡欣鼓舞。薩依德在許多方面都是一位有先見之明的人，他曾不吉利地問道：「這是否不祥地意味著，臨時階段可能就是最終階段了呢？」在我寫下這幾句話的時候，我們已經即將進入這個過渡階段的第二十七年了。

57 Rabinovich, *Yitzhak Rabin*, 193.

賓的職業生涯大部分時間裡都與其針鋒相對。一九九三年九月，當拉賓在華盛頓與阿拉法特握手時，這種輕蔑顯而易見出現在他的臉上。拉賓還必須考慮到狂熱的宗教民族主義團體：大以色列（Greater Land of Israel）的支持者，這群人激烈反對以色列人跟巴勒斯坦人達成任何真正的協議。拉賓擔心這個強大的團體是正確的。這個宗教民族主義團體的追隨者之一伊加爾．埃米爾（Yigal Amir）在一九九五年殺死了拉賓。在此以後，這些人一直主導著以色列的政治。

阿拉法特於一九九四年七月返回了巴勒斯坦，不久後我在他俯瞰加薩海岸的新總部裡拜訪了他。他欣喜若狂，因為他在闊別了近三十年後終於回到自己的祖國，並且逃出了突尼斯的鍍金牢籠。但他似乎沒有意識到自己已經從一個籠子搬到了另一個籠子裡。我造訪他的目的是希望能表達，我對我所居住的阿拉伯東耶路撒冷的惡化局勢的深切關注。以色列對不准其他「被占領土」地區的巴勒斯坦人進入這座城市，並開始修建一系列的圍牆和大規模的強化邊境檢查站來管理人們進出。

有許多令人擔憂的跡象顯示，耶路撒冷的巴勒斯坦居民的情況正在惡化，以色列對西岸人和加薩人入境的嚴厲限制，使得這座城市的阿拉伯部分發生饑荒，而以色列也加快速度去沒收土地、拆除房屋、流放居民，去處理那些他們一意孤行地認為已失去居住權的耶路撒冷人。阿拉法特卻對我的擔憂置之不理。我很快就意識到，我的造訪是在浪費時間。他仍然沉浸在興奮的浪潮中，享受著來自巴勒斯坦各地代表團的敬意。他沒有心情聽到壞消息，而且無論如何，他輕鬆地表示，任何問題都會很快得到解決。當天晚些時候，當我向同樣剛到加薩的馬赫穆德．阿巴斯表達類似的擔憂時，我也受到了相同的嘲諷。

我很清楚，阿拉法特和阿巴斯樂觀地認為，他們的特使在奧斯陸未能為巴勒斯坦人取得的東西，將在隨後的談判中設法從以色列人手中得到。阿拉法特大概是依靠他傳奇般的周旋技巧，幾十年來，他用這種技巧跟不同的阿拉伯國家政權打交道，最終耗盡了他們中許多君主和獨裁者的耐心。但以色列人絲毫不受阿拉法特聞名的詭計的影響。以色列人堅定不移地堅持自己的立場，後來的協議和「奧斯陸一號文件」一樣，都是單方面的。

關於西岸和加薩地帶的臨時協議，或稱為「奧斯陸二號文件」（Oslo II），這份文件是雙方在一九九五年達成的，它完成了「奧斯陸一號文件」的破壞性工作。它將兩個地區劃分為臭名昭著的A、B和C區，其中六成以上的領土，也就是C區處在以色列完全、直接和不受約束的控制之下。巴勒斯坦的權力機構被授權擁有針對A區（百分之十八）的行政和安全控制權，以及針對B區（百分之二十二）的行政控制權，但以色列仍負責B區的安全。A區和B區共占領土的百分之四十，但卻容納了約百分之八十七的巴勒斯坦人口。C區則含括除一個之外的所有猶太定居點。以色列還保留了進出巴勒斯坦所有地區的全部權力，並獨家控制著人口登記冊（意味著它決定誰有居住權，誰可以住在哪裡）。以色列的定居點建設得以繼續快速進行，耶路撒冷與西岸也被進一步切斷，「被占領土」上的巴勒斯坦人愈來愈多被禁止進入以色列。最終，幾十個軍事檢查站和幾百英里的圍牆和電柵欄，會將西岸分割成一個個孤立的島嶼，並在景色上留下了這種切割的傷疤。

很快，我和許多巴勒斯坦人原本能經常、能毫無困難做到的事情就變得不可能了，例如在半小時內從耶路撒冷開車到拉馬拉，或者從西岸快速前往加薩。我永遠不會忘記，當我在奧斯陸協議後第一次訪問加薩時，那個孤獨的以色列士兵，仰面躺在椅子上，武器放在腿上，懶洋洋地揮手讓我們通過標誌著進入加薩地帶的破爛檢查站。隨著新的檢查站和隔離牆建立起來，以及需要獲得難以取得的以色列許可證才能通過這些檢查站和隔離牆，隨著以色列阻止西岸、加薩和東耶路撒冷之間的自由流動，隨著引入禁止巴勒斯坦人旅行的道路，巴勒斯坦人的生活，特別是加薩人的生活，正在逐步受到限制。當阿拉法特和他的巴解領導層的同事拿著他們的貴賓通行證通過檢查站時，他們似乎不知道，也不關心一般巴勒斯坦人日益受到的限制。

大多數巴解組織人員很快就從突尼斯和其他地方搬到了「被占領土」上，在這裡，他們擔任了安全部隊和巴勒斯坦權力機構裡的職務，通常是最高職務。據稱，巴勒斯坦權力機構只是「被占領土」上的臨時自治機構，幾年後這機構將被最終地位談判後的永久治理形式取代，但這從未發生。巴解組織曾大規模搬遷，好像解放已經到來了一樣。他們在奧斯陸協議的結果明確之前就先將巴解組織的一部分機構（如果不是大部分的話）搬回巴勒斯坦。只有政治部（也就是外交部）和其他一些辦公室留在了突尼斯或其他國家。在人之常情的層面上看，人們很容易理解他們在經歷了長期流亡後想回家的想望，以及逃離一個不歡迎自己的阿拉伯國家首都的願望，而巴解組織自一九八二年以來，就一直被寄養在那裡。對該組織的人來說，當以色列隔絕開他們與大多數的巴勒斯坦人社區之後，生活在他們位於巴勒斯坦境內、零星分布的歡迎他們的政治基地，也是有意義的。

但是，把巴解組織的大部分成員帶到一個仍然處於被占領狀態的領土上，也存在隱患。阿拉法特和他的同事實際上把自己關在一個籠子裡，任由一個仍然存在、且基本未改變的軍事政權擺布。有一個不祥的訊號，因為以色列試圖阻止巴解組織的一些人員居住在耶路撒冷或在那裡活動。更糟糕的事情還在後面。在二〇〇二年第二次大起義激烈的暴力高潮中，以色列軍隊衝進了巴解組織在拉馬拉和A區其他地方的辦公室。他們還關閉了長期以來巴勒斯坦在耶路撒冷的政治活動中心，以及巴解跟以色列談判的團隊的總部，名叫「東方之家」。這裡至今仍然是被關閉的。[58]以色列還能夠限制或禁止巴勒斯坦人的任何活動、旅行或會議，並對巴勒斯坦權力機構的領導人隨意使用這一權力。實際上，巴解組織已經進入了獅子口中，沒過多久，獅子的嘴就緊緊咬了下去。在二〇〇二年九月，以色列軍隊圍困了阿拉法特在拉馬拉的總部穆卡

58 他們在那裡繳獲的一些文件，其中包括阿拉伯研究會（Arab Studies Society）歷史檔案中可追溯至一九三〇年代的史料，例如我曾在一九九〇年代初在那裡查閱過的穆薩．阿拉米的文件。這些史料現在可以在以色列國家檔案館的AP標籤下找到，「AP」即代表「遺棄資產」。它們與一九八二年從貝魯特的巴解組織研究中心偷來的材料，以及一九四八年在一次有組織的搶劫中從阿拉伯人家裡搶來的書放在一起。這種持續盜竊巴勒斯坦文化和知識資產的過程構成了一種「記憶清洗」的形式，是以色列對巴勒斯坦人的政治殺害運動的一部分，這也是已故的巴魯克．基默林恰如其分的說法。

塔阿（Muqata'a），使他在接下來的兩年裡幾乎成了囚犯，並一直持續到他去世前不久。

在奧斯陸協議簽訂後的四分之一個世紀裡，巴勒斯坦和以色列的局勢經常被錯誤地描述為，兩個接近平等的國家之間的衝突，即以色列國跟巴勒斯坦權力機構這個準國家之間的衝突。這種描述掩蓋了不平等且未曾改變的殖民現實。巴勒斯坦權力機構沒有主權、沒有管轄權、也沒有權力，只有以色列允許它這樣做，以色列甚至以關稅和一些稅收的形式控制著它的大部分收入。它的主要職能是負責安全，其大部分預算都用於此，但不是為了巴勒斯坦人，事實上美國和以色列授權它去提供以色列的定居者和占領軍的安全，來對抗其他巴勒斯坦人的暴力和抵抗。自一九六七年以來，在英國託管統治下的巴勒斯坦所有領土上只有一個國家當局：以色列。建立巴勒斯坦權力機構並沒有改變這現實，它為這艘巴勒斯坦的鐵達尼號重新安排了放在甲板上的椅子，同時為以色列的殖民和占領提供不可或缺的巴勒斯坦保護傘。面對以色列國家這個龐然大物的，是一群被剝奪了平等權利和行使民族自決權的殖民地人民，這是自一戰後民族自決的思想在全球流行以來的一個持續狀況。

巴勒斯坦大起義讓拉賓和以色列的安全機構認識到，占領的狀態，也就是以色列軍隊在人口稠密、人心憤怒沸騰的巴勒斯坦中心維持治安的狀態，需要被修正。而以色列人對這認識的結果，即奧斯陸框架，目的就是保留占領中對以色列有利的部分，即國家和定居者享有的特權，同時卸下繁重的責任，並同時阻止真正的巴勒斯坦自決、建國和主權。「奧斯陸一號文件」就是第一個這樣的修改，隨後幾年又增加了其他的修改，無論是什麼人擔任以色列總理，所有這些修改的目的都是為了維持權力的不平等。

「奧斯陸一號文件」還涉及到影響最深遠的修改，即決定將巴解組織視作為占領的分包商，這是拉賓跟阿拉法特達成的安全協議的實際意義，我和我的同事在一九九三年六月就向美國外交官指出了這一點。協議的關鍵點始終是以色列的安全，要為以色列的占領和定居者提供安全，同時卸下征服巴勒斯坦人口帶來的成本和責任。更直白地說，正如拉賓的合作者嘎茲特少將在一九九四年公開說的那樣：「阿拉法特有一個選擇。他可以當拉赫德，也可以當超級拉赫德。」[59]嘎茲特在這裡指的是安東尼・拉赫德（Antoine Lahd），他是一位由以色列人武裝、以色列人付錢、受以色列人控制的南黎巴嫩軍的黎巴嫩指揮官，他的任務是幫助維持以色列從一九七八年到二〇〇〇年間對南黎巴嫩的占領狀態。嘎茲特的這番話揭示了他和他的老闆拉賓在奧斯陸協議中的真正目的。

在奧斯陸和華盛頓建立的體系不僅僅是以色列的冒險。如同一九六七年和一九八二年一樣，以色列也得到它不可或缺的贊助者，也就是美國的加入。沒有美國的縱容，奧斯陸的束縛就不可能強加在巴勒斯坦人身上。從一九七八年的大衛營開始，談判的結構（包括狡猾和無限靈活的臨時階段和推遲巴勒斯坦的建國）主要不是由以色列執行的，即使該框架是貝京設計

59　一九九四年三月四日，在阿默斯特學院（Amherst College）的一次小組討論中，我在現場聽到嘎茲特在回答觀眾的問題時說了這句話。

的，並由他在以色列的兩個政治集團：利庫德和工黨的繼承人繼續推進的。但在背後提供一切力量的是美國，美國堅持認為對巴勒斯坦人來說，這是唯一可能的談判途徑，也只可能導致一種結果。在這個局面上，美國不是附帶的，它是以色列的同夥。

這種同夥關係所涉及的內容，遠遠超出從卡特到今天的每一屆美國政府的默許或同意的程度。這種關係依賴美國在政治、外交、軍事和法律層面的支持，其中有大量的援助、貸款和免稅慈善捐款，來支持建造猶太人定居點和逐步蠶食耶路撒冷的阿拉伯居民區，以及提供世界上最先進的武器，來推進以色列殖民整個巴勒斯坦地區。奧斯陸協議實際上是美國和以色列為推進猶太復國主義運動的世紀計畫，是又一次受國際認可、對巴勒斯坦人的宣戰。但與一九四七年和一九六七年不同的是，這一次巴勒斯坦領導人允許自己被捲入到跟對手的共謀當中。

第六次宣戰：大衛營峰會

二〇〇〇至二〇一四年

這是種獨一無二的殖民。在這種殖民裡，我們是沒有用處的。對他們來說，最好的巴勒斯坦人要麼是死掉的，要麼是已經離開的。這種殖民主義不是要剝削我們，也不是像是阿爾及利亞或者南非的殖民那樣把我們定位在二等公民的位置上。

——愛德華．薩依德[1]

對大多數巴勒斯坦人來說，一九九三年在白宮草坪上舉行的簽字儀式後不久，人們就對奧斯陸協議深感失望了。對他們來說，結束以色列的軍事占領和竊取土地的前景在最初時是令人振奮的，許多人曾經認為他們正處在通往建國的起點上。但隨著時間推移，人們逐漸認識到，

1 David Barsamian, *The Pen and the Sword: Conversations with Edward Said* (Monroe, ME: Common Courage Press, 1994).

儘管有奧斯陸的條款，甚至正是因為這些條款，巴勒斯坦的被殖民仍在繼續，以色列並沒有更接近允許巴勒斯坦人去建立巴勒斯坦國。

事實上，除了極少數人從與以色列關係正常化中受益以外（他們的經濟或個人利益與巴勒斯坦權力機構交織在一起），其他所有人的情況都變得更加糟糕了。對於其他人來說，由於以色列建立了一個由許可證、檢查站、隔離牆和圍欄組成的迷宮般的系統，出行和把貨物從一個地方運到另一個地方就一直遭到拒絕。

在以色列有意識的「隔離」政策中，加薩被從西岸割離了出來，而西岸本身也被從耶路撒冷割離出來；以色列境內的工作沒有恢復；定居點之間的定居者專用道路數量激增，這使得西岸被支解得支離破碎，這產生了破壞性的影響。從一九九三年至二〇〇四年期間，儘管承諾的繁榮就在眼前，但人均國內生產總值卻下降了。[2]

少數享有特權的人，例如巴解組織或巴勒斯坦權力機構的重要人物獲得了貴賓通行證，他們能通過以色列的檢查站，但其他所有人都失去了在巴勒斯坦自由行動的能力。直到一九九一年，大量的巴勒斯坦人在以色列工作時尚沒有受到阻礙，也不需要特別許可。人們可以在以色列和「被占領土」的任何地方乘坐掛有西岸或加薩車牌的汽車。但任何對恢復這種自由的期望都被迅速打消了。大多數人無法獲得旅行許可，他們實際上是被限制在西岸或加薩地帶內，他們被限制在遍布檢查站的劣質道路上，這些檢查站是為本地居民準備的，而定居者則在他們頭上，飛馳在專門為他們所建的一流公路和高速公路網絡上。

這種簽訂奧斯陸協議後的禁錮狀態在加薩施行得最為密不透風。在一九九三年之後的幾十年裡，該地帶被分階段地跟世界其他地區隔絕開來，人們在陸地上被以色列陸軍封鎖，在海上被以色列海軍封鎖。[3]進出加薩地帶需要用數量十分稀少的許可證，只能通過一種類似於「人肉牛欄」般的大規模強化檢查站，而以色列人隨意關閉檢查站也經常打斷進出加薩地帶的貨物運輸。事實上，圍困加薩地帶所造成的經濟結果特別具有破壞性。大多數加薩人是倚靠在以色列工作或出口貨物過活。由於以色列對這兩方面都有嚴格的限制，以色列正慢慢扼殺他們的經濟生活。[4]

在耶路撒冷，阿拉伯巴勒斯坦最大和最重要的城市中心，在東耶路撒冷的巴勒斯坦社區入

---

2 一九九五年至二〇〇〇年，巴勒斯坦的人均GDP保持在一千三百八十美元左右。從二〇〇〇年到二〇〇四年，它下降了三百四十多美元，在隨後的幾年甚至下降了更多。

3 班・懷特（Ben White）指出，以色列對加薩地帶的隔離實際上是從一九八九年透過新的磁卡，來限制加薩居民進入以色列開始的，這比哈馬斯接管的時間早了十七年。"Gaza: Isolation and Control," Al Jazeera News, June 10, 2019, https://www.aljazeera.com/news/2019/06/gaza-isolation-control-190608081601522.html。

4 關於在加薩地區的形勢有大量的學術研究成果，尤其是來自薩拉・羅伊（Sara Roy）的著作，其中包括：*The Gaza Strip: The Political Economy of De-Development* (Washington, DC: Institute for Palestine Studies, 1994); 和 *Hamas and Civil Society in Gaza: Engaging the Islamist Social Sector* (Princeton, NJ: Princeton University Press, 2011); 以及 Jean-Pierre Filiu, *Gaza: A History* (Oxford: Oxford University Press, 2014)。

口處設置的障礙物，阻礙該城市和西岸腹地之間的自由流動，而該城市在經濟、文化和政治上都依賴於此。它的市場、學校、企業、文化機構都主要依靠來自整個「被占領土」上的客戶，以及來自以色列境內的巴勒斯坦人和外國遊客而得以繁榮發展。但突然之間，來自西岸和加薩的巴勒斯坦人被要求要取得許可證，這對大多數人來說是無法實現的。即使他們設法取得了許可證，但在通過從西岸進入城市的以色列檢查站時，等待他們的將是例行的羞辱和數小時之久的拖延。耶路撒冷的這種封鎖對該城的經濟產生了巨大的影響。根據二〇一八年歐盟的一份報告，阿拉伯人的東耶路撒冷對巴勒斯坦國內生產總值的貢獻，已經從一九九三年的百分之十五縮減到今天的百分之七。歐盟報告指出：「由於其實際隔離和以色列嚴格的許可證政策，該城市在很大程度上已經不再是它曾經的經濟、城市和商業中心了。」[5]

主流媒體幾乎沒有注意到這些不斷惡化的狀況，當仍處於占領之下的巴勒斯坦人民在二〇〇〇年九月透過大規模的示威遊行，來表達他們痛苦的受背叛感時，國際社會感到非常驚訝。奧斯陸協議持續的、朦朧的光芒蒙蔽了大多數觀察者，無論是在以色列、美國還是歐洲，特別是在自由派的猶太復國主義圈子裡。即使在二〇〇〇年暴力事件爆發後，關於奧斯陸協議的好處的迷思仍然排斥著冷靜清晰的分析。[6]

但對於巴解組織的強勁新對手哈馬斯來說，奧斯陸協議名不副實的證據成為了他們可以利用的東西。哈馬斯成立於一九八七年十二月的第一次大起義之初，它利用民眾因各種原因對巴解組織產生的不滿情緒，迅速成長起來。在起義期間，哈馬斯堅持保持獨立的身分，拒絕加入全國統一指揮部（Unified National Command）。它將自己宣傳為巴解組織的一個更傾向武裝鬥爭的伊斯蘭主義替代方案，譴責巴解組織一九八八年獨立宣言中採用的放棄武裝鬥爭和轉向外交手段的做法。哈馬斯認為，只有武力才能解放巴勒斯坦，並重申對整個巴勒斯坦的索求，而不僅僅是一九六七年被以色列占領的地區。[7]

哈馬斯是穆斯林兄弟會巴勒斯坦分會的產物，該組織一九二八年成立於埃及，以改革主義為目標，但在一九四〇年代和五〇年代轉向了暴力手段，直到一九七〇年代才與薩達特領導的埃及政權和解。哈馬斯是由那些認為穆斯林兄弟會對以色列占領者過於寬容，來換取寬大待遇

5 Piotr Smolar, "Jerusalem: Les diplomates de l'EU durcissent le ton," *Le Monde*, February 2, 2018, 3, http://www.lemonde.fr/proche-orient/article/2018/01/31/a-rebours-des-etats-unis-les-diplomates-europeens-soulignent-la-degradation-de-la-situation-a-jerusalem_5250032_3218.html.

6 這方面的證據可以從品質平庸的通俗劇《奧斯陸》在紐約受到的熱烈歡迎中找到，該劇對巴勒斯坦和以色列談判代表使用了幾乎是種族主義的描寫，並英雄神話般描述了佩雷斯，該劇於二〇一七年獲得東尼獎（Tony Award）最佳戲劇獎，並很快在倫敦西區成功上演。

7 關於哈馬斯的文獻非常廣泛。其中包括 Tareq Baconi, Hamas Contained: *The Rise and Pacification of Palestinian Resistance* (Stanford, CA: Stanford University Press, 2018); Roy, *Hamas and Civil Society in Gaza*; Ziad Abu-Amr, *Islamic Fundamentalism in the West Bank and Gaza: Muslim Brotherhood and Islamic Jihad* (Indianapolis: Indiana University Press, 1994); Khaled Hroub, *Hamas: Political Thought and Practice* (Washington, DC: Institute for Palestine Studies, 2002); Mishal and Sela, *The Palestinian Hamas*; and Azzam Tamimi, *Hamas: A History from Within* (Northampton, MA: Olive Branch Press, 2007)。

的武裝人員在加薩成立的。事實上，在占領的前二十年裡，當軍事當局嚴厲鎮壓所有的巴勒斯坦政治、社會、文化、專業和學術團體時，他們是允許穆斯林兄弟會自由運作的。由於兄弟會在分裂巴勒斯坦民族運動方面會對占領國有利，因此儘管哈馬斯有不妥協的反猶太主義計畫和暴力的承諾，但以色列對穆斯林兄弟會的縱容仍然延伸到了哈馬斯身上。[8]

然而，這並不是哈馬斯獲得成功的主要原因。哈馬斯的崛起是一個地區趨勢的一部分，它代表許多人對世俗民族主義意識形態破產的回應，這些意識形態在二十世紀的大部分時間裡一直主導著中東地區的政治。在巴解組織從武裝鬥爭轉為目標利用外交途徑建立巴勒斯坦國而未果後，許多巴勒斯坦人覺得該組織已經迷失了方向。哈馬斯因此而壯大，儘管它的社會立場極其保守，它提出的未來輪廓也很粗略。

當馬德里和平會議在巴勒斯坦人的參與下召開時，儘管是在以色列強加的條件下參加和談，民眾的滿意浪潮仍然讓哈馬斯感到害怕。在華盛頓談判期間，哈馬斯繼續批評跟以色列談判的原則，並繼續努力維持起義。簽署奧斯陸協議也產生了類似的效果，既提高巴勒斯坦人的期望，又暫時削弱哈馬斯。但是，鑑於巴解組織的地位與它跟以色列打交道的結果有關，奧斯陸協議實施後，民眾普遍感到失望，這讓哈馬斯準備好可以收割好處，它對巴解組織和新成立的巴勒斯坦權力機構的批評也更為尖銳了。

當協議中規定的五年過渡期在本應結束後很久仍在繼續時，巴勒斯坦人感到了再一次的失望。這又再次挫折阿拉法特的談判戰略，最終地位的談判甚至從未開始，更不用說完成了，而它們本應在一九九九年就已經完成。巴解組織的另一個挫折，是阿拉法特和以色列總理巴拉克在二〇〇〇年召開的最後一次大衛營峰會的失敗。當時響應柯林頓總統要求的巴拉克已經是處在他第二任期的最後幾個月了，他幾乎已經成了一隻跛腳的鴨子，他的政府已經丟掉以色列議會中的多數席位，而且當時阿拉法特的人氣也已經迅速跌落，這場峰會更是沒有得到充分的籌備。在一般的峰會級別的會晤上，談判雙方應該已經存在事先的相互理解了，但這次談判的雙方並不具備這種事先的理解，阿拉法特是受到脅迫才來參加的，他戰戰兢兢地擔心受到最終失敗的責難。

大衛營最後的結果就是一場災難，巴拉克避免跟阿拉法特實質會晤，而是透過美國人提出的一個祕密提案，同時拒絕任何的修改。透過這一特殊程序，美國實際上正式認可以色列的立場。巴拉克的不可修改的提案（該提案從未公之於眾，只是由參與者在事後重新構建出來）在幾個關鍵方面是巴勒斯坦人無法接受的。這些方面包括以色列永久控制約旦河谷和巴勒斯坦領空，因此也包括巴勒斯坦與外部世界的聯繫（這意味著預計的巴勒斯坦「國」不會是真正的主權國家），以色列繼續控制西岸的水資源，以及吞併將西岸分割成幾個孤立的區塊的地區。毫

8　關於以色列如何支持哈馬斯的一個很好的總結是Mehdi Hassan, "Blowback: How Israel Went from Helping Create Hamas to Bombing It," *Intercept*, February 19, 2018, https://theintercept.com/2018/02/19/hamas-israel-palestine-conflict/。另見上一章注釋十九中引用的資料。

不奇怪，雙方之間最大的鴻溝是關於耶路撒冷的處置。以色列要求對這座城市擁有專屬的主權，包括對整個尊貴聖地和老城大部分地區的主權，這也是會談最終破裂的主要因素。[9]

此後，柯林頓將峰會的失敗歸咎在阿拉法特身上，儘管他早先曾承諾不會這樣做。甚至在會談結束前，巴拉克就開始向記者介紹阿拉法特的阻撓行為，並很快宣稱巴勒斯坦人並不渴望和平。這種策略最終變成了自取滅亡：如果巴拉克對於阿拉法特和巴解組織的評價是正確的話，那麼他去參加一個注定要失敗的峰會則是讓自己顯得很愚蠢。這也使拉賓、佩雷斯、巴拉克和以色列工黨的整個做法受到了質疑。巴拉克戰術失誤的直接受益者是夏隆，他此時是「利庫德」的領導人，他有個優點就是他的一貫性，因為他自始至終說不可能跟巴勒斯坦人達成協議，並激烈反對奧斯陸協議。而在巴勒斯坦方面，在這最後的努力挽救未果後，指責聲浪四起，因為這證實了以色列不願意接受任何接近巴勒斯坦完全主權的東西，因此奧斯陸的進程不會帶來能滿足巴勒斯坦人最低要求的決議，悲慘的現狀將繼續存在。所有這些後果都加強了哈馬斯的地位，並導致巴勒斯坦政體前所未有的兩極分化，在民眾中形成一道鴻溝。此時，哈馬斯成為自一九六〇年代中期以來針對法塔赫在巴解組織內的霸權，以及針對巴解組織在巴勒斯坦政治上的壟斷，所形成的最嚴重威脅。

在奧斯陸之後，巴勒斯坦人的處境不斷惡化，建國的前景日漸渺茫，巴解組織和哈馬斯之間的激烈競爭，共同產生了易燃物，並在二〇〇〇年九月爆發了第二次大起義（Second Intifada）。只需要有一根火柴，就會引爆這場大起義。夏隆在數百名安全人員的包圍下，挑釁性地踏入尊貴聖地，就是這場起義的導火線。至少從一九二九年的血腥事件以來，尊貴聖地（猶太人稱其為「聖殿山」）就一直是雙方民族主義和宗教感情的聚集點，當時猶太復國修正主義極端分子在鄰近的西牆揮舞旗幟示威，引發了全國各地的暴力事件，雙方都有數百人傷亡。[10]在一九六七年東耶路撒冷被征服後，巴勒斯坦人的擔憂立即加劇了，占領當局當時摧毀了毗鄰聖地的整個街區，即馬格里布區（Haret al-Maghariba），區域內的清真寺、陵墓、住宅和商店都遭到拆除，以便在西牆附近建立一個巨大的露天廣場。在六月十日至十一日夜間被以色列推土機摧毀的許多地點都是宗教義產基金會（waqfs），例如一一九〇年由薩拉丁的兒子，

9 關於大衛營峰會的文獻很多，其中大部分都是為自己服務或媚俗虛假的，尤其是其主要設計師之一丹尼斯．羅斯的著作 *The Missing Peace: The Inside Story of the Fight for Middle East Peace* (New York: Farrar, Straus and Giroux, 2004)。最佳的紀錄則是Clayton Swisher, *The Truth About Camp David: The Untold Story About the Collapse of the Middle East Peace Process* (New York: Nation Books, 2004)。

10 細節請見 Rana Barakat, "The Jerusalem Fellah: Popular Politics in MandateEra Palestine," Journal of Palestine Studies 46, no. 1 (Autumn 2016): 7–19; and "Criminals or Martyrs? British Colonial Legacy in Palestine and the Criminalization of Resistance," *Omran* 6, November 2013, https://omran.dohainstitute.org/en/issue006/Pages/art03.aspx。另請參考 Hillel Cohen, *1929: Year Zero of the Arab-Israeli Conflict* (Boston: Brandeis University Press, 2015)。

阿尤布王朝統治者馬利克·阿福達爾（al-Malik al-Afdal）建立的阿福達里亞學院（Madrassa al-Afdaliyya）。[11]另一個在兩年後被毀的是古老的法赫里亞修道堂（Zawiyya al-Fakhriyya）[12]，這是一個緊鄰尊貴聖地的蘇菲活動場所。

隨著耶路撒冷如今向西岸和加薩的巴勒斯坦人關閉，以及以色列定居者不斷地向東耶路撒冷蠶食擴張，居民擔心他們將會被取代。在一九九九年，也就是第二次大起義的一年前，以色列在老城的大部分地方和毗鄰尊貴聖地的地方開了一條隧道，損害了穆斯林區人民的財產，並引發廣泛示威。夏隆的訪問是在大衛營峰會失敗後不久進行的，就發生在一個最糟糕的時刻。正在和巴拉克競選總理的夏隆火上澆油地宣稱：「聖殿山在我們手中，而且會一直在我們手中。」[13]考慮到夏隆魯莽和機會主義的過往紀錄，似乎很明顯，他打算利用動蕩的環境好贏得即將到來的選舉，在幾個月之後，他成功做到了這一點。

夏隆的挑釁的結果是自一九六七年以來「被占領土」上最嚴重的暴力事件，隨後暴力事件的高潮，一波致命的自殺炸彈在以色列境內蔓延。流血事件的增加令人目瞪口呆。在第一次起義的八年多時間裡，大約有一千六百人被殺，平均每年一百七十七人（其中百分之十二是以色列人）。在隨後平靜的四年裡，有九十人死亡，或每年約二十人（其中百分之二十二是以色列人）。相比之下，第二次起義的八年中，有六千六百人死亡，平均每年八百二十五人，其中有一千一百名以色列人（略低於百分之十七）和四千九百一十六名巴勒斯坦人，他們被以色列安全部隊和定居者殺害（有六百多名巴勒斯坦人也被其他巴勒斯坦人殺害）。在後一時期死亡的大多數以色列人，是在以色列境內被巴勒斯坦自殺炸彈襲擊者殺害的平民，而有三百三十二人（略低於總數的三分之一）是安全部隊的成員。第二次大起義期間被殺人數的這一驚人增長，讓人感覺到了暴力的急劇升級。[14]

雖然哈馬斯和巴解組織之間的競爭在這種升級中發揮了作用，但以色列軍隊從一開始就對

11 關於為建立西牆廣場而遭到摧毀的穆斯林宗教聖所和清真寺的清單，請參考 R. Khalidi, "The Future of Arab Jerusalem," *British Journal of Middle East Studies* 19, no. 2 (Fall 1993): 139–40。關於馬格里布區的建立、歷史和被毀的最詳盡分析是 Vincent Lemire, "Au pied du mur: Histoire du quartier mahgrébin de Jérusalem (1187–1967),"。關於建築和考古方面的訊息，以及許多被毀地點的插圖，可以參考 Michael Hamilton Burgoyne, *Mamluk Jerusalem: An Architectural Study* (London: World of Islam Festival Trust, 1987)。

12 這個修道堂（札維耶）是一個比鄰尊貴聖地的前蘇菲小屋，後來是阿布・沙烏地（Abu al-Sa'ud）家族的住所，他們家在傳統上是這裡的掌管人：Yitzhak Reiter, *Islamic Endowments in Jerusalem Under British Mandate* (London: Cass, 1996), 136。阿拉法特就是一九二九年在這裡出生的，他的母親是阿布・沙烏地家族的成員，根據我的堂親拉吉亞・哈利迪・烏姆・卡米勒的說法，她曾和母親一起拜訪了她們的阿布・沙烏地家族鄰居以祝賀他們家有新男嬰降生。一九九三年七月二十六日在耶路撒冷的採訪。

13 Suzanne Goldenberg, "Rioting as Sharon Visits Islam Holy Site," *Guardian*, September 29, 2000, https://www.theguardian.com/world/2000/sep/29/israel.

14 所有的數字都來自不可或缺的以色列占領區人權訊息中心卜采萊姆組織所公布的表格：https://www.btselem.org/statistics。

手無寸鐵的示威者大量使用實彈（他們在起義的「頭幾天」就發射了一百三十萬顆子彈[15]）是個關鍵因素，這造成了驚人的傷亡人數。這種混亂最終激起一些巴勒斯坦人（其中許多人來自巴勒斯坦權力機構的安全部隊）拿起了武器和炸藥。在敏銳的觀察家看來，以色列軍方已經做好了暴力升級的準備，並可能計畫讓事態升級。[16]可以預見的是，以色列轉為使用重型武器，包括直升機、坦克和大砲，造成更多的巴勒斯坦人傷亡。

哈馬斯及其在伊斯蘭聖戰組織中的初階夥伴，隨即以自殺炸彈襲擊回應，他們主要攻擊以色列境內脆弱的平民目標，包括公共汽車、咖啡館和購物中心。這種策略涉及到將在此之前主要集中在「被占領土」上的暴力，改為帶入到敵人的本土上，而且是以色列在最初時無法抵禦的一種策略。從二〇〇一年底開始，法塔赫愈來愈頻繁加入進來，產生了一場致命的競爭。隨之而來的是自殺炸彈事件的加速發生，部分原因是這兩個派別之間的競爭。根據一項對第二次大起義前五年的研究，哈馬斯發動了近四成的自殺炸彈事件，近百分之二十六則由其盟友伊斯蘭聖戰組織發動，超過百分之二十六則由法塔赫發動，其餘由後者在巴解組織的合作夥伴發動。[17]

巴解組織在一九八八年就放棄了暴力，但隨著大量示威者被以色列軍隊射殺，以及哈馬斯以自殺襲擊作為回應，法塔赫面臨的行動壓力愈來愈大，暴力升級也就不可避免了。在一九九四年，一名武裝定居者在希伯倫的易卜拉欣清真寺（Ibrahimi Mosque）內屠殺了二十九名巴勒斯坦人，在一九九四至二〇〇〇年期間，哈馬斯和伊斯蘭聖戰組織率先在以色列境內使用自殺炸彈，作為他們反對奧斯陸協議運動的一部分，在二十七起爆炸事件中殺害了一百七十一名以色列人。然而，到這一時期結束時，這些襲擊在很大程度上被巴勒斯坦權力機構安全部門的凶猛鎮壓給遏止了。巴解組織領導層不惜一切代價阻止這些襲擊，以維持疲態盡現的奧斯陸進程。為此，巴勒斯坦權力機構的安全機構（主要由曾在以色列監獄服過刑的法塔赫武裝人員組成）對哈馬斯的嫌疑人使用了酷刑，就像以色列審訊人員對他們使用酷刑一樣隨意。這種經歷使雙方都產生深刻的自相殘殺的仇恨，而這種仇恨在二〇〇〇年代中期開始的巴解組織—哈馬斯的公開分裂中爆發了出來。

與第一次大起義形成鮮明對比的是，第二次大起義是巴勒斯坦民族運動的一次重大挫折。它給「被占領土」帶來的後果是嚴重的、破壞性的。在二〇〇二年，以色列軍隊用重型武器造成廣泛的破壞，重新占領作為奧斯陸協議的一部分而撤離的有限幾個地方，主要是一些城市和城鎮。在同一年，以色列軍隊圍困了阿拉法特位在拉馬拉的總部，他在那裡病倒了。經過一九九四年我在加薩那令我失望的面會後，我就一直避免跟阿拉法特見面，在我的朋友薩里·努塞

---

15 Reuven Pedatzur, “One Million Bullets,” *Haaretz*, June 29, 2004, http://www.haaretz.com/1.4744778.

16 同上。根據魯文·佩達策爾的分析，以色列最高統帥部事先就決定使用這種毀滅性的武力，以便將巴勒斯坦人的最終失敗「烙印在他們的意識裡」。

17 Efraim Benmelech and Claude Berrebi, “Human Capital and the Productivity of Suicide Bombers,” *Journal of Economic Perspectives* 21, no. 3 (Summer 2007): 223–38.

貝赫的鼓勵下，我才去探望了這位病重的老人，並在圍困期間去探望他兩次。我發現他的身體和精神都很虛弱。[18]苛刻對待這位巴勒斯坦人民歷史上的領袖是十分侮辱和貶低性的，而這正是夏隆希望的。這也證實了巴解組織把它幾乎所有的領導層都轉移到「被占領土」，是嚴重的政策錯誤，在「被占領土」上，他們很容易受到這種羞辱。

大衛營峰會失敗後，以色列重新占領了西岸和加薩地帶的城市和城鎮，打破巴勒斯坦人已經或即將獲得接近主權，以及對其土地任何部分的真正權力的任何剩餘藉口。這加劇了巴勒斯坦人之間的政治分歧，並凸顯缺乏可行的替代戰略，顯現巴解組織的外交路線和哈馬斯及其他組織的武裝暴力行動的失敗。這些事件顯示，奧斯陸協議已經失敗了，使用槍支和自殺炸彈的抗爭傷害了以色列的平民，但從各個方面來看，最大的輸家是巴勒斯坦人。

另一個後果是，第二次大起義中的可怕暴力抹去了一九八二年以來，透過第一次大起義和和平談判形成的巴勒斯坦人的正面形象。隨著反覆發生的自殺炸彈的恐怖場面在世界各地傳播（這種報導會讓針對巴勒斯坦人的更大暴力事件黯然失色），以色列人不再被視為壓迫者，而是恢復到那種人們更熟悉的被非理性、狂熱的折磨者所戕害的受害者角色。第二次起義對巴勒斯坦人的強烈負面影響，以及自殺炸彈對以色列輿論和政治的影響，無疑證明了伊克巴爾．阿赫邁德在一九八〇年代如何嚴厲批評巴勒斯坦人使用暴力。

毫無疑問的是，策劃和施行這些自殺炸彈的男人（和少數女人）的腦子裡並沒有這些考慮。我們可以推測出他們想要達成什麼目的，甚至是在他們的目標出現巨大瑕疵的時候也可以推測出他們的目的。人們彷彿也接受他們自己給出的說法，認為自殺炸彈是在報復以色列在第二次大起義的頭幾個星期對手無寸鐵的示威者濫用實彈，以及報復他們襲擊巴勒斯坦平民和在加薩暗殺巴勒斯坦人，但這種說法也引出一個問題，即這些自殺攻擊是否只是為了實現盲目的報復？它還忽略了這樣一個事實，即在大起義期間，發動了三分之二次數自殺炸彈攻擊的哈馬斯和伊斯蘭聖戰組織，在夏隆踏入尊貴聖地以前的一九九〇年代，就已經發動二十多次這樣的攻擊了。有人可能會說，這些襲擊是為了威懾以色列。但這種說法是可笑的，因為以色列軍方長期以來的理論是，無論代價如何，它必須在任何對抗中占據上風，並建立無可質疑的能力，不僅要威懾敵人，而且要粉碎他們。[19]夏隆在第二次大起義中就是這樣做，他忠實執行了這理論，就像是在他之前的拉賓在第一次大起義中所做的一樣，儘管在之前的情況下，正如拉賓自己承認的那樣，以色列付出了巨大的政治代價。

同樣可笑的說法是，認為這種針對平民的攻擊是可能導致以色列社會解體的重錘打擊。這種理論的基礎是一種普遍存在，但卻有著致命缺陷的分析，這種分析認為，以色列是一個嚴重

18 在我的印象中，他的精神衰退是更早的時候開始的，可能可以追溯到一九九二年他搭乘的飛機在利比亞沙漠中墜落，導致機上數人死亡，他也因此受傷。Youssef Ibrahim, "Arafat Is Found Safe in Libyan Desert After Crash," New York Times, April 9, 1992, http://www.nytimes.com/1992/04/09/world/arafat-is-found-safe-in-libyan-desert-after-crash.html。

19 這一理論教條在佩達策爾的文章 One Million Bullets 中已經得到了有力的分析。

分裂和「仿造出來」的政體，這種分析忽視了猶太復國主義在一個多世紀的時間以來，已經明顯成功形成國家／民族構建（nation-building），以及以色列社會在許多內部分裂中的凝聚力。但是，不管那些策劃爆炸事件的人是如何計算的，最重要的因素是，襲擊持續的時間愈長，以色列公眾就愈團結地支持夏隆的強硬姿態。實際上，自殺炸彈起到了團結和強化對手的作用，同時也削弱和分裂了巴勒斯坦一方。根據可靠的民意調查，到第二次起義結束時，大多數巴勒斯坦人反對這種戰術。[20]因此，除了引起嚴重的法律和道德問題，並使巴勒斯坦人失去積極的媒體形象外，在戰略層面上，這些攻擊起到了大規模的反作用。無論哈馬斯和伊斯蘭聖戰組織因自殺炸彈而導致這場慘敗的責任是什麼，最終仿效的巴解組織領導人也必須分擔責任。

§

二〇〇四年十一月，阿拉法特在巴黎的一家醫院去世，他的死一直撲朔迷離。馬赫穆德·阿巴斯接替他成為巴解組織和法塔赫的首腦，並在二〇〇五年一月當選巴勒斯坦權力機構的主席／總統，任期四年。自從那以後，就沒有再舉行過總統選舉了，因此，阿巴斯自從二〇〇九年起便是在沒有民主授權的情形下統治。阿拉法特的去世標誌一個時代的過去，這半個世紀始於一九五〇年代初的民族運動復興的第一道曙光，結束於巴勒斯坦命運自一九四八年以來的最低谷。在隨後的十五年中，阿巴斯無力地主持著已經被削弱的民族運動，禁受著重大的形勢惡化、巴勒斯坦人之間的衝突加劇、猶太復國主義在巴勒斯坦剩餘地區的殖民化大幅擴張，以及以色列對日益被圍困的加薩地帶發動的一系列戰爭。

阿巴斯是法塔赫中央委員會老一輩人中為數不多的倖存成員之一，長期以來一直主導著巴解組織，他既沒有魅力，也不善言辭；他不以個人的勇敢聞名，也不被認為是有民眾親和力的一員。總的來說，他是法塔赫早期一代的傑出領導人中，讓人印象最少的一個。雖然這批人中有幾個人是自然死亡的，但其中許多人，像是薩拉赫・哈拉夫、哈利勒・瓦齊爾、薩依德・薩伊爾（Sa’d Sayel）、馬吉德・阿布・沙拉爾（Majid Abu Sharar）、阿布・優素福・納賈爾、卡邁勒・阿德萬、海伊爾・阿布杜・哈米德（Hayel ’Abd al-Hamid）和阿布・哈桑・薩拉梅都是被摩薩德的殺手，或是由敘利亞、伊拉克和利比亞政權支持的團體殺害的。跟嘎桑・卡納法尼和卡邁勒・納賽爾一同，他們都曾是民族運動的最佳、最有效的領導者和發言人，他們的離去為巴勒斯坦人留下了一個沒有活力和軟弱的組織。以色列在「定點清除」的名義下進行的系統性清算，在第二次大起義期間和阿巴斯理政期間繼續進行著，法塔赫、人民陣線、哈馬斯和伊斯蘭聖戰組織領導人也都被殺害。其中一些暗殺是出於政治而不是軍事或安全方面的考慮，這一點表現得十分清晰，例如，伊斯瑪儀・阿布・沙納布（Isma’il Abu Shanab）也遭到暗殺，而

20 在過去的幾十年裡，最可靠和一致的民意調查是由耶路撒冷媒體和通訊中心完成的。根據他們二〇〇四年十二月發布的第五十二號民意調查“A majority of Palestinians opposes military operations against Israeli targets as a suitable response under the current political conditions,” http://www.jmcc.org/documentsandmaps.aspx?id=448。

他是哈馬斯內部一個積極反對發動自殺炸彈攻擊的聲音。[21]

正在進行中的加薩戰爭，包括以色列在二〇〇八至二〇〇九年、二〇一二和二〇一四年的重大地面進攻，都結合以色列對西岸和東耶路撒冷的巴勒斯坦地區的定期軍事入侵。這些行動包括逮捕和暗殺、拆除房屋和鎮壓民眾，所有這些行動都是在拉馬拉的法塔赫管理的巴勒斯坦權力機構默許下發生的。這些事件證實巴勒斯坦權力機構是一個沒有主權的機構，除了以色列允許它這樣做之外，它沒有真正的權力，因為它在以色列轟炸加薩的同時，合作鎮壓了西岸的抗議活動。

哈馬斯和伊斯蘭聖戰組織抵制了二〇〇五年的總統選舉，就像他們之前抵制巴勒斯坦權力機構的選舉一樣，這符合他

位於西岸C區的奧佳（Auja）。作者的兄弟拉賈．哈利迪家的房屋地基，遭到了以色列軍隊的夷平。

們拒絕承認奧斯陸進程和巴勒斯坦權力機構，以及由此產生的巴勒斯坦立法會議。然而，不久之後，哈馬斯做出了一個令人驚訝的轉折，他們決定在二〇〇六年一月的議會選舉中推舉一份候選人名單。在競選中，哈馬斯淡化了他們標誌性的社會保守主義伊斯蘭色彩，以及淡化武裝抵抗以色列的主張，而是強調改革和變革，這也是其選舉名單的名稱。這是最重要的一次逆轉。透過派出議會候選人，哈馬斯不僅接受巴勒斯坦權力機構的正當性，而且還接受產生巴勒斯坦權力機構的談判進程的正當性，以及它所要導致的兩國解決方案的正當性。此外，哈馬斯還接受贏得選舉的可能，從而與阿巴斯共同承擔治理巴勒斯坦權力機構的責任。在以色列及其美國、歐洲的支持者看來，巴勒斯坦權力機構的核心責任包括防止針對以色列人的暴力活動，以及跟以色列的安全合作關係。哈馬斯從來沒有承認它的這一轉變在實際層面上顯示出的意涵，或者是這一轉變與武裝抵抗承諾之間的矛盾，而武裝抵抗恰恰是該組織之所以存在的理由，也是其名稱的一部分，哈馬斯是伊斯蘭抵抗運動的首字母縮寫。

與所有人的預期，包括哈馬斯自己的預期相反的是，他們以巨大的優勢贏得了選舉。在由一百三十二名成員組成的議會中，哈馬斯獲得了七十四個席位，而法塔赫只有四十五個（儘管由於選舉制度的特殊性，哈馬斯只贏得了百分之四十四的選票，而法塔赫只有百分之四十一）。

---

21 Nicholas Pelham and Max Rodenbeck, "Which Way for Hamas?" *New York Review of Books*, November 5, 2009, https://www.nybooks.com/articles/2009/11/05/which-way-for-hamas/.

投票後的民意調查顯示，這一結果更多的是因為選民強烈希望能變革「被占領土」，而不是呼籲要透過伊斯蘭教治理或加強武裝抵抗以色列人。[22]即使在一些以基督徒為主的社區裡，投票結果也是以哈馬斯的選票為主。這證明許多選民只是想趕走法塔赫的現任者，因為他們的策略已經失敗了，而且他們被民眾認為是腐敗的，對民眾的要求無動於衷。

隨著哈馬斯控制了立法議會，法塔赫和哈馬斯之間的衝突也升級了。正如一系列巴勒斯坦政治人物所認識到的那樣，這兩個團體之間的分裂對巴勒斯坦事業來說可能是災難性的，這一觀點得到了公眾輿論的強烈支持。二〇〇六年五月，被關押在以色列監獄中的主要團體的五位領導人，包括法塔赫、哈馬斯、人民陣線和伊斯蘭聖戰組織，一同發表「囚犯文件」（Prisoners' Document，此文件值得得到更為廣泛地了解），文件呼籲在以兩國解決方案為基石的新方案上，結束各派之間的分裂。囚犯文件是一個重大事件[23]，明確表達兩個團體的基層的意願，其中最受尊敬的成員（那些沒有被暗殺的人）是被關押在以色列的監獄裡。巴勒斯坦社會對囚犯的重視程度非常高，自占領開始以來，已有超過四十萬巴勒斯坦人被以色列監禁。

在這種來自基層的壓力下，哈馬斯和法塔赫多次試圖組建由兩黨成員組成的聯合政府。但以色列和美國卻表示激烈反對，他們拒絕讓哈馬斯成為任何巴勒斯坦權力機構政府的一部分。他們堅持要求明確承認以色列，而不是囚犯文件中所體現的隱含形式，以及其他各種條件。因此，哈馬斯現在被捲入了巴解組織幾十年間被迫忍受的無休止讓步之舞中，無論是要求它修改憲章，同意聯合國第二四二號決議，放棄恐怖主義，還是接受以色列的存在，這一切都是為了讓施加條件者獲得正當性。無論是一九七〇年代對巴解組織提出的要求，還是二〇〇〇年代對哈馬斯提出的要求，都是在沒有任何交換條件的情況下，由一個驅逐了大部分巴勒斯坦人民、阻止他們返回、透過武力和集體恐嚇占領他們的領土，並阻止他們自決的權力機構提出來的。

在以色列否決將哈馬斯納入到巴勒斯坦權力機構聯盟的同時，美國也對哈馬斯展開抵制。國會行使財政權力，阻止美國向哈馬斯或其所屬的任何巴勒斯坦權力機構提供資金。巴勒斯坦人的資助來源，例如福特基金會，強迫各種非政府組織透過法律規定的阻礙，來確保不支持任何跟哈馬斯有絲毫聯繫的項目。激進的親以色列反歧視聯盟的負責人亞伯拉罕·福克斯曼（Abraham Foxman）甚至被請來審查接受福特基金會資助的巴勒斯坦人。結果是可想而知的。福特公司實際上停止資助巴勒斯坦非政府組織，而這些組織恰恰是為以色列的目標服務。

同時，根據二〇〇一年的《美國愛國者法案》（*USA Patriot Act of 2001*），「物質支持恐怖主義」在和巴勒斯坦人有關的案件中的定義十分寬泛，幾乎任何聯繫上被列入黑名單的組織（如哈馬斯和巴解組織），都可以被視作嚴重的犯罪行為，並受到重罰。自一九六〇年代以來

22 著名的巴勒斯坦政策和調查研究中心在選舉後所做的民意調查，清楚地顯示了這一點，http://www.pcpsr.org/en/node/478；以及一家名為近東諮詢公司（Near East Consulting）的私人公司所做的調查，http://www.neareastconsulting.com/plc2006/blmain.html。

23 二〇〇六年六月二十八日巴勒斯坦所有派別同意的最終修訂版，可在這裡找到：https://web.archive.org/web/20060720162701/http://www.jmcc.org/documents/prisoners2.htm。

的幾十年裡，巴解組織被妖魔化的情況現在又在哈馬斯身上重演了。然而，即使有自殺炸彈攻擊，違反國際法以平民為攻擊目標，以及哈馬斯憲章中粗暴的反猶主義，但如果拿哈馬斯的過往紀錄，來跟以色列精心設計的法律歧視和軍事統治結構所造成的大量巴勒斯坦平民傷亡相比，就顯得微不足道。但是，只有哈馬斯被貼上恐怖分子的標籤，美國法律的壓力只適用在衝突中的巴勒斯坦人一方。

有鑑於這殘酷無情的運動，儘管民眾要求巴勒斯坦民族和解，但建立一個妥協的聯合政府的嘗試已經被破壞了，這種情況本來也不令人驚訝。事實證明，西方和阿拉伯國家資助者向法塔赫施加要他們迴避哈馬斯的壓力，對巴勒斯坦權力機構中的法塔赫舊部來說實在太沉重了，他們不想放棄他們的權力或他們在拉馬拉的鍍金泡沫中享有的大量物質利益。他們寧可選擇巴勒斯坦政體的破壞性分裂，也不願意在一個更強大的敵人面前堅持下去，拿自己的特權冒險。然而，令人驚訝的是，由美國訓練、法塔赫控制的加薩安全部隊在其指揮官穆罕默德．達赫蘭（Muhammad Dahlan）的領導下，試圖用武力推翻哈馬斯，但卻失敗了。在二〇〇七年，哈馬斯展開反政變，在隨後的激烈戰鬥中迅速壓倒達赫蘭的部隊。雙方之間的巨大鴻溝可以追溯到九〇年代中期法塔赫主導的鎮壓哈馬斯行動，如今，雙方在加薩地帶大量傷亡流血，使鴻溝進一步擴大。哈馬斯開始在加薩建立自己的巴勒斯坦權力機構，而以拉馬拉為基地的巴勒斯坦權力機構的管轄範圍則縮小了，只剩下不到百分之二十的西岸地區，這是以色列軍方允許它運作的地區。荒謬的是，「被占領土」上的巴勒斯坦人現在不只有一個基本無力的當局，而是有了兩個。

　　隨著哈馬斯現在控制了加薩，以色列開始對這裡施行全面圍困。進入加薩地帶的貨物被減少到最低限度；正常的出口完全停止；燃料供應被切斷；很少有人能得到允許來離開和進入加薩。加薩實際上變成了一個露天監獄，到二〇一八年時，大約兩百萬巴勒斯坦人中至少有百分之五十三的人生活在貧困狀態中[24]，失業率達到驚人的百分之五十二，青年和婦女的失業率則更高。[25]從國際社會拒絕承認哈馬斯的選舉勝利開始，這種情形導致了災難性的巴勒斯坦分裂和封鎖加薩。這一連串的事件相當於對巴勒斯坦人的新宣戰。它還為即將到來的公開戰爭提供了不可或缺的國際掩護。

　　以色列能夠利用巴勒斯坦人之間的深刻分歧和加薩的孤立狀態，從二〇〇八年開始，並在一二年和一四年繼續對該地帶發動三次野蠻的空中和地面攻擊，使其城市和難民營的大片地區成為廢墟，讓人們在持續性的停電和水汙染中掙扎。[26]一些街區，例如舒佳伊亞（Shuja ʻiyya）

24 這個數字是二〇一八年六月的數據：https://www.ochaopt.org/content/53-cent-palestinians-gaza-live-poverty-despite-humanitarian-assistance。

25 這個數字來自以色列非政府組織吉莎（Gisha）：https://gisha.org/updates/9840。中情局世界實錄（CIA World Fact Book）對二〇一六年和二〇一七年的估計則更低：https://www.cia.gov/library/publications/resources/the-world-factbook/geos/gz.html。

26 關於加薩的兩本傑出著作是：Norman Finkelstein, *Gaza: An Inquest into Its Martyrdom* (Oakland: University of California Press, 2018)；以及Noam Chomsky and Ilan Pappe, *Gaza in Crisis: Reflections on the US-Israeli War on the Palestinians*

和拉法的部分地區，遭受了特別嚴重的破壞。儘管傷亡數字很有說服力，但它也只是說明了部分情況。在這三次重大襲擊中，有三千八百零四名巴勒斯坦人被殺，其中有近千名是未成年人。共有八十七名以色列人被殺，其中大部分是參與進攻行動的軍事人員。這些傷亡的比例為四十三比一，這很能說明問題，因為大部分被殺的以色列人是士兵，而大部分巴勒斯坦人是平民。[27]

然而，人們可能並不知道發生了什麼，因為美國主流媒體的大部分報導，只非常關注哈馬斯和伊斯蘭聖戰組織向以色列平民目標發射火箭。當然，使用這些武器讓該國南部的以色列人不得不在防空洞裡待很長時間。但是，由於以色列出色的預警系統，美國供應的最先進反導彈能力，以及其掩體網絡，這些火箭彈很少是致命的。在二〇一四年，以色列聲稱從加

二〇一四年七月的加薩市舒佳伊亞街區。一位退役的美國將軍描述這是以色列「絕對不成比例的」轟炸。

薩地帶發射的四千枚火箭殺死了五名以色列平民，其中有一名是納卡布（內蓋夫）地區的貝都因人，還有一名泰國農業工人，總共有六名平民死亡。[28]即使這並不能減輕哈馬斯違反戰爭規則的行為，因為他們使用這些不精確的武器，不分青紅皂白地攻擊平民區。但是，這個傷亡人數與媒體幾乎完全只關注哈馬斯的火箭彈，兩者是失去平衡的。這些報導成功掩蓋了這場片面戰爭的極端不對稱性：地球上最強大的一支軍隊對一個一百四十平方英里的圍困區動用全部力量，而這個圍困區是世界上人口最密集的飛地之一，其人民沒有辦法逃脫火雨和鐵拳的摧殘。

二〇一四年攻擊的具體細節強調了這一點。在二〇一四年七月和八月的五十一天內，以色列空軍發動了六千多次空襲，其陸軍和海軍則發射了約五萬枚火砲和坦克砲彈。據估計，他們總共使用了兩萬一千噸（或四千兩百磅）的高爆炸藥（high explosives）。空中攻擊涉及的武器包括武裝無人機和發射美製地獄火導彈的美國阿帕契直升機，以及攜帶兩千磅炸彈的美國F—16和F—15戰鬥轟炸機。據以色列空軍指揮官說，這種先進的飛機對加薩的目標進行了幾百次的

(Chicago: Haymarket Books, 2013)。

27 這些數字來自以色列占領區人權訊息中心卜采萊姆的網站，https://www.btselem.org/statistics/fatalities/during-cast-lead/by-date-of-event；以及https://www.btselem .org/statistics/fatalities/after-cast-lead/by-date-of-event。

28 "50 Days: More Than 500 Children: Facts and Figures on Fatalities in Gaza, Summer 2014," B'Tselem, https://www.btselem.org/2014_gaza_conflict/en/il/.

攻擊，其中大部分使用了這些強力炸彈。[29]一枚兩千磅炸彈的爆炸產生一個大約五十英尺寬、三十六英尺深的彈坑，並將致命的碎片送至半徑近四分之一英里遠的地方。一兩枚這樣的炸彈可以摧毀整個多層建築，在八月底以色列空襲結束時，加薩市的許多建築都被夷為平地。[30]沒有公開紀錄顯示到底有多少這樣的怪物被投在加薩地帶，或者是否使用了更重的彈藥。

除了空中轟炸，根據以色列後勤指揮部在二〇一四年八月中旬發布的報告，早在八月二十六日最後停火生效之前，就有四萬九千枚大砲和坦克砲彈射入加薩地帶[31]，大部分是美國製造的M－109A5型一五五毫米榴彈砲。它的九十八磅砲彈的殺傷範圍約為五十四碼，將在直徑兩百一十八碼的範圍內造成傷亡。以色列擁有六百門這樣的火砲，以及一百七十五門射程更遠的美國M－107口徑一七五毫米火砲，它發射的砲彈更重，重量超過一百四十五磅。以色列使用這些致命的戰場武器的例子，就足以顯示加薩戰爭的巨大不對稱性。

二〇一四年七月十九日至二十日，精銳的戈拉尼（Golani）、吉瓦提（Givati）和傘兵旅沿著三條軸線向加薩市的舒佳伊亞區發動攻擊。尤其是戈拉尼旅，他們遇到激烈的、出乎意料的抵抗，有十三名以色列士兵死亡，可能有一百人受傷。根據美國軍方的消息，十一個以色列砲兵營，至少使用了兩百五十八門一五五毫米和一七五毫米火砲，在二十四小時內向這一地區發射了七千多枚砲彈。這包括在七小時內發射四千八百發砲彈。五角大廈的一位「能夠了解每日簡報」的高級官員，稱這種火力規模是「巨大的」、「致命的」，並指出美軍通常會使用如此「巨大的」的密集砲火，來支持由四萬名士兵組成的兩個整編師（可能是在舒佳伊亞作戰的以色列部隊人數的十倍）。另一位前美國砲兵指揮官估計，美軍只有在支持一個由幾個師組成的軍團時才會使用這麼多的砲火。一位退休的美國將軍描述以色列的轟炸，他們在超過二十四小時的時間裡對加薩的一個社區進行轟炸，同時還有坦克的射擊和空中的攻擊，這是「絕對不成比例」的。[32]

在這次攻擊中使用的火砲，是為了在大範圍內對防禦工事、裝甲車輛和有防彈衣和頭盔保護的地下掩體部隊，進行致命的區域射擊。雖然它們可以發射精確導引彈藥，但在部署到像舒佳伊亞這樣的密集居民區時，它們本質上是不精確的。而任何在建築密集區（舒佳伊亞、拜特哈農、汗尤尼斯和拉法都是如此）投擲兩千磅炸彈的空襲，必然會造成不可避免的嚴重平民傷亡和大規模的破壞。[33]但他們仍舊這樣做了。

---

29 Barbara Opall-Rome, "Gaza War Leaned Heavily on F-16 Close-Air Support," *Defense News*, September 15, 2014, http://www.defensenews.com/article/20140915/DEFREG04/309150012/Gaza-War-Leaned-Heavily-F-16-Close-Air-Support also available via: http://www.imra.org.il/story.php3?id=64924.

30 Jodi Rudoren and Fares Akram, "Lost Homes and Dreams at Tower Israel Leveled," *New York Times*, September 15, 2014.

31 "Protective Edge, in Numbers," Ynet, August 14, 2014, http://www.ynetnews.com/articles/0,7340,L-4558916,00.html.

32 Mark Perry, "Why Israel's Bombardment of Gaza Neighborhood Left US Officers 'Stunned,' " Al Jazeera America, August 27, 2014, http://america.aljazeera .com/articles/2014/8/26/israel-bombing-stunsusofficers.html.

33 在《世界郵報》（*The World Post*）二〇一四年八月二十一日刊登出的文章「為什麼很難去相信以色列聲稱它已盡最大努

在加薩地帶這樣一個人滿為患的地方的情形尤其是這樣，即使是人們事先被告知他們的家園即將被摧毀，人們也無處可逃。除了對人的肉體造成可怕的傷害外，如此規模的空襲和砲擊也對財產造成了難以想像的破壞。在二〇一四年的襲擊中，有超過一萬六千棟建築無法再居住，有的整個街區都被摧毀了。共有兩百七十七所聯合國和政府學校、十七家醫院和診所以及加薩的所有六所大學，還有超過四萬棟其他建築受損。也許有四十五萬加薩人，約占加薩人口的四分之一，被迫離開他們的家，其中許多人在事後無家可歸。

這一切都不是偶然發生的，也不是戰爭期間經常發生的引人感嘆和遺憾的附帶損害。以色列人選擇的武器是致命的，本應是在開放戰場上使用，而不該使用在人口稠密的城市環境中。此外，這次攻擊的規模也完全符合以色列的軍事理論。二〇一四年，約一萬三千人被殺，其中大部分是平民，數十萬人的房屋和財產被毀，這是蓄意的，是以色列軍方至少自二〇〇六年就在黎巴嫩使用的明確戰略所造成的結果。所謂的「達西亞信條」（Dahiya doctrine），是以貝魯特南郊的達西亞命名的，該地區被以色列空軍用兩千磅的炸彈和其他軍械摧毀。在二〇〇八年時，時任北方司令部負責人（此後為以色列參謀長）的加迪．埃曾科特少將（Maj. Gen. Gadi Eizenkot）解釋了這一戰略：

在達西亞區發生的事情……將發生在以色列受到射擊的每個村莊……我們將對其使用不對稱的武力，並在那裡造成巨大的損害和破壞。從我們的角度來看，這些不是平民的村莊，它們是軍事基地……這不是一個建議。這是一個計畫。而且已經得到了批准。[34]

據以色列軍事記者和安全分析家稱，這正是二〇一四年以色列在六年內對加薩進行第三次攻擊的思路。[35]然而，在美國政治家的聲明中或大多數美國主流媒體對戰爭的報導中，很少提到達西亞信條，儘管它實際上與其說是一種戰略方針，不如說是一種集體懲罰的藍圖，而集體懲罰可能會被認定為戰爭罪。

華盛頓和媒體保持沉默的原因有很多。一九七六年的《武器出口管制法》規定，美國提供

力減少平民傷亡」中，以色列砲兵部隊前機組指揮官伊丹．巴里爾（Idan Barir）指出：「事實是，砲彈無法精確瞄準，也不是為了打擊特定目標。一枚標準的四十公斤的砲彈只不過是一個更大的爆破手榴彈。當它爆炸時，它的目的是殺死五十公尺範圍內的任何人，並使一百公尺範圍內的任何人受傷。以色列所使用的砲火是一場致命的俄羅斯輪盤。這種火力所依賴的統計數據意味著，在像加薩這樣的人口稠密地區，平民也將不可避免地被擊中。」http://www.huffingtonpost.com/idan-barir/israel-gaza-civilian-deaths_b_5673023.html。

34 "Israel Warns Hizballah War Would Invite Destruction," *Ynetnews.com* (Yedioth Ahranoth), October 3, 2008, http://www.ynetnews.com/articles/0,7340,L-3604893,00 .html。另見 Yaron London, "The Dahiya Strategy," *Ynetnews.com* (Yedioth Ahranoth), October 6, 2008, http://www.ynetnews.com/articles/0,7340,L-3605863,00 .html。

35 E.g., Amos Harel, "A Real War Is Under Way in Gaza," Haaretz, July 26, 2014, http://www.haaretz.com/news/diplomacy-defense/.premium-1.607279.

的武器必須用於「合法自衛」。[36]鑑於這一規定，從總統開始的美國官員提供的路線，連同下令的以色列官員以及扔下炸彈的以色列士兵，都將以色列在加薩的行動描述為自我防衛，而這可能是法律建議的產物，來避免責任和潛在的戰爭罪起訴。媒體也很少提及這一重要的法律考量，這有可能是出於偏見，也有可能是為了保護那些會被牽連的政治人物，或者是為了躲避大眾對媒體的攻擊，而且只要是有媒體對以色列進行任何程度最溫和的批評，都會招致對該媒體的攻擊。

還存在的一個問題是對稱性（proportionality），這是確定某些戰爭行為是否上升到戰爭罪的核心問題。埃曾科特自己所說的話，和他指揮的部隊在二〇〇六年的行動，以及此後針對加薩的這些攻擊，似乎都清楚確定以色列方面故意的不對稱作為。以色列在人口稠密的城市地區所使用的戰場武器的性質，以及雙方火力的嚴重不對稱，都證明了這一點。

哈馬斯和伊斯蘭聖戰組織是否也要負上針對平民的潛在戰爭罪責呢？撇開占領軍使用的武力和被占領人民中的團體使用的武力之間的重要區別，所有戰鬥人員都必須遵守戰爭法和國際法的其他規定。儘管發射到以色列南部的火箭彈可能是致命的，但其中很少有複雜的導引系統，沒有一個是精確導引彈藥。因此，導引彈藥的使用通常來說是無差別的，而且在很多的情況下是可以被認為是針對平民的。

然而，這些火箭彈的彈頭大小或殺傷力都不及以色列在二〇一四年發射的四萬九千多枚坦克和火砲砲彈。哈馬斯及其盟友常用的蘇聯設計的一二二毫米「格拉德」或「卡秋莎」火箭彈通常攜帶四十四或六十六磅的彈頭（相比之下，以色列使用的一五五毫米砲彈為九十六磅），而且許多火箭彈還安裝了更小的彈頭來增加射程。此外，哈馬斯使用的自製卡桑火箭彈的彈頭則要更小得多。從加薩地帶發射的四千枚卡桑、卡秋莎、格拉德和其他飛彈，以及抵達以色列的飛彈的總爆炸力，可能還不如一打兩千磅的炸彈，而且有許多飛彈的性能非常不精確，製造得也很差，以至於還沒有落地，就先墜落在加薩地帶了。

雖然哈馬斯及其盟友發射的火箭毫無疑問會給射程內的平民造成心理上的作用（準確度低反倒是更加強了這種作用），但是這些火箭並不是多麼強大的武器。是的，從二〇〇八年到二〇一四年，造成以色列境內幾十名平民的死亡很可能已經達到戰爭罪的程度。那麼，僅在二〇一四年就有至少兩千名沒有參與戰鬥的平民被殺害的行徑呢？這其中包括約一千三百名婦女、兒童和老人。在針對加薩發動的戰爭之後的幾年裡，很明顯的，那些要對此負責的人在他們的美國贊助人的保護下，十分有可能免責他們的行為。

然而，這種野蠻的不對稱性也確實在某些方面得到體現。雖然主流媒體對二〇一四年轟炸的報導在一些核心支持者群體中，鞏固了對以色列的支持，例如基督教福音派和猶太社區中較年長、較富裕、較保守的那群人，但是，公開批評以色列在較年輕、較進步的個人、少數派群

36　22 USC 2754：美國授權進行軍事銷售或租賃的目的；提交給國會的報告：https://uscode.house.gov/view.xhtml?req=(title:22%20section:2754%20edition:prelim)。

體成員、自由派的新教教派，以及一些改革派、保守派和無黨派的猶太人中也有所增加。到二〇一六年時，朝這個方向轉變的數字（以及其他群體中支持以色列的意見也同時轉硬）是驚人的。

布魯金斯學會在二〇一六年十二月發布的一項民意調查顯示，百分之六十的民主黨人和百分之四十六的美國人支持制裁以色列在西岸建造非法猶太人定居點的行為。大多數民主黨人（百分之五十五）認為以色列對美國的政治和政策影響過大，是一個戰略負擔。[37]皮尤研究中心同年進行的一項民意調查顯示，一九八〇年以後出生的人和民主黨人中，同情巴勒斯坦人的比例與同情以色列的人相比，正在增長。[38]二〇一八年一月發布的皮尤民意調查顯示，這一趨勢正在加速。民主黨人傾向支持巴勒斯坦人的程度幾乎和以色列人一樣，而同情巴勒斯坦人的自由派民主黨人比同情以色列人的人多一倍。[39]二〇一九年四月的皮尤民意調查顯示，在以色列和巴勒斯坦問題上，黨派之間的深刻分歧被進一步凸顯了。當被問及是否支持巴勒斯坦人民而不是以色列人民，或反之，或是同時支持兩者時，百分之五十八的民主黨人支持兩者或支持巴勒斯坦人，而百分之七十六的共和黨人則支持兩者或以色列人。同時，百分之六十一的共和黨人對以色列政府有好感，但只有百分之二十六的民主黨人這樣認為。[40]綜合來看，這些數字是史無前例的。

因此，以色列對加薩的戰爭與一九八二年黎巴嫩戰爭和巴勒斯坦第一次起義一樣，成為美國人對巴勒斯坦人和以色列的看法不斷轉變的關鍵轉折點。鑑於第二次起義期間有自殺炸彈的影響，尤其是以色列不間斷的宣傳攻勢的有效性沒有減弱，所以沒有平滑的上升線，而是有起有伏。但是，在一連串可怕的照片和它們所代表的現實，衝破為了保護以色列的行為，以及掩蓋這層現實而精心構築的密集防禦網之後，批評情緒的浪潮每次都會增加。

§

儘管近年來美國公眾對巴勒斯坦和以色列的看法發生了緩慢而穩定的轉變，但在美國政策的制定、新的立法以及一般的政治話語中，卻沒有什麼明顯的變化。其中一個原因是自二〇〇〇年以來，共和黨控制了白宮，除了八年之外，自二〇一〇年以來控制了參議院，從二〇一四年到二〇一八年控制了眾議院，在二〇一六至二〇一八年期間控制了政府的所有部門。該

---

37 Shibley Telhami, "American Attitudes on the Israeli-Palestinian C Brookings, December 2, 2016, https://www.brookings.edu/research/american-attitudes-on-the-israeli-palestinian-conflict/.

38 "Views of Israel and Palestinians," Pew Research Center, May 5, 2016, http://www.people-press.org/2016/05/05/5-views-of-israel-and-palestinians/.

39 "Republicans and Democrats Grow Even Further Apart in Views of Israel, Palestinians," Pew Research Center, January 23, 2018, http://www.people-press.org/2018/01/23/republicans-and-democrats-grow-even-further-apart-in-views-of-israel-palestinians/.

40 Carroll Doherty, "A New Perspective on Americans' Views of Israelis and Palestinians," Pew Research Center, April 24, 2019, https://www.pewresearch.org/fact-tank/2019/04/24/a-new-perspective-on-americans-views-of-israelis-and-palestinians/.

黨的基礎，特別是基督教福音派（這是共和黨在許多地區的核心，年齡較大、白人較多，更可能是保守派和男性）熱切地支持最為鷹派的以色列政策。大多數共和黨民選官員忠實地反映了這層基礎的狂熱，以及該黨保守派捐助者的狂熱，其中許多人，如謝爾頓・阿德爾森（Sheldon Adelson）和保羅・辛格（Paul Singer，他在二〇一六年選舉週期中向共和黨人捐贈了超過一億美元），一直致力於支持以色列採取更加鷹派的做法。此外，大部分共和黨人和黨的領導層所特有的伊斯蘭恐懼症、仇外心理和對美國在世界上的作用的積極看法，都跟以色列總理納塔雅胡及其右翼政府的精神相吻合。事實上，當納塔雅胡於二〇一一年和二〇一五年在共和黨主導的國會兩次不同的聯席會議上發言時，他都受到了熱烈的歡迎，這也充分地顯示了這一點。而且有幸能在國會發表三次演講的人只有邱吉爾一人而已（分別在一九四一年、一九四三年和一九五二年）。

民主黨在以色列和巴勒斯坦問題上的態度則是更為複雜和矛盾。該黨大部分基礎的轉變主要發生在年輕、少數族裔和更自由派的群體中（代表該黨的未來），但這並沒有反映在該黨領導層或其大多數民選官員和大捐助者（代表該黨的過去）的觀點中。起作用的動力既是世代交替的，也是基於種族和階級的，還受到該黨的大捐助者和強大的壓力集團（如美國以色列公共事務委員會）的影響。

民意調查顯示，對巴勒斯坦和以色列的看法往往與年齡密切相關：老年人往往更加保守和傳統，在二〇一九年，民主黨的領導人由七十八歲的南希・裴洛西（Nancy Pelosi）、六十八歲的查爾斯・舒默（Charles Schumer）和柯林頓夫婦主導的黨內機器組成，柯林頓夫婦兩人的年齡都超過了七十歲。他們都很富有，裴洛西更是如此（她是最富有的國會議員之一，據說她和丈夫的淨資產超過一億美元）。隨著美國政治人物最為關注的事物，諸如不間斷的籌款，以及民主黨在八〇年代末的右轉，該黨對金錢利益集團變得更加有利和有吸引力。因此，對於該黨的領導人和當選官員來說，捐贈者的意見比該黨的基層或選民的意見更重要。而該黨的許多最大的捐助者，如媒體大亨哈伊姆・薩班（Haim Saban）和其他來自高科技、娛樂和金融業的人，仍然不遺餘力地支持以色列，不管它有多過分。

因此，民主黨老一輩領導人和許多大捐助者支持以色列政府的任何行為的傾向，就跟該黨的一般黨員之間產生了裂痕，後者開始大力推動變革。這點在總統候選人伯尼・桑德斯（Bernie Sanders）在二〇一六年民主黨初選期間，對以色列和巴勒斯坦採取的非常規立場，以及當年的民主黨大會上對黨綱的爭論中都很明顯。這種分裂在二〇一六年大選後的黨內領導層鬥爭中也有所表現，當時最後可能獲勝的眾議員凱斯・埃里森（Keith Ellison）遭到了誹謗和影射，部分原因是他在巴勒斯坦問題上的直言不諱的立場。改變民主黨在巴勒斯坦問題上的路線的努力沒有帶來多少具體影響，這點從兩黨都支持每年向以色列提供超過四十億美元的軍事援助，以及支持對巴勒斯坦人不利的立法浪潮中可以看出。然而，從二〇一七年十一月眾議院三十名成員共同提出的一項法案中，也可以看出國會的一個小變化，該法案旨在確保美國的援助不會支持以色列安全部隊虐待和監禁巴勒斯坦兒童，自二〇〇〇年以來，已經有一萬名巴勒斯坦兒童被占領國拘留。41

儘管這些政治現實可以說明很多問題，特別是在涉及立法和政治言論的時候，它們對政策的制定所能提供的啟示是很有限的。在制定美國外交政策時，行政部門傳統上是擁有很大的自由。它不一定像國會那樣受到限制，因為國會成員總是被選舉週期和由此產生的籌款事項困擾。美國總統確實曾多次自由做出行動，當他們認為美國的重要核心利益受到威脅時，就很少會考慮以色列及其支持者的反對意見。有一種錯誤的說法是，以色列及其支持者對美國中東政策的影響總是最重要的，但是，這種情況只有在決策者認為這不涉及美國的重要戰略利益，以及國內政治考慮特別重要的時候，例如在總統選舉年，這種情況才是真的。

美國推翻以色列的強烈抵制來服務華盛頓所認為的利益的例子，其實不勝枚舉，例如在一九五六年蘇伊士戰爭期間，美國反對侵略埃及，因為這違背它的冷戰利益；在一九六八至一九七〇年蘇伊士運河沿線的消耗戰結束時，美國強行施行對以色列不利的停火，好避免美蘇對抗；在一九七三至一九七五年期間，季辛吉不顧以色列的憤怒反對，強行施行了三項脫離接觸協議，要求以色列軍事撤離。儘管以色列領導人有短視的反對意見，但大多數這些行動最終也是有利於以色列的長期利益。其他的例子包括，儘管以色列及其在華盛頓的遊說團體大聲地提出反對，但美國仍向沙烏地阿拉伯出售有利可圖的先進武器，以及歐巴馬總統在納塔雅胡及其國會的支持者的敵視下，談判達成的伊朗核子協議。重點在於，當美國的重要利益受到威脅時，美國總統會毫不猶豫採取行動為這些利益服務，而只對以色列的關切給予有限的關注。

然而，當涉及到巴勒斯坦，以及讓巴勒斯坦人與以色列人建立和平，而這件事必然需要以色列做出讓步的時候，似乎沒有任何重大的美國戰略或經濟利益會在這件事上受到威脅，也沒有辦法平衡來自以色列及其支持者的持續反對，而這種反對在這個問題上無法迴避的空間比其他任何問題都要強勁。[42]美國歷任的總統，從杜魯門到川普，都不願意走進這種反對的喧囂中，因此他們都會在大體上允許以色列主宰事件的節奏，甚至讓以色列人來決定美國在有關巴勒斯坦和巴勒斯坦人問題上的立場。

可以說，考慮到阿拉伯世界的人民對巴勒斯坦人的廣泛支持，美國對以色列行為的這種縱容態度，偶爾美國會以少量改變當地實際情況的某些具體措施的反對聲明，來掩蓋這種縱容態度，但這種態度是會危及美國在中東的利益的。[43]但是，長年以來，中東地區的各個專制政權

---

41 該法案的主要發起人是國會議員 Carroll Doherty, "A New Perspective on Americans' Views of Israelis and Palestinians," Pew Research Center, April 24, 2019, https://www.pewresearch.org/fact-tank/2019/04/24/a-new-perspective-on-americans-views-of-israelis-and-palestinians/。

42 這些是約翰・米爾斯海默和史蒂文・沃特（Steven Walt）在《以色列遊說團與美國外交政策》（*The Israel Lobby and U.S. Foreign Policy*）一書中準確描述的情況。請參考：*The Israel Lobby and U.S. Foreign Policy* (New York: Farrar, Straus and Giroux, 2007)。

43 這一點從之前引用的阿拉伯研究和政策研究中心在二〇一七到一八年，對十一個阿拉伯國家的一萬八千多名受訪者的民意調查中可以清楚地看到：https://www.dohainstitute.org/en/News/Pages/ACRPS-Releases-Arab-Index-2017-2018.aspx。

要比世界上任何一個其他地區的專制政權更為普遍和集中。此外，美國從未以任何持續的方式支持中東地區的民主革新，而是更傾向於跟控制大多數國家的獨裁和絕對君主打交道。這些不民主的政權在歷史上一直是美國的附庸，是美國國防、航太、石油、銀行和房地產行業的重要客戶。他們通常無視自己國家的公眾的親巴勒斯坦輿論，因此，美國並不會因為支持以色列對巴勒斯坦的占領和殖民而受到任何的打擊。

在這方面的關鍵國家就是沙烏地阿拉伯，自一九四八年以來，它一直公開倡導巴勒斯坦事業，經常支持巴解組織的財政，然而沙國在向美國施壓來改變後者對以色列的有利政策方面，則幾乎沒有任何作為。沙烏地王室的被動態度至少可以追溯到一九四八年八月，當時美國國務卿喬治・馬歇爾感謝了沙烏地國王在巴勒斯坦問題上的「和解態度」。而當時正值一九四八年戰爭的高峰，以色列軍隊已經占領了該國大部分地區，並且已經驅逐大部分巴勒斯坦人口。[44]自一九六七年埃及戰敗和一九七三年後大量石油資金湧入沙烏地國庫以來，沙國在該地區的影響力大大增強了，但是在這幾十年間，沙國對以色列的默許態度幾乎沒有改變。

這種態勢在小布希政府時期表現得非常明顯，在當時的政府裡，剩餘的阿拉伯專家和「和平推動者」已經在很大程度上被排除在中東政策的制定之外了。小布希、錢尼和倫斯斐（Donald Rumsfeld）轉而依靠保羅・伍佛維茲（Paul Wolfowitz）、理查・佩爾（Richard Perle）、道格拉斯・費思（Douglas Feith）和路易斯・利比（Lewis "Scooter" Libby）等一批熱衷於以色列的新保守主義鷹派人士，這些人中的許多人都是雷根政府的舊部。他們有系統地把那些了解該地區的人排除在任何關鍵決策圈之外，無論是在巴勒斯坦的問題上，還是他們對伊拉克發動的災難性戰爭上，抑或是幾乎在中東各地和穆斯林世界其他地區發動的「反恐戰爭」中。在華盛頓方面，夏隆政府精明地將以色列反對巴勒斯坦第二次暴力起義的運動，視作後一場戰爭的一個組成部分來推銷，並將自己當作一個重要的盟友，同時自以為是地為這場意識形態的征討行動提供了許多站不住腳的理由。作為回報，小布希在二〇〇四年接受了將定居點區域，即「已經存在的以色列主要人口中心」，納入到以色列邊境的最終和平解決方案中。[45] 小布希還支持夏隆在二〇〇五年突然決定從加薩地帶單方面撤出軍隊和定居者。以色列在沒有與巴勒斯坦人協調的情況下這樣做，同時保持以色列能控制進出加薩，讓該地帶仍然處於圍困之中，並很快被哈馬斯接管。這為下一輪的加薩戰爭奠定了基礎。

在以色列向加薩發動的三次攻擊中，入主白宮的總統歐巴馬都延續了其前任的模式。歐巴馬的當選曾喚起過許多充滿信念的人的希望，他們相信一個有「胡塞因」為中間名的美國總統，一個與薩依德合影的人，一個我在芝加哥大學的鄰居和同事，一個宣布美國在穆斯林世界

44 Secretary of State to Legation, Jedda, August 17, 1948, FRUS 1948, vol. 2, pt. 2, 1318。關於沙烏地阿拉伯政權在巴勒斯坦問題上如何迎合美國的進一步細節，見R. Khalidi, *Brokers of Deceit*, xxiv–xxvii。

45 此內容出現於二〇〇四年四月十四日小布希在華盛頓會晤時給夏隆的一封信中：https://mfa.gov.il/mfa/foreignpolicy/peace/mfadocuments/pages/exchange%20of%20letters%20sharon-bush%2014-apr-2004.aspx。

的「新起點」的人，肯定會以不同的方式處理巴勒斯坦問題。這些希望皆源自一個假設——認為總統有無限的行動自由。但是，儘管總統的力量在行政部門中有相當大的迴旋餘地，但常設官僚機構、在政府內外流通的同質化專家小圈子、國會，以及其他結構和政治因素的頑強力量仍然存在。

而且還有關於以色列和巴勒斯坦的傳統觀念的力量，這在兩個政黨的領導層和主流媒體中是根深柢固的，以及以色列遊說團的強大力量，他們在美國政治中沒有有效的制衡力量。任何形式的阿拉伯遊說團都不過是一些高價的公關公司、律師事務所、顧問和遊說者的集合體，他們獲得了豐厚的報酬來保護那些腐敗、暴發戶式的精英的利益，這些精英統治著大多數的阿拉伯國家。這些獨裁統治者中的大多數人都聽命於美國，是美國國防、航太、石油、銀行和房地產利益集團的重要客戶，在華盛頓有巨大的影響力。這些強大的力量也幫阿拉伯貪官汙吏進行遊說，而不是為了代表這些國家的人民的「阿拉伯人」遊說。

不過，另一個有希望的跡象是，歐巴馬在二〇〇九年一月迅速任命了喬治·米切爾（George Mitchell）為中東和平特使，負責啟動以色列和巴勒斯坦的直接談判，以達成最終解決方案。米切爾是賽勒斯·萬斯和詹姆斯·貝克模式的談判者：一個思想獨立、經驗豐富的美國代表人，在其職業生涯的後期不受以色列或其遊說團體的約束。他曾擔任緬因州州長和參議院多數黨領袖；身為柯林頓總統的特使，他在一九九八年成功談判了「北愛爾蘭耶穌受難日協議」（Northern Ireland Good Friday agreement），將愛爾蘭共和軍從冷宮中拉出來，讓他們可以參與解決方案。與柯林頓時代的和平進程者不同，米切爾不接受讓以色列的立場成為美國政策的界線，並努力直接面對談判中最棘手的問題，包括凍結猶太人定居點、耶路撒冷的未來地位，以及巴勒斯坦難民回歸。基於他在愛爾蘭對愛爾蘭共和軍的成功經驗，他提議讓哈馬斯參與談判進程，他認為這對一個全面的解決方案至關重要，但他最終沒有成功，這在很大程度上是因為以色列的反對。但米切爾有一個特別的劣勢，他遭受來自歐巴馬政府內部的破壞。破壞米切爾任務的關鍵人物不是別人，正是那個令人無言的丹尼斯．羅斯。

丹尼斯．羅斯在小布希時代就已經離開了政府，但他在二〇〇八年曾在佛羅里達和其他地方為歐巴馬競選，為他辯護，反對共和黨提出的聲稱歐巴馬不夠支持以色列的指責。因此，新上任的總統對他有求必應。為了安慰那些對米切爾的任命感到不滿的人（除了他願意和哈馬斯接觸之外，米切爾還有一點黎巴嫩血統，這是自從菲利普．哈比布以來第一個擁有這種背景的美國高級中東事務官員），羅斯被請來擔任國務卿希拉蕊．柯林頓的特別顧問。他本應該是專注波斯灣地區事務的，但很快的，他開始插手巴以談判，以色列人則將他視為首選的對話者。當羅斯對米切爾工作的干擾變得令人無法忍受時，他還一再背著特使，跟以色列人建立祕密的後台交流管道。他離開了國務院的職位，但在國家安全委員會的一個新職位上插了一腳，在那裡，他跟總統的關係更加密切了。他繼續干擾米切爾的工作，與納塔雅胡政府進行私下交易，而巴勒斯坦權力機構則因為他公開袒護以色列，而拒絕與他進行任何接觸。

這是一場不平等的鬥爭。米切爾跟以色列遊說團體、國會和納塔雅胡抗爭，而羅斯則是一直在利用其贊助人的支持，在這位前參議員的背後運作。與其說以色列面對的是一個決心從雙方那裡獲得讓步的美國政府代表，不如說美國是在扮演一個圓滑的角色，總是默許用羅斯來反對米切爾。在這種情況下，以色列可以輕鬆作壁上觀，而無需在解決問題方面取得進展。最後，米切爾的前國會同事向他發動了一場政變，他們宣稱讓哈馬斯參與談判進程是無法接受的，並且違反美國法律。[46]以色列贏了。現狀得到維持，巴勒斯坦人仍然處於分裂狀態，以色列沒有義務跟哈馬斯對話，甚至沒有義務進行認真的談判，所有這些都不需要做出什麼努力。羅斯和美國國會已經為以色列做完了工作。

儘管歐巴馬曾表示巴勒斯坦問題是其政府的優先事項，但他對加薩戰爭的反應是衡量其參與程度的更真實標準。在他眼皮底下發生的第一場戰爭是在他當選後、就職前開始的。無論是在當時或是在後來，總統都沒有試圖去修正錯誤的論述，這種錯誤論述認為在以色列猛烈的攻勢中，加薩地帶正在發生的事情是對恐怖分子向以色列平民發射火箭的正當反應。在任何時候，他的政府都沒有中斷輸送美國武器，這些武器被以色列用來殺害了大約三千名巴勒斯坦平民，並使更多人傷殘。事實上，當以色列認為有必要時，他便加快運送武器的速度。歐巴馬沒有在以色列圍困加薩的問題上果斷地與之對抗。

由於歐巴馬在早期時曾暗示要改變華盛頓對以色列的偏袒，他也遭受以色列右翼領導人及其美國支持者的痛恨（他完全回應了這種情緒），但最終歐巴馬也沒有改變巴勒斯坦的現狀。儘管歐巴馬的國務卿約翰．凱瑞（John Kerry）為解決衝突而做出沒有結果的努力，但他的政府留下的唯一印記是安理會第二三三四號決議，該決議以十四比一的票數獲得通過，該決議指控以色列在西岸和東耶路撒冷的定居點活動是「公然違反」國際法，是不具備法律效力的。但美國在決議上投了棄權票。該決議在二〇一六年十二月通過，當時歐巴馬也已成了跛腳的鴨子，該決議沒有規定要對以色列採取任何具體的制裁和強制措施。與美國的其他聲明性姿態一樣，第二三三四號決議沒有任何作用，對當地的局勢完全沒有影響。歐巴馬特別不走運的是，就在他就職後幾個月，與他的關係從冰冷到糟糕的納塔雅胡第二次上台了，並繼續發展自己跟共和黨反對派總統的密切聯繫。由於這些和其他許多原因，歐巴馬在二〇一七年離開白宮時，巴勒斯坦的軍事占領和擴大猶太人定居點的殖民現狀沒有改變，巴勒斯坦人的狀況甚至比歐巴馬在八年前上任時還要糟糕。

這個教訓很清楚。如果歐巴馬真的認為巴以之間的和平問題是一個優先事項的話，就像美國與伊朗達成的核子協議一樣重要的話，他可以努力在國會的反對、美國以色列公共事務委員會和以色列政府的努力下推動其通過，也許他可以成功。在美國跟伊朗的戰爭與和平這一極其重要的問題上，歐巴馬能夠抵制並戰勝以色列遊說團和其以色列贊助者。然而，總統顯然認為，打破巴勒斯坦的僵局並不構成美國的重要戰略利益，不足以讓他動用他的威望、權力和政治資本。因此，喬治．米切爾的倡議在二〇一一年悄然夭折了，約翰．凱瑞的努力在二〇一六

46　來自直接參與這些事務的兩名不願透露姓名的高級官員的訪談。二〇一二年二月一日和二〇一一年一月十一日。

年夭折了，隨之一同夭折的是在一個全新的基礎上進行以巴之間談判的前景。

隨著加諸於巴勒斯坦身上的戰爭邁過了一個世紀的門檻，作為以色列行動自由不可替代的基地，美國母體就像在一百年前的貝爾福勛爵一樣，努力推動著猶太復國主義的殖民計畫。戰爭的第二個世紀將以一種新的、甚至更具破壞性的方式來處理巴勒斯坦問題，美國、以色列和他們在波斯灣地區找到的絕對君主國的新朋友，開始了密切的運作和協調。

結論：對巴勒斯坦人發動的百年戰爭

在一九一七年，亞瑟．詹姆士．貝爾福談到，在巴勒斯坦，英國政府「甚至不打算採用諮詢該國目前居民意願的形式。」他還繼續說到列強對猶太復國主義有承諾，「而且猶太復國主義，無論它是對是錯，是好是壞，都植根於悠久的傳統，植根於當前的需要，植根於未來的希望，其重要性遠遠超過現居在這片古老土地上的七十萬阿拉伯人的欲望和偏見。」[1]在一百年後，川普總統認可了耶路撒冷是以色列國的首都，他說：「我們把耶路撒冷從桌子上拿下來了，所以我們就不必再談這個問題了。」川普對納塔雅胡說：「你已經贏了一分了，如果（談判）有一天會發生的話，那在以後的談判中你會放棄一些分數。但我不知道它會不會發

1 "Memorandum by Mr. Balfour (Paris) respecting Syria, Palestine, and Mesopotamia," August 11, 1919, in *Documents on British Foreign Policy, 1919–1939*, ed. E. L. Woodward and Rohan Butler (London: HM Stationery Office, 1952), 340–48, http://www.yorku.ca/dwileman/2930Bal.htm.

生。」[2]巴勒斯坦人的歷史、身分認同、文化和宗教信仰中心就這樣被草率地處理掉了，甚至沒有假裝徵求他們的意願。

在過去的一個世紀裡，大國一再試圖無視巴勒斯坦人的存在而採取行動，無視他們，代替他們說話或是越過他們的頭頂說話，或是假裝他們不存在。然而，面對巨大的困難，巴勒斯坦人表現出頑強的能力，抵制著這些在政治上消滅他們並將他們分散到四面八方的努力。事實上，在巴塞爾召開的第一次猶太復國主義大會的一百二十多年後，在以色列國成立的七十多年後，在這兩個場合上都沒有代表人的巴勒斯坦人民，已經不再被認為是構成任何存在形式的民族了。取代他們的是一個猶太國家，這個國家所要連根拔起的本土社會不是它的對手。然而，儘管猶太國家擁有強大的力量、核子武器以及美國盟友，但今天它在全球範圍內至少與過去任何時候一樣都存在著爭議。巴勒斯坦人的抵抗、他們的堅持，以及他們對以色列野心的挑戰，是當今時代最引人注目的現象之一。

幾十年來，美國一直搖擺不定，對於巴勒斯坦人的存在口惠而實不至，以及在試圖把巴勒斯坦從中東地圖上抹去的立場上徘徊不定。一九四七年分治決議中關於阿拉伯國家的規定（儘管從未實施），卡特總統提到的巴勒斯坦「家園」，以及從柯林頓到歐巴馬政府對巴勒斯坦國的名義上的支持，都是這種口頭承諾的產物。還有更多例子是美國對於這些承諾的排斥和抹殺。詹森支持聯合國安理會第二四二號決議；季辛吉在六〇和七〇年代排擠巴解組織，並暗中對其發動代理戰爭；一九七八年的大衛營協議；雷根政府為一九八二年黎巴嫩戰爭開的綠燈；

從詹森到歐巴馬的美國歷任總統缺乏阻止以色列奪取和定居巴勒斯坦土地的意願。

不管美國是如何搖擺不定，這個強大的帝國主義強權跟之前的英國一起，給予了猶太復國主義運動和以色列國充分的支持。但他們一直在試圖做一件不可能完成的事情，也就是在後殖民時代將殖民現實強加給巴勒斯坦。伊克巴爾．阿赫邁德曾總結說：「一九四七年八月，即英國結束印度的統治，正標誌著去殖民化的開始，正是在那些充滿希望和成就感的日子裡，巴勒斯坦的殖民卻發生了。因此，在去殖民化的黎明，我們又回到了最初、最強烈的殖民威脅形式面前……那是排他性的定居者殖民主義。」[3]在其他情況下，或是在另一個時代裡，尤其是考慮到猶太人對相關土地的長期和深刻的宗教連結，如果殖民巴勒斯坦是發生在十八或十九世紀，如果巴勒斯坦人的人數就像猶太復國主義定居者那麼少的話，那麼，將本地居民取而代之的工程可能是可行的，或是像是澳大拉西亞和北美的原住民那樣，巴勒斯坦人也許會被完全消滅。然而，巴勒斯坦人的長期抵抗表明了，用已故歷史學家托尼．朱特（Tony Judt）的話來說，猶太復國主義運動「來得太晚了」，因為它是「將一個十九世紀末獨有的隔離主義計畫引

2 "Remarks by President Trump and Prime Minister Netanyahu of Israel before Bilateral Meeting Davos, Switzerland," January 25, 2018, https://www.whitehouse.gov/briefings-statements/remarks-president-trump-prime-minister-netanyahu-israel-bilateral-meeting-davos-switzerland/.

3 C. Bengelsdorf et al., eds., The Selected Writings of Eqbal Ahmad, 301.

入到已經向前發展的世界中。」[4]

隨著以色列的建立，猶太復國主義確實成功在巴勒斯坦塑造出一個強大的民族運動，以及一個繁榮的新國家。但它不能完全取代巴勒斯坦原本的居民，然而這正是猶太復國主義最終勝利的必要條件。定居者與本地居民的對抗只以三種方式之一結束：消滅或完全征服原住民，例如像北美那樣；打敗並驅逐殖民者，例如像阿爾及利亞，但這種例子極為罕見；或在妥協與和解的背景下放棄殖民統治，例如像南非、辛巴威和愛爾蘭。

以色列仍有可能試圖重演一九四八年和一九六七年的驅逐行動，擺脫部分或全部頑強地留在自己家園的巴勒斯坦人。自伊拉克被美國入侵以來，在其鄰國伊拉克，以及在敘利亞陷入戰爭和混亂之後，都發生了基於教派和種族的強行遷移人口事件。聯合國難民事務高級專員在二〇一七年報告說，全世界有創紀錄的六千八百萬居民和難民流離失所。在這種可怕的區域和全球背景下，在國際關注被稀釋的情況下，似乎沒有什麼可以約束以色列進行這種行動。但是，巴勒斯坦人將為阻止他們被驅逐而展開激烈的鬥爭，國際社會對衝突的高度關注，以及巴勒斯坦敘事的日益流行，都對這種前景產生了影響。

鑑於在殖民狀態下（而不是像敘利亞和伊拉克那樣，在混亂的內戰和代理人戰爭中夾雜著廣泛外國干預的情況下），新一波的驅逐行動對以色列來說可能不會像過去那樣順利展開。即使是在一場重大的地區戰爭的掩護下，這樣的行動也有可能嚴重損害以色列所依賴的西方國家的支持。但儘管如此，人們仍舊愈來愈擔心，在過去的幾年裡，驅逐的可能性比一九四八年以來的任何時候都大，宗教民族主義者和定居者主導了歷任以色列政府，在西岸存在明確的吞併計畫，以色列的主要議員呼籲清除部分或全部巴勒斯坦人口。目前，以色列的懲罰性政策旨在迫使盡可能多的巴勒斯坦人離開以色列，同時還透過拆毀房屋、偽裝成地產銷售、重新規劃和無數的其他計畫，將西岸和內蓋夫地區的一些人趕出他們的家園和村莊。從這些屢試不爽的人口工程策略到重蹈一九四八年、一九六七年全面種族清洗的覆轍，只是一步之遙而已。但迄今為止，以色列採取全面種族清洗措施的可能性似乎不大。

如果在巴勒斯坦消滅本地人口不是一個可能的結果，那麼，為了使真正的和解成為可能，拆解殖民者的優越性又是否可行呢？以色列繼續其計畫的優勢在於，大多數美國人和許多歐洲人都沒有看到巴勒斯坦人所遭遇的殖民。在他們看來，以色列是一個正常的、自然的民族國家，與其他的國家一樣，而且以色列還面臨著頑固的、經常是反猶太的穆斯林的非理性敵意（這就是許多人眼中的巴勒斯坦人，甚至其中的基督徒）。宣傳這種形象是猶太復國主義取得的最大成就之一，該宣傳對以色列的生存至關重要。正如薩依德所說的，猶太復國主義之所以會取得勝利，有一部分的原因是它「在國際社會上贏得對巴勒斯坦人的思想、代表、修辭和形

4 Judt's article, "Israel: The Alternative," *The New York Review of Books*, October 23, 2003，在當時有爭議的事情在今天可能會引起較小的波瀾，但是在當前的形勢下，朱特對於猶太復國主義的批評可能會遭到反猶主義的荒謬指責。

象的政治爭鬥。」[5]這一點在今天仍然大體正確。如果巴勒斯坦人和以色列人要過渡到一個後殖民時代的未來，如果其中的一個民族不利用外部支持來壓迫和取代另一個民族的話，那麼破除這種謬論並使衝突的真實性質顯現出來，就是一個必要的步驟。

§

最近的民意調查顯示，美國公眾輿論的某些部分已經開始發生轉變。雖然這對巴勒斯坦自由的倡導者來說是令人鼓舞的，但這並不反映大多數美國人的立場，也不一定是基於人們已正確理解衝突中的殖民主義動態。此外，公眾輿論可以再次轉變。最近在巴勒斯坦當地發生的事件讓同情的天平略微向巴勒斯坦人傾斜，但其他事件也可能會使它們往相反的方向傾斜，就像第二次起義期間發生的那樣。為了實現這樣的逆轉，以色列已經啟動了充足的資金，尤其是透過將批評以色列的人汙衊為「反猶太主義者」[6]，而在相較之下，以色列鞏固正向傾斜的努力則十分微弱。

過去幾十年的經驗顯示，有三種方法可以有效地擴大人們對巴勒斯坦現實的理解。第一種方法是將巴勒斯坦的情況與其他殖民定居者的經歷進行比較，無論是美國原住民、南非人還是愛爾蘭人的情況。第二種，與第一種相關，包括關注以色列和巴勒斯坦人之間的權力嚴重失衡，這是所有殖民遭遇的一個特點。第三，也許是最重要的，就是突出不平等的問題。

事實已經證明，鑑於猶太復國主義中存在的宗教（聖經）層面，定義這一衝突的殖民本質是十分困難的，猶太復國主義將那些新來者視為本地人和他們所殖民的土地的歷史擁有者。在這種情況下，巴勒斯坦的本地居民似乎與大屠殺後的猶太民族國家的復興是無關的，他們只是這個振奮人心場景中不受歡迎的插班生而已。挑戰這個史詩般的迷思在美國尤其困難，因為美國沉浸在福音派新教中，特別容易受到這種基於聖經的引人振奮吸引力的影響，而且美國也為自己的殖民歷史自豪。在美國，「殖民」這個詞的價值與它在前歐洲帝國和曾經是其帝國一部分的國家的關聯，有很大不同。

相似的，「定居者」和「屯墾者」這兩個詞在美國歷史上也有積極的含意，產生於電影、文學和電視中以犧牲原住民為代價的征服西部的英雄故事。事實上，這些描寫美國原住民的反抗與描寫巴勒斯坦人的反抗有著驚人的相似之處。這兩個群體都被描繪成落後和未開化，是一

---

5 "Introduction," *Blaming the Victims: Spurious Scholarship and the Palestinian Question*, ed. Edward Said and Christopher Hitchens (New York: Verso, 1988), 1.

6 在以色列戰略事務部的密切協調下，這些跨國努力特別注重於給ＢＤＳ運動（抵制、撤資和制裁）貼上「反猶」的標籤。《巴勒斯坦研究學刊》已經發表了一系列關於這些努力的文章：Shir Hever, "BDS Suppression Attempts in Germany Backfire," 48, no. 3 (Spring 2019): 86–96; Barry T berg and Kyle Stanton, "Shifting Sands: Zionism and US Jewry," 48, no. 2 (Winter 2019): 79–87; Dominique Vidal, "Conflating Anti-Zionism with AntiSemitism: France in the Crosshairs," 48, no. 1 (Autumn 2018): 119–30; Moshe Machover, "An Immoral Dilemma: The Trap of Zionist Propaganda," 47, no. 4 (Summer 2018): 69–78。

種針對進步和現代的暴力、嗜殺和非理性的障礙。雖然許多美國人已經開始質疑他們民族敘事的這部分，但以色列社會及以色列的支持者仍然在慶祝這種敘事，實際上，他們所依賴的正是這種敘事。此外，將巴勒斯坦與美國原住民或非裔美國人的經歷進行比較是很困難的，因為美國還沒有完全承認過去的這些黑暗篇章，也沒有解決它們在當前的有害影響。要改變美國人對其國家歷史的意識還有很長的路要走，更不用說美國在其中發揮如此大的支持作用的巴勒斯坦和以色列的歷史了。

改變現有衝突看法的第二條途徑，即強調巴勒斯坦人和反對他們的大國之間的巨大不平衡，則需要表明猶太復國主義運動在努力實現控制阿拉伯土地時，幾乎總是處於攻勢。以其他方式呈現這層現實是猶太復國主義取得話語優勢的核心，在這種狀況下，以色列被說成是阿拉伯／穆斯林歌利亞面前的大衛。最近的一種說法是將衝突描述為兩個民族，甚至是兩個國家的平等鬥爭，有時則被描述為權利對權利的鬥爭。但即使如此，一般大眾公認的版本是以色列一直希望和平，但卻被巴勒斯坦人拒絕（「以色列沒有實現和平的夥伴」，正如這句話所說的那樣，讓以色列人，也就是受害者，面對毫無道理的恐怖主義和火箭彈襲擊，所以以色列只能自衛）。實際上，猶太復國主義運動和後來的以色列國總是有強權站在他們一邊，無論是一九三九年之前的英軍，一九四七至四八年的美國和蘇聯支持，一九五〇和六〇年代的法國和英國，還是一九七〇年代至今的情況，除了得到美國的無限支持以外，以色列的武裝力量也使巴勒斯坦人，乃至所有阿拉伯人加起來都相形見絀。

在擴大世人對巴勒斯坦現實的理解方面，不平等問題才是最有希望的。它也是最重要的，因為不平等是在一個絕大多數是阿拉伯人的土地上建立一個猶太國家的關鍵，也是維持這個國家的統治的關鍵。不平等之所以如此關鍵，不僅是因為它是猶太復國主義主要倚靠支持的平等主義、民主社會的大忌，而且也因為權利平等是公正、持久解決整個問題的關鍵。

在以色列國內，一些重要的權利只會留給猶太公民，而百分之二十的巴勒斯坦公民則被剝奪了這些權利。當然，生活在「被占領土」、在以色列軍事政權下的五百萬巴勒斯坦人則是根本沒有任何權利，而同樣地方的五十多萬以色列殖民者卻享有全部的權利。這種系統性的民族歧視始終是猶太復國主義的核心，根據定義，它的目的是在阿拉伯人占多數的土地上建立一個擁有專屬民族權利的猶太社會和政體。即使以色列一九四八年的獨立宣言宣稱「所有居民不分宗教、種族或性別，享有完全平等的社會和政治權利」[7]，但在隨後的幾年裡，幾十項基於權利不平等的重要法律卻得以實施。這些法律嚴重限制或完全禁止了阿拉伯人獲得土地，以及在所有猶太人社區的居住權，將沒收非猶太人的私人和集體（例如宗教義產基金會）財產的做法正規化，阻止了大多數成為難民的本地巴勒斯坦人返回家園，限制他們獲得許多其他福利，同時又給予猶太移民公民權。

7 "The Declaration of the Establishment of the State of Israel," May 14, 1948, http://www.mfa.gov.il/mfa/foreignpolicy/peace/guide/pages/declaration%20of%20establishment%20of%20state%20of%20israel.aspx.

這個核心問題在今天更為突出，從約旦河畔到地中海濱的巴勒斯坦和以色列的阿拉伯人總人口與猶太人的人口相當，或者可能要略多於猶太人。不平等是猶太復國主義提出的核心道德問題，它涉及到整個事業的正當性的根源，這是一些傑出的以色列人的觀點。歷史學家澤夫·史登赫爾（Zeev Sternhell）在設想學者們在一百年後回首往事時會這樣問：「以色列人究竟從什麼時候才開始明白？當他們對『被占領土』上受他們掌控的非猶太人施以殘暴，當他們決心打破巴勒斯坦人的獨立希望，或者當他們拒絕提供非洲難民庇護時，便已經開始破壞他們國家存在的道德正當性了。」[8]

幾十年來，猶太復國主義者經常提到國家的獨立宣言，堅持認為以色列可以而且是「猶太的和民主的」。隨著這一表述中的固有矛盾愈來愈明顯，但一些以色列領導人承認（事實上，甚至自豪地宣布），如果他們被迫做出選擇，他們會優先考慮這句話中的猶太那部分。二〇一八年七月，以色列議會將這種選擇編入了憲法，通過《猶太民族國家基本法》，該法將以色列公民之間的法定不平等制度化，將民族自決權完全賦予猶太人，降低了阿拉伯語的地位，並宣布猶太人的安居樂業是優先於其他需求的「國家價值」。[9]前司法部長阿耶勒·沙克德（Ayelet Shaked）是猶太至上主義更直截了當的倡導者之一，也是該法律的提案人，她曾在立法表決的幾個月前就直言不諱地提出這個問題。「在有些地方，以色列國作為一個猶太國家的特性必須得到維護，而這件事在有的時候是以犧牲平等為代價。」[10]她還說：「以色列……不是一個該國所有民族的國家。也就是說，所有公民享有平等的權利，但並非享有平等的民族權利。」

利庫德議會議員米基・佐哈（Miki Zohar）同樣直言不諱地總結了這種意識形態的走向。他說，巴勒斯坦人「沒有自決權，因為他們不是土地的所有者。出於我的誠實，我希望他們成為居民，因為他們出生在這裡，生活在這裡，我永遠不會叫他們離開。但是我很遺憾地說，他們有一個重大缺陷：因為他們不是天生的猶太人。」[11]土地專有權和人民身分之間的這種連結是一種特殊的「血與土」的中歐民族主義的核心，這也是猶太復國主義產生的基礎。澤夫・史登赫爾的專業領域是研究歐洲的法西斯主義，他在評論《猶太民族國家基本法》的早期草案時指出，該立法背後的憲法思想，與一九三〇年代法國反猶主義者和新法西斯主義者查爾斯・莫拉斯（Charles Maurras）的觀念是一致的，也與現代波蘭和匈牙利民族主義者，以及「最強硬

---

8 Zeev Sternhell, "En Israël pousse un racisme proche du nazisme à ses débuts," Le Monde, February 20, 2018, 22.

9 關於該法律的清晰分析，見Hassan Jabareen and Suhad Bishara, "The Jewish Nation-State Law: Antecedents and Constitutional Implications," Journal of Palestine Studies, 48, no. 2 (Winter 2019): 46–55。關於該法的文本，見頁四四至四五，以及以色列阿拉伯少數民族權利法律中心（Adalah）就該法律的問題向以色列最高法院提交的請願書，請參考頁五六至五七。

10 Revital Hovel, "Justice Minister: Israel Must Keep Jewish Majority Even at the Expense of Human Rights," *Haaretz*, February 13, 2018, https://www.haaretz.com/israel-news/justice-minister-israel-s-jewish-majority-trumps-than-human-rights-1.5811106.

11 同上。另見Ravit Hecht, "The Lawmaker Who Thinks Israel Is Deceiving the Palestinians: No One Is Going to Give Them a State," *Haaretz Weekend*, October 28, 2017, https://www.haaretz.com/israel-news/.premium.MAGAZINE-the-lawmaker-who-thinks-israel-is-deceiving-the-palestinians-1.5460676。

的歐洲沙文主義」的想法一致。然而，他補充說，該法卻與法國和美國革命的自由主義思想完全相悖。[12]

現代猶太復國主義因為其擁抱不自由和歧視性的本質，愈來愈多跟西方民主國家所立基的理想，特別是平等的理想抵觸。對美國、加拿大、英國、法國和德國來說，這些國家珍視這些價值觀，即使常常被違背，而且這些國家目前受到強大的非自由民粹主義和專制右翼趨勢的威脅，強調平等價值應該是一個重要的問題，特別是考慮到以色列仍倚賴這些西方國家的支持。

最後，根除猶太復國主義中固有的系統性不平等，對巴勒斯坦人和以色列人這兩個民族創造更好的未來是至關重要的。任何作為衝突解決方案提出的方案，如果不是完全建立在平等原則的基礎上，都將必然和不可避免地失敗。無論兩個社會最終接受什麼樣的未來計畫，都必須體現出人權、個人權利、公民權利、政治權利和民族權利的絕對平等。這是一個聽起來很崇高又美好的建議，但其他任何東西都不能解決這個問題的核心，也不能持續和持久。

但這就留下一個棘手的問題，即如何使以色列人擺脫對不平等的依戀，這種依戀往往被說成是安全上的需要，並以此作為不平等的存在理由。這種需求在很大程度上源於真實的不安全感和受迫害的歷史，為了回應這種過去的創傷，幾代以來以色列人都是在一種反思性的侵略性民族主義教條的灌輸下長大的，這種教條是很難打破的。因此，作為一個欺負其鄰國（並且肆無忌憚地轟炸了其中七個國家的首都[13]）的地區性超級大國的猶太公民，他們承受著深深的不安全感，這種不安全感部分源於這段歷史，也可能部分源於他們擔憂他們精心構建和合理化的殖民現實可能會突然瓦解。驅使這種統治和歧視的綜合症，可能只有以色列社會中那些了解國家當前嚴峻方向的人（或接近他們的人）才能解決，他們可以挑戰這種意識形態對歷史、道德和猶太教的扭曲。對於那些希望改變不公正和不平等狀態的以色列人及其支持者來說，這是首要和最緊迫的任務。

巴勒斯坦人也需要從一種有害的錯覺中解脫出來（這種錯覺植根於他們跟猶太復國主義相遇的殖民性質，以及對巴勒斯坦人民身分的否認），即猶太裔以色列人不是一個「真正」的民族，認為他們沒有民族權利。雖然猶太復國主義確實將猶太宗教和猶太人的歷史性民族身分轉變成了完全不同的東西（這是一種現代的民族主義），但這並不能抹殺一個事實：無論這種轉變是如何產生的，今天的以色列猶太人的確認為自己是一個在巴勒斯坦有民族歸屬感的民族，他們認為這是以色列的土地。巴勒斯坦人今天也認為自己確實是一個跟他們的祖先家園有民族連結的民族，其原因與產生猶太復國主義的原因一樣，都是絕對的，都是很緊要的，都是導致大量現代民族運動出現的絕對原因。這種關於所有民族實體在本質上都是被建構出來的結論，會讓民族主義的使徒感到憤怒，但對於那些在無數不同案例中研究其起源的人來說，卻是不言

12 Sternhell, "En Israël pousse un racisme proche du nazisme à ses débuts."

13 以色列的飛機在不同的時間轟炸了突尼斯、開羅、喀土穆、安曼、貝魯特、大馬士革和巴格達，其中有幾次是重複轟炸，最近也有幾次。

自明的道理。[14]

具有諷刺意味的是，就像所有民族一樣，巴勒斯坦人也認為他們的民族主義是純粹、有歷史根源，而否認以色列猶太人也是如此。當然，這兩者之間是有區別的，大多數巴勒斯坦人的後裔在他們自然認為是自己國家的地方生活了很長時間，如果不是幾千年，也是很多個世紀。而大多數以色列猶太人是最近才從歐洲和其他阿拉伯國家搬來，是列強批准和斡旋的殖民進程的一部分。前者是本地人，後者是定居者或定居者的後代，儘管許多人已經在那裡生活了好幾代，並且跟這個國家有著深刻、古老的宗教連結，但這種連結與本地巴勒斯坦人在這個國家的古老根基有很大不同。由於這是一場殖民衝突，所以這種差異非常重要。然而，今天沒有人會否認，在美國、加拿大、紐西蘭和澳大利亞這樣的定居者的國家也存在著已經得到充分發展的國家實體認同，儘管它們的起源是來自於滅絕性的殖民戰爭。此外，對於那些沉醉於民族主義的人來說，定居者和原住民之間的這種區別並不重要。正如人類學家厄內斯特．蓋爾納（Ernest Gellner）所說的：「民族作為一種自然、上天賜予的人的分類方式，作為一種固有的……政治命運，是一種自然而然的……政治命運，是一個迷思；而民族主義，有時把先前存在的文化變成了民族，有時候是發明了民族，而且常常抹殺了先前存在的文化，則是一個現實。」[15]

我們雖然必須要承認巴以衝突所具有的根本性的殖民性質，但現在巴勒斯坦已經有了兩個民族，無論他們是如何產生的，只要對方否認各自的民族存在，他們之間的衝突就無法解決。他們的相互接受只能建立在權利的完全平等的基礎上，包括民族權利的平等，儘管兩者之間存在關鍵的歷史差異。除了一個民族被另一個民族消滅或驅逐這不可想像的想法之外，沒有其他可能的可持續解決辦法。克服那些從這種現狀中獲利的人的阻力，以確保這個位於約旦河到地中海之間的小國有平等的權利，這考驗著各方的政治智慧。減少來自外部廣泛、源源不斷對這種歧視和極度不平等的現狀的支持，肯定會讓前進的道路更為平順。

然而，對巴勒斯坦發動的戰爭已經度過了一百年的關口，巴勒斯坦人面臨的境況也許比一九一七年以來的任何時候都更為艱巨。自從川普當選以後，他便開始追求他所謂的「世紀交易」，據稱是為了最終解決衝突。到目前為止，完成這項交易涉及到取消美國幾十年的基本政策，將戰略規劃外包給以色列，並蔑視巴勒斯坦人。令人感到不祥的是，川普的駐以色列大使大衛．弗里德曼（David Friedman，他的破產律師和猶太定居者運動的長期財政支持者）談到了「被指控的占領」，並要求國務院停止使用這個詞彙。在一次採訪中，他宣稱以色列有「權

14　這是我的《巴勒斯坦認同》（*Palestinian Identity*）一書的核心論點，它與包括安德森、霍布斯邦和蓋爾納在內的幾位最受尊敬的研究民族主義學者提出的論點是一致的。

15　Ernest Gellner, *Nations and Nationalism* (Ithaca, NY: Cornell University Press, 1983), 48–49.

吞併「西岸的一些地方，但可能不是全部。」[16]兩年多來，以巴談判特使傑森．格林布拉特（Jason Greenblatt，之前是川普的房地產律師，也是以色列右翼事業的捐助人）表示，西岸的猶太人定居點「不是和平的障礙」，他在與歐盟特使的會晤中拒絕使用「占領」一詞[17]，並贊同弗里德曼關於吞併的觀點。

川普的新政府迅速吹響了「由外促內」的號角，其中三個遜尼派阿拉伯波斯灣君主國，沙烏地阿拉伯、阿拉伯聯合大公國和巴林（經常被錯誤地描述為代表遜尼派阿拉伯人），被拉入與以色列事實上的聯盟，來共同抵抗伊朗。這種配置的副作用是，這些波斯灣政權和其他與美國結盟的阿拉伯國家政權受到了欺負巴勒斯坦人的鼓動，讓他們接受以色列的極端主義立場，而這些立場對和平事業是致命的，而且似乎是故意這樣做的。這些行動是透過總統特使賈里德．庫什納（Jared Kushner）的調停，來跟這些政權展開密切合作，庫什納是川普的女婿，也是一名房地產大亨，是一位熱忱的極端猶太復國主義分子，其家族也曾捐款給猶太人定居點。

二〇一九年六月，庫什納、格林布拉特和弗里德曼在巴林舉行的會議和其他場合，勾結他們的波斯灣夥伴，公開推動本質上是西岸和加薩地帶的經濟發展倡議，意圖讓以色列在幾乎完全控制的現有條件下運作。庫什納懷疑獨立的巴勒斯坦自治的可行性，他說：「我們必須看看。」他引用了經典的殖民主義辭彙，補充說：「希望隨著時間的推移，他們可以變得有能力治理。」在庫什納看來，巴勒斯坦人應該得到的是「過上更好生活的機會……支付抵押貸款的機會。」[18]這三方透過本質上的經濟解決方案，顯現出他們對堅實的專家共識的明顯無知，即巴勒斯坦的經濟主要是被以色列軍事占領的系統性干預所扼殺，而他們的計畫就是要保持這種干預。川普政府切斷了美國對巴勒斯坦權力機構和聯合國救濟工程處的援助，從而加劇了這種經濟扼制。美國還繼續支持以色列封鎖加薩，在埃及的幫助下，封鎖災難性地影響了一百八十萬人。

據報導，川普的世紀交易的關鍵政治方面包含在美以提案的大綱中，巴勒斯坦權力機構受到壓力而被迫接受它。據稱，這涉及到在不拆除任何現有以色列非法定居點的情況下建立一個

---

16 Peter Beaumont, "Trump's Ambassador to Israel Refers to 'Alleged Occupation' of Palestinian Territories," *Guardian*, September 1, 2017, https://www.theguardian .com/us-news/2017/sep/01/trump-ambassador-israel-david-friedman-alleged-occupation-palestinian-territories; Nathan Guttman, "US Ambassador to Israel Asked State Department to Stop Using the Word 'Occupation'," *The Forward*, December 26, 2017, https://forward.com/fast-forward/390857/us-ambassador-to-israel-asked-state-dept-to-stop-using-the-word-occupation/; David Halbfinger, "US Ambassador Says Israel Has Right to Annex Parts of West Bank," *New York Times*, June 8, 2019, https://www.nytimes.com/2019/06/08/world/middleeast/israel-west-bank-david-friedman.html.

17 Ruth Eglash, "Top Trump Adviser Says Settlements Are Not an Obstacle to Peace," *Washington Post*, November 10, 2017, https://www.washingtonpost.com/world/middle_east/top-trump-adviser-says-israeli-settlements-are-not-an-obstacle-to-peace/2016/11/10/8837b472-5c81-49a3-947c-ba6a47c4bc2f_story .html; Piotr Smolar, "Washington ouvrira son ambassade à Jerusalem en mai," *Le Monde*, February 25–26, 2018, 4.

18 Jonathan Swan, "Kushner, For First Time, Claims He Never Discussed Security Clearance with Trump," Axios, June 3, 2019, https://www.axios.com/jared-kushner-security-clearance-donald-trump-f7706db1-a978-42ec-90db-c2787f19cef3.html.

非毗連、非主權的實體，這些定居點將被承認、「合法化」並被併入以色列。這個實體將保持在以色列的全面安全管控之下（據報導，巴勒斯坦人甚至還必須自掏腰包），因此只是一個名義上的國家。該實體將失去耶路撒冷的主權或控制，以及位於加薩地帶和構成A區、B區的總面積不到百分之四十的西岸幾十個不同的片段，C區的一些部分可能會被包括在內，但只取決於進一步的談判。[19]

與這種做法密切相關的是，川普在二〇一七年十二月承認耶路撒冷是以色列的首都，隨後把美國大使館遷去了那裡。此舉標誌著以色列與美國七十多年來的政策發生了革命性的變化，這些政策可以追溯到聯合國第一百八十一屆大會，根據這場大會，在雙方同意最終解決巴勒斯坦問題之前，聖城的地位是仍未確定的。在上述這冒犯行為之後，川普又宣布承認以色列擁有他們吞併的戈蘭高地的主權，這是美國政策的又一次激進轉變。

透過這兩項聲明，美國政府單方面地把其中的一件事拿下了談判桌，這件事就是耶路撒冷問題，而以色列是有條約義務跟巴勒斯坦人就此進行談判。除了推翻美國幾十年的政策以外，川普集團還拋棄了整個國際法和共識、聯合國安理會的決定、世界輿論，當然還有巴勒斯坦人的權利。川普完全接受以色列在耶路撒冷這重要問題上的立場，而且沒有從以色列那裡得到任何交換條件，也沒有承認巴勒斯坦人訴求該城市為巴勒斯坦首都的要求。同樣重要的是，透過暗示，川普贊同以色列對「統一的耶路撒冷」的寬泛定義，包括自一九六七年以來被以色列侵占的該城市內和周圍的廣大阿拉伯地區。儘管以色列政府表示，實際邊界仍有待談判，但上述的宣布實際上就意味著已經沒有什麼可談的了。

透過這些行動和其他行動，白宮隱晦地確認了美以提案的輪廓：明確避免兩國解決方案；關閉巴勒斯坦駐華盛頓特區的使團和美國駐東耶路撒冷的領事館，該領事館曾作為駐巴勒斯坦的非正式大使館；聲稱跟二戰以來所有其他難民的地位相反，在一九四八年被宣布具有難民身分的巴勒斯坦人的後代，不再被視為難民。最後，透過贊成以色列吞併耶路撒冷和戈蘭高地，川普掃清了以色列吞併被占領的西岸的任何部分的道路，以色列應該要選擇吞併這些地方。

作為重大損害的交換，巴勒斯坦人將得到從波斯灣君主國募集而來的資金。這個提議是在二〇一九年六月於巴林舉行的會議上正式確定的，但巴勒斯坦權力機構拒絕出席。庫什納所提出的收買巴勒斯坦人，讓他們忽視政治上的解決方案的計畫，實際上不過是從佩雷斯到納塔雅胡的以色列領導人所兜售的類似以「經濟上的和平」，來取代政治權利的計畫的翻版。對於納塔雅胡和極端民族主義定居者的支持者來說，提供經濟上的甜頭來換取巴勒斯坦人吞下苦難，已經成為他們明確的吞併主義做法中的一個重要部分了。

毫無疑問的，白宮的中東政策最為驚人的地方，在於美國的外交政策實質上被外包給了納塔雅胡和他在以色列和美國的盟友來決定。這些倡議似乎是從以色列右派的思想庫中預先包裝

19 "Palestine Chief Negotiator Reveals Details of Trump Peace Plan," Middle East Monitor, January 22, 2018, https://www.middleeastmonitor.com/20180122-palestine-chief-negotiator-reveals-details-of-trump-peace-plan/.

出來的：美國大使館遷到耶路撒冷，承認吞併戈蘭高地，輕鬆免除巴勒斯坦難民問題，想要清算聯合國救濟工程處，以及退出歐巴馬時代與伊朗達成的核子協議。現在納塔雅胡的願望清單上只剩下幾個項目了：吞併西岸的大部分地區，美國正式拒絕巴勒斯坦的主權國家地位，建立一個無力還手的巴勒斯坦貴族領導層。這整個方案旨在脅迫巴勒斯坦人接受他們是一個被打敗的民族。

考慮到美國過去的做法，這一切都不是全新的。但川普的人甚至放棄了過去那種假裝公正的寒酸做法。有了這個計畫，美國不再是「以色列的律師」，而是變成一個以色列歷史上最極端的政府的傳聲筒，他們會提議代表以色列直接跟巴勒斯坦人談判，並得到其最親密的阿拉伯國家盟友的協助。也許白宮還有別的目的，例如提出一些建議草案，這些草案非常親以色列，甚至連最順從的巴勒斯坦人都無法接受。透過這種策略，以色列政府可以把巴勒斯坦人說成是拒絕主義者，並繼續避免談判，同時維持蠶食吞併、擴大殖民化和法律歧視的現狀。無論哪種情況，結果都是一樣的：巴勒斯坦人會被知會，他們的祖國已經沒有未來獨立的前景，以色列的殖民事業可以隨心所欲塑造巴勒斯坦。

這是一個世界上大多數人都會反對的結論，它肯定會受到當地和全球的抵制。它也跟美國應該代表的自由、正義和平等的每一項原則相抵觸。一個嚴格按照以色列的苛刻條件強加的決議，將不可避免給所有相關方帶來更多衝突和不安全。然而，對巴勒斯坦人來說，它也帶來了機會。

最大的兩個巴勒斯坦政治集團（法塔赫和哈馬斯）現有的策略沒有取得任何結果，見證著以色列正在加速掌控巴勒斯坦的全境。在過去幾十年裡，無論是像「阿巴斯時代」的孱弱外交那樣，依賴美國在毫無結果的談判中進行調停，還是名義上的武裝抵抗戰略，都沒有推進巴勒斯坦人的民族目標。巴勒斯坦人也不能指望像埃及和約旦這樣的阿拉伯政權，它們今天毫無羞恥地正在跟以色列簽署大規模的天然氣交易，沙烏地阿拉伯和阿拉伯聯合大公國也是不能指望的，它們是以色列的武器和安全系統的買家，這些交易只是借助美國的虛幌子來掩蓋其來源。[20]認識到這些現實，巴勒斯坦人有必要仔細重新評估他們的方法，無論他們的國家目標被定義為結束占領和扭轉殖民化巴勒斯坦的土地；在剩下的百分之二十二的前巴勒斯坦託管統治區，建立一個以阿拉伯東耶路撒冷為首都的巴勒斯坦國；讓目前流亡在外的一半巴勒斯坦人民返回他們的祖國；還是在整個巴勒斯坦建立一個民主、主權的兩民族國家，讓所有人享有平等的權利，或者是這些選項的某種組合或變化。

20 Jonathan Ferziger and Peter Waldman, "How Do Israel's Tech Firms Do Business in Saudi Arabia? Very Quietly," *Bloomberg Businessweek*, February 2, 2017, https://www.bloomberg.com/news/features/2017-02-02/how-do-israel-s-tech-firms-do-business-in-saudi-arabia-very-quietly.

作為衝突中較弱的一方，巴勒斯坦方面不能再繼續分裂了。但在實現團結之前，必須在新的民族共識的基礎上重新確定目標。近幾十年來，ＢＤＳ運動（抵制、撤資、制裁）和學生活動等民間社會倡議，在推動巴勒斯坦事業方面所做的工作，都比法塔赫和哈馬斯所做的都要更多，這是對法塔赫和哈馬斯的嚴厲指控。法塔赫和哈馬斯的和解至少可以彌補他們的分裂所造成的一些損害，但是，這兩個意識形態破產的政治運動之間的和解，固然很重要，但無法提供充滿活力的新戰略，來讓巴勒斯坦事業擺脫目前的停滯和退縮狀態。

當前所需的一個關鍵變化，是承認巴解組織自八〇年代以來所採取的外交戰略存在著致命缺陷：即美國不是、也不可能成為調解人、經紀人或中立方。美國長期反對巴勒斯坦的民族願望，並正式承諾支持以色列政府針對巴勒斯坦的立場。巴勒斯坦民族運動必須認識到美國立場的真實性質，並開展專門的基層政治和資訊工作，在美國國內說明情況，正如猶太復國主義運動在一個多世紀以來所做的那樣。鑑於公眾輿論的關鍵部門已經發生了重大轉變，這項任務不一定需要幾代人的時間。有很多東西是可以參考的。

然而，今天分道揚鑣的巴勒斯坦領導層對美國社會和政治運作的理解，似乎並不比他們的前輩更好。他們不知道如何跟美國公眾輿論打交道，也沒有認真嘗試這樣做。由於對美國政治體系的複雜性質一無所知，因此無法制定持續的計畫來接觸民間社會中可能具有同情心的成員。相比之下，儘管以色列及其支持者在美國享有主導地位，但他們繼續花費大量資源，在公共領域推動他們的事業。儘管缺乏支持巴勒斯坦權利的資金，而且僅僅是由民間社會的一些成員發起，但它在以下領域取得了顯著的成功：例如藝術領域（特別是在電影和戲劇中）；法律領域，言論自由和第一修正案的捍衛者已成為反對持續攻擊ＢＤＳ運動支持者的重要盟友；學術界，特別是在中東和美國研究領域；一些工會和教會；以及民主黨基層的關鍵部分。

類似的工作需要針對歐洲、俄羅斯、印度、中國、巴西和不結盟國家來展開。近年來，以色列在培養這些國家的精英和公眾輿論方面取得了進展，而其中的許多國家，特別是中國和印度，在中東地區也變得更加活躍。[21]儘管大多數阿拉伯國家被服從於美國的非民主政權控制，並渴望得到以色列的認可，但阿拉伯公眾輿論對巴勒斯坦的吸引力仍然非常敏銳。因此在二〇一六年，十二個阿拉伯國家中的百分之七十五受訪者認為，巴勒斯坦事業是所有阿拉伯人關注的問題，百分之八十六的人不贊成阿拉伯國家承認以色列，因為它的政策是反對巴勒斯坦人的。[22]巴勒斯坦人需要恢復巴解組織以前的戰略，即在無感政權的頭上向同情的阿拉伯公眾輿論發出呼籲。

最重要的工作是，加入到一場以清晰的巴勒斯坦人共識為基礎的談判，任何未來的外交活動都必須要拒絕奧斯陸的臨時安排，並且推進一個完全不同的談判基礎。一場緊密的全球公關

21 Julien Boissou, “Analyse: L’Inde s’implante au Moyen-Orient,” *Le Monde*, February 27, 2018, 21.

22 “2016 Arab Opinion Index: Executive Summary,” Arab Center Washington, DC, April 12, 2017, http://arabcenterdc.org/survey/arab-opinion-index-2016.

和外交運動的目標必需著眼於要求國際上的贊助，並拒絕美國獨家控制這進程（巴勒斯坦權力機構已經無力地提出了這一要求）。除此之外，為了談判的目的，巴勒斯坦人應該將美國視為以色列的延伸。作為一個超級大國，美國必然會派代表參加任何會談，但它應該被視為敵對的一方，甚至跟以色列一起坐在談判桌的對面，這將代表美國至少自一九六七年以來的真實立場。

新的談判需要重新討論一九四八年戰爭造成的所有關鍵問題，這些問題被一九六七年的聯合國安理會第二四二號決議終止了，這對以色列有利：諸如一九四七年聯合國大會第一八一號決議的分界線及其對耶路撒冷的分隔建議；難民的回歸和賠償；以及巴勒斯坦人在以色列境內的政治、民族和公民權利。這種會談應該強調兩個民族完全平等的待遇，並以海牙和日內瓦第四公約、強調民族自決的《聯合國憲章》以及所有相關的聯合國安理會和大會決議為基礎，而不僅僅是那些被美國挑出來的有利於以色列的決議。

華盛頓的現任政府和以色列政府當然不會接受這樣的條件，因此，這些條件目前構成了不可能的談判前提條件。這正是問題所在。它們的目的是改變已經制定的對以色列有利的談判方案。繼續在現有的漏洞百出的基礎上進行談判，只會鞏固現狀，導致巴勒斯坦最終被吸收到大以色列的國土中。如果巴勒斯坦在外交和公關方面做出認真和持續的努力，宣傳這種旨在實現公正、公平、和平的新條款，許多國家將願意考慮這些條款。它們甚至可能願意挑戰美國長達半個世紀壟斷的和平，這種壟斷對阻止巴勒斯坦的和平至關重要。[23]

巴勒斯坦政治議程中一個被遺忘但又必不可少的因素是在以色列境內的努力，尤其是要說服以色列人，有一個替代持續壓迫巴勒斯坦人的解決方案。這是一個長期的過程，不能被視為與以色列關係「正常化」的一種形式，例如阿爾及利亞人和越南人都沒有短視地認為自己沒有機會說服其壓迫者的本國公眾輿論，相信自己的事業是正義的，而這些努力對他們的勝利有很大的貢獻。巴勒斯坦人也不應放棄這部分的努力。

巴勒斯坦人民對抗殖民主義是一場艱苦的戰鬥，他們不應該期待快速的結果。他們在捍衛自己的權利方面表現出了不同尋常的耐心、毅力和堅定性，這也是他們的事業仍然存在的主要原因。現在，巴勒斯坦社會的所有成員都必須採取深思熟慮的長期戰略，這意味著重新思考過去所做的許多事情，了解其他解放運動是如何成功改變不利的力量平衡，並在奮鬥中培養所有可能的盟友。

§

鑑於阿拉伯世界的混亂程度比一次大戰結束後的任何時候都要嚴重，而巴勒斯坦民族運動似乎也沒有一個指南針，這似乎是以色列、美國與它們的阿拉伯專制夥伴勾結一起，埋葬巴勒斯坦問題，處置巴勒斯坦人，並宣布勝利的好時機。但事情不可能如此簡單。還有一個不小的問題，那就是阿拉伯國家的公眾，雖然他們在某些時候會受到愚弄，但他們並不總是如此，每

23 這是我在《欺詐的掮客》一書中提出的核心論點。

當有反對專制的民主潮流出現時，他們就會出現在巴勒斯坦的旗幟下，例如在二〇一一年的開羅和二〇一九年春天的阿爾及爾。以色列的地區霸權在很大程度上是取決於維持不民主的阿拉伯政權的權力，而這些政權將壓制其人民的這種情緒。無論今天看起來多麼遙遠，阿拉伯世界的真正民主將對以色列的地區主導地位和行動自由構成嚴重的威脅。

同樣重要的是，無論他們名譽掃地的領導人可能錯誤地同意什麼樣的卑劣協議，可以預期的是，巴勒斯坦人將繼續進行民眾抵抗。雖然以色列是地區的核子力量霸主，但它在中東的統治地位並非無可爭議，那些日益成為其客戶的不民主阿拉伯政權的合法性，也並非無可爭議。最後，儘管美國擁有強大的實力，但在敘利亞、葉門、利比亞和該地區其他地方的危機中，美國扮演的是次要角色，有時甚至沒有起到任何作用。美國不一定會保持長期以來對巴勒斯坦問題，乃至整個中東地區的近乎壟斷的地位。

全球權力的配置一直在變化。基於中國和印度不斷增長的能源需求，這兩個國家在二十一世紀對中東問題的發言權將比上個世紀更大。歐洲和俄羅斯離中東更近，比美國更容易受到那裡不穩定局勢的影響，可以預計歐洲和俄羅斯也將發揮更大的作用。美國很可能不會繼續像當初的英國那樣擁有為所欲為的能力。也許這種變化將使巴勒斯坦人與以色列人，以及全世界希望在巴勒斯坦實現和平和穩定的其他人一起，制定一條不同於一個民族壓迫另一個民族的道路。只有這樣一條基於平等和正義的道路，才能以持久的和平終結在加諸於巴勒斯坦人身上的百年戰爭，帶來巴勒斯坦人民應得的解放。

後記

在這本書的書寫過程中，我自覺或不自覺地欠下了許多人情，有太多的人幫助了我。透過他們的經歷，我試圖借助這本書來講述在這一百年裡加諸於巴勒斯坦人身上的戰爭的故事。閱讀或聽到他們的故事是促使我以這種形式寫這本書的原因。在書中，我試圖傳達那些在圍繞著巴勒斯坦問題的混亂不和諧中，基本沒有被外界聽到的聲音。

在我之前寫成的一本書中，我感謝了我的三個姑姑，她們是安巴拉・薩拉姆・哈利迪、法蒂瑪・哈利迪・薩拉姆和瓦希迪・哈利迪，她們提供了我來自她們對二十世紀最早幾十年的記憶的活生生形象。儘管在我寫這本書時，讓我深感遺憾的是，我已經無法再向她們中的任何一位，或我的母親和父親詢問他們所經歷的事了，但是在我寫這本書時，我一直牢記著他們所有人。即使我沒有直接引用他們的話，但是他們所有人都出現在了書中。每個人都以她或他自己的方式教會了我一些關於過去的事情，以及讓我知道這些事情是如何構成了今天局面的一部分。幸運的是，我可以向我的堂哥瓦利德・阿赫邁德・薩米・哈利迪教授諮詢並從中受益，在思考這個問題時，我反覆引用了他的驚人記憶（在整本書中，我都仰賴他的開創性學術研究），還有我的堂姊萊拉・胡塞因・哈利迪・胡塞尼，以及貝魯特時代的朋友、同事和夥伴。

我要感謝很多人，因為我曾跟他們討論過本書的主題，或者是因為他們鼓勵我寫下這本書。我的兒子伊斯瑪儀首先說服了我，他讓我相信這是一個有價值的寫作計畫，並在一開始就幫助塑造了這本書的形式。如果沒有他最初的貢獻，這本書可能就不會存在。在我開始寫這本書之前的幾年裡，納瓦夫・薩拉姆一直敦促我寫一本讓不了解情況的讀者，也能看得懂的巴勒斯坦歷史。我希望這本書的內容能滿足他的期望。

在進行這本書的寫作計畫時，我諮詢了許多同事和朋友，他們提供了我寶貴的幫助，其中一些人閱讀了本書的部分內容，所有這些人都值得我特別感謝。其中有Bashir Abu-Manneh、Suad Amiri、Seth Anziska、Qais alAwqati、Remi Brulin、Musa Budeiri、Leena Dallasheh、Sheila Fitzpatrick、Samer Ghaddar、Magda Ghanma、Amira Hass、Nubar Hovsepian、Rafiq Husayni、Amy Kaplan、Ahmad Khalidi、Hasan Khalidi、Raja Khalidi、Barnett Rubin、Stuart Schaar、May Seikaly、Avi Shlaim、Ramzi Tadros、Salim Tamari、Naomi Wallace、John Whitbeck，以及Susan Ziadeh。我還必須感謝那些幫助我做研究的人。他們包括巴勒斯坦研究所的圖書管理員Jeanette Seraphim、Yasmeen Abdel Majeed、Dr. Nili Belkind、Linda Butler、Leshasharee Amore Carter、Andrew Victor Hinton、Sean McManus、Patricia Morel、Khadr Salameh、Malek Sharif和Yair Svorai。

我已經在位於四個大洲的不同場合上向聽眾們介紹過本書的部分內容了，我從他們的評論和見解中受益匪淺。這些機構包括杜克大學中東中心、東方和非洲研究學院的巴勒斯坦研究中心、布朗大學、耶魯大學、紐約大學凱沃金中東中心、普林斯頓大學、聖地牙哥大學阿拉伯研究中心、貝魯特美國大學伊薩姆・法雷斯公共政策中心、維也納外交學院、安曼的哥倫比亞全球中心、紐約哈佛俱樂部和聯合國巴勒斯坦人民不可剝奪權利委員會。

我要以最深的謝意致以那些閱讀了整個書稿的人，首先是塔里夫・哈利迪，他在仔細檢查整個手稿時發揮了他豐富的專業知識，從而使我避免許多錯誤。在幫助改進本書的過程中，塔里夫再次重複了他幾十年來一直在做的事情：向我提供一貫的好建議。我的老朋友吉姆・錢德勒再次用他敏銳的眼光改進了我的文字，使我的論點更加尖銳。最嚴厲的批評者，我的妻子穆娜，在我研究和寫這本書時，不僅以模範的寬容態度容忍我長期不在家和常常分心，而且她還用無與倫比的編輯技巧來幫助我寫作，限制我在寫作中常常出現的重複傾向。我們的兩個女兒，拉米亞・哈利迪博士和迪瑪・哈利迪律師，她們的批判意識在母親的基礎上更上了一層樓，她們的弟弟伊斯瑪儀也是如此，並用他慣有的幽默感在批判中加以調和。

我的經紀人喬治・盧卡斯提供了寶貴的幫助，他在很早的階段就籌劃了這本書的出版計畫，並將我介紹給了大都會書局（Metropolitan Books）的薩拉・伯什特爾（Sara Bershtel）和里瓦・霍克曼（Riva Hocherman）。里瓦所做的遠遠超過了一個好編輯通常所做的：正如她對許多其他人所做的那樣，她與我分享了無以倫比的專業知識，同時幫助賦予這本書現在的形狀和形式，對書稿進行了重組和極大的改進。我欠她一個大大的人情。

沒有這些寶貴的支持，我是不可能寫出這本書的，但毫無疑問，書中所述內容的責任由我一個人承擔。

【Visum】MV0014

巴勒斯坦之殤：對抗帝國主義的百年反殖民戰爭

The Hundred Years' War on Palestine: A History of Settler Colonialism and Resistance, 1917–2017

作　　者❖拉什德．哈利迪（Rashid Khalidi）
譯　　者❖苑默文
封面設計❖張　巖
排　　版❖張彩梅
校　　對❖魏秋綢
總 編 輯❖郭寶秀
責任編輯❖邱建智
行銷業務❖許芷瑀

發 行 人❖凃玉雲
出　　版❖馬可孛羅文化
104台北市中山區民生東路二段141號5樓
電話：02-25007696
發　　行❖英屬蓋曼群島商家庭傳媒股份有限公司城邦分公司
104台北市中山區民生東路二段141號11樓
客服服務專線：(886) 2-25007718；25007719
24小時傳真專線：(886) 2-25001990；25001991
服務時間：週一至週五9:00～12:00；13:00～17:00
劃撥帳號：19863813　戶名：書虫股份有限公司
讀者服務信箱：service@readingclub.com.tw
香港發行所❖城邦（香港）出版集團有限公司
香港灣仔駱克道193號東超商業中心1樓
電話：(852) 25086231　傳真：(852) 25789337
E-mail：hkcite@biznetvigator.com
馬新發行所❖城邦（馬新）出版集團 Cite (M) Sdn. Bhd.(458372U)
41, Jalan Radin Anum, Bandar Baru Seri Petaling,
57000 Kuala Lumpur, Malaysia
電話：(603) 90578822　傳真：(603) 90576622
E-mail：services@cite.com.my
輸出印刷❖中原造像股份有限公司
初版一刷❖2022年1月
定　　價❖520元

ISBN：978-986-0767-54-4

城邦讀書花園
www.cite.com.tw

國家圖書館出版品預行編目（CIP）資料

巴勒斯坦之殤：對抗帝國主義的百年反殖民戰爭／拉什德．哈利迪（Rashid Khalidi）作；苑默文譯. -- 初版. -- 臺北市：馬可孛羅文化出版：英屬蓋曼群島商家庭傳媒股份有限公司城邦分公司發行, 2022.01
面；　公分 --（Visum；MV0014）
譯自：The hundred years' war on Palestine: a history of settler colonialism and resistance, 1917-2017
ISBN 978-986-0767-54-4（平裝）
1.巴勒斯坦史　2.中東問題
735.21　　110020378